AF556542

Karin Harrasser

PROTHESEN

Figuren einer lädierten Moderne

VORWERK 8

Bibliografische Information der Deutschen Nationalbibliothek
Die Deutsche Nationalbibliothek verzeichnet diese Publikation in der Deutschen Nationalbibliografie; detaillierte bibliografische Daten sind im Internet unter http://dnd.d-nb.de abrufbar.

Gedruckt mit Unterstützung der Kunstuniversität Linz

kunst universität linz
Universität für künstlerische und industrielle Gestaltung
www.ufg.at

www.vorwerk8.de
Gestaltung: T616 [veruschka götz] | Berlin
Satz: Katrin Kassel | Berlin
Lektorat: Else Rieger | Wien
Druck, Weiterverarbeitung: Interpress | Budapest
isbn 978-3-940384-77-5

INHALT

VOM SUPPLEMENT ZUM TECHNISCHEN MEDIUM

Ansätze zu einer Problemgeschichte der Prothese

> Und über die Zeit sahen sie einen, der stand da auf einem Bein und hatte das andere abgeschnallt und neben sich gelegt. Da sprach der Herr: »Du hast dir's ja bequem gemacht zum Ausruhen.« »Ich bin ein Läufer«, antworte er, »und damit ich nicht gar zu schnell springe, habe ich mir das eine Bein abgeschnallt. Wenn ich mit zwei Beinen laufe, so geht's geschwinder, als ein Vogel fliegt.«
>
> *Sechse kommen durch die ganze Welt*, Brüder Grimm

Das Ende der Beschämung. Zum Anlass

Die Zeiten, zu denen künstliche Gliedmaßen[1] verschämt unter der Kleidung verborgen werden mussten, sind vorbei. Und sich ein Bein abzuschnallen, um nicht zu schnell zu sein, ebenfalls. Symptomatisch dafür war die Berichterstattung zu den Paralympics 2012, die unzählige Bilder von mit Prothesen Laufenden um die Welt schickte. Die Leistungen der Prothesen schienen ebenso spektakulär wie die Leistungen der Athleten. Doch nicht jede Prothese wird selbstbewusst exponiert: »My prosthetic is a secret of my self. It hides, tucked beneath clothing, allowing me to pass as something that I am not, that I can never be.«[2] Die Autorin des Satzes, Elizabeth Wright, lebt von Geburt an mit einem verkürzten Arm und einem verkürzten Bein. In dem hier zitierten Beitrag schreibt sie darüber, wie sie eine Beinprothese als Teil ihres »Körperschemas« akzeptieren konnte, eine Armprothese aber nicht, und darüber, welche Sichtbarkeitsproblematik mit einem »unpassenden« Körper verbunden ist. Als Künstlerin beschäftigt sie sich deshalb mit Visualisierungen des Normalen. Mit

1 Diese Arbeit beschäftigt sich mit durch äußeren Augenschein wahrnehmbaren Prothesen, mit dem Gliedmaßenersatz. In der Medizin unterscheidet man zwischen Prothesen (funktional) und Epithesen (kosmetisch, z.B. Glasaugen). In Bein- und Armprothesen sind diese beiden Aspekte jedoch nicht zu trennen. Von Interesse ist für mich der Grenzbereich zwischen sozialer und medizinischer Funktion von künstlichen Körperteilen. Eine Unterscheidung zwischen Prothese und Epithese nehme ich deshalb bewusst nicht vor.

2 Wright, Elizabeth: »MY PROSTHETIC AND I: Identity Representation in Bodily Extension«. In: *Forum. University of Edinburgh Postgraduate Journal of Culture & the Arts*, 8/2009: www.forumjournal.org/site/issue/08/elizabeth-wright, Zugriff vom 06.10.2012.

solcherart Überlegungen halten sich Kommentatoren zu Prothetik und Behinderung derzeit selten auf. Befeuert durch die Selbstinszenierungen von Oscar Pistorius und Aimee Mullins als omnipotente »supercrips«[3] gilt die ganze Aufmerksamkeit dem Potential der Prothesentechnik, das darin besteht, die natürliche Leistungsfähigkeit des menschlichen Körpers zu überflügeln.[4]

Im Jahr 2012 war mit Blick auf die Paralympics von einer »dionysischen Faszination« für den grotesken Körper[5] die Rede, und es wurde gemutmaßt, die Prothesen seien analog zu medientechnischen »Körpererweiterungen« zu lesen. In der Berichterstattung wird über Zahnspangen-Apps, elektronische Fußfesseln und Retinaimplantate sinniert. Diese Gleichsetzung von Medientechniken mit Prothesen ist alles andere als selbstverständlich. Ebenso wenig ist selbstverständlich, dass es im *Wörterbuch der Grundbegriffe der Medientheorie* einen Eintrag zu »Prothesen« gibt.[6]

Aufgrund welcher Übertragungsprozesse die semantische Verbindung zwischen Medientechnik und Prothetik plausibel wurde, spürt diese Studie nach. Mag die Analogie von Prothesen und technischen Sinneserweiterungen (Fernrohre, Mikroskope, photographische Medien, akustische Verstärker) begrenzt einleuchtend sein – schließlich geht es hier wie dort um den Ersatz oder die Unterstützung von etwas Organischem durch etwas Technisches –, bleibt erklärungsbedürftig, wie der *homo protheticus* als Modellfall der Menschheit, als anthropologische Fiktion seine Überzeugungskraft gewinnen konnte. Wie kommt es, dass in der zeitgenössischen theoretischen wie populären Debatte der technisch verbesserungsfähige Mensch (sei es durch Geräte, sei es durch Trainingstechniken) auf so breite Akzeptanz stößt, wenngleich begleitet von einem kleinen posthumanistischen Schauer? Als Beleg für die Popularität dieser Fiktion kann das Computerspiel *Deus Ex* gelten. Im Szenario einer Cyberpunk-Dystopie hat der Protagonist hier die Möglichkeit, sich für oder gegen mechanische Augmentierungen zu entscheiden, die seine Kampfkraft erhöhen. Der ursprüngliche Körper wird nach und nach ersetzt. Die Publikation des dritten Teils des Spiels (*Human Revolution*, 2011) war Anlass einer Dokumentation über High-Tech-Prothesen, die die Prothesenträger als echte Cyborgs porträ-

3 Der Ausdruck wurde von Paul Darke geprägt: Darke, Paul: »Eye Witness«. In: Pointon, Anne und Chris Davies (Hg.): *Framed: Interrogating Disability in the Media*. London: British Film Institute 1997, S. 36–42.

4 Eine Darstellung des Komplexes der prothetischen Körperoptimierung und der Versuch ein alternatives Vokabular für Mensch-Technik-Verhältnisse zu entwickeln findet sich in Harrasser, Karin: *Körper 2.0. Über die technische Erweiterbarkeit des Menschen*, Bielefeld: transcript 2013.

5 Hans Ulrich Gumbrecht in der FAZ vom 18. September 2012.

6 Stockhammer, Robert: »Prothese«. In: Stiegler, Bernd und Alexander Roesler (Hg.): *Grundbegriffe der Medientheorie*. München: Fink 2005, S. 210–213.

Abb. 1: Oscar Pistorius, Paralympics (2012).

tiert. Die Dokumentation wurde gemeinsam von der Spielefirma (Eidos) und einem Hersteller von Retinaimplantaten hergestellt und geht auf Kurs der Transhumanisten und deren Szenario der Überbietung des Körpers durch Technik.[7]

Die sozialen und politischen Klippen solcherart »Anthropotechniken«[8] lassen sich gut in der Debatte um den Läufer Oscar Pistorius beobachten: Aus einem humanistischen Horizont heraus, forderte er mit dem Argument der Gleichberechtigung von Behinderten und Nicht-Behinderten das Olympische Komitee heraus, als er sich für die Olympiade 2008 in Peking bewarb. Die IAAF (der Weltleichtathletikverband) befand seine schnittigen Karbonprothesen zunächst als leistungssteigernd, die Antidoping-Kommission lehnte seine Teilnahme ab. Das Urteil wurde kurz vor der Olympiade vom Internationalen Sportsgerichthof (CAS) beanstandet und aufgehoben: Die in der ersten, an der Universität Köln durchgeführten Studie festgestellten Vorteile der Prothese (Energieausnutzung, Beschleunigungsverhalten) würden durch Nachteile bezüglich anderer Aspekte des Laufes (Kurvenverhalten, Startmechanik) aufgehoben. Für eine Teilnahme in Peking reichte die Trainingszeit nicht mehr, aber Pistorius konnte in London 2012 als Teil der südafrikanischen Staffel starten. Die Betonung der CAS, dass es sich bei der Entscheidung zugunsten Pistorius'

7 *Deus Ex. The Eyeborg Documentary*: http://www.youtube.com/watch?v=TW78wbN-WuU, Zugriff vom 09.11.2012.

8 Sloterdijk, Peter: *Regeln für den Menschenpark. Ein Antwortschreiben zu Heideggers Brief über den Humanismus*. Frankfurt a. M.: Suhrkamp 1999.

um eine ausdrückliche Einzelfallentscheidung handele, war umsonst: Seither wird fleißig darüber spekuliert, welche Auswirkungen das Urteil auf den überaus technikaffinen Hochleistungssport haben wird.
Diese technische Überrundung des gegebenen Körpers als Konsequenz einer inklusiven Geste ist das Symptom einer sehr weitreichenden Verschiebung innerhalb des Bedeutungsspektrums der Prothese in den letzten 150 Jahren: Ihr angestammter Platz innerhalb kulturdiagnostischer und zumeist modernisierungskritischer Diskurse fand sich innerhalb einer normativ aufgeladene Gegenüberstellung von Körper und Maschine, Original und Kopie, Organischem und Künstlichen. Die Prothese ist in diesem Schema das defizitäre Gegenstück zum Erwünschten: zum ganzen Körper, zur richtigen Erfahrung, zur organischen Gemeinschaft. Seit Beginn des 20. Jahrhunderts hat sich dieses Schema jedoch verkompliziert: Auf der einen Seite steht die Prothese für das Scheitern von Modernisierungsversprechen, für eine lädierte Moderne. Auf der anderen Seite wurde sie zur Metapher der übenden Selbsteinrichtung und technischen Selbstüberwindung. Und sie kann sogar zu einer universalmenschlichen Konstante werden. Der Prothesenträger kann zu einem »anthropologischen Archetypen«[9] gerinnen. Diese »Anthropologisierung der Prothese« hat mehrere Quellen und vielerlei Ausprägungen. Da ist zum einen die ethnologisch-philosophische Beschäftigung mit der Hand zu nennen, die mit Bezug auf die herdersche Bestimmung des Menschen als Mängelwesen ab Mitte des 19. Jahrhunderts modellbildend war. Ebenso wichtig waren jedoch die Ingenieure und Arbeitswissenschaftler des frühen 20. Jahrhunderts, die im Zuge ihrer praktischen Arbeit an Prothesen und Arbeitsumgebungen und als Resultat ihres Effizienzdenkens den Menschen als »potential cripple«[10] entdeckten. Ein Nebenzweig des Diskurses führt über eine literarische Anthropologie in der Nachfolge Cassirers (im deutschen Sprachraum hat sie Hans Blumenberg ausgearbeitet) zu Jacques Derridas überraschender Formulierung, die Sprache sei die »ursprüngliche Prothese«[11] des Menschen; eine Hervorbringung, die ihm geradezu körperlich angehört und ihm gleichzeitig fremd bleibt. Am deutlichsten ausgearbeitet ist der Gedanke in David Wills' Buch *Prosthesis*,[12] in dem er das Prinzip anhand von Episoden seit dem 16. Jahrhundert exemplifiziert. Die Lektüre der dekonstruktivistischen Texte hat aber meinen Verdacht nicht ausräumen können, dass es sich hierbei um eine raffiniertere Form der Mängelwesen-These handelt.

9 Brittnacher, Hans Richard: »L'homme prothèse«. In: *Gegenworte* 2012:27, S. 65–67, hier S. 65.
10 Vgl. dazu Kapitel »Potential Cripple«, S. 95.
11 Derrida, Jacques: *Die Einsprachigkeit des Anderen oder die ursprüngliche Prothese*. München: Fink 2003.
12 Derridas Buch ist David Wills, seinem Übersetzer, gewidmet. Wills, David: *Prosthesis*. Stanford: Stanford University Press 1995. (= Meridian. Crossing Aesthetics).

Eine bild- und diskurswirksame Version des sich technisch selbst verbessernden Anthropus begegnet uns heutzutage, wie schon angedeutet, in der Prothesenforschung selbst. So ist Hugh Herr, Leiter des Biomechatronik-Labs am MIT, ein äußerst eloquenter Vertreter einer Idee des Prothesenträgers als *Human 2.0*.[13] Mit prominenter Unterstützung (von Oscar Pistorius und Aimee Mullins) propagiert er denjenigen, der auf Prothesen angewiesen ist, als zukünftigen Menschen. Der Prothesenträger ist der Hoffnungsträger der Gattung, da er besonders offen (oder: anschlussfähig) für technische Geräte ist. Aimee Mullins, Athletin, Behindertenaktivistin, Schauspielerin in Matthew Barneys *Cremaster 3*, übersteigert in ihren Auftritten die Rede von »Behinderung als Chance«[14] in eine Richtung, die Peter Sloterdijk in seiner *Kritik der zynischen Vernunft* als eine der seltsamsten Ausprägungen eines »funktionalistischen Zynismus« dargestellt hat. Bereits in den 1930er Jahren findet er »begeisterte Philosophien der Prothese«, die den Prothetiker als technisch hochgerüsteten Menschen einer imperialen Zukunft feiern.[15] Die heutigen »Superkrüppel« passen jedoch nicht mehr ins protofaschistische Passepartout. Ihre technische Ausrüstung schließt sie nicht für den Anschluss an eine Kriegsmaschine auf, sondern für eine – durchaus selbstbewusste – Medienarbeit mit dem Ziel der Normalisierung von Behinderung. Normal ist, wer nach Selbstverbesserung strebt.

Ebenso hat mich die Frage angetrieben, wie es kommen konnte, dass in Medien- und Kulturtheorien so leichtfertig von Medien oder Kulturleistungen als Prothesen die Rede ist. Die Beispiele hierfür sind Legion und werden im 3. Kapitel ausführlich behandelt. Ein besonders aussagekräftiges Beispiel einer »prothetischen Anthropologie« stammt von Michel Tibon-Cornillot, der in einem Aufsatz von 1979 in der prothetischen Überwindung der Grenzen der Haut eine neue qualitative Stufe des »sozialen Verschmelzungsprojektes« sieht, als das er Kultur fasst. In der Tradition von Sigmund Freuds Prothesengott, macht er in der Technik einen Versuch einer »Epiphanie eines Gotteskörpers«[16] aus, als dessen Effekt eine »elektrisch oder chemisch tatsächlich geeinte Gemeinschaft« denkbar würde.[17] »Prothesen« sind dabei die Steigerungsform von »Schminke«, von Körpertechniken auf der Haut, die von jeher eine kulturelle Eingravie-

13 Eine gleichnamige Konferenz fand am MIT im Mai 2007 statt: http://h2o.media.mit.edu, Zugriff vom 03.10.2012.

14 Vgl. ihre TED-Lectures: http://www.ted.com/speakers/aimee_mullins.html, Zugriff vom 07.11.2012.

15 Sloterdijk, Peter: *Kritik der zynischen Vernunft*. Suhrkamp: Frankfurt a. M. 1983, S. 802–805.

16 Tibon-Cornillot, Michel: »Von der Schminke zu den Prothesen. Elemente einer Theorie zwischen dem Außen und dem Innen des Körpers«. In: *Tumult* 2/1979, S. 25–46, hier: S. 43.

17 Ibid.: S. 45.

Abb. 2: Aimee Mullins und Hugh Herr posieren für WIRED Italien (2009).

rung, eine »Sozialisierung« des Körpers darstellten. Prothesen blieben – so Tibon-Cornillot – nicht länger an der Peripherie stehen, sondern senkten sich als Vergesellschaftungen in die Körper ein. Mit Blick auf Hugh Herr und Aimee Mullins bleibt aber zu fragen, ob Prothesen tatsächlich so ganz anders sind als die peripheren Körpertechniken: Prothesen sind hier Medien der Einsetzung einer bestimmten Zukunftsvision, der des optimierten Menschen, via medialer Sichtbarkeit.

Analog dazu hat die Medientheorie ihre »Organprojektionsthese«, dergemäß sämtliche Technologien Externalisierungen von Organen sind. So prominent die These ist, so zahlreich sind die Kritiker dieser Position.[18] Eine Version des Einspruchs hebt auf eine Emanzipation von Maschinentechnik von einfacheren Techniken ab; darauf, dass heutige Maschinen gerade nicht mit handhabbaren Werkzeugen verglichen werden können. Andere Zwischenrufe heben auf eine grundsätzliche Unkontrollierbar-

18 Vgl. die Kapitel in dieser Arbeit zu Ernst Kapp und Marshall McLuhan. Im kurzen Eintrag von Robert Stockhammer wird auf die ideologische Verwendung der Figuration verwiesen: Stockhammer: »Prothese«, S. 212.

keit, auf eine eskalatorische Logik von Technik ab.[19] Wenn von Organprojektionen die Rede ist, bleibt der projizierende Mensch (sei dieser Vorgang nun »rational« oder »unbewusst«) das Zentrum technischer Dynamiken. Auch die Transhumanisten sind so gesehen weiterhin Humanisten. Wenn Technik im Kern nicht-human, mit menschlichen Vermögen nicht mimetisch verbunden ist, ergibt sich ein anderes Panorama: Sie ist dann Provokation der Stellung des Menschen im Kosmos oder aber eingebunden in komplizierte Vorgänge der Vergemeinschaftung.[20]

Problemgeschichte der Prothese. Zum Vorgehen

Es soll hier eine Problemgeschichte der Prothese und keine aufs Allgemeine zielende Ideengeschichte vorgelegt werden. Mich hat interessiert, an welchen epistemologischen und ästhetischen Projekten die Prothetik zwischen 1850 und ca. 1965 teilhatte, wann und in welchen kulturellen Milieus prothetische Bilder und Argumentationsmuster besonders Konjunktur hatten. Insofern ist es auch eine Kultur- und Theoriegeschichte der Prothetik, die ich versuche: An dem Bild- und Wissensspektrum der Prothese partizipieren die Künste, verschiedene Wissenschaften und populäre Diskurse. Aus dem Gestrüpp der Entlehnungen, Umschriften und Übertragungen sollten einige Linien herauspräpariert werden, die das Insistieren prothetischer Figurationen in der Kunst, in der Populärkultur und in der Medien- und Kulturtheorie verstehbar machen. Ich habe dabei versucht eine Problematik nicht aus dem Auge zu verlieren, auf die auch Peter Sloterdijk[21] hingewiesen hat und die zentral für den Problembereich

19 Exemplarisch: Kittler, Friedrich: »Der Mensch, ein betrunkener Dorfmusikant«. In: Rieger, Stefan und Renate Lachmann (Hg.): *Text und Wissen. Technologische und anthropologische Aspekte.* Tübingen: Gunter Narr 2003, S. 29–44.

20 Diese Position hat die Actor-Network-Theory in den letzten Jahren ausgearbeitet. Exemplarisch: Latour, Bruno: »Ein Kollektiv von Menschen und nichtmenschlichen Wesen. Auf dem Weg durch Dädalus' Labyrinth«. In: *Die Hoffnung der Pandora. Untersuchungen zur Wirklichkeit der Wissenschaft.* Frankfurt a. M.: Suhrkamp 2000, S. 211–264.

21 Sowohl diejenigen, die das neuhumanistische Klagelied von der Entfremdung im Bild der Prothese anstimmten, als auch die kynischen Vitalisten (der junge Brecht, Dada) mit ihren fragmentierten Körpern und erst recht die faschistischen Phantasten mit ihren Totalprothesen technischer Art wären den leibhaftig Verstümmelten eher fremd geblieben, schreibt er. Sloterdijk: *Kritik der zynischen Vernunft, Bd. 2, IV*, Kapitel 8. Die Sensibilität für die Betroffenen hat sich in Sloterdijks letztem Buch verloren. Das Kapitel über Carl Hermann Unthan zeigt sich eher hingerissen von den spektakulären diskursiven Effekten seines »Krüppelexistentialismus« (nämlich einem Aufruf zur asketischen, säkularen Selbsterziehung). Er spricht mit keinem Wort über die biopolitischen Kontexte von Unthans Karriere oder über Erfahrungswelten von Behinderten in der Zwischenkriegszeit. »Nur Krüppel werden überleben. Unthans Lektionen«. In: Sloterdijk, Peter: *Du mußt dein Leben ändern. Über Anthropotechnik.* Frankfurt a. M.: Suhrkamp 2009, S. 69–99.

der Prothetik ist: auf das Gefälle zwischen Metaphorisierungen und Ästhetisierungen der Prothese und der relativen Ausdrucksarmut derjenigen, die mit Prothesen leben.[22] Hinzu kommt das große Feld der Prothesenforschung, das hinfällige Körper zum Anlass für Wissensproduktion nimmt. Hier hat mich interessiert, an welchen Stellen das Wissen, das sich am Körper der Prothesenträger gewinnen ließ, das enge Feld der angewandten Forschung verlässt und generalisiert wird. Das scheint mir eine weitere Schieflage zu sein: Prothesenforschung kommt nicht unbedingt den Betroffenen zu Gute, ja hat häufig anderes als die Bedürfnisse der Betroffenen zum Anlass.

Die Schwierigkeit einer adäquaten Darstellung besteht darin, dass Prothesen seit Mitte des 19. Jahrhunderts spektakuläre und spekulative Körper hervorbringen, die ihre Träger tendenziell verblassen lassen. Die Prothetik ist Sozialtechnik, Medizintechnik und Metapher. Sie ist Motiv und Modell, und sie ist Ausgangspunkt einer wuchernden Metaphorisierung, die sich aus ganz unterschiedlichen Bereichen bedient und die dauernd die Register wechselt:[23] Die Prothese ist unheimlich, grotesk, heroisch, fetischistisch, propagandistisch, transitiv. Sie ist links und rechts, Panzer und Gliederpuppe, Maske und Waffe. Ihre kulturelle Wirkmächtigkeit besteht in einer provokativen bildlogischen und metaphorischen Dramatik: Mit der Prothese gehen paradoxe Sichtbarkeiten einher, denn sie zeigt, was sie verdeckt. Sie insistiert auf einem Verlust von Gliedmaßen, indem sie diese ersetzt. Aufgrund einer schwankenden Ähnlichkeit mit der Morphologie des menschlichen Körpers trifft die Prothese als Figur das Auge auf besondere Art und Weise: als ein Zweifel an der Verlässlichkeit der Wahrnehmung.

Eine Kultur- und Theoriegeschichte ist naturgemäß eine nachtragende Tätigkeit. Die Probleme historischen Arbeitens (vom Umgang mit der Überlieferungslage über Kategorienbildung bis hin zu Fragen der Sicht- und Erzählbarkeit) stellen sich für ein solches Projekt verschärft, da die analytischen Schnitte aufgrund der Fülle des Materials und der Unterschiedlichkeit der Quellen notwendig hart ausfallen müssen. Ich habe versucht mich zwischen Überblick, mittlerer Distanz und einigen Stichprobenbohrungen zu bewegen. Meist steht ein Text, eine Ausstellung, ein Projekt im Zentrum der Darstellung eines Kapitels. Von einer Analyse des inneren Milieus ausgehend (Rhetorik, Bildkonstruktion, Begriffsbildung), erkun-

22 Vgl. die Einleitung zu Smith, Marquard und Joanne Morra (Hg.): *The Prosthetic Impulse. From a Posthuman Present to a Biocultural Future*. Cambridge MA: The MIT Press 2005.

23 Einen Sortierversuch hat bereits 1999 Sarah S. Jain unternommen. Sie befindet die Metapher der Prothese als »begrenzt aneigenbar« für emanzipative Projekte. Die Diagnose hat das Weiterwuchern in der Kultur- und Medientheorie allerdings nicht eindämmen können. Jain, Sarah F. »The Prosthetic Imagination: Enabling and Disabling the Prosthesis Trope«. In: *Science, Technology & Human Values* 1/1999:24, S. 31–53.

de ich Kontexte, Bezüge und Interpretationen. Ein Dialog mit den historischen Quellen war mir ebenso wichtig wie die Verbindung mit aktuellen Problemlagen. Mir ist jedoch klar, dass dieser Balanceakt nicht immer gelungen ist. Manchmal hat mein gegenwartsbezogenes Interesse den genauen Blick auf historische Konstellation sicherlich getrübt – oder aber: in meiner Darstellung erscheint grell, was zeitgenössisch unauffällig war. Das erste Kapitel (»Phantasmatik«) skizziert die technofetischistische Phantasmatik rund um Prothesen im 19. Jahrhundert. Die Bilder des *homo protheticus* aus dieser Zeit weisen auf eine unruhige Konstellation voraus, in der der versehrte und prothetisch reparierte Körper im frühen 20. Jahrhundert ikonisch und diskursiv wirksam wurde (Kapitel »Symptomatik«). Eine Zwischenstellung zwischen einer mechanischen und einer am Lebendigen orientierten Prothese ist vielleicht diejenige eines gewissen Monsieur H***, den Alfred Jarry in einer Glosse mit dem Titel *Der Hummer des Hauptmanns* von 1901 porträtierte. Zur Disposition steht die Zurechnung galanten Verhaltens und zweier Ohrfeigen. Der beschuldigte Hauptmann bestreitet seine Verantwortung mit Hinweis auf seine Handprothese, die ein lebendiger Hummer ist:

> Diesem alten Haudegen, Mitglied der Ehrenlegion, wurde der rechte Arm amputiert. Wir haben also zu bedenken, dass der Monsieur T*** zwei Ohrfeigen zwar verpaßt hat, beide jedoch mit der linken Hand. Dem Beispiel des Götz von Berlichingen mit der eisernen Hand nacheifernd, das er verbessern, ja vervollkommnen wollte, ist ihm zur Vertuschung seiner Behinderung nichts Besseres eingefallen, als sich durch einen geschickten Chirurgen anstelle seiner fehlenden Rechten den vorderen Teil eines lebendigen und durchaus greiffreudigen Hummers aufpfropfen zu lassen.[24]

Monsieur H*** steht an einer Epochenschwelle: Als Repräsentant der militärischen Elite und ihrer Männlichkeitsvorstellungen passt er mit seiner lebendigen, gepfropften Hand nicht mehr so recht ins Schema. Die Hummerhand unterläuft seinen Willen, sie macht mit ihm, was sie will. Kein Wunder, dass der Hauptmann sich an ihr rächt: Sie wird verspeist und durch einen »friedfertigen Nachfolger« ersetzt: eine Büchse *potted lobster*.[25] Die Miniatur verdichtet zentrale Bestände des prothetischen Komplexes: die Frage der Zurechenbarkeit von Handlungen innerhalb unübersichtlicher sozial-technischer Systeme, die Frage nach der sozialen Passung

24 »Der Hummer des Hauptmanns«, in: Jarry, Alfred: *Die grüne Kerze. Spekulationen*. Frankfurt a. M.: Zweitausendundeins 1993, S. 15–17, hier: S. 15.
25 Ibid.: S. 17.

des Versehrten (die »Vertuschung« der Amputation), die Prothese als Erinnerungszeichen für kriegerische Gewalt und nicht zuletzt: die Frage nach dem Verhältnis von Technik und Natur (*potted lobster* als Chiffre für eine stillgestellte, industriell verarbeitete Natur).

In Jarrys hintersinniger Groteske deutet es sich schon an: Im ersten Drittel des 20. Jahrhundert wurde die Prothese zu einem populären Bild für die zwiespältigen Effekte von technisch-wissenschaftlichen Modernisierungen. Als Hightechprodukt, als Ware, die ihrem Besitzer erlaubte, am Arbeitskollektiv teilzunehmen, als materielles Zeichen der Technifizierung der Arbeitswelt und des Krieges war die Prothese auf dem besten Weg, eine »absolute Metapher«[26] zu werden. Sie wurde im ersten Drittel des 20. Jahrhunderts zu einem Bild, in dessen Bedeutungsfächer Herkunft und ursprüngliche Gebrauchsweise zwar noch Platz haben, aber nicht mehr dominant sind. Die der Prothese übertragenen Bedeutungen konnten ab einem bestimmten Zeitpunkt nicht mehr begrifflich vereindeutigt werden. Die Interferenzmuster der ihr zugewachsenen metaphorischen Verwendungen produzierten semantische Überschüsse. Solche Metaphern sind nach Blumenberg gerade deshalb so effektiv, weil sie die denotativen Bedeutungen weitgehend konsumieren. Der Begriff wird für unscharfe, »kommunikative« Gebrauchsweisen aufgeschlossen. Sorgen die Künste und die Wissenschaften in diesem Prozess für eine Anreicherung und Ausfransung der Metaphorik, wird die Bedeutungsvielfalt im alltäglichen und strategischen Gebrauch konventionalisiert und mitunter reduziert, etwa indem narrative Einbettungen Verengungen des Bedeutungsspektrums bewirken. Im frühen 20. Jahrhundert sind mit Blick auf die Semantik der Prothese Prozesse der Verdichtung und der Bedeutungsverschiebung beobachtbar, die sie in den Stand eines solchen vibrierenden Bildes versetzen. Die Metaphorik der Prothese kann deshalb retrospektiv als ein Abtastinstrument[27] für im Entstehen begriffene kulturelle Selbstdeutungsmuster und Ideologien fungieren: Sie erzeugte eine neue Klasse von Bildern, Erzählungen, Wissensformen, die mit den Paradoxien von Modernisierungsprozessen befasst sind.

Inwieweit ist der Mensch ein Natürlicher / Künstlicher, ist er herstellbar / gegründet in seiner Natur? Bis wohin reicht seine Anpassungsfähigkeit an selbst geschaffene, artifizielle, ja lebensfeindliche »Umwelten«? Wie ist die menschliche Gewöhnungs-, Entwicklungs- und Lernfähigkeit in Hinblick auf seine medientechnischen Selbstbearbeitungen einzustufen? Die-

26 Blumenberg, Hans: *Paradigmen zu einer Metaphorologie*. Frankfurt a. M.: Suhrkamp 1998, S. 11.

27 Bei Blumenberg steht zum Prozess der Metaphorisierung: »Es ist das Abtasten der Möglichkeiten, das zur Erzeugung der Negation treibt.« Blumenberg, Hans: *Theorie der Unbegrifflichkeit*. Aus dem Nachlaß hg. von Anselm Haverkamp. Frankfurt a. M.: Suhrkamp 2007, hier: S. 75.

se Fragen wurden im ersten Drittel des 20. Jahrhunderts immer wieder im Bild der Prothese abgehandelt. Sigmund Freuds spöttische Charakterisierung des Menschen als Prothesengott (1931) läutete zudem einen Reigen »prothetischer Anthropologien« ein, die ich zu ihrem dramatischen »Herkunftskomplex«[28] in den zehner und zwanziger Jahren des 20. Jahrhunderts zurückverfolge. Der »prothetische Komplex« hat im Laufe des 20. und 21. Jahrhunderts zahlreiche und widersprüchliche Bearbeitungen erfahren, die jedoch die strukturellen Kerbungen, die die Figuration in den zehner und zwanziger Jahre erfahren hat, zur Voraussetzung haben.
Welche Ereignisse entfachten das Feuer im metaphorischen und ikonischen Unruheherd der Prothetik? Die Verschränkung der strukturellen Gewaltsamkeit der Industrialisierung mit dem Maschinenkrieg, die Biopolitik der Kriegsversehrtenfürsorge, eine zynische Bildpolitik, die sich um die Kriegsveteranen entfaltete: all dies führte zu einer neuen Wahrnehmung und Bewertung von Prothesen. Sie erschienen nicht (wie im 19. Jahrhundert und zu Beginn des 21.) als materialisierte Versprechen auf Heilung und Verbesserung dank wissenschaftlich-technischen Fortschritts, sondern als apokalyptische Zeichen. Die Prothetik ist aufgrund der Verklammerung von Technizität und Gewalt, von Innovation und Tod, von medizinischem Humanismus und technischer Entwertung des Menschen als Begriffs- und Bildarsenal immer dann attraktiv, wenn sich der Mensch des 20. und 21. Jahrhundert selbst fraglich wird. Diese Frage wurde im vergangenen Jahrhundert an der Schwelle zum Technologischen gestellt; als Frage nach der Ersetzbarkeit menschlicher Fähigkeiten durch maschinelle oder auch angesichts der tendenziellen Autonomie technischer Prozesse, die sich zunehmend als der Kontrolle ihrer Macher entzogen darstellten. Die tiefgehende Technifizierung der Lebenswelt ließ umgekehrt diese selbst als lebendig, als evolutionären Prozessen unterworfen erscheinen, was zu einer Inversion des Bildes vom Prothesenkörper führte: Marshall McLuhans Rede vom Menschen als Anhängsel der Maschine treibt ein Szenario auf die Spitze, das zumeist als Apokalypse oder Kollaps bebildert wurde.
Diese Fraglichkeit des Menschen im Bild des Prothesenkörpers ist – dahin läuft meine Argumentation – nicht abzulösen von der in den modernen Kriegen als Schock erlebten Unterlegenheit des Leibes gegenüber den infernalischen Kriegsmaschinen. Selbst Marshall McLuhans Medientheo-

28 Der Ausdruck stammt aus Thomas Bernhards Roman *Auslöschung. Ein Zerfall* und meint das generative, nicht-deterministische Geflecht einer Herkunft, das im Laufe eines Lebens immer wieder aufs Neue bearbeitet werden muss. Ich adaptieren ihn hier für die materiellen, epistemologischen und symbolischen Milieus, die das Artefakt und die Figuration Prothese hervorgebracht haben. Bernhard, Thomas: *Auslöschung. Ein Zerfall*. In: *Die Romane*. Frankfurt a. M.: Suhrkamp 2008 (1986), S. 1373–1766.

rie, in der Amputation und Sinneserweiterung systematisch gekoppelt werden, ist ein seltsamer Nachhall dieser besonderen Form von Gewalt.
Eine Parade der Mensch-Maschine-Zwitter[29] der Zwischenkriegszeit ergäbe eine merkwürdige Prozession: Vorneweg würden die in Vereinen organisierten Kriegsversehrten mit ihren Prothesen und Hilfsgeräten marschieren, gefolgt von einem Pulk ikonischer Figuren: Der martialische, futuristische *Mafarka*, halb Mensch, halb Kriegsmaschine, noch ganz im sprachlichen Ornat der 19. Jahrhunderts, in seiner Nähe Ernst Jüngers Arbeiter und Torpedoboot-Pilot, Ernst Tollers »deutscher Hinkemann«, Bertolt Brechts mit Hilfe von Tauschoperationen aufmontierte Kampfmaschine Galy Gay, seine Bettler aus der *Dreigroschenoper*, die mit Prothesen maskierte Bürgerpolizei des Lumpenproletariats in Fritz Langs Film M, Siegfried Kracauers »Tillergirls«, Hans Würtz' leistungsbereite, genialische Vorzeigeinvaliden, die wild zusammengeschnittenen Gestalten des Dadaismus, der revolutionäre »Neue Mensch« des (sowjetischen) Konstruktivismus, surrealistische Dandys, deren Psychen von Affektmaschinen angetrieben werden, neusachliche, glatte Automaten und Bürokraten, die eleganten, visier- und maskentragenden Figuren der philosophischen Anthropologie, Sigmund Freuds »Prothesengott« und die mit ihren Phantomgliedern ringenden Amputierten der Gestalttheorie, zuletzt noch Jakob von Uexkülls Blindenhunde, die mit Hilfe von Menschenprothesen trainiert wurden.
Es wäre ein wildes Durcheinander politischer Ideen und Ideologien, von Epistemologien und Versuchsanordnungen, von Ästhetiken und Medien. Versuche einfacher politischer Zuordnung – etwa der Panzerung als rechts-konservativer Bildstrategie und des Zergliederten, Fragmentarischen als links-progressiv – greifen hier zu kurz. Eher ist zu fragen, ob die in prothetischen Bildern annoncierte technische Umarbeitung der Sinne trotz oder aufgrund der Gewalterfahrung des Kriegs so populär war oder wie sich die Ambivalenzen einer biopolitischen Modernisierung und Intensivierung des Lebens in den Figuren ausbuchstabieren. Prothesengestalten besiedeln in der Schwellensituation nach dem Ersten Weltkrieg in den kriegführenden Ländern das gesamte Gebiet realer, symbolischer

29 Wie Matthew Biro kurzerhand von »Cyborgs« zu sprechen (Biro, Matthew: *The Dada Cyborg. Visions of the New Human in Weimar Berlin*. Minneapolis, London: University of Minnesota Press 2009) scheint mir wenig zielführend, denn weder sind die Mensch-Maschine-Zwitter der Zwischenkriegszeit in ihrer technischen Verfasstheit »kybernetisch«, noch sind sie von jenen ontologisch-epistemologischen Problemen heimgesucht, mit denen Donna Haraways Cyborgs es zu tun bekommen. Während die Cyborgs des späten 20. Jahrhunderts Unterschiede zwischen Organischem und Maschinischen einebnen, schafft in der Zwischenkriegszeit die scharfe und dramatische Differenz von Organischem und Maschinischem den ästhetischen Mehrwert.

und struktureller Gewalt. Sie thematisieren die Derealisierung von Erfahrung zwischen der Front des Maschinenkrieges und einem – materiell wie symbolisch – verarmten zivilen Leben, den Sturz des Kaiserreichs und der bürgerlichen Welt der Wohnzimmer, Erwartung und Enttäuschung der politischen Neubegründung, Sehnsucht nach Ganzheit, Wunsch nach symbolischer Transgression des zerschossenen, verstümmelten *Status quo*. Prothesen allegorisieren in jedem Fall ein Trauma, und sie sind geschichtsträchtig: Sie verweisen in ihrer Materialität auf etwas Uneinholbares. Sie sind untote Simulakren des lebendigen Körpers und ein vergegenständlichtes Versprechen auf Heilung und auf Zukunft. In der Prothese kommt die Dialektik von *dis-* und *remembering* nicht zum Stillstand. Sie ist Verlust und Erinnerung, Ganzheit und Zerstörung in einem.[30]

Aus Sicht einer Kultur- und Theoriegeschichte der Prothetik ist die Frage nach einem »traumatologischen« Geschichtsverständnis, das sich in den unterschiedlichen Mensch-Maschine-Hybriden ablesen ließe, von Interesse, sitzt doch mit den Veteranen jeder Erinnerungskultur »die Furcht vor der Wiederholung im Rücken«.[31] Motive des nicht gelingen wollenden Wieder-Holens (des Vorkriegskörpers, der Vorkriegsarbeit, der Vorkriegsgeschlechterverhältnisse, des Vorkriegsstaates) und die Konsequenzen eines fatal verfehlenden Erinnerns sind deshalb leitmotivisch für das Buch.

Die ikonisch gewordene Verkörperung eines solchen Wiederholungszwangs ist Stanley Kubricks DR. STRANGELOVE. OR: HOW I STOPPED WORRYING AND LOVE THE BOMB (USA 1964). Bis zum Schluss bleibt hier unklar, ob der immer wieder unkontrollierbar zum Hitlergruß hochschnellende Arm des an den Rollstuhl gefesselten Beraters des Präsidenten eine Prothese ist. Dr. Strangelove schlägt bekanntlich eine Wiederholung der rassistischen Politik der Nationalsozialisten vor. Doch das delirierende Herbeiphantasieren der Zukunft einer Herrenrasse bewirkt einen Dammbruch und eine Auflösung körperlicher Symptome der Hemmung: Dr. Strangelove erlebt seine ganz persönliche, ultimative Mobilmachung, wenn er am Ende dem irritierten Präsidenten entgegenschreit: »Mein Führer, I can walk!« Prothese und Rollstuhl treten als Maskierungen des Wunsches nach Fortsetzung der (deutschen) Geschichte mit anderen Mitteln ins Bild, nur haben sich die politisch-militärischen Mittel geändert. Eine parlamentarische Demokratie trachtet nun danach, einen

30 Scarry, Elaine: *Der Körper im Schmerz. Die Chiffren der Verletzlichkeit und die Erfindung der Kultur*. Frankfurt a. M.: Fischer 1992, S. 114. Vgl. auch Carden-Coyne, Ana: *Reconstructing the Body. Classicism, Modernism, and the First World War* Oxford: Oxford University Press 2009, S. 192.

31 Geyer, Michael: »Gewalt und Gewalterfahrung im 20. Jahrhundert – Der Erste Weltkrieg«. In: Spilker, Rolf und Bernd Ulrich (Hg.): *Der Tod als Maschinist. Der industrialisierte Krieg 1914–1918*. Bramsche: Rasch Verlag 1998, S. 241–257.

kybernetischen, über Rückkopplungseffekte stabil gehaltenen Kalten Krieg zu verwalten. Aber inmitten des kühlen *war-rooms* lauert der versehrte Veteran und wartet auf seine Chance, die Geschichte zu wiederholen.

Einen Vorläufer DR. STRANGELOVES finden wir im Umfeld der literarischen Verarbeitungen des Ersten Weltkriegs in Siegfried Kracauers Roman *Ginster*: Hier ist es der Altphilologe Otto, der sich mit dem Überstreifen der Uniform in einen Apparat inklusive eines unkontrollierbaren Armautomatismus verwandelt hat: »Bei jeder zweiten Uniform ging der Arm in die Höhe. Er wurde nicht von Otto geschwungen, sondern flog selbsttätig auf. Otto hätte die Uniformen gar nicht erkannt. Der Arm musste ihm eingesetzt worden sein, mit Rädchen im Körper. Das System wurde von den Uniformen aus der Ferne bewegt.«[32] Die Schilderung dieser eigentümlichen Bewegungsform ist erzählerisch eingebettet in einen geschichtsphilosophischen Slapstick rund um den Onkel des Protagonisten, der damit beschäftigt ist, die deutsche Geschichte neu zu montieren. Auf überlangen Fahnen klebt er in akribischer Kleinarbeit das Quellenmaterial neu zusammen, muss in Anbetracht der aktuellen Kriegshandlungen jedoch immer wieder neue Abläufe konstruieren. Geschichtsschreibung wird – vierzig Jahre vor Kracauers geschichtstheoretischem Buch *Geschichte. Vor den letzten Dinge*[33] – zu einem melancholischen, infiniten Prozess des Schneidens und Neuverklebens. Eine wuchernde Prozedur, die kein Werk mehr zeitigen kann, letztlich ergebnislos bleiben muss, da jeder vereinheitlichende Standpunkt entglitten ist. Kurz: die Figuration der Prothese wuchert in der Zwischenkriegszeit. Der Marsch der Mensch-Maschine-Zwitter exponiert unterschiedliche Monster – im Sinne heterogener Zusammensetzungen und im Sinne des *monstrare*, des absichtsvollen Zeigens –, und jedes dieser Monster marschiert in eine andere Richtung.

Der dritte Teil der Arbeit beschäftigt sich mit den zahlreichen Verwendungen prothetischer Figuren im Dienst der Kultur- und Gesellschaftsdiagnostik, mit den epistemologischen »Spätfolgen« der Prothesenforschung in der Gestalttheorie und der Medientheorie. In eng geschnittenen Einzelanalysen werden zentrale Texte des medien- und kulturwissenschaftlichen Selbstverständnisses auf ihren Umgang mit Bildern und Wissensformen

32 Kracauer, Siegfried: »Georg«. In: *Werke, Bd. 7. Romane und Erzählungen*. Hg. von Inka Mülder-Bach unter Mitarbeit von Sabine Biebl. Frankfurt a. M.: Suhrkamp 2004, S. 257–516. Die unwillkürlichen, »maschinischen« Bewegungen des Leibes waren in der Psychologie des 19. Jahrhunderts eines der zentralen Themen (Hysterie, Mitbewegung von Gliedern) und wurden vielfältig künstlerisch verarbeitet. (vgl. z.B. Schäffner, Wolfgang: *Die Ordnung des Wahns. Zur Poetologie psychiatrischen Wissens bei Alfred Döblin*. München: Fink 1995). An Kracaucrs Aufnahme des Themas ist die Reflexion einer militärischen Körperkultur und ihrer Konsequenzen für eine Theorie des Willens von Bedeutung.

33 Kracauer, Siegfried: *Geschichte – Vor den letzten Dingen*. Mit einem Vorwort von Paul Oskar Kristeller. Frankfurt a. M.: Suhrkamp 1973.

der Prothetik hin untersucht. Werden in den ersten beiden Kapiteln Texte, Bilder und Artefakte behandelt, die zwischen 1850 und 1930 in der Nähe der praktischen Prothetik entwickelt wurden, lotet das letzte Kapitel einen größeren theoretischen Echoraum aus. Untersuchungsgegenstand sind jene Legierungen, denen prothetische Figuren als politisches, philosophisches, soziologisches und später medientheoretisches zeitdiagnostisches Instrument beigemengt sind. Der Zeitraum, in dem die Metaphorik der Prothese zu einem Diagnoseinstrument wird, liegt etwa zwischen 1930 und den mittleren sechziger Jahren. Der Metaphernkomplex der Prothese thematisiert Unterschiedliches: die Grenzen des Leibes, des Anthropus, des Sozialen und seiner technischen Möglichkeiten. Der *homo protheticus* ist dabei zumeist *homo compensator*, er ist Leitbild einer nur manchmal biologistisch argumentierenden Anthropologie des verbesserungsfähigen Menschen. Vor dem Hintergrund der brutalen Destruktion des durch Gewissen, Erziehung und Bildung regulierten abendländischen Menschen entstehen Menschenbilder, die versuchen die polaren Möglichkeiten menschlicher Existenz neu auszuloten. Als Metapher für Erweiterung und Selbstverbesserung auf der einen Seite und für Gewaltsamkeit und Trauma auf der anderen Seite bot die Prothetik ein Arsenal für symbolische Neucodierungen dessen an, was der Mensch ist. Die Theoretisierung des versehrten Körpers und der Prothese in Medizin und Psychologie war zunächst an die klinische Praxis und an die Fürsorgeinstitutionen mit ihrem sozialtechnischen Imperativ gebunden. Schon bald wurde die Forschung an den Amputierten jedoch generalisiert und zu einer psychologischen Theorie der Körperwahrnehmung und -steuerung verdichtet. Ein Nebeneffekt dieses Übersetzungsprozesses war es, dass Pathologien tendenziell als graduell verstanden wurden und damit angeborene oder erworbene körperliche Differenz in ein Kontinuum perfektibler Körperlichkeit eingereiht wurde.

Die vorliegende Untersuchung versteht sich, besonders im letzten Drittel, als ein Misstrauensantrag hinsichtlich der Verwendung spektakulärer und spekulativer Bilder von »sehenswürdigen Menschen«[34] in meinem eigenen Fach. Daraus folgt kein Plädoyer für Enthaltsamkeit oder Bildpurismus, sondern eines für die historische Kontextualisierung von im Umlauf befindlichen Bildern, Begriffen und Metaphern. Ebenso wichtig ist mir die Situierung kultur- und medienwissenschaftlicher Forschung selbst, gera-

34 Thomas Macho verwendet Peter Sloterdijks Formulierung im letzten Kapitel seines Buchs über Vorbilder. Dieses widmet sich »lapidaren Utopien«, die sich nicht am verbesserungsfähigen Menschen orientieren, sondern an den praktischen Fragen des Überlebens und Scheiterns. Macho, Thomas: *Vorbilder*. München: Fink 2011. Kapitel »Üben oder Züchten? Postskriptum zur Frage nach den Anthropotechniken«, S. 431–459. Zitat v. P. Sloterdijk auf S. 457.

de weil sie sich aufgrund ihres Anspruchs, Relevantes zu aktuellen Debatten beizutragen, in zerklüftetes Gelände begeben muss und Unvollständigkeit und Parteilichkeit der Darstellung als Fluch auf ihr lastet. Ich habe mich bemüht, die Gründe für die Auswahl bestimmter künstlerischer und wissenschaftlicher Felder, bestimmter Akteure und Artefakte deutlich zu machen. Und ich hoffe, in meinen Ausführungen greifbar zu bleiben.

PHANTASMATIK
Transatlantische Entwürfe des *homo protheticus*

Veteranen und Raketen

Jules Vernes Roman *De la terre à la lune* wurde 1865, im letzten Jahr des amerikanischen Bürgerkriegs, publiziert. Er ist zwar ein Zukunftsroman, aber einer, der nur einige wenige Monate in die Zukunft blickt. Seine Protagonisten sind die Mitglieder des Gun-Clubs Baltimore, der sich während des Sezessionskriegs gegründet hatte und dessen waffennärrischen Mitglieder – Aufnahmebedingung war, dass »er eine Kanone, oder mindestens irgendeine Feuerwaffe erfunden oder doch verbessert hatte«[1] – nach dem Ende des Kriegs um ihr Existenzberechtigung bangen. Sämtliche Mitglieder sind vom Krieg körperlich gezeichnet:

> Manche fielen auf der Walstatt, und ihre Namen wurden ins Ehrenbuch des Gun-Club eingetragen. Und von denen, die davonkamen, trugen die meisten Beweise ihrer fraglosen Unerschrockenheit an sich. Krücken, hölzerne Beine, künstliche Arme, Haken statt der Hände, Kinnbacken aus Kautschuk, Schädel aus Silber, Nasen aus Platin – nichts fehlte in der Sammlung; und der bereits erwähnte Pitcairn berechnete ebenfalls, daß im Gun-Club kaum ein Arm auf vier Personen kam, und nur zwei Beine auf sechs Mitglieder.[2]

Nach dem Ende der Kampfhandlungen bleibt den Helden nichts mehr zu tun. Sie langweilen sich, ein Zustand, den Verne darstellt, indem er das Heldenhafte im Bild der Prothese ins Groteske rutschen lässt: »›Trostlos!‹ sagte eines Abends der tapfere Tom Hunter, während seine hölzernen Beine am Kamin des Rauchsalons verkohlten. ›Nichts zu tun! Nichts zu hoffen! Welch langweiliges Leben! O goldene Zeit, da uns jeden Morgen lustiger Kanonendonner weckte!‹«[3]
Man beneidet die Europäer, die noch Kriege im Namen von Nationen führen können, und ängstigt sich um den Verlust von Status und Einfluss in den befriedeten Vereinigten Staaten. Umso dankbarer sind die Mitglieder des Gun-Clubs, als ihr Vorsitzender, Impey Barbicane, ein Projekt erfin-

1 Verne, Jules: *Von der Erde zum Mond.* Direkte Fahrt in siebenundneunzig Stunden und zwanzig Minuten. Aus dem Französischen von William Matheson. Mit zwei Karten und einundvierzig Illustrationen von H. de Montaut. Zürich: Diogenes 1976, S. 7.
2 Ibid.: S. 10.
3 Ibid.: S. 11f.

Abb. 3: Mitglieder des Gun-Club.

det: Er schlägt vor, die im Krieg erworbenen ballistischen und mechanischen Kräfte zu bündeln, um ein Projektil zum Mond zu schießen. In der betreffenden Szene, jener Sitzung des Gun-Clubs, in der der Vorschlag euphorisch aufgenommen wird, erscheint Barbicane in einer Pose, die 100 Jahre später in Stanley Kubricks DR. STRANGELOVE Major Kong auf der Atombombe einnimmt: Er sitzt auf einem 32-Zoll-Mörser. In Jules Vernes Roman nimmt unter großer medialer Resonanz das Experiment, das die intellektuellen Kräfte und physischen Ressourcen Amerikas neu ausrichten soll, seinen Lauf. Mithilfe von privaten und staatlichen Subskriptionen – unternehmerische Methoden werden auf nationale Anliegen übersetzt – wird das Großprojekt in Angriff genommen. Auf Betreiben des charismatischen Abenteurers Michel Ardan – eine Chiffre für den mit Jules Verne befreundeten Photographen und Luftschiffer Nadar – wird später das Projektil in eine bemannte Raumkapsel umgebaut, in der schlussendlich Ardan, Barbicane und dessen Gegenspieler Kapitän Nicholl zum Mond abgefeuert werden. Die beiden sind Konkurrenten, da Nicholls Panzerungen baut, während Barbicane als Ballistiker auf die Durchlöcherung der Panzer spezialisiert ist. Sie bilden ein dynamisches Duo in einer Ökonomie der Gewalt. Durch die Umorientierung des Raketenprojekts auf eine bemannte Mission gewinnt sie einen deutlich kolonialistischen Charakter. Man spekuliert über die Beschaffenheit der Mondbewohner und über einen extraterrestrischen 36. Bundesstaat. Die Kolonisierung und die Vermehrung

Abb. 4: Im Inneren des Projektils, Abb. 5: Feuer!!!

der Gattung soll jedoch nicht länger mithilfe üblicher Reproduktionstechniken stattfinden: Ardan, dem die Herzen der Nation und insbesondere der Frauen zufliegen, verspürt keine Lust, »auf dem Mondkontinent ein Stammvater zu werden und eine Mischrasse von französischem und amerikanischem Geblüt dorthin zu verpflanzen. [...] ›Dort oben‹, sagte er, ›die Rolle Adams mit einer Tochter Evas zu spielen – nein danke! Da würde ich nur Schlangen antreffen ...!‹«[4] In der Konstellation Veteran – Rakete ist die Möglichkeit technischer Reproduktion, eine Junggesellenmaschine angelegt. Eine für Vernes Romane typische, chiliastische Konstruktion von isolierten Innenräumen, die mit explosionsartigen Raumausdehnungen kontrastiert sind, bestimmt die Erzählung: Versammlungen und Sitzungen des Gun-Clubs, zumal des kleinen Kreises der Planer in bürgerlichen Interieurs, wechseln sich mit Szenen der öffentlichen, sexuell explosiven, potentiell globalen Euphorie über das Projekt ab. Der geschlossenen Kapsel als Futteral für die Reisenden korrespondiert die Gewalt des Abschusses in den Weltraum, die auch sprachlich durch pathetischen Überschwang und ausufernde Adjektivansammlungen geprägt ist.[5]

4 Ibid.: S. 242.

5 Zu Jules Vernes möblierten Vehikeln und zur Logik des Futterals vgl. Innerhofer, Roland: *Spannende Widersprüche. Wie Jules Verne Wissenschaft erzählt*. Alien Contact 68/2005. Online: www.epilog.de/texte/verne-jules-1828/spannende_widersprueche_ac068.htm, Zugriff vom 01.05.2012.

Abb. 6: J.T. Mastons Vorschlag für die Kanone.

Verne bildet den befürchteten Status- und Machtverlust sowie wenig verdeckte Potenzverlustsängste auf groteske Figurationen ab, denen Gliedmaßen fehlen. Die technologischen Phantasmen der Veteranen erscheinen als Überkompensation eines Verlorengegangenen. Technik ist damit nostalgisch und fetischistisch. Wenn etwa J.T. Maston, der mehrfach versehrte Schriftführer und führende Mathematiker des Unternehmens, fiebrig und aufgeregt eine Kanone von einer halben Meile Länge vorschlägt, ist Kriegstechnik gar nicht mehr anders lesbar denn als Phallus.[6]

Das Phantasma der technischen Extension des Phallus als Kanone, die im Boden des warmen Südens (in Tampa, Florida) versenkt wird, grundiert später die Semantik der Extension von Wahrnehmung durch technische Medien: Zur Beobachtung des Unternehmens wird ein riesiges Teleskop in den eisigen Höhen der Appalachen errichtet, das von Maston überwacht wird. Schritt für Schritt erweitert sich die phallische Hypertrophie der Veteranen in ein Projekt der mechanischen Extension der menschlichen Zivilisation in den Weltraum hinein. Noch bevor sie die Bemannung der Raumkapsel ins Auge fassen, erscheint den Veteranen das Projektil als idealtypische Verlängerung der besten Eigenschaften der Gattung der Hominiden, als technischer Delegierter menschlicher Genialität. Das kugelförmige Projektil repräsentiere in ihrer Perfektion die menschliche

6 Verne: *Von der Erde zum Mond*, S. 83–90.

Schöpferkraft. Sie soll den Mondbewohnern von der Gottähnlichkeit der Menschen berichten. Für J.T. Maston ist sie die »›glänzendste Kundgebung der Macht des Menschen, denn in der Kugel drückt sich ihr ganzes Genie aus – bei ihrer Schöpfung hat sich der Mensch dem Schöpfer am meisten genähert.‹«[7]
Für das Thema der vorliegenden Arbeit ist J.T. Maston die prägnanteste Figur: Er wurde im Krieg verstümmelt, ist mit einem Haken und einer künstlichen Schädelplatte repariert worden. Er ist der glühendste Verfechter des Mondprojektes und dabei die tragik-komische Figur des Romans: Er darf nicht mit auf den Mond fliegen, da er »unvollständig« ist und sein zerstörter Körper ein eindeutiges Zeichen der Dummheit und Gewaltsamkeit der menschlichen Gattung ist:

> »Siehst du, mein alter Maston«, sprach er [Ardan, K.H.] zu ihm, »du darfst mir nicht übel nehmen, was ich dir darüber zu sagen habe; aber wahrhaftig, unter uns gesagt, du siehst zu unvorteilhaft aus, weil du zu unvollständig bist, um dich auf dem Mond zu zeigen.« [...] »Denke Dir, wenn wir dort oben Bewohnern begegnen. Möchtest Du ihnen wohl eine so traurige Vorstellung von dem geben, was bei uns hier unten vorgeht, einen Begriff von dem, was Krieg heißt, ihnen anschaulich machen, daß man seine beste Zeit daran wendet, sich gegenseitig aufzufressen, sich zu verschlingen, sich Arme und Beine zu brechen und das auf einer Kugel, auf der 100 Milliarden Bewohner Nahrung finden könnten und kaum 1.200 Millionen tatsächlich wohnen? Ah! Mein würdiger Freund, man würde uns deinetwegen vor die Türe setzen!«[8]

Der Vorgang scheint mir symptomatisch für den wissenschaftlich-technischen und politisch-gesellschaftlichen Umgang mit Versehrung und Prothetik seit dem 19. Jahrhundert, aber auch für die kulturellen Verarbeitungen der Prothetik in Theorien der Medien, der Kultur oder in künstlerischen Programmen: Die Versehrten sind zwar Anlass für die Produktion von Techniken, Theorien, Bildern, Erzählungen, die Betroffenen gehen jedoch stets irgendwo auf dem Weg dorthin verloren. Jules Verne hatte ein feines Gespür für das Verhältnis von Imaginationen und konkreten Verhältnissen: Erstere mögen durchaus Symptome einer Gewalterfahrung sein, sie nehmen von da aus jedoch Umwege und kommen ökonomisch und symbolpolitisch nicht unbedingt jenen zu Gute, die die Produktion von Bildern und Erzählungen angestoßen haben. Die Figur J. T. Maston

7 Ibid.: S. 68.
8 Ibid.: S. 244.

ist in dieser Hinsicht ein Prototyp: Seine Teilnahme an dem Projekt besteht nicht unwesentlich in der Produktion von phantastischen Bildern und Spekulationen, und er stellt sich als Versuchsobjekt zur Erprobung der Raumkapsel zur Verfügung. Acht Tage bewohnt er ohne Kontakt zur Außenwelt das Futteral, die Kapsel, um die Funktionstüchtigkeit der Maschinen und ihre Überlebensfunktionen zu testen. Der Kriegsversehrte als Versuchsobjekt innovativer Technologien findet damit erstmals ein prägnantes Bild.

Die Versehrten mögen der Anlass für künstlerische und intellektuelle Vorhaben sein, in den Unternehmungen selbst aber geht es weniger um eine Bearbeitung ihrer Fragen als um ein Phantasieren im großen Stil, das bei Jules Verne auf die Mobilisierung eines großen (jugendlichen, vornehmlich männlichen) Publikums zielt. Im Fall der Reise zum Mond ist es der Status der Veteranen, ihr körperlicher Mangel, der drohende Verlust ihres sozialen Status, ihre »Entmannung«, die die Idee des Raketenbaus zwar anstößt, an der Reise beteiligt sind jedoch nur körperlich unversehrte Männer. Die Rakete ist gewissermaßen die Prothese einer phantasmatischen soldatischen Maskulinität. Sie bündelt die medialen Energien: *De la terre à la lune* besteht zu großen Teilen aus Schilderungen von Publikumsreaktionen und Berichterstattungen. Die Rakete ist so gesehen auch ein Ersatz der zusammenschließenden, symbolischen Kraft von Krieg als Politik. Sie bewerkstelligt eine Verschiebung von im Krieg stimulierten Kräften und Ressourcen auf zivile Unternehmungen, die von einer medialen Affektpolitik flankiert sind: Die Rakete dient der Umcodierung von Patriotismus als heißem, kriegerischen Affekt in einen kühlen, unternehmerischen.

Die Geschichte der Prothetik ist voll von solchen Übertragungen, Verschiebungen, Substitutionen zwischen realen Körpern und symbolischen Konstellationen. Der versehrte und prothetisch reparierte Körper fungiert darin als Verschiebebahnhof von Bedeutung. Die für die Ästhetik des 20. Jahrhunderts so zentrale Ikonizität von Technik entsteht als ein Kontrast zu einem der Ganzheit und Stabilität entrissenen Männerkörper. Dieser perforierte Körper wird sehr unterschiedlich konzipiert und »verwendet«: Er ist Experimentierwerkstatt für innovative Technologien und Körperkonzepte, Schauplatz des Kampfs um politische Einheit, Einsatzpunkt künstlerischer Programmatiken und Anlass technikphilosophischer und anthropologischer Spekulation. Der prothetische Körper ist seit gut 150 Jahren in zahlreichen Varianten zu besichtigen: Als viel versprechender »Neuer Mensch«, als »phantombildendes« Wesen, als Musterbeispiel staatlicher Biopolitik, als exemplarisches Gattungsmitglied des »Mängelwesens« Mensch, als künstlerischer Exzentriker. In all diesen metaphorischen Verdichtungen und Abstraktionen, die ab Mitte des 19. Jahrhunderts so ungemein wirkungsträchtig waren, taucht jedoch selten der Anlass dieser

»Bildgebung« als solcher auf: Versehrte und Behinderte in ihrem Lebensvollzug, mit ihren Problemen und Konflikten. In dieser Arbeit habe ich mir deshalb vorgenommen, im Parallelgang die materielle Genealogie – ihre Sozial-, Wissenschafts- und Technikgeschichte – und die kulturellen Verarbeitungen – in künstlerischen und theoretischen Programmen – der Prothetik zu rekonstruieren. Der im Krieg versehrte Soldat figuriert in Letzteren zumeist als der abwesend Anwesende: Prothetische Anthropologien entstehen zwar im Umfeld von modernen Kriegen, häufig angeregt durch spekulative Extrapolation kriegsbezogener Forschung, beziehen sich aber nur selten oder nur lose auf medizintechnische oder psychologische Problemlagen und Erfahrungen.

Ausschlaggebend für die Prägnanz der Prothese als Metapher der Moderne ist das Ineinander von Produktion und Deproduktion, das charakteristisch für Kriege seit Mitte des 19. Jahrhunderts ist. Es ist die Januskopfigkeit moderner Kriege, für die die Prothese das Bild liefert. Denn je moderner die Waffentechnik und je ausgefeilter Militärorganisation und -logistik, je technisch avancierter die Heere wurden, desto stärker wurden Medizin und Medizintechnik herausgefordert und in das Heereswesen implementiert. Die Kehrseite der systematischen Zerstörung von Körpern ist eine Verbesserung des wissenschaftlichen, technischen und praktischen Umgangs mit versehrten Körpern. Der Umschlag hin zu dieser besonderen Form einer Biopolitik im engsten Sinn des Wortes – sie war nicht auf die Front beschränkt, sondern griff tief ins zivile Leben ein – wird meist auf die Mitte des 19. Jahrhunderts datiert:[9] Im Krimkrieg (1853–1856) und im amerikanischen Bürgerkrieg (1861–1865) wurden die industriellen Formen des Tötens, die ihren Exzess in den beiden Weltkriegen des 20. Jahrhunderts erreichten, erstmals erprobt. Hinzu kamen Generalmobilmachungen, die den Krieg in alle Schichten der Gesellschaft hineinreichen ließen. Als Antwort auf die massenhaften Tötungen und Verletzungen begann zudem der systematische Aufbau des Sanitätswesens, für das exemplarisch die Gründung des Roten Kreuzes 1863 steht. Für dieses Ineinander von technisch-wissenschaftlichem Fortschritt und Destruktion, humanitärem Gedanken und »unmenschlichem« Krieg liefert die Prothese das passende, weil tief ambivalente Bild: Sie verdeckt im Spiel von augenfälliger Mechanizität und morphologischer Annäherung an das Organische das Maschinenhafte der Destruktion in genau dem Maße, wie sie dieses exponiert. Hinzu kommt, dass bereits zeitgenössischen Kommentatoren des 19. Jahrhunderts klar war, dass Waffenfabriken und Prothesenproduk-

9 Vgl. Harrison, Mark: »Krieg und Medizin im Zeitalter der Moderne«. In: Larner, Melissa, James Peto und Colleen M. Schmitz (Hg.): *Krieg und Medizin*. Göttingen: Wallstein 2009, S. 11–29.

tion auf der gleichen ingenieurwissenschaftlichen Basis operierten. Einer der seinerzeit bekanntesten Stichwortgeber war der amerikanische Arzt und Schriftsteller Oliver Wendell Holmes, Mitherausgeber des *Atlantic Monthly* und derjenige, auf den der Ausdruck – nicht aber das Verfahren – der Anästhesie zurückgeht. In einem Artikel über Fortschritte im Bau künstlicher Gliedmaßen und dem natürlichen Fuß angemessenen Schuhwerks aus dem Jahr 1863 stellt er zunächst nüchtern fest: »While the weapons that have gone from Mr. Colt's armories have been carrying death to friend and foe, the beneficent and indigenious inventions of MR. PALMER [dem selbst beinamputierten, zweitgrößten Hersteller künstlicher Glieder im und nach dem amerikanischen Bürgerkrieg, K.H.] have been repairing the losses inflicted by the implements of war.«[10] Später hebt der Text zu einer trotzigen Verteidigung der pragmatisch-technischen US-Kultur gegen die der »Alten Welt« an. In einem Atemzug werden technische Meisterleistungen zur Effektivierung des Krieges, Maschinen zur Erzeugung von Konsumgütern, die Fortschritte in der Chirurgie sowie die Kunst der Prothesenherstellung als Produkte des nationalen Genius der jungen Nation genannt:

> She [Amerika, K.H.] has contrived man-slaying engines which kill people faster than any others. [...] She has invented the sewing-machine to save the dainty fingers of your virtuous grisettes from uncongenial toil, so that Fifine and Frétillon may have more leisure for self development. She has taught you a whole new system of labor in her machinery for making watches and rifles. She has bestowed upon you and all the world an anodyne which enables you to cut arms and legs off without hurting the patient; and when his leg is off, she has given you a true artist's limb for your cripple to walk upon, instead of the peg on which he has stumped from the days of Guy de Chauliac to those of M. Nelaton [sic].[11]

Das Lob der Kunstfertigkeit und der technischen Meisterhaftigkeit des Baus künstlicher Gliedmaßen inspiriert also eine Theorie der pragmatisch anpackenden US-Kultur. Holmes hat jedoch zumindest die Werkstätte Dr. Palmers, die Demonstrationen durch Prothesenträger und damit die aktuelle Forschung und ihre Nutznießer tatsächlich in Augenschein genommen. Spätere kultur- und medientheoretische Generalisierungen kannten hingegen Prothesen häufig nur noch vermittelt durch Bilder.

10 Holmes, Oliver Wendell: »The Human Wheel, Its Spokes and Felloes«. In: *The Atlantic Monthly* 1863:67, S. 567–580, hier. S. 568.
11 Ibid.: S. 579.

Das Verhältnis von konkreter Arbeit am Gliedmaßenersatz und künstlerischer oder theoretischer Verarbeitung ist meist von Ungleichzeitigkeiten und Distanz geprägt. Nicht so bei Holmes, der als Augenzeuge spricht. Während sich etwa die Prothetik als Medizintechnik in den zwanziger Jahren bereits von einem mechanistischen Körperbild zu verabschieden beginnt, steht genau der mechanische Charakter der Prothesen im Zentrum der künstlerischen Produktivität der Dadaisten. Dieses neue, gewissermaßen »kybernetische« Prothesenparadigma hingegen kam in der Kulturtheorie mit einer Verspätung von etwa vierzig Jahren an, wurde dann jedoch in der Medientheorie durch Marshall McLuhan verarbeitet und popularisiert. Umgekehrt macht Jules Vernes Roman deutlich, dass der Weg nicht unbedingt von der wissenschaftlich-technischen zur kulturellen Verarbeitung führen muss: Seine Leitidee der Katalysierung patriotischer Kräfte in der Weltraumforschung war entscheidend für die massive staatliche Förderung für technowissenschaftliche Forschung im 20. Jahrhundert.

Als Untersuchungszeitraum für diese Arbeit wurde die Zeit zwischen 1850 und den späten sechziger Jahren des 20. Jahrhunderts gewählt. Die Prothetik zwischen Jules Vernes *De la terre à la lune* und Stanley Kubricks DR. STRANGELOVE durchquerend, lassen sich prägnante Verschiebungen hin zu einer prothetischen Anthropologie beobachten. Der prothetische Mensch erscheint nach Ablauf dieser 100 Jahre als ein anderer: War es im 19. Jahrhundert und bis in den Ersten Weltkrieg hinein die industrielle Produktion einer mechanischen Prothese, die als dem Körper äußerlich, als Hilfsgerät konzipiert wurde, verschob sich von da an das Interesse der Prothetiker – der Orthopäden, der Chirurgen, der Psychologen – zunehmend auf Fragen nach Parametern der Beschreibung des Menschen. Prothesen sind dem Menschen seither nicht mehr äußerlich, sie werden vielmehr integral für seine Selbstbeschreibungen: Wie lässt sich Bewegung als Code beschreiben und modellieren? Wie interagiert die Physis mit der Psyche, mit der Vorstellung? Wie sind Anpassungs- und Stabilisierungsleistungen zwischen Leib und Umwelt zu erfassen? Und nicht zuletzt: wer oder was steuert da eigentlich? Fragen wie diese werden sowohl an den menschlichen Leib als auch an die Prothesen gerichtet. Die »mechanischen« Teile des Körpers und ihre Interaktionen mit der Psyche und den Nerven wurden dabei zunehmend in ihrem ontologischen Status fraglich, bis sie – das Stichwort Kybernetisierung steht hier für eine Vielzahl von epistemologischen Verschiebungen – als ein einziges homöostatisches System erscheinen konnten, in dem keine Unterschiede zwischen Maschine und Organismus existieren.

Maske der Verkrüppelung

Ernst Kapps Organprojektionsthese

1865 war nicht nur das letzte Jahr des Sezessionskriegs und das Erscheinungsjahr von Jules Vernes Rüstungsparodie, es war auch das Jahr, in dem Ernst Kapp seine Rückkehr nach Deutschland einleitete. Aufgrund seiner liberalen Gesinnung war Kapp mit seiner Familie 1849 ausgewandert und hatte im *latin settlement* Sisterdale in Texas eine Landwirtschaft betrieben und Hydrotherapie praktiziert. Vor seiner Emigration hatte der studierte Philologe sein erstes Werk *Philosophische oder Vergleichende allgemeine Erdkunde* (1845)[12] publiziert, in dem der Hegel- und Ritter-Schüler seine geographische Konzeption der Kulturanthropologie vorlegte. Ernst Kapps *Grundlinien einer Philosophie der Technik* von 1877 gilt als die erste eigentliche Theorie der Technik, die mit ihrer Definition von Werkzeugen als »Verlängerung, Verstärkung und Verschärfung leiblicher Organe«[13] in der Medientheorien des 20. Jahrhunderts, zumal der Organextensionsthese Marshall McLuhans widerhallt. Leitmotivisch klingen bei Kapp all jene Themen an, die für prothetische Anthropologien zentral werden sollten: Fragen nach dem Verhältnis von Ersatz und Verbesserung, von Funktion und Mimesis, von Apparat und Erkenntnis, nach den Rückkopplungen zwischen Technik und Denken / Dasein. Kapp fragt nach dem Ort der Technik in den Selbstbeschreibungen des Menschen. Wie ist Kapps Technikschrift historisch zu verorten?

Wie jede Technikphilosophie sind die *Grundlinien* zugleich Erkenntnistheorie und Anthropologie. Es geht ihm um nichts weniger als die »culturhistorische Begründung der Erkenntnislehre überhaupt«. Diese soll von nichts anderem ausgehen als »von dem denkenden und handelnden Selbst«, vom Menschen, »so weit nur immer [...] Dinge mit von seiner Hand herrührenden Spuren und Veränderungen für sein Dasein zeugen.«[14] Vorausgesetzt ist also ein Anthropus, der sich die Welt leiblich aneignet und in dieser Aneignung reflexiv verfährt. In Kapps Konzeption sind sämtliche menschlichen Artefakte, seien es die einfachsten Werkzeuge oder die komplexesten Maschinen, aber auch künstlerische Werke und politische Institutionen »Organprojectionen«.[15] Die Fähigkeit des Hinausversetzens, Projizierens ist bei Kapp gleichbedeutend mit der philosophischen Rede vom

12 Kapp, Ernst: *Philosophische oder Vergleichende allgemeine Erdkunde als wissenschaftliche Darstellung der Erdverhältnisse und des Menschenlebens nach ihrem innern Zusammenhang*. 2 Bde. Braunschweig: Verlag George Westermann 1845.

13 Kapp, Ernst: *Grundlinien einer Philosophie der Technik. Zur Entstehungsgeschichte der Cultur aus neuen Gesichtspunkten*. Braunschweig: Verlag George Westermann 1877, S. 42.

14 Ibid.: S. 33.

15 Ibid.: S. 29.

Denken. Denn das Projizieren findet über weite Strecken unbewusst statt, Technik hingegen ist die Explikation von Intelligenz: Im Bau von Geräten und Infrastrukturen werden Organfunktionen nachgeahmt, deren Modus Operandi jedoch nicht bekannt ist, sondern lediglich mimetisch nachvollzogen wird. Erst in einem nächsten Schritt beugt sich das Artefakt zurück auf den Körper und das Denken und dient der Erkenntnis, beispielsweise des Wissens über die Organe. So hätte das Monochord dazu gedient, Aufbau und Funktion des Gehörs, insbesondere des cortischen Organs, nachvollziehbar zu machen, und Linsenschleifkunst und Daguerreotypie hätten über den Bau des Auges Aufschluss gegeben.[16]

Gegen eine metaphorische Ausdeutung des menschlichen Körpers *als* Maschine setzt Kapp sein operatives Modell, demgemäß technische Artefakte Organe *sind*. Sie sind es in dem Maß, wie Organe funktionale Mittel der Weltaneignung sind. Ist die Hand ein »natürliches Werkzeug«,[17] eine »natürliche Waffe«,[18] die in einem produktiven Verhältnis mit der Umwelt steht, dann sind Technologien mehr als nur »gleichsam« wie der menschliche Körper (und vice versa): »Das Ruder ist eben die reine Nachformung des gestreckten Armes und der Handfläche.«[19] Die Erkenntnis über das Selbst, seine Beschaffenheit und seine Fähigkeiten ist unmittelbar korreliert mit dem eigentlich außerkörperlichen Charakter der Werkzeuge, mit ihrer Handhabung und der darin abgelagerten Fähigkeit zur Planung von Effekten. Umgekehrt erschließt sich erst durch die Besichtigung und Analyse der nach außen projizierten Entitäten das Unbeobachtbare des menschlichen Leibes: Seine Konstruktionspläne zeigen sich in der Handhabung von Werkzeugen und Apparaten.[20]

Ein praktisches Beispiel hierfür gibt Kapp in Kapitel VI. »Die innere Architektur der Knochen«.[21] Er argumentiert hier, dass Brücken schon lange »unbewusst« nach dem inneren Aufbau der Knochen gebaut würden, dass aber erst die moderne Ingenieurskunst den Rückschluss und die Erkenntnis über die »Architektur der Spongiosa«[22] ermöglicht hätte. Augenfällig würde dieser Prozess insbesondere in optischen Geräten: Die wissenschaftlichen Untersuchungsapparate dienten nicht nur der Erforschung der Außenwelt, sondern die Forschung gewinne durch deren Bau und Handhabung, gewissermaßen im Rückspiegel, Erkenntnisse über Funktion und Bau der menschlichen Wahrnehmung. In diesem Sinne ist sein Schlusssatz zu verstehen: »Hervor aus Werkzeugen und Maschinen, die er

16 Ibid.: S. 77–88.
17 Ibid.: S. 41.
18 Ibid.: S. 37.
19 Ibid.: S. 90.
20 Ibid.: S. 97.
21 Ibid.: S. 107–125.
22 Ibid.: S. 107.

geschaffen, aus den Lettern, die er erdacht, tritt der Mensch, der *Deus ex Machina*, Sich Selbst gegenüber.«[23]

Kapps Ansatz ist kein im engeren Sinn technikdeterministischer, sondern zunächst ein materialistischer, der mimetische Vorgänge zwischen Organischem und Mechanischem beschreibt. Es geht ihm nicht darum, das menschliche Schicksal als evolutionär durch Technik bestimmt zu begreifen, etwa um eine Teleologie des technischen Fortschritts oder um eine technische Steigerung menschlicher Fähigkeiten zu propagieren, sondern um die Frage, welche Erkenntnisse über den Menschen die Technik virtuell bereithält. Kapp hält folgerichtig an der ontologischen Unterscheidung zwischen Organischem und Mechanischem fest. Dem Organischen attribuiert er die Fähigkeit zur »unbewussten Selbstproduktion«, zur kreativen Anpassung und Neuerfindung von Funktionen, während das Mechanische stets nur zur Erledigung spezieller Aufgaben konstruiert sei.[24] So wenig die Maschinen jedoch lebendig sind, so sehr sind sie dazu in der Lage, sich zu reproduzieren.[25] Denn Werkzeuge, vor allem intellektuelle Werkzeuge, etwa Messinstrumente, tragen neue Konstruktionen virtuell in sich. Die Anerkennung der Fähigkeit von Technologien zur Selbstreproduktion führt Ernst Kapp jedoch – das mag überraschend klingen – zur dezidierten Ablehnung des Werkzeugcharakters von künstlichen Gliedmaßen.

Ernst Kapp gilt in den Medienwissenschaften als Kronzeuge einer Medienanthropologie, die den Menschen als Mängelwesen (Herder) konzipiert, das seine Schwächen durch mediale Organverstärker kompensiert. Der augenscheinlichste Fall einer solchen Kompensation wäre die Prothese, die eine Urszene des Werkzeuggebrauchs ins Bild setzt: Die Hand wird direkt vom Apparat ersetzt. Auch das Vokabular Kapps (Extension, Projektion) legt ein Näheverhältnis zwischen seiner Techniktheorie und dem Komplex des Prothetischen nahe. Umso frappierender ist, dass Ernst Kapp Prothesen dezidiert aus seinen Überlegungen ausschloss, dass er künstliche Glieder als simulierte, als unechte Werkzeuge verstanden haben möchte. An einer Stelle ist explizit von Kunstgliedern die Rede: Kapp referiert einen Aufsatz über die eiserne Hand des Ritters Götz von Berlichingen[26] und zeigt dazu zwei Abbildungen des ganzen Arms und des Mechanismus eines Fingers. Er konzediert zunächst, dass der »Mechanikus«, der Konstrukteur, wohl mit großer Geschicklichkeit nach dem Modell einer Hand gearbeitet habe,[27] setzt dann aber mit überraschender Vehemenz zu einer Kritik künstlicher Gliedmaßen an. Sie seien lediglich »mechanische Ge-

23 Ibid.: S. 351.
24 Ibid.: S. 100–101.
25 z.B. Ibid.: S. 74.
26 Ibid.: S. 101–104.
27 Ibid.: S. 101.

stelle«, »nothdürftige Ergänzungen eines fehlenden Gliedes«, »unfruchtbare Machwerke«. Im Vergleich mit dem Hammer, diesem »Ausfluss unverkürzter Lebensthätigkeit«, sei die Prothese lediglich ein »mit ängstlicher Treue nachgemachtes Modell«. Während der Hammer der »Erhöhung natürlicher Kraft und Stärke diene«, sei die Prothese eine »kümmerliche Zuflucht der Schwäche«. Jener befinde sich »im reproductiven Zusammenhang mit einer Folge von Werkzeugen«, sei also Resultat einer intelligenten Evolution, die Prothese sei lediglich »isolirte Maske einer Verkrüppelung.«[28] Auf dem Höhepunkt der Prothesenbeschimpfung wird die Zeugungskraft des Hammers (»neue Hämmer schmieden, ganze Hammerwerke errichten und Weltgeschichte machen«) dem toten Kunstglied, dem unproduktiven Handgestell entgegengesetzt, das in seiner Unheimlichkeit Wachskabinettfiguren ähnle.[29]
Die Prothese, diese materialisierte Organprojektion, die noch dazu zur Entstehungszeit der *Grundlinien* als Folge des amerikanischen Bürgerkriegs erstmals in größerem Maßstab und als Massenware produziert wurde, fällt also unter das Verdikt des Unproduktiven, Abgestorbenen, nur Simulierten. In Kapps Fortschrittserzählung einer maskulinen Technikkultur der Arbeit kann sie nichts sein als ein Analogon zu einer tanzenden, plappernden Gliederpuppe.[30] Die Prothese ist sogar abscheulicher als ein »ordinäre[s] Ding«:[31] Sie ist ein unproduktiver Fetisch. Dies deutet Kapp in einer Formulierung an, in der Casparis *Urgeschichte der Menschheit* zitiert wird: »[...] weshalb Naturmenschen, obwohl sie so viel Indifferentes als Fetisch verehren, ihre Geräthe, auf welche sie doch so hohen Werth legen, niemals anbeten, [...] dass diese fetischistische Verehrung durch die Gewohnheit gehindert werde, ›die zu innig mit den Objecten verwächst, ähnlich wie der Mensch mit seinen Gliedern, die er gewiss am höchsten schätzen sollte.‹«[32] Als Objekt, das ein Publikum zu bezaubern weiß, das animiert erscheint, fällt die künstliche Hand in die Kategorie dieses »anthropopatischen Irrwegs«,[33] der allzu menschlichen, aber völlig fehlgehenden Annahme, die Dinge besäßen wie der Mensch ein Bewusstsein. Es ist außerdem Kapps hegelianisches Kulturmodell, das ihn zwingt, die Prothese auf die niedrigste Stufe der Nachahmung des Organischen zu verbannen. Sie ist eine Nachahmung, die üblicherweise einem Individuum zur Hand ist, ohne Abstraktion, ohne »geistige Zuthat«,[34] ohne Nut-

28 Ibid.: S. 103.
29 Ibid.: S. 104.
30 Ibid.: S. 105.
31 Ibid.: S. 104.
32 Ibid.
33 Ibid.: S. 160
34 Ibid.: S. 105.

zen für die Allgemeinheit. Als Gegenmodell zum Kunstglied installiert Kapp Alexander von Humboldts emphatische Beschreibung »neuer Organe« der wissenschaftlichen Erkenntnis:

> Das Erschaffen n e u e r O r g a n e (Werkzeuge zum Beobachten) vermehrt die geistige, oft auch die physische Kraft des Menschen. Schneller als das Licht trägt in die weiteste Ferne Gedanken und Willen der geschlossene elektrische Strom. Kräfte, deren stilles Treiben in der elementarischen Natur, wie in den zarten Zellen organischer Gewebe, jetzt noch unseren Sinnen entgeht, werden erkannt, benutzt, zu höherer Thätigkeit erweckt und einst in die unabsehbare Reihe der Mittel treten, welche der Beherrschung einzelner Naturgebiete und der lebendigeren Erkenntnis des Weltganzen näher führen.[35]

Ernst Kapp ist ein erster Systematiker einer »prothetischen Anthropologie«, der Extensionsthese, jedoch paradoxerweise nicht bezogen auf konkrete Prothesen. Sie genügen seinen Ansprüchen an technische Artefakte als Mittel der geistigen Vervollkommnung des Menschen nicht, sondern bleiben im Gegenteil in einem unproduktiven Bereich des Unheimlichen, der Magie, des Uneigentlichen, des »Primitiven« gefangen. Die Abstandnahme zur Prothese korrespondiert mit einer Kritik von Herders Mängelwesen-Theorie: Kapps Ansicht, »dass das erste aus Menschenhand hervorgegangene Werkzeug der thatsächliche Anstoss für die Culturentwicklung gewesen sei«,[36] hält einen kleinen, aber entscheidenden Abstand von Kulturtheorien Herderschen Zuschnitts. Kapp argumentiert, dass seine Theorie »fern von der Berührung mit dem entstanden sei, was die anthropologischen Wissenschaft über Gleichzeitigkeit oder über Priorität theils von Wort und Gedanke, theils von Sprache und Werkzeug aufgestellt haben mag«.[37] Er brauche für seine Philosophie keineswegs den »hypothetische[n] Bathybiusmensch, nicht de[n] annoch eben so hypothetische Idealmensch, sondern de[n] Mensch[en], so weit nur immer von uraltester Zeit bis zur Gegenwart Dinge mit von seiner Hand herrührenden Spuren und Veränderungen für sein Dasein zeugen.«[38] Lieber hält Kapp sich an die Archäologie mit ihrer materialbasierten Argumentation und an Benjamin Franklins Definition des Menschen als *»a tool making animal.«*[39]
Wo genau verläuft jedoch die Grenze zwischen Kapps anthropozentrischer Technikphilosophie und der Mängelwesen-These? Auch in Fried-

35 Alexander v. Humboldt zit. n.: Ibid.: S. 105f.
36 Ibid.: S. 237.
37 Ibid.
38 Ibid.: S. 33.
39 Ibid.: S. 237.

rich Kittlers Würdigung Ernst Kapps als einem der ersten Kulturwissenschaftler zumal deutscher Provenienz, der sich über das Verhältnis von Technik, Denken und Kultur klar zu werden versuchte, bleibt letztlich in der Schwebe, ob dieser ein Vordenker der Extensionsthese war oder nicht: Einerseits käme bei Kapp technischem Handeln als »Umgang mit Ersatzteilen der Hand«[40] die notwendige Aufmerksamkeit zu, eine Aufmerksamkeit für Praxis, die er insbesondere in der Fundamentalontologie des späten Heidegger erneut findet.[41] In Kittlers Perspektive ist Kapp Vertreter einer »prothetischen« Techniktheorie, gerade weil er an einem anthropozentrischen Standpunkt festhält und folglich alle anderen Seinsweisen (gegenständlich, animalisch, göttlich) sekundär und abgeleitet bleiben müssen. Das Prothesendenken sei generell anthropozentrisch, da auch noch der nihilistischste Posthumanismus, der einen technisch aufgerüsteten, technisch ersetzbaren Anthropus träumt, auf den Menschen zurückweist.

Kapps Technikphilosophie ist jedoch alles andere als posthumanistisch oder nihilistisch. Der menschliche Körper und seine Organe sind für ihn unhintergehbar: Allein aus bereits angelegten Funktionen der Glieder heraus werden unbewusst Werkzeuge und Instrumente »projiziert«. Die Mängelwesen-Theorie geht hingegen von einem defizitären Menschen aus, dem Technologien und Institutionen als Schutz gegen eine organisch perfekte Natur dienen. In Bezug auf Kapp ist zudem festzuhalten, dass der menschliche Leib nur deshalb Vorbild aller Technik sein kann, weil er als Potential zur Vervollkommnung gedacht wird, als ein übervolles Magazin, wie etwa zeitgleich Ralph Wardo Emerson formuliert: »The human body is the magazine of inventions, the patent-office, where are the models from which every hint was taken. All the tools and engines on earth are only extensions of its limbs and senses.«[42] Dass man in Kapp einen Vordenker posthumanistischer Technophantasien gesehen hat, ist eine Rückprojektion aktueller Diskussionen, eine retroaktive Umdeutung und eine Extrapolation seiner Thesen.

Im Bild des übervollen Repositoriums hat freilich der bedürftige Mensch kaum Platz – sei er die anthropologische Fiktion der Instinktarmut und organischen Mangelhaftigkeit, wie sie Herder konzipiert hatte, oder der konkrete Prothesenträger. Wenn der Mensch das »meter of all things«[43] ist, muss er zwar nicht in jeder Konkretion perfekt, aber zumindest perfektibel sein. Im technischen 19. Jahrhundert hielten Kapps sich selbst re-

40 Kittler, Friedrich: *Eine Kulturgeschichte der Kulturwissenschaft*. München: Fink 2001, S. 206.
41 Ibid.: S. 229.
42 Emerson, Ralph Waldo: *Society and Solitude. Twelve Chapters*. Boston: Houghton, Mifflin and Company 1870. Chapter VII: Works and Days, S. 151.
43 Ibid.

produzierende Werkzeuge, imposante Maschinen und Architekturen Kurs auf Vervollkommnung, während ihm Prothesen als wenig mehr denn als Dekor, als vergängliche und vom Fetischzauber umgarnte Waren erschienen. Jules Vernes Spekulation war – zumindest für das 19. Jahrhundert – hellsichtig: Die Fetischisierung von Technik als globalem oder kosmischem Fortschrittsprojekt reproduziert sich zunächst unter Ausschluss der konkreten Prothese.

Die eiserne Hand I

Im Gegensatz zu Werkzeugen, die Fortsetzungen des Organischen mit anderen Mitteln sind, ist die Prothese in Kapps Interpretation also »unfruchtbar«, unheimlich, tot. Unheimlich ist auch die Prothese in Johann Wolfgang von Goethes frühem Drama *Götz von Berlichingen mit der eisernen Hand* (1773). Ernst Kapp bezieht sich in seinen Überlegungen zur Prothese dezidiert nicht auf die zeitgenössische Prothesentechnik, sondern auf diese berühmteste und »deutscheste« aller Prothesen. Es leuchtet ein, dass ein national gesinnter Liberaler sie als Ausgangspunkt nimmt, zumal er die erste Hochzeit der avancierten industriellen Prothesenherstellung in Nordamerika nach dem Bürgerkrieg nicht mehr vor Ort erlebte.[44] Ob dieses Anschauungsmaterial seine Einschätzung geändert hätte, bleibt Spekulation; evident ist aber, dass Kapp Goethes Semantik der eisernen Hand als Metapher für »moderne« Verhältnisse übernimmt, mehr noch: auf sein organisches Staatsverständnis zuspitzt.[45] Die eiserne Hand wird jedoch im *Götz* als äußerst ambivalente Metapher eingesetzt. Sie ist ein schillerndes Artefakt, ein polyvalentes Symbol, ein Schauplatz der im Drama entwickelten Konflikte.

Außer Eigensinn und Unbeugsamkeit ist in Goethes Drama des Ritters im Wortsinn »herausragendes« Merkmal seine künstliche, mechanisch regulierbare Hand. Die Prothese ist die zentrale Metapher des Stücks. Um die künstliche Hand herum sind zahlreiche Schlüsselszenen organisiert, die den rechtlichen und identitären Status des Heiligen Römischen Reichs Deutscher Nation und seiner Teilgebiete thematisieren und dramatisieren. Der historische Götz von Berlichingen verlor seine Hand durch eine

44 Vgl. dazu Kapitel »Ökonomien der ›viktorianischen‹ Prothese«, S. 47.

45 Was Herkunft und Aufenthaltsort der Prothese betrifft, folgt Kapp ebenfalls Goethe und nicht den historischen Zeugnissen: Kapp ordnet sie einem Waffenschmied in Jaxthausen zu. Tatsächlich wurde sie entweder in Olnhausen oder in einem damaligen Zentrum der Feinschmiedekunst, Nürnberg oder Augsburg, hergestellt. Die Frage, ob die originale Prothese überhaupt überliefert ist, ist höchst zweifelhaft. Vgl. Bidermann, Gottlob H.: *Burg Hornberg, Wohnsitz des Ritters Götz von Berlichingen, Rüstzeugschau 1980*. Schwäbisch Hall: Journal Verlag Schwend 1980. Die Ortsangabe »Jaxthausen« ist Goethes Drama geschuldet; entgegen der bereits damals etablierten historischen Faktenlage ließ Goethe seinen Götz dort residieren.

Fehde im Zuge der Landshuter Erbfolgekriege. Sie wurde durch eine Feldschlange (eine kleine Kanone) der eigenen Leute abgerissen. Er war Zeitgenosse der Prozesse der Formierung des Heiligen Römischen Reichs Deutscher Nation. Zur Zeit des historischen Götz konkurrierten zwei Auffassungen von Verfassung: eine ältere, die das Reich als Lehens- und Gefolgschaftsverband mit Zentrierung auf direkt vom Kaiser abhängige Personen verstand, und eine neuere, die eher territorial ausgerichtet war und die Regierung stärker – durch die Einrichtung der Reichskammer und später des Reichstags – institutionalisierte und regulierte. Der Wormser Reichstag und die Ausrufung des Landfriedens 1495 waren die zentralen politischen Ereignisse, die dazu führten, dass im weiteren Verlauf praktisch beide Verfassungsgedanken parallel existierten.[46] Diese Situation der politischen Unruhe griff Goethe auf, um politische Problemlagen seiner eigenen Zeit zu diskutieren. Insbesondere steht in seinem *Götz* das Verhältnis eines ökonomisch[47] verfassten Subjekts zu einem bürokratisch durchorganisierten Zentralstaat zur Disposition. Beide, der Typus des »ökonomischen Menschen« und der bürokratische Staat, waren gerade im Entstehen begriffen. Goethes Götz von Berlichingen wird als eine Figur konstruiert, deren Freiheitsdrang von Institutionen beschränkt und deren Status als frei handelndes Individuum von Feindschaftslogiken und Papierkriegen umstellt ist. Als feudalistisches Subjekt und letztes Exemplar einer phantasierten, ritterlichen Lebenswelt ist er ein lebendiger Anachronismus in einer Welt, in der mit juristischen Verfahren regiert und Abhängigkeiten durch Verträge geschaffen werden.

So konstatiert Götz an einer Stelle, an der die »neuen Ritter« als »Mietlinge« diffamiert werden, dass er nicht länger der Herr seiner Handlungen sei, seit ihm »ein Zettel« vorgelegt worden sei, der ihm vorschreibe »wie ich reiten und wie ich mich halten soll.«[48] Götzens Empfindungsfähigkeit und Impulsivität wird systematisch mit der Kälte, Gefühllosigkeit und Sperrigkeit der künstlichen Hand kontrastiert, die wie ein Fremdkörper am »lebendigen« Leib dieser virilen Figur wirkt. Die Prothese ist also zu-

46 Zu Goethes Beschäftigung mit Verfassungsfragen und deren Diskussion im Götz vgl. Burgdorf, Wolfgang: »›Das Reich geht mich nichts an‹. Goethes Götz von Berlichingen, das Reich und die Reichspublizistik«. In: Schnettger, Matthias (Hg.): *Imperium Romanum – Irregulare Corpus – Teutscher Reichsstaat. Das Alte Reich im Verständnis der Zeitgenossen und der Historiographie.* Mainz: Philipp von Zabern Verlag 2002, S. 27–52.

47 Dass Goethes *Götz* als eine erste Wegmarke in seiner Arbeit am Typus eines »ökonomischen Menschen« zu verstehen ist, machen seine darauf folgenden Prototypen (Wilhelm Meister, Faust) deutlich. Vgl. dazu: Vogl, Joseph: *Kalkül und Leidenschaft. Poetik des ökonomischen Menschen.* Berlin, Zürich: Diaphanes 2004.

48 Goethe, Johann Wolfgang von: *Götz von Berlichingen mit der eisernen Hand. Ein Schauspiel.* In: *Poetische Werke. Dramatische Dichtungen III.* Berlin: Aufbau Verlag 1963, S. 142–269, hier: S. 208. (= Berliner Ausgabe 7).

nächst als Metapher für die psychophysischen Effekte staatlich verordneter Disziplinierung lesbar, mit denen der Protagonist hadert.
Das zweite Thema, das mit Hilfe der Prothese ausbuchstabiert und dramatisiert wird, ist Goethes Diskussion des rechtlichen Status des Heiligen Römischen Reichs. Goethe hatte zu jener Zeit, als er seinen *Götz* verfasste (ca. 1772), die *Forma-imperii*-Debatte, also die Frage nach der Rechts- und Verfassungsform des Sacrum Romanum Imperium, als Jurist genau studiert und kam zu einer ähnlichen Einschätzung wie die häufig zitierte Pufendorfs, das Reich sei »fast einem Monster gleich«.[49] In *Dichtung und Wahrheit* heißt es beinahe wortgleich: »Ging man bei dieser Gelegenheit [dem Abschnitt gehen Ausführungen zum Götz voraus, K.H.] in die Reichsverfassung und die von derselben handelnden Schriften zurück, so war es auffallend, wie der monströse Zustand dieses durchaus kranken Körpers, der nur durch ein Wunder am Leben erhalten ward, gerade den Gelehrten am meisten zusagte.«[50] »Monströs« war das SRI für die Staatsrechtler des 18. Jahrhunderts deshalb, weil es in keine der drei in der neuaristotelischen Formenlehre vorgesehene Staatsformen (Monarchie, Aristokratie und Politie) passte. Dabei stand weniger die Staatlichkeit des Heiligen Römischen Reichs in Frage als seine konkrete rechtliche Form, die Elemente aus allen drei Modellen enthielt: eine klar subsidiäre Struktur zwischen Kaiser und den Reichsständen, eine stark verschriftlichte und codifizierte Gesetzgebung durch den Reichstag, eine föderale Struktur, die der Aristokratie Mitsprache erlaubte, sowie genossenschaftliche und korporative Elemente.[51] Diese Hybridität bildet Goethe im *Götz* auf den im Kaiser verkörperten Staat ab, wenn er Götz über den Kaiser sagen lässt: »Und ich bin noch glücklicher als er. Er muß den Reichsständen die Mäuse fangen, inzwischen die Ratten seine Besitztümer annagen. Ich weiß, er wünscht sich manchmal lieber tot, als länger die Seele eines so krüppligen Körpers zu sein.«[52] Goethe bringt als gut informierter Jurist eine historische Debatte auf die Bühne. Gleichzeitig ist der *Götz* ein eminent zeitgenössisches Stück, in dem aktuelle politische Fragen und historische Konstellation in einer Zeitmontage aufeinander treffen.[53] So tragen seine Juristen Perücken, und die Bamberger Hofleute wie auch die Gefolgschaft des Kaisers sprechen das Deutsch des 18. Jahrhunderts, während Götz und die Personen seines Umfeldes sich in einer Sprache artikulieren, die jener der lu-

49 Zit. n. Burgdorf: »Goethes Götz«, S. 34.
50 Goethe, Johann Wolfgang von: *Dichtung und Wahrheit. Autobiographische Schriften I*, Goethe Werke. Hamburg: C.H. Beck 2002, S. 530. (Hamburger Ausgabe 9)
51 Vgl. Burgdorf: »Goethes Götz«.
52 Goethe: *Götz*, S. 226.
53 Zum Götz von Berlichingen als Beitrag zur Reichspublizistik vgl.: Burgdorf: »Goethes Götz«.

therischen Bibelübersetzung entspricht.[54] Ein Bekenntnis zur Spezifizität der deutschen Nationalkultur, ein »›Ja‹ zu einer deutschen Provinzialkultur der vielen kleinen Schauplätze« gab, so Conrad Wiedemann, Goethe den Anstoß, sich »an die Exploration deutscher Wirklichkeit zu wagen [...].«[55] Im Unterschied zu Ernst Kapp, der am Ende seiner Technikphilosophie mit einem normativen Vorschlag, nämlich mit einer nach dem Vorbild des Organismus gegliederten Gesellschaftsordnung aufwartet, bietet Goethe im *Götz* kein eindeutig präferiertes Gesellschafts- oder Verfassungsmodell. Die »eiserne Hand« figuriert in Goethes Drama nicht als Statthalter einer bestimmten Rechtsordnung – etwa des »alten« Faustrechts, der Selbsthilfe gegenüber einer stärker institutionalisierten Rechtsauffassung. Vielmehr werden im Bild der Prothese Funktionalitäten und Dysfunktionalitäten unterschiedlicher Rechtstypen vorgeführt, kontrastiert, ausgelotet. Aufgrund der Künstlichkeit der Hand kann Götz beispielsweise gerade nicht per Handschlag Rechtverbindlichkeit herstellen, wie es in der Lesart des Götz als Vertreter eines personenzentrierten Faustrechts zu erwarten wäre. Insbesondere im Weislingen-Komplex wird dies deutlich: Adelbert Weislingen, der im Dienst des verfeindeten Bischofs von Bamberg stehende Jugendfreund, pflegt zunächst den verwundeten Götz nach seiner Verletzung. Dieser wünscht, Adelbert möge ab nun seine »rechte Hand« sein. Per Handschlag nimmt er ihm das Versprechen ab, »daß Ihr inskünftige meinen Feinden weder öffentlich noch heimlich Vorschub tun wollt.«[56] Zur Besiegelung des Vertrags gibt Götz ihm seine Schwester Maria zur Braut. Weislingen antwortet mit weiteren Varianten von Hand-Metaphern: »Hier faß ich Eure Hand. Laßt, von diesem Augenblick an, Freundschaft und Vertrauen, gleich einem ewigen Gesetz der Natur, unveränderlich unter uns sein! Erlaubt mir zugleich, diese Hand zu faßen – *er nimmt Mariens Hand* – und den Besitz des edelsten Fräuleins.«[57] Der Bund mit der Prothesenhand erweist sich später als trügerisch, als nur simuliert. Weislingen hintergeht Götz, ist dabei aber wiederum selbst lediglich ausführendes Organ, der verlängerte Arm des Bischofs von Bamberg: »Und du, Weislingen, bist ihr Werkzeug!«[58] wirft Götz ihm seine Passivität vor.

54 Ibid.: S. 48.

55 Wiedemann, Conrad: »Deutsche Klassik und nationale Identität. Eine Revision der Sonderwegs-Frage«. In: Voßkamp, Wilhelm (Hg.): *Klassik im Vergleich. Normativität und Historizität europäischer Klassiken. DFG-Symposium 1990*. Stuttgart, Weimar: Metzler 1993, S. 541–569. Zum Verhältnis von Politik und Literatur bei Goethe vgl. auch: Pornschlegel, Clemens: *Der literarische Souverän. Zur politischen Funktion der deutschen Dichtung bei Goethe, Heidegger, Kafka und im George-Kreis*. Freiburg: Rombach 1994. Genauer zur Frage einer »nationalen Klassik jenseits der Staatlichkeit«: Pornschlegel: *Literarischer Souverän*.

56 Goethe: *Götz*, S. 175.

57 Ibid.: S. 176.

58 Ibid.: S. 167.

Den künftigen Betrug ahnt Götz bereits, während der Rechtsakt vollzogen wird. Von der Ehe Weislingens mit Maria erträumt er sich jedoch eine Überwindung der Situation der Ohnmacht im Bild einer »Verlebendigung« des künstlichen Glieds: »Mir war's heute Nacht, ich gäb dir meine rechte eiserne Hand, und du hieltest mich so fest, daß sie aus den Armschienen ging wie abgebrochen. Ich erschrak und wachte drüber auf. Ich hätte nur fortträumen sollen, da würd ich gesehen haben, wie du mir eine neue lebendige Hand ansetztest.«[59] Erst rückblickend weiß Götz den Traum richtig zu deuten: »Oh! das deutete der Traum, den ich hatte, als ich tags darauf Marien an Weislingen versprach. Er sagte mir Treu zu, und hielt meine rechte Hand so fest, daß sie aus den Armschienen ging, wie abgebrochen. Ach! Ich bin in diesem Augenblick wehrloser, als ich war, da sie mir abgeschossen wurde.«[60] Die Szene erscheint also zunächst als eine über den Verlust patriarchaler (über den Frauentausch abgesicherter) *potestas* zu Ungunsten »höfischer«, institutionalisierter Macht, deren ausführendes Organ Weislingen ist. In der auf die Gegenwart der 1770er Jahre bezogenen Doppelchiffrierung des Stücks kommt eine weitere, modernisierungskritische Ebene hinzu: Die künstliche Hand dient der Thematisierung der Wehrlosigkeit des Individuums gegenüber der bürokratischen Übermacht. Auf einer dritten Ebene weist sie in Richtung der Goetheschen Konzeption der deutschen Nation als eines organischen, bildungs- und kulturfähigen Gemeinwesens, das er in Anlehnung an Justus Möser und in Abgrenzung zum französischen (artifiziellen, »maschinischen«, höfischen) Gesellschaftsmodell favorisierte.[61] Bürokratie und Verwaltung bilden in dieser Hinsicht ein innenpolitisches Pendant zur nach außen als Kriegsmaschine konzipierten Staatsmaschine. Nun sind aber in der betreffenden Szene zwei als Werkzeug angesprochene Agenten – ein menschlicher und ein nichtmenschlicher – im Spiel: Weislingen sowie die eiserne Hand. Der Erste figuriert als das erhoffte, lebendige Ersatzteil, die Zweite als (abgebrochener) Teil von Götz selbst. Der Umstand, dass die eiserne Hand ihm physisch zugehört, aber auch nicht zugehört, ließe sich außerdem noch im Sinne einer Unstimmigkeit zwischen organischer Staatskonzeption und der Einsetzung rationaler Verwaltungsinstanzen deuten. Die Gewalt, die ihn letztlich zur Strecke bringt, ist weder die der »starken

59 Ibid.: S. 176.
60 Ibid.: S. 239.
61 Pornschlegel, Clemens: »Unsichtbare Nationalliteratur. Zu Goethes Polemik ›Literarischer Sansculottismus‹«. In: *Goethezeitportal* 2004: http://www.goethezeitportal.de/db/wiss/goethe/pornschlegel_nationalliteratur.pdf, Zugriff vom 23.02.2012. Zum umfassenden Komplex der literarischen Konstruktion »organischer Gemeinschaft« in der Romantik vgl.: Matala de Mazza, Ethel: *Der verfaßte Körper. Zum Projekt einer organischen Gemeinschaft in der Politischen Romantik*. Freiburg: Rombach 1999. (= Rombach Wissenschaften, Reihe Litterae 68).

Hand« eines überlegenen Feindes, noch sind es die bürokratischen Maschinen der Verwaltung, sondern es ist Gift, das seine Organe von innen zersetzt. In politische Begriffe übersetzt heißt das: Goethe kommentiert vermittels korporaler Metaphorik und der Prothese eine Schwellensituation zwischen souveräner Macht und Disziplinarmacht, aber auch das Heraufdämmern biopolitischer Machtverhältnisse.[62]
In einer anderen Szene greift Götz, anstatt zum Vollzug eines Rechtsakts (er soll sein Schuldbekenntnis unterschreiben) die sanfte Kraft der schreibenden Hand zu verwenden, auf das Register roher, metallischer Gewalt zurück. Der im Auftrag des Gerichts handelnde Bürger soll »von dieser meiner rechten eisernen Hand eine solche Ohrfeige kriegen, die ihm Kopfweh, Zahnweh und alles Weh der Erden aus dem Grund kurieren soll.«[63] Eins ums andere Mal wird die physische Stärke, aber auch eine Art Automatismus, eine reflexhafte Gewaltsamkeit der Prothese inszeniert.
An wieder anderer Stelle kommt ihr eine geradezu heilige, magische Kraft zu. Es ist eine kurze Szene, in der Bruder Martin seine Schwäche für das weltliche Leben, zumal das abenteuerliche Ritterleben bekennt. Zum Abschied verlangt er die »ritterliche Rechte« des bewunderten Ritters zu ergreifen:

> Martin. Warum reicht Ihr mir die Linke? Bin ich die ritterliche Rechte nicht wert?
>
> Götz. Und wenn Ihr der Kaiser wärt, Ihr müßtet mit dieser vorliebnehmen. Meine Rechte, obgleich im Kriege nicht unbrauchbar, ist gegen den Druck der Liebe unempfindlich: sie ist eins mit ihrem Handschuh; Ihr seht, er ist Eisen.
>
> Martin. So seid Ihr Götz von Berlichingen! Ich danke dir, Gott, daß du mich ihn hast sehen lassen, diesen Mann, den die Fürsten hassen und zu dem die Bedrängten sich wenden! *Er nimmt ihm die rechte Hand.* Laßt mir diese Hand, laßt mich sie küssen!
>
> Götz. Ihr sollt nicht.

62 Die hier verwendeten Begriffe zur Charakterisierung zur Abgrenzung von Stilen der Machtausübung stammen von Michel Foucault. Aus seinen Ausführungen wird deutlich, dass sich die Entstehung der Formen zwar historisch einordnen lässt, dass sie aber faktisch ineinander übergehen und auch parallel bestehen (können). Vgl. Foucault, Michel: *In Verteidigung der Gesellschaft. Vorlesungen am Collège de France 1975–76.* Frankfurt a. M.: Suhrkamp 1999. Foucault, Michel: *Sicherheit, Territorium, Bevölkerung. Geschichte der Gouvernementalität I. Vorlesungen am Collège de France 1977–1978.* Frankfurt a. M.: Suhrkamp 2004. Foucault, Michel: *Die Geburt der Biopolitik. Geschichte der Gouvernementalität II. Vorlesungen am Collège de France 1978–1979.* Frankfurt a. M.: Suhrkamp 2006.
63 Goethe: *Götz*, S. 235.

> Martin. Laßt mich! Du, mehr wert als Reliquienhand, durch die das heiligste Blut geflossen ist, totes Werkzeug, belebt durch des edelsten Geistes Vertrauen auf Gott![64]

In der Linie jener Argumentation, in der Recht und Staat als »kalte« Maschinen der Vergesellschaftung gegen das organische Prinzip der Volksgemeinschaft gesetzt werden, das einem Rankeschen »lebendigen Princip« des natürlichen Zusammenhalts gehorcht,[65] ist die Stärke der Kriegsmaschine der Effekt einer divinatorischen Geste der Verlebendigung. Die Szene führt die Konversion eines toten Werkzeugs zu einer spirituellen Extension vor, ein Vorgang, der vor dem Hintergrund der »spirituellen« Einheitsidee des Heiligen Römischen Reichs bedeutungsvoll wird. Mit Bruder Martins Euphorie für die vitalisierende, erotisch aufgeladene Energie des Kriegs, die ihn das asketische Klosterleben als tot und schal empfinden lässt, kommt eine weitere Bedeutungsebene der Prothese hinzu. Diese lässt sich mit Kapps Ausführungen kurzschließen, insofern die nämliche Hand in der Szene explizit »Werkzeug« ist.[66] Heiliger als die Reliquienhand ist die Prothese nur, weil sie als Werkzeug des Krieges dem vitalen Fluss der Lebenskräfte dient.

In der Tat führt das letzte Kapitel in Ernst Kapps Buch als die höchsten Ausprägungen des Prinzips der Organprojektion Heeresorganisation und Wehrverfassung vor.[67] Bei Goethe bleibt die eiserne Hand jedoch im Unterschied zu ihrer organizistisch-vitalistischen Vereindeutigung bei Kapp vieldeutig: Sie ist nicht Statthalterin der einen oder anderen Reichsauffassung, der einen oder anderen Subjekttheorie, sondern Exponentin der Konflikte. Dem entspricht das Drama auch formal und ästhetisch. Goethe verstieß mit dem Stück gegen jede Form der Regelpoetik: Weder war der *Götz* Lust- noch Trauerspiel, weder Charakter- noch Geschichtsdrama. Es subvertierte durch seine 56 Schauplatzwechsel die aristotelische Forderung nach Einheit des Raums, verwendete verschiedene Dialekte usf. Der Götz wurde deshalb auch von Zeitgenossen als »das schönste und interessanteste Monstrum« (Chr. H. Schmid), als »schönes Ungeheuer« (Wieland) als »groß und unregelmäßig, wie das deutsche Reich« (Herder) gelobt.[68] Dass gerade Götz von Berlichingens wehrhafte und vieldeutige Kunsthand im entsprechenden Kapitel Ernst Kapps dem Verdikt des Unheimlichen

64 Ibid.: S. 155.

65 Koschorke, Albrecht, et al.: *Der fiktive Staat. Konstruktionen des politischen Körpers in der Geschichte Europas*. Frankfurt a. M.: Fischer 2007, S. 357ff.

66 Nur an einer anderen Stelle verwendet Goethe das Wort Werkzeug und dann in Hinblick auf einen Menschen: auf den Verräter Adelbert Weislingen, vgl. oben S. 40.

67 Kapp: *Grundlinien*, S. 334–341.

68 Alle Zitate nach: Burgdorf: »Goethes Götz«, S. 52.

anheimfällt und als Fetischzauber perhorresziert wird, zeigt an, dass eine anthropozentrische Techniktheorie schon nicht mehr auf dem weltgeschichtlichen Stand war. Mit seiner Überzeugung, dass der historische Bewusstseinsstand im Gleichschritt mit dem technischen Fortschritt marschiert, verkennt Kapp all jene medientechnischen Prozesse, die – wie Friedrich Kittler schreibt – einer eskalatorischen und strategischen[69] Logik gehorchen und hinter dem Rücken des Bewusstseins operieren. Sei es, weil sie längst für die alltägliche Anschauung zu komplex geworden sind, als dass ihre Baupläne nachvollziehbar wären, sei es, weil sie sich als Kulturtechniken in gewohnheitsmäßigen Wahrnehmungsmustern und Erkenntniswegen naturalisiert haben, sei es, weil sie mit politischen Infrastrukturen verwachsen sind. Kapp hält als Hegelianer an einer zukünftigen »Aufhebung« des »in Einzelartefacten sich forterhaltenden Gegensatzes von Mechanismus und Organismus«[70] im idealen Staatskörper fest und auch an der Möglichkeit eines sich perfektionierenden Bewusstseins im Gleichschritt mit der Technik. Im Schrecken, den ihm die künstliche Hand einjagt, scheint jedoch die Möglichkeit der Auslöschung des Menschen auf: als Urgrund aller Technik durch eine Technik, die ihn täuschend ähnlich nachahmt.

Ökonomien der »viktorianischen« Prothese

Re-membering the republic

Für Kapp gehören künstliche Gliedmaßen in die Kategorie »künstliche[r] Uhr- und Räderwerke, tanzende[r] und plappernde[r] Gliederpuppen«.[71] Die Prothese hat nach ihrer Einführung als eiserne Hand schnell das Geschlecht gewechselt und ist ein Gegenstand von Konsum und Unterhaltung geworden. Wir sind damit in einem Bereich angekommen, den Kapp als einen des Fetischzaubers adressiert: den Bereich der Warenökonomie. Die zur Zeit der Publikation seines Buches so virulente Frage der Austauschbarkeit von Arbeit, Wert und Waren erhält zwar ein Bild (die künstliche Hand), eine Bezeichnung (»Fetisch«), aber keine Theorie. Eine solche entwickelte ein anderer exilierter Deutscher etwa ein Jahrzehnt früher: Karl Marx' Theorie des Warenfetisch wurde im ersten Band des *Kapitals* 1867 publiziert. Als privater Gegenstand, der »nur dem Besitzer ein Gegenstand von Werth, für alle Anderen eine Rarität!«[72] ist, interessiert Kapp

69 Kittler, Friedrich: »Synergie von Mensch und Maschine. Friedrich Kittler im Gespräch mit Florian Rötzer«. In: *Kunstforum international* 98/1989, Januar/Februar, S. 108–117, hier: S. 114.
70 Kapp: *Grundlinien*, S. 345.
71 Ibid.: S. 105.
72 Ibid.: S. 103.

die Prothese in seinem theoretischen Ansinnen nicht weiter. Gemessen an seinem Ideal einer Gemeinschaft, deren materielle und ideelle Verfasstheit sich stets und zwingend aus der organischen Vorlage des menschlichen Körpers ergibt, ist in der Tat die kapitalistische Ökonomie der Schrecken schlechthin. Mit ihrem Furor der Konvertierbarkeit unterschiedlichster Materialitäten, mit Geld als Medium, das den Ersatz von allem durch alles gewährleistet, unterspült sie alle Referenzpunkte im Organischen. Es mag sein, dass Kapp deshalb den konkreten Prothesen, die zu dieser Zeit in den Vereinigten Staaten erstmals industriell hergestellt und als Waren vertrieben wurden, keinen Platz in seiner Systematik der Organprojektion einräumen wollte.

Als Ware ist die Prothese das Produkt einer Krise: Sie ist ein Mittel der Integration der sich gründenden Vereinigten Staaten von Amerika im Dreieck von Krieg, Arbeit und Geschlecht. Lisa Herschbach hat in ihrer Studie zur Medizingeschichte des amerikanischen Bürgerkriegs der Prothetik eine zentrale Stelle eingeräumt.[73] Sie schildert die Etablierung der Rehabilitations-Industrie als eine Unternehmung, die auf die Wiedergeburt der Nation zielte. Diese sollte sich in den neu zusammengesetzten, wieder vervollständigten Körpern der Kriegsversehrten zeigen. »Re-membering« hieß nach dem Bürgerkrieg: die physische Rekonstruktion des versehrten Körpers, die »Versammlung« der verlorenen Körperteile und die Schaffung eines sinngebenden Orts des Angedenkens an den Bürgerkrieg. Und das hieß auch: das Einsammeln der Kriegsgründe und deren Projektion in eine nationale Zukunft. Das zentrale Thema war deshalb: individuelle Erwerbsarbeit als Gegenmodell zur Sklaverei. Der versehrte Körper, insbesondere derjenige der Nordstaaten-Veteranen, stand im Zentrum dieses Projekts. Der handwerklich oder intellektuell tätige Nordstaatler, der freie Arbeiter und Unternehmer sind die Subjekte des Prothesen-Diskurses um 1865.[74] In den zahlreichen Flugschriften und Katalogen der Prothesenindustrie wurden seitenweise Prothesenträger bei der Arbeit gezeigt. Arbeitskontexte des Südens wurden jedoch kaum abgebildet (z.B. Tabakherstellung, Reis- oder Zuckeranbau). Gezeigt wurden hingegen Handwerker, »bürgerliche« Dienstleister, Künstler, gerne auch Artisten oder aber »nordamerikanische« Bauern und Cowboys bei ihren typischen beruflichen Tätigkeiten oder bei Freizeitaktivitäten.

In Einzelfällen gab es wohl auch aktiven Widerstand seitens der Südstaatenveteranen gegen die Ausstattung mit »Yankee-Prothesen«. In Beschwer-

73 Herschbach, Lisa Marie: *Fragmentation and Reunion. Medicine, Memory and Body in the American Civil War, Dissertation*. Cambridge MA: Harvard University 1997. Zur Prothetik vgl. insbesondere: Herschbach, Lisa Marie: »Prosthetic Reconstruction. Making the Industry, Re-Making the Body, Modelling the Nation«. In: *History Workshop Journal* 1997:44, S. 22–57.

74 Herschbach: »Prosthetic Reconstruction«, S. 48f.

debriefen an die Fürsorgestellen sind Aussagen wie »like the majority of Yankee inventions [the leg] proved to be a ›humbug‹« überliefert.[75] Der versehrte Körper der Veteranen konnte im Milieu des Südens als trotziges Symbol des Widerstands eingesetzt werden und wurde in diesem Sinn auch in Wahlkämpfen zur Demonstration südlicher Unbeugsamkeit genutzt.[76] In der Ablehnung durch die Südstaaten-Veteranen wird deutlich, wofür die Prothesenindustrie stand. Aus der Südstaatenperspektive stand sie für vom Norden oktroyierte Prinzipien: Industrie, Fortschritt und soziale Mobilität.[77] Im Widerstand der Veteranen gegen die Ausstattung mit Prothesen »aus dem Norden« kann ein durch politische Opposition ausgelöster Vorgang der »De-Skription«[78] eines technischen Artefakts beobachtet werden: Das Verhalten der Südstaatenveteranen (Ablehnung der Prothese, Affirmation der Versehrung) legte das politisch-soziale Skript der Prothetik frei.

Was stand in dem Skript? Auch im Norden galt die Verwundung im Krieg zunächst als Ehrenzeichen, als Ausweis von Tapferkeit und Opferbereitschaft. Schon bald nach dem Ende des Konfliktes zog »the empty sleeve« jedoch ambivalentere Interpretationen auf sich. Der »leere Ärmel« der Veteranen erfuhr eine Recodierung als Zeichen einer noch ausstehenden »Heilung« der Nation. Zudem wurde »der leere Ärmel« aufgrund einer immer stärker dominierenden »Ethik der freien Arbeit«[79] – die als Gegenentwurf zur Sklavenwirtschaft des Südens mit den Kriegsgründen in Zusammenhang stand – zu einem Schauplatz der Neucodierung von Maskulinität. »Freie« Erwerbsarbeit, die Versorgung der Familie und das Streben

75 Davis McDaid, Jennifer: »›How a One-Legged Rebel Lives‹«. In: Ott, Katherine, David Serlin und Stephen Mihm (Hg.): *Artificial Parts, Practical Lives. Modern Histories of Prosthetics*. New York: New York University Press 2002, S. 119–143, hier: S. 132. Die Geschichte der Prothesenversorgung in den Südstaaten ist nicht so gut erforscht wie die des Nordens, für die Lisa Herschbach verantwortlich zeichnet. Jennifer Davis McDaid porträtiert in ihrer Studie u.a. das Pendant zu Palmer: J. E. Hanger, der sich als der »erste Amputierte« des Bürgerkriegs inszenierte und der wohl größte Anbieter von Kunstgliedern im Süden war. Nach Eigenaussagen waren seine Modelle besser als sämtliche »Northern limbs«, der Studie ist jedoch keine weitere Information über die Bauart zu entnehmen. Davis McDaid: »›How a One-Legged Rebel Lives‹«, S. 129.

76 Herschbach: »Prosthetic Reconstruction«.

77 Eine ähnliche Konstellation sollte im Ersten Weltkrieg für Konfliktstoff sorgen: In der Auseinandersetzung zwischen Georg Schlesinger und Ferdinand Sauerbruch standen u.a. die Herkunft des von Schlesinger favorisierten Carnes-Arms aus den Vereinigten Staaten, aber auch die mechanischen Prinzipien des Artefaktes, die mit einer amerikanischen Ideologie identifiziert wurden, zur Disposition. Vgl. die Kapitel »Entkrüppelungen. Prothetik, Arbeit, Wohlfahrt«, S. 110 und »Prothesen zeigen«, S. 143.

78 Akrich, Madeleine: »Die De-Skription technischer Objekte«. In: Belliger, Andréa und David Krieger (Hg.): *ANTthology. Ein einführendes Handbuch zur Akteur-Netzwerk-Theorie*. Bielefeld: transcript 2006, S. 407–428.

79 Herschbach: »Prosthetic Reconstruction«, S. 46.

nach sozialem Aufstieg waren Kernelemente dieses neuen Codes des guten Staatsbürgers. Prothesen sind dabei gleichzeitig als Metapher und als materielle Agenten einer Überarbeitung bürgerlicher Tugenden zu verstehen. Diese Neuausrichtung von Männlichkeit im Medium der Prothese war in der Nachbürgerkriegszeit weder zentral gesteuert noch explizit verordnet. Es waren zunächst verstreute Personen und kleine Institutionen, die sich im Zuge der Bewältigung des Kriegstraumas zu »wohlfahrtstaatlichen Institutionen« und zu einer Protheseninidustrie[80] verfestigten. Es war nicht eine ideologisch durchformatierte, gut organisierte, biopolitische Maschine, die die prothetische Medizin und Industrie nach 1865 ins Leben rief, sondern ein Akt der Selbstkonstitution, der den prothetisch wiederhergestellten Kriegsversehrten auf die politische Bühne brachte. Einerseits formierte sich Wohlfahrt – aufbauend auf verschiedene Formen privater, bürgerlicher, kirchlicher Institutionen und Praktiken – durch ihre Bezugnahme auf den privilegierten Status des »versehrten Soldaten«, also legitimiert durch deren Anrecht auf die Sorge des Staates. Andererseits war der Soldat der neu Vereinigten Staaten selbst gerade erst entstanden, und sein Status war in einer friedlichen Ära höchst fraglich. Das deutlichste Zeichen dieser Fraglichkeit war eben jener »leere Ärmel«, »das fehlende Bein«, das Unerfülltes ansichtig machte.

Jules Verne nahm die Fraglichkeit des Heldentums in der Epoche der modernen Kriegsführung mit ihrem Exzess an Maschinen und Menschenmaterial in seiner Mondreisegeschichte vorweg. Die Veteranen hadern damit, dass der traditionelle Ort versehrter soldatischer Männlichkeit – Denkmal für Opferbereitschaft, der Körper als Zeugnis für den Einsatz des eigenen Lebens für ein höheres Ziel – nicht zur Verfügung steht. Insbesondere die Angst vor einer Verweiblichung der ehemaligen Kämpfer durch Abhängigkeit von Familie und Staat strukturiert den Prothesendiskurs nach dem amerikanischen Bürgerkrieg. Die Prothese sollte die Reintegration der Kriegsversehrten in produktive (industrielle, agrikulturelle, intellektuelle) Arbeitszusammenhänge ermöglichen und damit auch ihre Effeminisierung abwehren.[81]

Die Herstellung von Prothesen war bis dahin weitgehend auf die Anfertigung von Einzelstücken durch verschiedene Handwerker (Schmiede, Tischler, Werkzeugmacher) beschränkt, aber schon während des Kriegs wurden eine ganze Reihe von Prothesenfabriken (die größten waren Palmer und A.A. Marks) gegründet, um die etwa 35.000 Amputationsfälle zu versorgen. Finanziell durch die Regierung unterstützt, entwickelte sich in kurzer Zeit ein neuer Industriezweig. Das Patentamt wurde ab den späten

80 Vgl. dazu ausführlich: Herschbach: *Fragmentation and Reunion*.
81 Herschbach: »Prosthetic Reconstruction«, S. 24f.

1850er Jahren mit Patentanträgen für Prothesen geradezu überschwemmt, und bis 1870 waren an die 7.000 künstliche Gliedmaßen hergestellt worden. Die industrielle Herstellung von Ersatzgliedern korrespondierte mit produktionslogischen und epistemologischen Umbrüchen, aber auch mit einer neuen Kultur der Zirkulation von Konsumgütern. Die sich langsam vollziehende Verschiebung hin zu einer Konsumkultur veränderte das Verhältnis von Menschen und Dingen grundlegend. Gudrun König fasst die wichtigsten Elemente dieser Verschiebung zusammen: Dominanz des Visuellen, neue Abstandsregelungen zwischen Dingen und Menschen sowie das Auftauchen von Materialsurrogaten. Auf der Seite der Subjekte wird eine aktive Freizeitgestaltung der »citizen consumers« als der Arbeit komplementäre, wohlstandssichernde Verhaltensform propagiert.[82] Erholung und Sport wurden zunehmend als wichtiger Bestandteil der Erhaltung der Lebenskräfte der Arbeitenden (vorrangig: der bürgerlichen Erwerbsarbeit) konzipiert. Die in den Flugblättern der Prothesenhersteller wiedergegebenen biographischen Miniaturen über den erfolgreichen Einsatz von Prothesen enthalten entsprechend häufig neben der Schilderung der erfolgreichen Wiederaufnahme der Erwerbsarbeit anekdotische Schilderungen über Hobbys und Sport. So berichtet der beidbeinig amputierte James A. McDonald aus Westchester im Staat New York davon, dass er dank der Prothesen nicht nur wieder Schlittschuhlaufen, Ballspielen, Rudern, Fischen und Jagen könne, sondern sogar mit großem Vergnügen Radfahren würde.[83] In so genannten »cripple races« stellten die Kriegsversehrten ihre körperliche Fitness und ihren Konkurrenzwillen auch öffentlich unter Beweis. Solche Rennen, die zwischen medizinischer Demonstration und Freakshow changierten, exponierten die reparierten Körper im Rahmen einer Rhetorik technischer Wunder. Ein solches »cripple race« fand beispielsweise (und bezeichnenderweise) im Rahmen der Messe des *American Institute* im letzten Bürgerkriegsjahr statt, auf der nicht nur neueste Prothesentechnik, sondern auch – im Sinne des ausgewiesenen Ziels des Instituts, des »encouragements of agriculture, commerce, manufactures, and the arts« – die ganze Bandbreite technisch-wissenschaftlicher Erkenntnisse und ihrer Produkte gezeigt wurde. Im Zweijahresreport der *Polytechnics Association* des Instituts von 1864/65[84] finden sich Prothesen in einer illustren Runde, denn berichtet wird hier u.a. über: Forschungen zum Effekt von Sonnenlicht auf Honig,[85] »new maritime sounding appa-

82 König, Gudrun M.: *Konsumkultur. Inszenierte Warenwelt um 1900*. Wien, Köln, Weimar: Böhlau 2009, S. 10.
83 Herschbach: »Prosthetic Reconstruction«, S. 36.
84 O.A.: *Annual Report of the American Institute of the City of New York for the Years 1864–65*. Albany: G. Wendell 1865.
85 Ibid.: S. 310.

ratuses«,[86] die Standardisierung von Schrauben,[87] hörende Haare von Krustentieren,[88] eine vierbeinige Henne,[89] das Ohmsche Gesetz,[90] die Technik, mit Hilfe derer die Schlange ihre Opfer bezaubert (»Serpent Fascination«),[91] wegweisende militärische Innovationen, u.a. mehrere Seiten über Explosiva,[92] »The Great Rodman Gun«[93] inklusive eines sich über viele Seiten erstreckenden Vergleichs derselben mit verschiedenen anderen Kanonenkonstruktionen und Ausführungen über die Stabilität von Schießbaumwolle.[94] Im Jahr 1865 wie auch in vielen folgenden Jahren erhielt der Prothesenhersteller A.A. Marks die *Premium-First*-Goldmedaille des *American Institute*.

Die Herstellung von Prothesen fand nun auch nicht mehr ausschließlich in kleinen Werkstätten statt, sondern in gut organisierten Fabriken. So enthielten die Werbebroschüren von Marks eine Querschnittsansicht seiner siebenstöckigen Fabrik, aus der sämtliche, arbeitsteilig organisierten Prozesse ersichtlich wurden.

Vom Ort der Trocknung der Weidenstämme über diverse Lagerräume, den Showroom, die Buchhaltung, den Raum für die Anpassung der Prothese und von der Drechslerei über die Spinnerei zur Leder- und Gummiwerkstätte und zur Metallverarbeitungswerkstätte kann der Blick die Innenräume der Fabrik durchwandern und den wohlgeordneten Herstellungsprozess verfolgen. Die Fabrikation erfolgte nach semi-industriellen Prinzipien: Die Arbeitsschritte waren genau aufeinander abgestimmt, es kamen bereits große Maschinen zum Einsatz, die meisten Prozesse (Nähen, Spinnen, Drechseln, Kleben) wurden jedoch weitgehend händisch ausgeführt.[95]

Dieser Betrieb, der zu Beginn des 20. Jahrhunderts weltweit die meisten Prothesen produzierte, stand exemplarisch für das, was Wendell Holmes im zitierten Artikel als *American Spirit* skizziert hatte. Denn die Protheseninindustrie war erfindungsreich, unternehmerisch, marktorientiert und

86 Ibid.: S. 311.
87 Ibid.: S. 317.
88 Ibid.: S. 319.
89 Ibid.: S. 441.
90 Ibid.: S. 494.
91 Ibid.: S. 500.
92 Ibid.: S. 330.
93 Ibid.: S. 387. Der Erfinder der Rodmann-Kanone, General Thomas Jackson Rodman, könnte durchaus die Vorlage für Vernes General Barbicane abgegeben haben. Diese Kanone wird als Referenzobjekt zur zu konstruierenden Columbiade in *De la terre á la lune* genannt.
94 O.A.: *Annual Report*, S. 571–572.
95 Vgl. dazu auch die Publikation von Winkley *Artificial Limbs*, die dem Leser einen linearen Durchgang durch Produktionsräume ermöglicht: Company, Winkley Artificial Limbs und Jepson Brothers: *Where Winkley Artificial Limbs Are Made*. Minneapolis: o. V. 1906.

Abb. 7: Querschnittansicht der Prothesenfabrik A.A. Marks.

kümmerte sich vorbildlich um die Helden des Bürgerkriegs. Die Erhaltung und Vermehrung der Produktivkräfte des Landes verband sich mit der Selbstformgebung der Vereinigten Staaten als Land des Fortschritts und des arbeitenden und konsumierenden Individuums.

Prothesen ausstellen und vermarkten

Die Vorführung künstlicher Gliedmaßen und per Prothese wiederhergestellter Körper war Teil einer im Entstehen begriffenen Kultur des Ausstellens technischer Innovationen und zukunftsträchtiger Waren. Prothesenfabrikanten waren sehr gut auf den Weltausstellungen und den Leistungsschauen der wissenschaftlichen Gesellschaften vertreten. Sie waren Teil einer Konsumkultur des Spektakels, die sich nach Thomas Richards im Medium der Ausstellung konstituiert hatte, noch bevor die *consumer economy* zum dominanten Produktionsmodus wurde.[96] Die Weltausstellung 1851 inaugurierte ein neues Verhältnis zwischen Waren und Werten, eine »crazy material culture«,[97] die klassische Ökonomietheorien auf den Kopf stellte. Konzipierte Adam Smith den Warentausch noch als

96 Richards, Thomas: *The Commodity Culture of Victorian England. Advertising and Spectacle, 1851–1914*. Stanford CA: Stanford University Press 1990, S. 8f.
97 Ibid.: S. 9.

ein werteindifferentes, anthropologisches Grundmuster, das alle Formen des Tauschs informiert und reguliert, werden die Waren von Karl Marx Mitte des 19. Jahrhunderts nicht mehr als Wertzeichen transparenter Tauschgeschäfte, sondern als äußerst unheimliche Entitäten beschrieben. Die Ware ist, in Marx geflügeltem Wort, »ein sehr vertracktes Ding [...] voll metaphysischer Spitzfindigkeit und theologischer Mucken«.[98] Der Tauschakt rückt damit in die Nähe des Betrugs und der Simulation, die Waren selbst erscheinen als Trugbilder. Mit dem Begriff des Fetischs versuchte Marx zu fassen, was ein gleichzeitig ontologisches und semantisches Problem ist: Waren erhalten Sinn und Wert entsprechend der arbiträren Wertschöpfungsmechanik des Marktes. Im Zuge dessen werden sie sowohl von ihrer Produktion (der investierten Arbeitszeit) als auch von ihrem Gebrauchswert abgelöst. Sie sind Objekte einer sozialen Dynamik und werden durch die Bewegung des Marktes animiert. Zunehmend – auch von Marx – wurde zudem thematisiert, dass die Waren-Dinge nicht einfach darauf warten, durch die Menschen sozialisiert zu werden, sondern dass sie mit einem geheimnisvollen Zauber Menschen anzuziehen und abzustoßen, in Bewegung zu setzen und zu lähmen im Stande sind. Waren sind nicht einfach animiert durch menschliche Kauf- und Gebrauchsentscheidungen, sie animieren umgekehrt Menschen zu Handlungen. Nirgendwo war diese Fähigkeit so deutlich wie auf Weltausstellungen, auf denen die Besuchermassen der Attraktion der Dinge verfielen. Diese Versammlung der Dinge[99] entwickelte eine eigene Sprache, eine *agency*, die nur noch mit Mühe ins klassische Verhältnis von aktiv und passiv, von menschlicher Handlung und Handhabung der Dinge gezwungen werden konnte. Der englische Wissenschaftsphilosoph William Whewell sprach 1851 als faszinierter Besucher des Spektakels von Verzauberung und Schwindel, von einem Lärm der Dinge, der sich nicht mehr so einfach als Ausdruck des menschlichen Geistes interpretieren lässt:

> The objects there, the symbols, instruments, and manifestations of beauty and power, were utterances, – articulate utterances of the human mind, no less then if they had been audible words and melodious sentences. [...] The Crystal Palace was a cabinet in which were contained a vast multitude of compositions – not of words, but of things, which we who wandered along its corridors and galleries

98 Marx, Karl: *Das Kapital. Kritik der politischen Ökonomie. Erster Band*. Berlin: Dietz Verlag 1972, S. 85. (= Karl Marx, Friedrich Engels. Werke 1).

99 In seinem Film *Die Macht der Gefühle* (1983) spricht Alexander Kluge von der Londoner Weltausstellung als einem »Parlament der Dinge« und nimmt damit Bruno Latours Wendung 15 Jahre vorweg.

might con, day by day so as to possess ourselves, in some measure and according to our ability, of their meaning, power and spirit.[100]

Diese Autonomisierung der Dinge, ihre Loslösung vom Gebrauchswert, die Fähigkeit, ihre Besitzer zu besitzen, hatte die Form einer Ansammlung von Kuriosem: von künstlichen Edelsteinen, Blumen und »useless objects«, die hergestellt wurden, um ausgestellt und gesehen zu werden.[101] Einen hohen Anteil an diesen Ansammlungen hatten faszinierende Imitate, die große Bewunderung hervorriefen:

> In a very real sense the crowd that jammed the Crystal Palace to admire artificial foods and substitute cutlery and replacement noses were already behaving exactly according to the code of connoisseurship Oscar Wilde formulated in 1891: »We can forgive a man for making a useful thing so long as he does not admire it. The only excuse for making a useless thing is that he admires it intensely.«[102]

Punktuell fielen Instrument und Imitat zusammen. So präsentierte der deutsche Fabrikant Albert sowohl falsche Kristalle aus Glas als auch Glasaugen (sowohl für Tiere als auch für Puppen).[103] Ein Glasauge diente der Demonstration des Fakts, dass das Auge Bilder kopfüber aufnimmt.[104] Chemische Ersatzstoffe (für Bitumen, Soda und Kohle) wurden ebenso ausgestellt wie »artificial nipples« für Babyfläschchen.

Prothesen waren als Hightech-Gegenstände, die den Körper nachahmten (zu jenem Zeitpunkt eher morphologisch als funktional), prädestiniert dazu, die unheimlichen Vorgänge in der Warenwelt, die Verwirrungen von *agency* zwischen Besitzer und Besessenem, zwischen Nutzen und Schönheit zu verkörpern. Künstliche Glieder waren dann auch tatsächlich im Crystal Palace in der Ausstellungssektion »Philosophical, Musical, Horological and Surgical Instruments« gut vertreten. Zwischen »hygienischen Korsetts«, Brustweitungsgeräten und einer Orgel im Tudorstil[105] fanden

100 Whewell, William: »The General Bearing of the Great Exhibition on the Progress of Art and Science«. Inaugural Lecture. In: *The Edinburgh New Philosophical Journal* 1852:52, Januar–April, S. 1–24, hier: S. 3.

101 Richards zeigt das beeindruckende Beispiel eines barock anmutenden Schweizer Messers mit 80 ornamental überladenen Klingen. In ausgeklapptem Zustand sieht es der europäischen Phantasie von Indianerkopfschmuck ähnlich: Richards: *Commodity Culture*, S. 35.

102 Ibid.: S. 35.

103 Ellis, Robert (Hg.): *Official Descriptive and Illustrated Catalogue of the Great Exhibition of the Works of Industry of all Nations. Commissioners for the Exhibition of 1851, Bd. 3, Foreign States.* London: W. Clowes and Sons 1851, S. 1112.

104 Ibid.: S. 1149.

105 James, C.D.T.: »Medicine and the 1851 Exhibition«. In: *Proceedings of the Royal Society of Medicine* 1972:65, S. 31–34, hier: S. 32.

sich eine (in Berichten häufig erwähnte) silberne Nase, unsichtbare Brillen, künstliche Zähne,[106] Beinprothesen des französischen Erfinders de Beaufourt[107] und amerikanische von Palmer.[108]

»Philosophische Instrumente« sollten Prothesen erst im 20. Jahrhundert werden. Als Teil der Weltausstellungskultur des 19. Jahrhunderts und der sich gerade etablierenden Konsumkultur waren sie jedoch bereits Grenzobjekte. Denn sie strukturierten und befragten die Beziehung zwischen Medizin und Mode, Werkzeug und Schmuck, Industrie und Kunst. Künstliche Glieder stellten als Ausstellungsdinge zudem jene Verknüpfung her, die Oliver Wendell Holmes in seinem Text von 1863 ebenfalls vorgenommen hat: zwischen Nationalismus und wissenschaftlichem Fortschritt, zwischen Nützlichkeit, Kunstfertigkeit und Konsum.

A.A. Marks nahm seit 1858 in New York beinahe jährlich an sämtlichen Leistungsschauen teil. Der Schaukasten für die Weltausstellung in Chicago 1893 muss besonders beeindruckend gewesen sein. Es handelte sich um ein einem Gebäude nachempfundenes, an einen Reliquienschrein erinnerndes, begehbares Display. Es bestand aus vier auf Podesten aufliegenden Vitrinen, die von einem vergoldeten Dach überwölbt wurden, auf dem als krönender Abschluss ein goldenes Bein angebracht war.[109]

Die Displays dienten der Präsentation der Ware und waren als ästhetischer Augenschmaus zum visuellen Konsum konzipiert: In den Vitrinen entfalteten die Waren ihren Glanz, und im Glas spiegelten sich die Konsumenten. Henri Lefebvre kommentiert, es ginge um »consuming of displays, displays of consuming, consuming of displays of consuming, consuming of signs, and signs of consuming.«[110] Als Teil dieser Sichtbarkeitsordnung changierte die Semantik künstlicher Gliedmaßen zwischen ihrem Status als medizintechnischer Innovation mit klarem Gebrauchswert und modischem Accessoire. Sie sind Symbole des technischen Fortschritts und ein Symbol der sozialen Anerkennung, manchmal sogar: für

106 Ellis: *Catalogue Exhibition 1851*. Ein spanisches Fabrikat findet sich auf S. 1346, mehrere U.S.-amerikanische auf S. 1435, S. 1437, S. 1450.

107 Ibid.: S. 1173.

108 Ibid.: S. 1435.

109 Vgl. Mihm, Stephen: »›A Limb Which Shall Be Presentable in Polite Society‹. Prosthetic Technologies in the Nineteenth Century«. In: Ott, Katherine, David Serlin und Stephen Mihm (Hg.): *Artificial Parts, Practical Lives. Modern Histories of Prosthetics*. New York: New York University Press 2002, S. 282–299, hier: S. 282. Ein Verzeichnis aller Preise findet sich im online verfügbaren »Manual of Artificial Limbs« der A.A. Marks Company von 1905, dem Katalog der Firma: http://www.amputee.com/vintage.php?more_group=44&more_block=vintage&more_item=4830, Zugriff vom 26.08.2011. Die Firma A-S-C Orthotics and Prosthetics, die den Katalog zur Verfügung stellt, bedient sich 2011 einer aktualisierten Version der Werbung mit *testimonials*: Sie stellt eine Reihe von Videos von Prothesenträgern, die über Versehrung, Versorgung und Wiederherstellung berichten auf die Webseite.

110 Lefebvre, Henri: *Everyday Life in the Modern World*. New York: Harper and Row 1971, S. 268.

Abb. 8: Display von A.A. Marks auf der Weltausstellung von Chicago (1893).

sozialen Aufstieg. Sich ein »gutes Bein« leisten zu können, signalisierte ein bestimmtes Einkommensniveau. Die Verankerung in der Konsumkultur, die soziale Anerkennung mit der öffentlichen Vorführung von Waren (Mode) in sozialen Situationen koppelt, zeigt sich auch darin, dass die großen Prothesenhersteller sich Auslagen und Showrooms an prestigeträchtigen Einkaufsstraßen leisteten. A.A. Marks residierte am Broadway und Palmers in der Chestnut-Street in Philadelphia. Die Prothesenhersteller nahmen an einer neuen Theatralität städtischer Räume teil, am Paradieren und Sich-Zeigen, am Sich-Spiegeln in eleganten Schaufenstern. Dezidiert wurde eine Nähe zur Welt der Mode und anderer Lifestyle-Produkte hergestellt. Die Prothesen wurden wie exklusiver Schmuck oder aktuelle Kleidermode präsentiert. Sie wurden Teil einer Kultur des Ausstellens von Accessoires der Körperperipherie. Das Schaufenster ist dabei gleichermaßen Ort der Kristallisation gesellschaftlicher Symbol- und Wertsysteme und Ort der Projektionen, Schauplatz der Wünsche.[111] Im Schaufenster kommen Warenwert und Wunschproduktion zusammen. Eine Ästhetik des Spiegelns und Strahlens, eine bürgerlich-urbane Kultur der *appearance*. Stephen Mimh hat diese überzeugend mit Prothesen und ihrem Vertrieb in Verbindung gebracht.[112] Er betont, dass es in der »viktorianischen« Prothetik nicht allein um die Wiederherstellung von physischer Arbeitskraft ging, sondern vielmehr darum, den Kriegsversehrten ein Aussehen (zurück-)zugeben, welches ihnen soziale Anerkennung einbrachte. Auftreten und Aussehen waren beim in Entstehen begriffenen städtischen Mittelstand mit Respektabilität und einem Ethos des Selfmademan verknüpft. Die Straßen und Kaufhäuser der Städte waren dafür die Bühne. *A way to walk and a way to talk* waren Teil der Selbstpräsentation aufstiegshungriger Städter, zumal Gestik und Mimik als Index für den Charakter begriffen wurden und die *appearance* als wichtiger Faktor für Erfolg im Beruf und auf dem Heiratsmarkt galt.[113] Im Rückschluss von Aussehen auf Charakter wurden neue »Normalitätszonen«[114] und soziale Aufstiegschancen reguliert.

Künstliche Gliedmaßen sind also doppelt eingebunden in die Neustrukturierung einer Kultur des Zeigens und Sehens: Erstens als innovativer Unternehmenssektor, der sich der Mittel der Werbung und der Warenpräsentation souverän und selbstbewusst bedient, und zweitens als Körpertechnik im direktesten Sinn: als ein Mittel, das Körperäußere so zu formen, dass es gesellschaftsfähig wird.

Diente die Prothese den Käufern dazu, ihre »unpassenden« Körper unauffällig zu machen, ging es den Firmen um eine möglichst auffällige Corporate Identity. Insbesondere A.A. Marks war innovativ in der Bewerbung

111 Vgl. dazu: Szymanska, Guido: *Welten hinter Glas. Zur kulturellen Logik von Schaufenstern*. Tübingen: TVV 2004, S. 20. (= Studien & Materialien des Ludwig-Uhland-Instituts der Universität Tübingen) Urbane Geschäftshausarchitektur und Schaufenstergestaltung wird häufig im Zusammenhang mit Museumsarchitektur diskutiert (vgl. z.B. König: *Konsumkultur*, S. 125–141), in der Forschung unbeachtet blieb jedoch bisher weitgehend das Verhältnis von Reliquienschreinen und Kaufhaus bzw. Museumsvitrinen.

112 Mimh: »Prosthetic Technologies«.

113 Ibid.: S. 288.

114 Foucault, Michel: *Die Anormalen. Vorlesungen am Collège de France* (1974–1975). Frankfurt a. M.: Suhrkamp 2003. Krause, Marcus: »Von der normierenden Prüfung zur regulierenden Sicherheitstechnologie. Zum Konzept der Normalisierung in der Machtanalytik Foucaults«. In: Krause, Marcus und Christina Bartz (Hg.): *Spektakel der Normalisierung*. München: Fink 2007, S. 53–75.

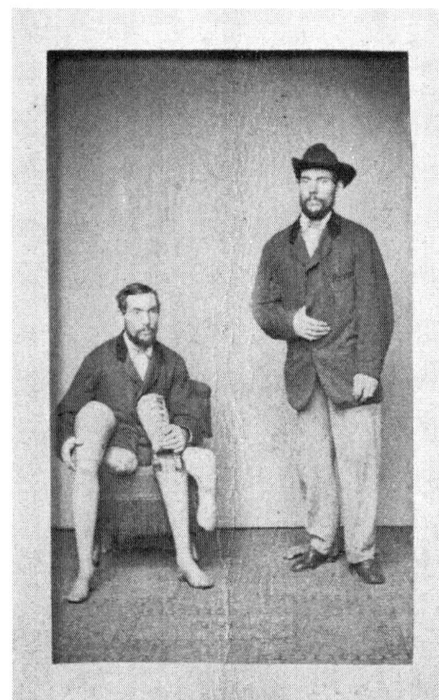

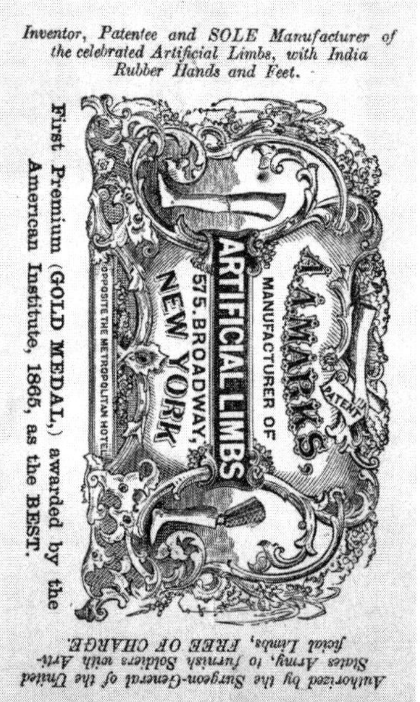

Abb. 9+10: Sammelkarten von A.A. Marks (ca. 1865).

seiner Produkte und konsequent in der Umsetzung. Die Wortbildmarke wurde in Broschüren und Katalogen, aber auch auf *trade cards* lanciert, die Versehrte vor und nach der Ausstattung mit Prothesen zeigte. Das Logo ist häufig auf den Abbildungen von künstlichen Gliedmaßen angebracht, zum Teil daneben und in manchen Fällen auch direkt auf den Abbildungen von Körperteilen.

Körperteile werden hier durch das Logo »zu Waren gestempelt«. Werbung kehrt damit zur Praxis des Brandings von Eigentum zurück. Die Corporate Identity wird im Bild zu einer *incorporated identity* und damit wird eine Dynamik der Bedeutungsverschiebung in Gang gesetzt, die viel zur Sprengkraft der Metaphorik der Prothetik beigetragen hat: In ihrer Eigenschaft als Ware macht die Prothese den menschlichen Körper als Fetisch lesbar. Mit der Prothese als Ware kommen zwei Operationen des Substituierens in Berührung: Erstens die marktwirtschaftliche Logik der Konvertibilität von Gütern in andere Güter, vermittelt über ein Drittes, nämlich über die Wertsetzungsinstanz des Geldes. Im berühmten Fetisch-Kapitel des *Kapitals* nennt Marx dies die »Gleichheit toto coelo verschiedner Arbeit«.[115] Was

115 Marx: *Kapital*, S. 87.

Abb. 11: A.A. Marks Interior (1880).

die Ökonomie durch die Warenzirkulation erreicht, verdoppelt sich – zweitens – in der Prothetik materiell: Eines (das Organ) wird durch ein Ähnliches (die Prothese) ersetzt. Während jedoch – wiederum mit Marx gesprochen – der Fetischcharakter der Ware die reale Unterschiedlichkeit der Dinge und der Menschen zum Verschwinden bringt, mit einem Illusionstrick das Verschiedene gleich erscheinen lässt,[116] bleibt mit der Prothese der Verweischarakter (die Prothese bleibt stets ein Nachträgliches, das auf den Verlust des Ursprünglichen verweist) und die Ähnlichkeitsbeziehung intakt. Die Prothese ist also zum einen als Ware ein Fetisch (in dem Maße, wie andere Waren es auch sind).[117] Durch ihre Ähnlichkeit mit menschlichen Gliedern insinuiert sie jedoch zum anderen das Skandalon des *ungleichen* Werts von Körpern in der kapitalistischen Marktwirtschaft. Diese behandelt den Körper nicht als singulären Urgrund des Daseins, sondern als Produktionsmittel; nicht als einzigartiges, sensibles Gewordenes, sondern als eine im Idealfall berechenbare Ressource (häufig im Bild des Automaten ausgestellt). Aufgrund der Operation des Ersetzens des Körperteils

116 Zur Theoriegeschichte des Fetischismus mit Bezug auf Marx vgl.: Böhme, Hartmut: *Fetischismus und Kultur. Eine andere Theorie der Moderne*. Reinbek: Rowohlt 2006, S. 307–329.
117 Zu einer Relativierung des marxistischen Fetischbegriffs mit Blick auf die Konsumkultur vgl. Ibid.: S. 330–351. Zur Operation der Entzauberung, Enttarnung, Offenlegung im Namen eines Antifetischismus, der wiederum selbst eine Verkennung der rationalistischen Fetischismen ist, vgl. Latour, Bruno: *Die Hoffnung der Pandora*. Frankfurt a. M.: Suhrkamp 2000. Kapitel 9.

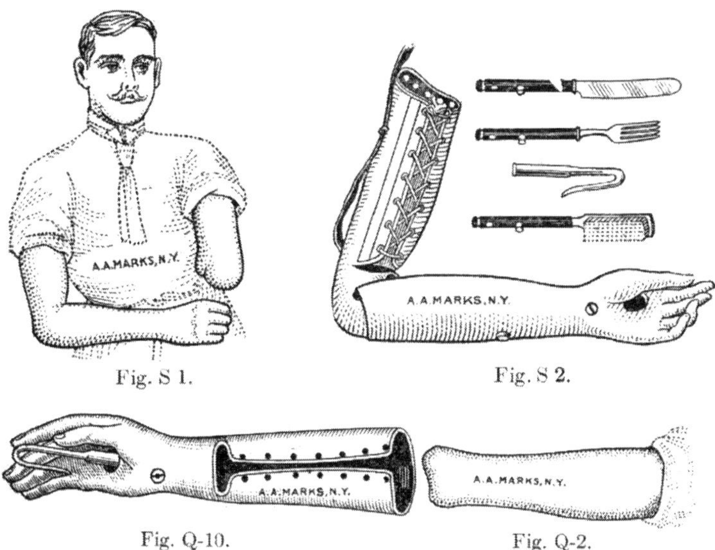

Abb. 12: Logofizierte Körper, Katalog A.A. Marks.

durch ein Artefakt wird der funktionale Charakter des menschlichen Körpers innerhalb der kapitalistisch-konsumistischen Logik augenfällig. Was also in der Materialität der Prothese angelegt ist (der Verweis auf einen inäquivalenten Tausch), spitzt sich mit der Entstehung der Warenwelt und des industrialisierten Körpers im 19. Jahrhundert zu einem Skandalon zu: Die Austauschbarkeit von organischem Glied und Artefakt wird zum Spiegel marktwirtschaftlicher Tauschbeziehungen.

Prothesenfetisch

Blicke, Korsagen

Die Darstellung der Prothesen in Katalogen und Flugblättern oszilliert zwischen den Konnotationen »modisches Accessoire« und »technisches Hilfsmittel«. Beinprothesen wurden als eine Art verlängerter Schuh oder als in seine Einzelteile zerlegbares, mechanisches Hilfsmittel gezeigt.

Die Nähe zur Werbung für Leibmode (Wäsche, Miederwaren) ist evident, wenn einbeinige Damen kokett ihre Kunstbeine zeigen oder wenn am intakten Bein ein Strumpfband aufblitzt. Der aus der Miedermode bekannte Schnürmechanismus war ohnehin ein Standardbestandteil von Prothesen. Für dieses Hinüberspielen in die Bildwelt der Erotik und der Mode ist die oben skizzierte neue Kultur der Sichtbarkeit wichtig, aber auch die

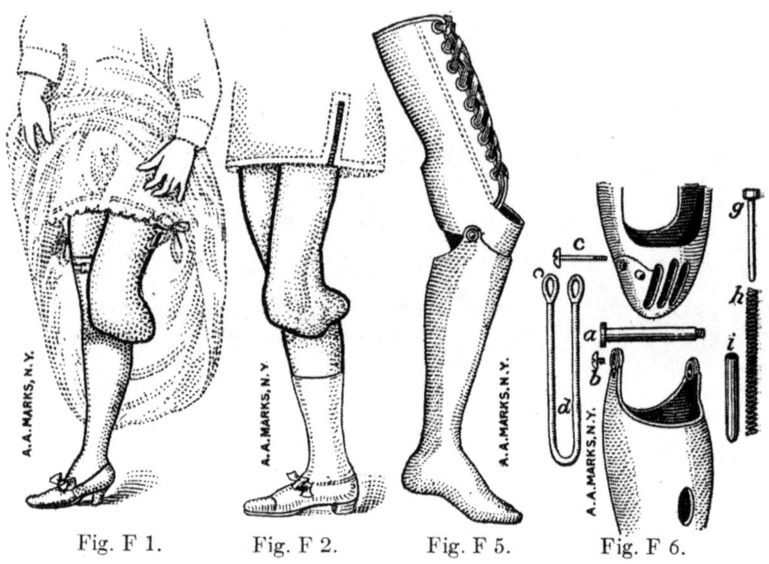

Abb. 13: Modische Accessoires und technische Hilfsmittel, Katalog A.A. Marks.

sexuelle Aufladung von Leib- und Miederwaren als Antwort auf die bürgerliche Sexualmoral. In Korrespondenz mit dem Fetischismusbegriff in den Sexualwissenschaften (und später in der Psychoanalyse) wuchs der Prothese so ein weiterer fetischistischer Zug zu, ein Momentum, das für eine Vielzahl künstlerischer Verarbeitungen des Komplexes, zumal im 20. Jahrhundert, ausschlaggebend werden sollte.

Für den Fetischismus des 19. Jahrhunderts hat Hartmut Böhme herausgestellt, dass eine Verbindung zwischen tauschökonomischem Skandal und triebökonomischer Perversion symptomatisch sei.[118] Dies aufgreifend geht es mir um die Berührungspunkte zwischen zwei Strängen des Fetischismus in der Prothetik: der *Warenanalyse von Marx*, »nach welcher der Fetischismus den Dingwert pervertiert«, und der *Theorie der Sexualität* »in welcher der Fetischismus als die Pervertierung des libidinösen Objekts dargestellt wird.«[119] Meine These ist, dass sich mit der Prothese als Partialobjekt im strengen Sinn die Möglichkeit auftut, einen technoiden Männerkörper zu fetischisieren. Das ist auch insofern von Bedeutung, als sich die frühen

118 Böhme, Hartmut: »Fetischismus im neunzehnten Jahrhundert. Wissenschaftshistorische Analysen zur Karriere eines Konzepts«. In: Barckhoff, Jürgen, Gilbert Carr und Paulin Roger (Hg.): *Das schwierige neunzehnte Jahrhundert. Germanistische Tagung zum 65. Geburtstag von Eda Sagarra im August 1998*. Tübingen: Niemeyer 2000, S. 445–465.
119 Ibid.

Sexualwissenschaften den Fetischismus vor dem Hintergrund von heterosexuellem »Normalsex« (welcher der Fortpflanzung dienen sollte) dachten. In der frühen sexualwissenschaftlichen Forschung ist fast ausschließlich von männlichen Fetischisten die Rede, die sich den Frauenkörper zerlegen und Partialobjekte durch Fetische ersetzen. Dies gipfelt bekanntlich in Sigmund Freuds – selbst perverse, im Sinne von verdrehten – Fetisch-Theorie, derzufolge der Fetischist die verehrten Gegenstände als Ersatz für den fehlenden Phallus der Mutter einsetzt.[120]

Als Begründer der Fetischismustheorie in den Sexualwissenschaften gelten Alfred Binet und Richard von Krafft-Ebing. Letzterer definiert in seiner enzyklopädisch angelegten *Psychopathia sexualis*[121] den Fetischisten als jemanden, dessen sexuelle Erregung an Leder, Seide, Schuhe, Strümpfe – in seinem Katalog sind es fast ausnahmslos Frauenkleider – geknüpft ist. Im Gegensatz zu Sadisten und Masochisten, die als »Monstra per excessum« gelten, ist der Fetischist »Monstrum per defectum«.[122] Der Fetischismus war die »Modellperversion«[123] schlechthin, weil der Hauptdefekt des Fetischisten darin bestand, die »natürliche« Fortpflanzungslogik zu unterminieren. Seine Pathologie besteht in der illegitimen Verstreuung der sexuellen Aufmerksamkeit weg vom Genitalen und in der Konzentration des Begehrens auf vom Liebesobjekt getrennte Partialobjekte. Monströs macht ihn die Aktivität einer erfindungsreichen Verkünstlichung der Sexualität, die Abstandnahme von der »eigentlichen« Funktion der Sexualität, der Fortpflanzung. Indem der Fetischismus die bürgerliche Familie bedroht, wird er zur Bedrohung der bürgerlichen Gesellschaft insgesamt. Bereits Krafft-Ebing war jedoch klar, dass die Grenze zwischen »normaler Sexualität« und Fetischpraxis – in seinem Verständnis: der illegitimen Verehrung toter Dinge – nur schwer zu ziehen ist. Er bemerkt, dass »das gesammte Gebiet des Körpertheil-Fetischismus eigentlich nicht ausserhalb [sic] des Kreises der Dinge fällt, die normaliter als Reize für den Geschlechtstrieb wirken, sondern innerhalb desselben. Das Abnorme liegt hier nur darin, dass ein Theileindruck vom Gesammtbilde der Person des anderen Geschlechts alles sexuelle Interesse auf sich concentrirt.«[124] Der

120 Genauer zu Freuds Verschiebungen zwischen Fetischismus und Prothetik vgl. Kapitel »Freuds Ersetzungen«, S. 206.

121 Die Erstausgabe der *Psychopathia* war ein schmaler Band von 110 Seiten, der die späteren Zentralbegriffe der Sexualpathologie (Sadismus, Masochismus und Fetischismus) nicht enthielt. Diese tauchten erst in der 6. Auflage (1891) auf. Ich zitiere aus der erweiterten Ausgabe von 1894: Krafft-Ebing, Richard von: *Psychopathia Sexualis. Mit besonderer Berücksichtigung der Conträren Sexualempfindung*. 9. verbesserte und theilweise vermehrte Auflage. Stuttgart: Ferdinand Enke 1894.

122 Ibid.: S. 157.

123 Foucault, Michel: *Sexualität und Wahrheit I. Der Wille zum Wissen*. Frankfurt a. M.: Suhrkamp 1977, S. 183.

124 Krafft-Ebing: *Psychopathia Sexualis*, S. 157.

Fetischismus ist beides: Modellfall einer der Reproduktion abgewandten, perversen Sexualität und *beinahe* der Normalfall, mit der Normalität verwechselbar.[125] Sie ist gewissermaßen der »kleine Skandal« einer sich sozial ausdifferenzierenden Gesellschaft, einer Gesellschaft, die andauernd an der Einrichtung, Verschiebung und Stabilisierung von Normalitätszonen arbeitet.

Die Sexualwissenschaften hatten außerdem mit einem auf die Frage der Grenze der Normalität bezogenen Sichtbarkeitsproblem zu tun: Die Gründe für sexuelle Aberrationen sollten in der Tiefe der menschlichen Seele ruhen (wobei es bis Sigmund Freud kein einheitliches Modell für das Zustandekommen von Normalität und Abweichung gab), beobachten und beschreiben konnte man aber lediglich Äußerlichkeiten. So war Charcot, bei dem Binet arbeitete, dazu gezwungen, die Zeichen der Hysterie künstlich – durch die Präsentation von Objekten aus der Sammlung des Musée Charcot (anatomische Präparate, Bilddokumente religiöser Besessenheit, Photographien von Hysterikerinnen) – zu evozieren, um sie »objektiv« beschreiben zu können.[126] So wird nachvollziehbar, dass sich die sexualwissenschaftliche Beschreibung des Fetischismus, zumal bei Binet und Krafft-Ebing, als ein Katalog oder eine Serie fetischisierbarer Objekte manifestiert. Der Katalog wurde durch Fallgeschichten narrativ strukturiert. Zugespitzt gesagt: Um den »normalen Sex« einzukreisen, entstanden ausladende Sammlungen von Abweichungen.

Auf welche Art und Weise partizipiert die Prothetik an diesem Komplex des sexuellen Fetischismus? Zunächst durch ihre Übersetzungsfunktion zwischen dem medizinischen Diskurs, der Gesundes und Pathologisches trennt, und einer Kultur der Mode, die ein immer differenzierteres Vokabular von Distinktion und Anerkennung durch eine Semantisierung der Körperoberfläche hervorbrachte. Zuletzt mit einer visuellen Codierung der Abweichung, die sich in Katalogen und Werbebildern ablesen lässt. In Abbildungen von Prothesen zu Werbezwecken und zur medizinisch-therapeutischen Instruktion konnten die Prothesenhersteller auf keine etablierte Ikonographie zurückgreifen, sondern nutzten einen Hybrid visueller Sprachen: So finden sich in den Katalogen und Broschüren technische

125 Böhme führt aus, dass der Fetischismus des 19. Jahrhunderts auch auf dem Gebiet der Ethnologie und der Ökonomie zwischen Universalisierung (der Fetischismus als Urform von Religiosität insgesamt, das Tauschprinzip insgesamt als fetischistisch) und Abhorreszierung (der Fetischismus als Atavismus, der Kapitalismus als perverses Tauschprinzip) schwankt. In der Sexualwissenschaft findet sich diese Schwankungsbreite an der Übergangszone zwischen »normaler« erotischer Besetzung von Körperteilen und fetischistischer Fixierung wieder. Vgl. Böhme: »Fetischismus im 19. Jahrhundert«.

126 Mayer, Andreas: »Objektwelten des Unbewußten. Fakten und Fetische in Charcots Museum und Freuds Behandlungspraxis«. In: te Heesen, Anke und Emma C. Spary (Hg.): *Sammeln als Wissen*. Göttingen: Wallstein 2001, S. 169–198, S. 186f.

Zeichnungen Seite an Seite mit Photographien und Stichen, die stilistisch aus der Welt der Mode kamen. Wie erwähnt, war es vor allem Intimmode und Schuhmode, die die Visualisierungsstrategien der Prothetik im späten 19. Jahrhundert inspirierten. Herausragend sind hier die Photographien des britischen Prothesenherstellers James Gillingham, der aus der väterlichen Schuhwerkstatt ab den siebziger Jahren des 19. Jahrhunderts eine überaus erfolgreiche Prothesenmanufaktur machte.[127] Im Laufe seiner Karriere behandelte er etwa 15.000 Patientinnen und Patienten, und als professioneller Photograph hinterließ er eine umfangreiche, faszinierende Sammlung von Photographien seiner Kundinnen und Kunden.[128]
Er photographierte sie vor und nach der Versorgung mit Prothesen zu dokumentarischen Zwecken, verwendete die Bilder aber auch als Werbeträger, indem er sie an Ärzte und an Queen Alexandra versandte.[129] Eine ganze Reihe von Gegenständen, die von Binet und Krafft-Ebing als typische Fetische beschrieben werden, finden sich in großer Zahl auf den Abbildungen in Prothesenkatalogen: Mieder (sowohl als Kleidungsstück als auch als Orthese), Stiefel, Uniformen, kombiniert mit Prothesen; aber auch Prothesen, die Schuhe simulieren. Die Photographien sind bemüht, die gültige Ordnung der Geschlechter zu repräsentieren (Männer tragen Uniformen und arbeiten, Frauen tragen Mieder und Ballkleider und tanzen oder erledigen den Haushalt), dennoch provoziert die schiere Anwesenheit der Prothese Verschiebungen. Zum Beispiel werden auch Prothesen für Männer von Konstruktionen gehalten, wie sie in Strapsen und Korsetten verwendet werden.
Die erotische Konnotation seiner Produkte produziert bei Gillingham Sujets, die zwischen schamvoller Bedeckung und selbstbewusster Zurschaustellung changieren: Zumeist drehen seine weiblichen »Modelle« ihr Gesicht von der Kamera weg und präsentieren ihre künstlichen Glieder unter hochgehobenen Röcken, während die Männer in der Regel von vorne und mit offenem Blick in die Kamera abgebildet sind. Die geschlechtliche Identität, die durch die semantische Ambivalenz der Prothese fraglich wird, muss zumindest in der Anordnung des Blicks gewahrt werden.
Doch auch diese Ordnung ist instabil, denn auch die männlichen Patienten entziehen sich teilweise den Blicken: Sie blockieren den Blick mit Bril-

127 Vgl. dazu: Smith, Marquard: »The Vulnerable Articulate: James Gillingham, Aimee Mullins, and Matthew Barney«. In: Smith, Marquard und Joanne Morra (Hg.): *The Prosthetic Impulse. From a Posthuman Present to a Biocultural Future*. Cambridge MA: The MIT Press 2005, S. 43–72.
128 Eine Vielzahl der Photographien ist in der wohl nur Lokalhistorikern bekannten Biographie Gillinghams von Derrick Warren enthalten: Warren, Derrick W.: *James Gillingham. Surgical Mechanist and Manufacturer of Artificial Limbs*. Somerset: Somerset Industrial Archaeological Society 2001. 410 Glasnegative der Aufnahmen lagern zudem im Science Museum London.
129 Ibid.: S. 89.

Abb. 14+15: James Gillingham: PatientInnenphotographien.

len, mit einer vorgehaltenen Zeitung oder sie zeigen sich in »weiblichen« Posen, um dem Kamerablick zu entgehen.

Den Kontext für dieses Abschweifen medizinisch-technischer Bilder in die Welt der erotischen Mode bildet die in der zweiten Hälfte des 19. Jahrhunderts in England zum Teil heftig geführte Debatte um Korsagen und andere Stützapparate. David Kunzles[130] Aufarbeitung der öffentlichen Auseinandersetzungen um das »Engschnüren« in populären britischen Magazinen des viktorianischen Zeitalters macht die diskursive Bandbreite der Assoziationen mit solchen Bildern deutlich: In Magazinen wie *The Family Doctor and People's Medical Adviser* wurden über viele Ausgaben hinweg die Vor- und Nachteile von Korsagen debattiert. Häufig dienten als Aufmacher Illustrationen mit verschiedenen Varianten des Schnürens, die sich mit Abbildungen von körperlichen Deformationen abwechselten.

Die medizinischen Vor- und Nachteile von Korsagen – sie sollten eine gesunde Verdauung unterstützen und Fettleibigkeit vorbeugen, galten aber auch als Verursacher von Kurzatmigkeit, deformierten Organen und so-

130 Kunzle, David: *Fashion and Fetishism. Corsets, Tight-Lacing and Other Forms of Body Sculpture.* Phoenix Mill: Sutton 20042.

Abb. 16–19: James Gillingham: Patientenphotographien.

THE

FAMILY DOCTOR

AND PEOPLE'S MEDICAL ADVISER.

SATURDAY, DECEMBER 21, 1889

THE CORSET QUESTION.

Abb. 20: Aufmacher zur Korsagendebatte im *Family Doctor* (1889).

gar als Verhütungsmittel – wurden ebenso heiß diskutiert wie ihre ästhetischen Implikationen. Es war nicht unüblich, dass sich Korsetthersteller in modischen und medizinischen Fragen zu Wort meldeten, wie etwa Madame Caplin, die ihr Londoner Schaufenster »Anatomical und Physiological Gallery« nannte. Ihr Mann, ein Mediziner, der auf Wirbelsäulenerkrankungen spezialisiert war, hielt dort jeden Mittwoch Vorträge für interessierte Damen.[131]

War die enge Taille für junge Mädchen eine weitgehend akzeptierte Konvention – diskutiert wurde lediglich das Ausmaß der Schnürung –, die es durch Disziplin, Training und Korsett-Technik zu erreichen galt, war das Korsett-Tragen von Männern zwar nicht völlig unüblich, jedoch Anlass kontroverser Debatten – beispielsweise in wissenschaftlich-technischen Männermagazinen[132] – und Anlass cartoonistischer Verspottung.

Das Einschnüren des Körpers hatte in seiner medialen Darstellung (und wohl auch in der Praxis) eine sexuelle Komponente, die zwischen maskulinen Dominanzphantasien und der Emanzipation weiblichen Lustempfindens pendelte. Die Assoziation mit einer militärischen Kultur der Disziplin einerseits und der Charakter der Korsage als Materialisierung einer dem weiblichen Geschlecht zugeschriebenen Schönheitstechnik andererseits verhalf dem Korsett dazu, zu einem beliebten Ort der direkten

131 Ibid.: S. 91.
132 Vgl. dazu: Ibid.: S. 176 f.

Abb. 21+22: Prothesen und Korsagen,
A.A. Marks Titelbild des Katalogs und Korsagenwerbung (um 1900).

oder indirekten Artikulation sexueller Themen zu avancieren. Das Leiden am Korsett (und analog dazu: an hochhackigen Schuhen) wurde als zweischneidige Lust am Leiden diskutiert. Im Schreiben über Korsagen entstand eine Sprache der Sexualität, die sich aus religiösen, militärischen und medizinischen Termini speiste. So wurde beispielsweise aus dem Brief eines Fürsprechers des Schnürens zitiert, in dem dieser betont, dass zum Erfolg des Schnürens an Damen Erfahrung und Ausdauer seitens des »operator« genauso gehöre, wie »obedience, submission, and endurance [...] on the part of the patient.«[133]

Solche Methoden der Körpermodifikation, die lange Zeit fast ausschließlich mit den Repräsentationsansprüchen des Adels in Zusammenhang standen, dehnten sich in der zweiten Hälfte des 19. Jahrhunderts in die Mittelschichten aus. Korsett und Prothese sind deshalb nicht zu trennen von dieser »Demokratisierung« ästhetischer Ansprüche insgesamt. Prothesenhersteller und Korsettfabrikanten inszenierten sich folgerichtig als Bildhauer des menschlichen Körpers.

Als Resultat der Debatten verbindet sich – so Kunzle – das Für und Wider des Schnürens zu einer Gemengelage aus Faszination und Abhorreszierung: Disziplin und Selbstbeschränkung als Kernelemente viktorianischer Erziehung, ein sich auf die Mittelklasse ausdehnendes Repräsentations-

133 Ibid.: S. 180.

Abb. 23: Alltagsverrichtungen mit Prothesen, Katalog A.A. Marks.

bedürfnis, die Popularisierung medizinischen Wissens verschränken und vermischen sich mit der untergründigen sexuellen Besetzung des Korsetts. Es wird so zum visuellen Kernelement der doppelbödigen viktorianischen Sexualmoral. Daran partizipieren (wie intentional auch immer) die Werbestrategien der Prothesenfabrikanten. Nicht nur arbeiten sie mit den gleichen Materialien zur Formung und Stützung des Körpers (Leder, Schnürungen), ihre Angebote zielen ebenfalls auf den entstehenden mittelständischen Markt für Instrumente der Körperformung, einen Markt, der sowohl medizinische als auch ästhetische Bedürfnisse bedient. Mögen auch die Produkte der Prothetik stärker der medizinischen Seite zugewandt sein, so macht doch gerade der Blick in James Gillinghams Photoalbum klar, dass die Versorgung mit Prothesen immer auch eine eminent ästhetische Seite hat: den Wunsch, je nach Milieu unauffällig oder elegant, in der Öffentlichkeit zu verkehren.

Die Erotisierung prothetisch reparierter Körper in Gillinghams Photographien ist zudem der Verwicklung von Warenfetischismus und sexuellem Fetisch geschuldet. Das Sichtbarkeitsproblem, das Prothesen zu beheben versprechen (Unauffälligkeit der Prothesenträger im Alltag), bewirkt ein Paradox in den Werbestrategien: Die Präsentation von Prothesen als Waren machte es notwendig, diese zu zeigen, wohingegen sie doch eigentlich unsichtbar sein und einen Mangel unsichtbar machen sollten. Sie sollten gerade nicht mehr Merkzeichen eines Traumas oder eines fehlenden Körperteils sein, sondern aus ihren Trägern unauffällige Bürger machen. Die Blickspiele der Erotik, das Spiel zwischen Verbergen und Ausstellen, das in der visuellen Kultur von Korsagen- und Leibmode zu Hause ist, war deshalb auch für das Ausstellen von Prothesen attraktiv. Aber es war ein gefährliches Spiel, brachte es doch Technik und Medizin in Nachbarschaft zu verrufenen Körpertechniken.

Dieser eminenten Sichtbarkeitsproblematik begegneten die Kataloge und Flugblätter der »viktorianischen« Prothesenhersteller, indem sie neben den Produktbeschreibungen und Preistabellen ausladende Sammlungen von illustrierten Testimonials geglückter Ausstattung mit Prothesen enthielten. Diese Musterbiographien (A.A. Marks *Manual of Artificial Limbs* von 1905 enthielt über 800 solcher Zeugnisse) erzählen die immer gleiche Geschichte mit kleinen Variationen: Die Darstellungen enthalten üblicherweise den Hergang der Versehrung, Erwerb des künstlichen Glieds, Schilderung der Tätigkeiten, die nun glücklicherweise wieder möglich sind, Betonung des Umstands, dass kaum jemand bemerke, dass der Träger ein künstliches Glied trage. Es ist ein konservatives Narrativ der Wiederherstellung des ursprünglichen Zustands und der Normalität, das jedoch von den beigegebenen Bildern irritiert wird. Die Bilder zeigen – da sie für die künstlichen Gliedmaßen werben –, was die Erzählung verschweigt: Die Prothese exponiert durch die visuelle Differenz zum organischen Original jenen Mangel, den sie zum Verschwinden bringen soll, sie evoziert die Defizienz geradezu.

James Gillinghams mediale Körper

In James Gillinghams Photographien wird die Mittelstellung der Prothetik zwischen Mode, Medizin und den mechanischen Künsten augenfällig. Zudem navigierte er mit seiner Arbeit am Körper nahe an ein im engeren Sinn »mediales« Verständnis von Körperlichkeit heran. James Gillingham stammte aus einer alteingesessenen Handwerkerfamilie in der Kleinstadt Chard (Grafschaft Somerset, im Südwesten Englands). Die Männer der Familie waren seit mehreren Generationen als *cordwainer*, also als Produzenten von feinem Schuhwerk, tätig. Die Ausbildung zum *cordwainer* überwachte eine strenge Gilde in London, sodass sowohl sein Vater David als auch James ihre Ausbildungszeit dort verbrachten. David Gillingham beschloss seine Ausbildung mit der Anfertigung eines Spezialschuhs für den klumpfüßigen Lord Byron.[134] James Gillingham begann sich während sei-

134 Warren: *James Gillingham*, S. 7.

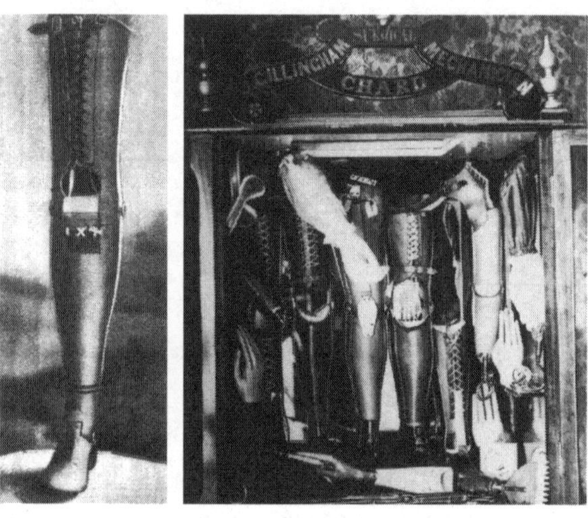

Abb. 24+25: Prothese aus Leder von James Gillingham / James Gillinghams Musterkoffer

ner Londoner Zeit (in den 1850er Jahren) für chirurgische und orthopädische Geräte zu begeistern. Am meisten beeindruckte ihn dabei laut seinem Biographen Warren »a knife with a thousand blades«.[135] Dies mag eine nachträgliche Selbststilisierung sein, ist jedoch mit Blick auf jene Artefakte, auf die sich sein Erfindergeist stürzen sollte, aussagekräftig. Die Anfertigung multipel adaptierbarer künstlicher Gliedmaßen und Stützapparaturen wurde sein Spezialgebiet. Ohne formale medizinische oder ingenieurswissenschaftliche Ausbildung begann Gillingham, zurück in der Kleinstadt, mit der Anfertigung von Orthesen und Prothesen und erarbeitete sich rasch einen guten Ruf als Spezialist für besonders schwierige – und besonders spektakuläre – Fälle. Im Gegensatz zu anderen Prothesenherstellern fertigte er seine künstlichen Glieder nicht aus Weidenholz, sondern modellierte Leder nach anatomischen Modellen. Seine Prothesen erhielten dadurch nicht nur ihr charakteristisches Aussehen, das an Miederwaren erinnerte, sondern waren besonders leicht und gut nachjustierbar.

Gillingham legte großen Wert darauf, jede Prothese eigenhändig anzupassen und bemühte sich darum, seine Patientinnen und Patienten langfristig zu begleiten. Seine Werkstatt war gleichzeitig ein Gästehaus: Hier wurde vermessen, es wurden Gipsmodelle und künstliche Gliedmaßen hergestellt, deren Verwendung geübt und Nachbesserungen vorgenommen. Gillingham blieb Zeit seines Lebens dem traditionellen Handwerkerethos verhaftet. Er blieb in Chards, obwohl er in London eine durchaus prominente Figur war und wohl auch ökonomisch reüssieren hätte können.

135 Ibid.: S. 8.

Er war geschäftstüchtig und mit einem gewissen Sendungsbewusstsein ausgestattet: Er reiste mit einem Musterkoffer durchs Land, gab regelmäßig Sprechstunden und hatte stets Flugblätter bei sich, die er unaufgefordert Menschen mit Deformationen überreichte.

Für seine Prothesen erhielt er viel Lob seitens seiner Patientinnen und Patienten und aus der Fachwelt. Je länger er im Geschäft war, desto stärker zeigte sich jedoch, dass sein »handwerkliches« Modell im Auslaufen begriffen war. Spätestens mit dem Ersten Weltkrieg wurde deutlich, dass seine individualisierte Vorgehensweise, die persönlichen Kontakt, gemeinsame Übung, Nachbetreuung und Adaptierung beinhaltete, nicht länger mit den Erfordernissen »industrialisierter« Medizin kompatibel war. Er versorgte zwar weiterhin Patientinnen und Patienten, war aber nicht in die große Prothesen- und Rehabilitationskampagnen des Vereinigten Königreichs eingebunden.[136]

James Gillingham war ein viktorianischer Selfmademan: Er begeisterte sich für neueste Technik und verkörperte das neue Selbstbewusstsein des Ingenieursstands. Er war ein glühender Verehrer des ebenfalls aus Chard stammenden Flugzeugerfinders John Springfellow und setzte sich 1911 mit viel Enthusiasmus für die Errichtung eines Ehrenmals für diesen ein. Er war in der Regionalpolitik aktiv, machte sich beispielsweise um die Einrichtung eines Abwassersystems verdient.[137] Er war Prediger in der lokalen Baptistengemeinde und ein umtriebiger Erfinder. Zu den Patenten, die er anmeldete, zählte ein »Go-car« (eine Gehhilfe), eine multipel verstellbares Krankenbett (»Invalid Couch«), eine Rettungsweste (die er »Life-preserving Corset« nannte), ein portabler Ofen und vieles mehr.[138] Zur privaten Unterhaltung baute er zudem Puppen und Automaten wie jenen Apparat, aus dem bei einem Treffer mit einem Pfeil eine Queen-Victoria-Puppe herauskam.

James Gillinghams Sendungsbewusstsein führte über Medizintechnik und seine Tätigkeit in der Baptistengemeinde hinaus: Etwa 25 Jahre lang war Gillingham aktiver Spiritist und veröffentlichte etliche Bücher. Interessant ist für unseren Zusammenhang nicht nur das In- und Nebeneinander von Theologie, Mechanik und Biologie in den Welterklärungsschriften, sondern auch die Tatsache, dass Gillingham in seinen prothesenbedürftigen Patientinnen und Patienten den ultimativen Beweis spiritistischer Theorien der Geistbewegtheit erkannte: Der Spiritismus bot ihm ein Modell, um den Beschwerden über Phantomgefühle und -schmerzen Sinn abzugewinnen: »The phenomena of Spiritualism confirms as a powerful

136 Ibid.: S. 70.
137 Ibid.: S. 86.
138 Ibid.: S. 101–115.

Abb. 26: James Gillinghams Automaten.

witness the inferences drawn from those who have suffered the loss of their limbs.«[139] Nicht nur die Amputierten, sondern auch die neueste Technik galt Gillingham als Beweis für die Faktizität spiritueller Kräfte. Das elektrische Licht sah er als das Licht der Auferstehung an, den Telegraphen als den Beweis der Allverbundenheit der Menschen. Ein »electric pen« inspirierte ihn zur Entwicklung einer Technik des »automatischen Schreibens«, die er als Technik der Selbstaufzeichnung noch weiterverfolgte, als er dem Spiritismus längst abgeschworen hatte.[140] Nach Abzug der damals modischen Faszination (von Telepathie über Tischerücken und Reichenbach-Begeisterung)[141] bleibt sein feines Gespür dafür, dass sich mit dem Phantomgefühl ein Abgrund in der Vorstellung der Autonomie des menschlichen Willens auftut: Subjektives und objektives Selbst lassen sich nicht länger zur Deckung bringen, sie bilden vielmehr ein Interferenzmuster. Vergangenheit und Gegenwart des Leibes treten auf irritierende Weise auseinander, werden damit aber auch beobachtbar. Das Unterbewusste (Gillingham verwendet den Begriff *sub-conscious*) schimmert durch das Wachbewusstsein hindurch. Diese Differenzen versuchte Gillingham nun einerseits durch Prothesen zu minimieren. Denn eine der wenigen medizinischen Indikationen für Prothesen ist, dass sie Phantomschmerzen zum

139 Ibid.: S. 89.

140 Ibid.: S. 90.

141 Carl Ludwig von Reichenbach (1788–1869) war eine der seinerzeit bekanntesten Persönlichkeiten im Grenzgebiet von Naturwissenschaften und Esoterik. Er entwickelte neuartige Öfen und legte eine beachtliche Mineraliensammlung an, gründete zudem eine Geheimgesellschaft und proklamierte die alldurchdringende Lebenskraft *Od*.

Verschwinden bringen können. Wie die Spiritisten, die mit ihren Medien mit den Verstorbenen in Kontakt treten, kann die Prothese als Medium mit dem nur noch im Unbewussten vorhandenen Körperteil kommunizieren. Für sich selbst hielt Gillingham übrigens Zeit seines Lebens an der Produktivität des Aufenthalts in der Welt des »soul self«[142] fest. Er übte sich regelmäßig im automatischen Schreiben, also der Trennung von Hand und Bewusstsein. Leider ist keine dieser Schriften erhalten geblieben.

Man kann nur spekulieren, ob ihn die Beschäftigung mit Phantomschmerzen und Prothesen auf die Spur des »Unterbewussten« gebracht hat, oder ob sich bei ihm die handwerklich-medizinische Praxis eher zufällig mit der modischen Strömung des Spiritismus vermischt hat. Fest steht jedoch, dass sich hier eine enge Allianz zwischen Prothesen und einem Nachdenken über »Medien« ergeben hat.[143] Denn die deformierten Körper in Gillinghams Werkstatt haben medialen Charakter: Erstens als Vermittler zwischen einem Unbewussten und einem zukünftigen, technisch reparierten Körper. Zweitens sind sie auf Gillinghams Photographien Zeugen seiner Kunstfertigkeit. Sie exponieren den Triumph des Technikers über den schwachen Leib. Zudem sind sie als Werbebilder Ausdruck einer Kommerzialisierung, einer Fetischisierung des Körpers.

Drittens bewirkt das Auftauchen von Prothesen auf den Photographien deren rekursive Selbstthematisierung: Die still gestellten Körper, die im Bild zu sehen sind, sind Allusionen des Todes. Sie thematisieren den Charakter der Photographie als Widergänger einer unwiederbringlichen Vergangenheit.[144] Dieser Zusammenhang wird durch das Element der Prothese weiter konturiert: Die Prothese verweist als »tote« Figur auf den photographischen Akt der Stillstellung des Lebendigen, als Fragment auf die strukturelle Gewaltsamkeit des Ausschnitts, als Supplement auf den Vorgang des Kopierens von Wirklichkeit. Die Prothese im Bild setzt eine Selbstthematisierung des photographischen Bildes in Gang. Eine semantische Codierung (Erotik, Normalität) trifft auf eine Weise des Sehens, die man als spekulativ bezeichnen kann: Der ahnungsvolle Blick trifft auf einen nur potentiellen Körper, einen Körper, der entweder von Kleidung bedeckt oder durch Prothesen simuliert ist. Der blockierte oder abgewandte Blick

142 Ibid.: S. 91.

143 Schüttpelz, Erhard: »Medientechniken der Trance. Eine spiritistische Konstellation im Jahr 1872«. In: Ders. und Marcus Hahn (Hg.): *Trancemedien und Neue Medien um 1900. Ein anderer Blick auf die Moderne.* Bielefeld: transcript 2009, S. 275–309.

144 Die These einer Solidarität der Photographie mit den Toten hat Roland Barthes im zweiten Teil seines Buchs über Photographie formuliert: Barthes, Roland: *Die helle Kammer. Bemerkung zur Photographie.* Frankfurt a. M.: Suhrkamp 1989. Ausführlich zur Totenphotographie: Sykora, Katharina: *»Die Tode der Fotografie«. Totenfotografie und ihr sozialer Gebrauch*, Bd. 1. München: Fink Verlag 2009. Zur systematischen und aktuellen Verortung vgl. die Einleitung von Thomas Macho und Kristin Marek in Dies.: (Hg.): *Die neue Sichtbarkeit des Todes.* München: Fink 2007.

Abb. 27: James Gillingham: Patientinnenphotographien.

der photographierten Subjekte unterbindet eine Identifizierung, lenkt den abtastenden, den erforschenden Blick auf den Objekt gewordenen Körper und auf den Prothesenfetisch. Das voyeuristische Ausspähen wird – ähnlich wie das Zeigen von Korsagen in Familienmagazinen – durch die Rahmenerzählungen der medizinischen Fürsorge und der technischen Kunstfertigkeit ermöglicht. Diese Gemengelage aus Sichtbarkeit und Unsichtbarkeit, aus Spekulation und biopolitischer Rationalität, aus lustvoller Betrachtung abweichender Körperlichkeit und Normalismus war entscheidend für die Karriere prothetischer Figurationen im 20. Jahrhundert.

Technische Visionen

The Human Wheel

Nicht alle Figurationen des Prothetischen sind so spektakulär. Eine ganz unauffällige ist das Rad. Das Rad – so Friedrich Kittler in seiner Diskussion Ernst Kapps – sei für diesen und für alle Organprojektions- oder Prothesentheorien der Technik immer eine Verlegenheit gewesen.[145] Dagegen ist einzuwenden: nicht jede Prothesentheorie ist auf die menschliche Gestalt *wie sie* ist bezogen. Häufig denkt sich die Prothetik eine Zukunft des Körpers. Sobald die Wissenschaft dann damit beginnt, den Körper auseinanderzunehmen und wiederzusammenzufügen, gelingt paradoxerweise der Nachweis, dass das Rad doch eine Organprojektion ist.

145 Kittler: *Kulturgeschichte der Kulturwissenschaft*, S. 208.

THE HUMAN WHEEL, ITS SPOKES AND FELLOES.

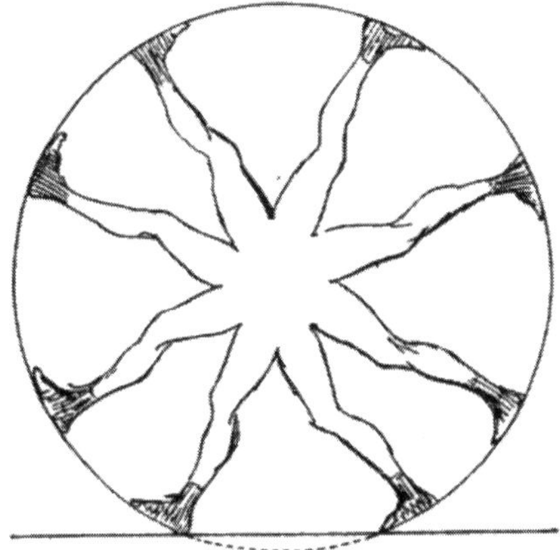

Abb. 28: Titelillustration: Wendell Holmes *The Human Wheel.*

Dies geschieht in Oliver W. Holmes' *The Human Wheel, It's Spokes and Felloes,*[146] und es geschieht auch in der von Kittler an anderer Stelle ausführlich behandelten Studie der Brüder Wilhelm und Eduard Weber zur *Mechanik der menschlichen Gehwerkzeuge,*[147] auf die sich wiederum Holmes' Schrift argumentativ stützt. Das Emblem seines Textes bildet ein stilisiertes Rad, das sich aus Beinen als Speichen und Füßen als Felgen zusammensetzt.
Die biomechanischen Studien der Brüder Weber und die Technik der Schnappschussphotographie (»instantenous photography«[148]) geben ihm dieses Bild ein: Aus der Weberschen Studie übernimmt er die Konzeption des menschlichen Gangs als Pendelbewegung. Dazu kommt das der photographischen Evidenz geschuldete Wissen über die Abrollbewegung von der Ferse zur Zehenspitze. Muybridges und Mareys visuelle Beweisführung vorwegnehmend, erstellt Holmes Zeichenserien Gehender, um die verschiedenen Phasen des Gangs darzustellen. Seine Schlussfolgerung ist: »Walking, then, is a perpetual falling with a perpetual self-recovery«. Und weiter: »Man is a *wheel*, with two spokes, his legs, and two fragments of a tire, his feet. He *rolls* succesively on each of these fragments from heel to

146 Holmes: »Human Wheel«.
147 Kittler: »Dorfmusikant«. Kittler geht es hier nicht um Prothesen, sondern um die Selbstanschreibung und Mathematisierung von Bewegung; zudem um eine Bastelanleitung der Weber-Brüder, die der Studie beigegeben ist und die eine Periode des Gangs mit einer Apparatur nachvollziehbar macht, die in seiner ganzen Konstruktion dem gleicht, was später Praxinoskop oder Zoopraxiskop heißen sollte und Muybridges und Mareys Bewegungsstudien erlaubte.
148 Holmes: »Human Wheel«, S. 568.

toe.«[149] Begannen die Brüder Weber ihre Studie noch mit der strikten Unterscheidung von Rollen und Gehen, von Wagenrädern und Beinen,[150] ist in Holmes' Text der Unterschied zwischen Organ und Apparat in einem dynamischen Vorgang des Gehens aufgehoben.

Die Brüder Weber hatten in ihrer Studie über Apparate darüber spekuliert, wie die Beine ersetzt werden könnten. Sie formulierten als Ziel ihrer Studie die Formulierung von anwendbaren »Vorschriften zum Bau von Maschinen, welche wie der Mensch von zwei Stützen getragen und durch deren abwechselnde Streckung und Schwingung fortbewegt werden.«[151] Durch die Formalisierung der Prinzipien des Gehens sollte die Konstruktion von Maschinen möglich sein, die sich auf »zwei, vier, sechs oder mehreren Beinen« bewegen könnten.[152] Die Idee von kolossalen *walking machines*[153] der Zukunft inspirierte Holmes zwar, initiierte jedoch Anderes, nämlich die Präsentation von im Hier und Jetzt praktizierter Schuh- und Prothesenherstellung. Holmes Bewunderung für die »unsichtbaren« Prothesen Dr. Palmers – dem zweiten großen Prothesenfabrikanten neben A.A. Marks – hat zwei Fluchtpunkte: die soziale Integration der Prothesenträger und die anatomische Plausibilität der Prothesenkonstruktion. Erstere resultiert in ein Plädoyer für größtmöglichen Naturalismus der Prothese. Während die Konzeption des *human wheel* den menschlichen Gang als funktionalen Vorgang begreift und an Prothesen mit nichtmenschlicher Morphologie denken lässt (etwa an Rollstühle), drängt das soziale Argument auf möglichst genaue Nachahmung.[154] Mit Blick auf die anatomische Plausibilität von Gehhilfen beschreitet Holmes jedoch das Terrain der funktionalen Optimierung des Körpers. Zunächst begreift er – analog zu Kapp und den Brüdern Weber – den Vorgang des Gehens als einen unbewussten Vorgang, der durch wissenschaftliche Beobachtungs-

149 Ibid.: S. 571.

150 Weber, Wilhelm und Eduard Weber: *Mechanik der menschlichen Gehwerkzeuge. Eine anatomisch-physiologische Untersuchung. Nebst einem Hefte mit 17 Tafeln anatomischer Abbildungen*. Göttingen: Dieterichsche Buchhandlung 1836.

151 Ibid.: S. 209.

152 Ibid.: S. 4.

153 Holmes: »Human Wheel«, S. 568.

154 David Yuan hat darauf hingewiesen, dass die Forderung nach Unauffälligkeit der künstlichen Gliedmaßen mit seinen politischen Idee zur Arbeitsteilung Hand in Hand geht: Manuelle Arbeit, symbolisiert durch künstliche Gliedmaßen, die in seinem Text durchwegs weiblich codiert sind, soll unauffällig und ohne zu murren »by a half reasoning intelligence«, verrichtet werden. Wäre das künstliche Glied auffällig oder sogar »besser« als das natürliche, käme das einer Hybris der Arbeiterschaft in Hinblick auf die »natürliche« Hierarchie, in der eine maskulin konnotierte, intellektuelle Elite bestimmt, gleich. Yuan, David D.: »Disfigurement and Reconstruction in Oliver Wendell Holmes's ›The Human Wheel, Its Spokes and Felloes‹«. In: Mitchell, David T. und Sharon Snyder (Hg.): *The Body and Physical Difference: Discourses of Disability*. University of Michigan Press 1997, S. 71–88.

instrumente expliziert und folglich perfektioniert werden kann.[155] Dies eröffnet Regionen des Nachdenkens, die sich nicht mehr auf einen naturgegebenen menschlichen Körper als Ursprung und Ziel von Technik zurückbeziehen lassen, sondern auf das Gebiet nichtmenschlicher Existenz, auf das Gebiet von *vegetable* und *animals* führen. Die sechs beidbeinig amputierten Veteranen (*nullipeds* in Holmes' Sprache), die er beim Training beobachtet, würden dank der Prothesen zu *bilignipeds*, zu »hybrids between the animal and the vegetable world.«[156] Sprachlich und bildlich lässt Holmes in seiner Diskussion der Prothetik den Menschen *wie er ist* hinter sich. Als Patriot phantasiert er freilich von einer Verbesserung des U.S.-Menschen, von einer Menschenart, die mit Hilfe technischer Potenz über die »Anthropotechniken«[157] der Alten Welt triumphieren soll: »We profess to make men and women out of human beings better than any of the joint-stock companies called dynasties have done or do it.«[158]

Als ebenso zukunftsweisend wie die Prothesentechnik erscheint Holmes ein spezielles Herstellungsverfahren von Schuhen. Holmes' Lobeshymne ist an einen gewissen Dr. Plumer adressiert, der als Befreier der unterdrückten Organe (es geht um deformierte Zehen) gefeiert wird. Er sei der »Garrison of these oppressed members of the body corporeal. He comes to break their chains, to lift their bowed fingers, to strengthen their weaknes, to restore them to the dignity of digits.«[159] Im Krieg, den die Füße, mit schlechtem Schuhwerk ausgestattet, gegen die Härte des Asphalts auszufechten hätten, wären die Plumerschen Schuhe eine wirkliche Erleichterung. Zum einen passte Plumer sein Schuhdesign an die »natürliche« Form des Fußes an: Eine konvexe Wölbung unterstützte das strapazierte Fußgewölbe. Zum anderen – und das ist es, was Holmes fasziniert – wurden die Schuhe von vorneherein mit Blick auf die erforderlichen wechselseitigen Anpassungsprozesse zwischen Schuh und Fuß fabriziert: Der Schuhfabrikant lässt sich einen gut eingelaufenen Schuh des Kunden geben, um den neuen entsprechend der Abnutzungsspuren zu formen. Die zukünftige Passung wird mit Hilfe einer technischen Abnahme der Geschichtlichkeit des Schuhs antizipiert.

In Bezug auf die Anpassungserfordernisse zwischen Prothesen und Menschenkörpern kommt es damit zu einer Ursache-Wirkung-Umkehrung zwischen Mensch und Artefakt. Auch im Probierzimmer des Prothesentechnikers, der »nursery of immature lignipeds« gewinnt Holmes den Eindruck, der Anpassungsprozess liefe so ab, »as if the artificial leg were

155 Holmes: »Human Wheel«, S. 568.
156 Ibid.: S. 578.
157 Sloterdijk: *Regeln für den Menschenpark*.
158 Holmes: »Human Wheel«, S. 580.
159 Ibid.

the scholar, rather than the person who wears it.«[160] Im Gesichtskreis der praktischen Arbeit an der Verbesserung von Körpern und im weiten Echoraum des Darwinschen Konzepts der Anpassung von Organismen an ihre Lebensräume, werden bei Holmes »Passung« und »Anpassung« beinahe deckungsgleich. Gesellschaftlicher Erfolg durch Unauffälligkeit verbindet sich mit der Passung als Herstellungsprinzip von körpermodifizierenden Artefakten. Beides sind Wegmarken in der Etablierung flexibel-normalistischer Systeme der Selbsteinrichtung, die ab dem ausgehenden 19. Jahrhundert formalisiert und implementiert werden.[161]

Körpermodifizierende Artefakte – seien es nun Schuhe oder medizintechnische Hilfsmittel – sind in diesem Verständnis keine beliebigen Antworten auf Notwendigkeiten und Bedürfnisse. Sie antizipieren einen zukünftigen Körper und dessen Bedürfnisse auf technischem Weg. Die Zukunft des Körpers wird im Prozess der Herstellung des Artefakts aus seiner Vergangenheit heraus modelliert, wobei von einer Kontinuität zwischen vergangenen und zukünftigen Bedürfnissen und Bewegungsmustern ausgegangen wird. Dieses Prinzip findet sich bis heute in allen »selbst lernenden« technischen Systemen, etwa in »intelligenten«, benutzerorientierten Computeranwendungen. Und bis heute finden jene rekursiven Effekte, die eine antizipierende Einrichtung auf eine Zukunft hin auf den Leib haben, bei den Entwicklern zumeist wenig Beachtung. Das Sich-Einstellen-Können auf zukünftige Erfordernisse mag eine menschliche Grundkompetenz sein, es bleibt jedoch zu fragen, was es bedeutet, wenn Körper mithilfe technisch-funktionaler Modellierungen für die Zukunft »fit« gemacht werden. Der hohen Plastizität und Adaptibilität menschlichen Verhaltens wird eine technische Modellierung nämlich ebenso wenig gerecht werden können wie den je individuellen Rhythmen von Wachstum und Verfall und all jenen unvorhersehbaren Wendungen, die ein Leben auszeichnen. Technisch antizipieren kann man nur Körper, deren zukünftiges Verhalten – wenigstens im Groben – bekannt ist, Körper, die sich innerhalb vorhersehbarer und wahrscheinlicher Zonen von Bedürfnissen bewegen. Holmes' Technikvisionen sind dennoch weit entfernt von posthumanistischen Überschreitungsphantasien. Es geht ihm zwar um die Hervorbringung einer neuen Menschenart, einer, die den Europäern aufgrund ihrer technischen Fertigkeiten überlegen ist. Dieser neue Mensch hat jedoch bereits eine Gestalt: Er ist ein körperlich attraktiver, heiratswilliger Unternehmer.

160 Ibid.: S. 577.

161 Vgl. dazu etwa Krause: »Normierende Prüfung«, Rieger, Stefan: *Kybernetische Anthropologie. Eine Geschichte der Virtualität*. Frankfurt a. M.: Suhrkamp 2003. Harrasser, Karin: »Passung durch Rückkopplung. Konzepte der Selbstregulierung in der Prothetik des Ersten Weltkriegs«. In: Fischer, Stefan, Erik Maehle und Rüdiger Reischuk (Hg.): *Informatik 2009. Im Focus das Leben*. Bonn: GI 2009, S. 788–801.

Diese Ausrichtung wird deutlich, wenn Holmes argumentiert, dass nicht jeder gleichermaßen mit künstlichen Gliedmaßen ausgestattet werden sollte. Ein einfacher Arbeiter, der nicht mehr auf Brautschau sei, sei beispielsweise mit einem Stelzfuß gut genug bedient, während ein »*gentleman*« in einer »höheren Position« oder in einem Alter, in dem er noch etwas erreichen könne, eine richtig gute Prothese benötige, »a limb which shall be presentable in polite society.«[162] Der Held seiner Erzählung, der Prothesenfabrikant Dr. Palmer, »tall, well-shaped, with well-marked, regular features«[163], sieht sich in seiner Jugend aufgrund des Holzbeins mit schier unüberwindlichen Problemen konfrontiert: »[...] just at the period when personal graces are most valued, when a good presence is a blank check on the Bank of Fortune, with Nature's signature at the bottom, he found himself made hideous by the fearful-looking counterfeit of a limb.«[164] Das schön geformte, künstliche Glied hingegen gibt ihm seine Lebenskraft zurück. In seiner Jugend streift Palmer den Holzfuß ab, und nach einigen unerfreulichen Erfahrungen mit Krücken (»an instrument of torture«[165]) beginnt er seine eigenen Prothesen zu entwickeln. Der Mangel ist erfolgreich in ein florierendes Geschäft transformiert worden, der Körper ist wieder zusammengesetzt, das künstliche Bein geht als echtes durch.[166] Holmes lässt Palmer seine Prothese wie auf dem Laufsteg vorführen und ist begeistert: Im freien Gang sei sie kaum vom echten Bein unterscheidbar, was beweist, dass Palmer auch gesellschaftlich angekommen ist. Ebenso wichtig wie das Ankommen in der Gesellschaft ist es jedoch, in Bewegung zu bleiben. Nahe am Kalauer bemerkt Holmes: »But legs cannot remain stationary while the march of improvement goes on around them, and they too, have moved onward with the stride of progress.«[167] Als erfinderisches, unternehmerisches Individuum ist Palmer in Holmes' Augen ein exemplarischer Vertreter des *American Spirit*. Technische Potenz ist (noch) nicht losgelöst von der Erhaltung der Art nach bürgerlichem Muster. Die Prothese dient vielmehr der Einpassung des Erfinders Palmer in bürgerliche Verhältnisse.

Die Biopolitik der Prothese könnte kaum direkter artikuliert werden: Sie soll dazu dienen, die gesellschaftliche Produktion und Reproduktion zu gewährleisten, auch wenn nicht mehr ohne weiteres mit den Vitalkräften

162 Holmes: »Human Wheel«, S. 574.
163 Ibid.
164 Ibid.
165 Ibid.: S. 575.
166 Zur Prothetik als Instrument des sozialen *passing* vgl. Harrasser, Karin: »Extensions of the working man. Von der Passung zum ›passing‹«. In: Heindl, Gabu (Hg.): *Arbeit Zeit Raum. Bilder und Bauten der Arbeit im Postfordismus*. Wien: Turia + Kant 2008, S. 34–61.
167 Holmes: »Human Wheel«, S. 574.

zu rechnen ist. Die Physis und das Äußere sind eine Kapitalsorte, die erhalten werden muss, so lange sie etwas abwirft.

Weltbewegende Technik

Ab den fünfziger Jahren des 19. Jahrhunderts waren Prothesen in der amerikanischen Gesellschaft omnipräsent. Sie waren als Hightech-Produkte Objekte der öffentlichen Aufmerksamkeit und Zeugen einer neu entstehenden technischen Industrie. Auch damals hat die Prothetik Wissensformen, Ökonomien, Technologien und phantasmagorische Überschüsse hervorgebracht. Vordergründig war die Prothetik in einem rationalen Schema verankert: Sie galt als probates Mittel, um aus versehrten Soldaten und Arbeitern wieder ganze Männer zu machen und um die Ökonomie anzukurbeln. Der Skandal, der sich aus der Koppelung von Prothesen und Krieg, von Destruktion und medizinischem Fortschritt ergab, wurde dabei durchaus artikuliert, am prägnantesten vielleicht in Holmes' Kommentar zum Weidenholz, das vom romantischsten aller Bäume stammt: »The willow, which furnishes the charcoal for the gunpowder that blows off limbs, is the wood chosen to supply the loss it has helped at occasion.«[168] Der Skandal, der daraus folgen könnte, wurde aber – ebenso wie die Drift der abweichenden Körper zum Fetisch oder zu einem futuristischen Antihumanismus – durch eine Nationalisierung des Prothesendiskurses klein gehalten.

Der Franzose Jules Verne schrieb jedoch in *Sans dessus-dessous*[169] (1889) genau diese latenten Widersprüche in ironische und apokalyptische Bilder um. Der technische Gliedmaßenersatz und der *American Spirit* verbünden sich in seinem Roman zur menschheitsvernichtenden Superwaffe, die nur aufgrund eines Lapsus ihre Destruktionsarbeit nicht tun kann. Der Roman greift auf das Figureninventar des Mondreiseromans von 1865 zurück: Im Mittelpunkt steht diesmal der prothesenbewehrte J.T. Maston, aber auch Barbicane und Nicholls treten, um 25 Jahre gealtert, wieder auf.[170] Die drei haben einen im Wortsinn weltbewegenden Plan ausgeheckt. Sie planen, den Nordpol (alles Land jenseits des 84. Längengrads) zu erwerben und die dort lagernden Kohlevorräte kommerziell auszubeuten (der Roman antizipiert damit ganz nebenbei ein baldiges Ende der fossilen Brennstoffe). In einer Versteigerung – und dank der tatkräftigen und kapitalintensiven Unterstützung durch die Witwe Scorbitt – erwirbt das Konsortium das Land und geht daran, die Welt aus ihrer Bahn zu wer-

168 Holmes: »Human Wheel«, S. 577.

169 Die deutsche Erstausgabe von 1891 hieß in Verkürzung des französischen Titels *Kein Durcheinander*, die deutsche Neuausgabe von Fischer trägt den mindestens ebenso unglüklichen Titel *Der Schuß am Kilimandscharo* (Fischer TB Verlag 1969).

170 Ihre Rückkehr zur Erde war bereits 1870 mit *Autour de la lune* bewerkstelligt worden.

fen, um an die Kohlevorräte zu kommen. Man macht sich an die Konstruktion einer riesenhaften Kanone, die zum Äquinoktium an einem Ort X abgefeuert werden soll. Als Folge ihres Rückstoßes soll die Erdachse so korrigiert werden,[171] dass es am Nordpol warm genug wird, um sich der Rohstoffressourcen zu bemächtigen. Als die Welt von dem teuflischen Plan erfährt, rauscht es weltweit im Blätterwald (Verne bemerkt lakonisch, dass die Zeitungsunternehmer wohl die einzigen wären, die außer Barbicane und Co. von dem Unternehmen profitierten[172]). Eine apokalyptische Stimmung breitet sich aus. Aus allem, was über das globale Klima bekannt ist, kann auch damals schon antizipiert werden, dass die Korrektur der Erdachse nicht nur die Arktis wärmer machen würde, sondern sich ganze Meere ausleeren, andere Länder überschwemmt werden, das Klima auf den Kopf gestellt werden würde usw.

Prägnant an der Anlage des Romans ist die Charakterzeichnung des kriegsversehrten Maston (wieder: mit Hakenhand und Gummischädel): Er sitzt als Mastermind in seinem »ballistischen« Cottage und ist die Rechenmaschine des Unternehmens. Wie Arden in *De la terre à la lune* ist er eingefleischter Junggeselle. Er wird von der Witwe Scorbitt umworben, nimmt auch gerne ihr Geld entgegen, zeigt sich aber völlig uninteressiert an einer Ehe. Im Gegenteil stören ihn ihre Anrufe bei seiner Rechenarbeit am Masterplan. Barbicane und Co. haben währenddessen mit Hilfe eines »Negerstammes« und gut vor der Weltöffentlichkeit versteckt die »Columbiade« gebaut. Statt eines Kanonenrohrs wurde ein riesiger Stollen in den Kilimandscharo getrieben. Als die Kanone abgefeuert ist, wird zwar lokal ein orgiastischer Feuersturm entfesselt, sonst passiert aber nichts.[173] Die drei Männer haben die Welt (und vor allem auch den lokalen »Negerstamm«) mit ihrem technischen Projekt beeindruckt und in Schrecken versetzt, nun kehren sie auf der Suche nach der Fehlerquelle nach Baltimore und in ihren Gun-Club zurück. Man hat es schon erwartet: Es war die Frau, die an allem Schuld war. Die Witwe Scorbitt hatte Maston, als er eben mit seinen Berechnungen begonnen hatte, angerufen, um ihn vor einem Gewitter zu warnen. Da hatte er gerade den Erdumfang mit 40.000.000 m auf seiner Tafel notiert. Mit seiner Eisenklaue hielt er das Telefon, sodass ihn der Blitz traf, ihn umwarf und die Zahl wegwischte.

171 Die Idee einer Korrektur der Erdachse hatte J.T. Maston bereits in *Von der Erde zum Mond*.
172 Verne, Jules: *Der Schuß am Kilimandscharo*. Frankfurt a. M.: Fischer TB Verlag 1969, S. 99.
173 »Nichts« allerdings nur nach landläufigen Kriterien, die im Falle eines Ereignisses dieser Dimension ihre Gültigkeit verloren haben. Aus Sansibar wird am nächsten Tag gekabelt: »Schuss gestern Nacht aus Südhang des Kilimandscharo abgefeuert. Vorbeiflug des Geschosses mit unerträglichem Pfeifen. Detonation unbeschreiblich. Provinz durch Tornado verwüstet. Sturmflut bis zum Kanal von Mozambique. Schiffe an der Küste gestrandet. Marktflecken und Dörfer dem Erdboden gleichgemacht. Keine besonderen Vorkommnisse.« Ibid.: S. 113.

Der Versuch den Erdumfang erneut anzuschreiben wurde – erneut – von einem Anruf der Witwe Scorbitt unterbrochen und so blieb 40.000 als amputierte Zahl stehen. Von diesem Fehler hatten sich alle anderen Berechnungen nicht mehr erholen können. Im Innersten von diesem Versagen erschüttert, gibt Maston am Ende sein Junggesellendasein und alle Pläne zur Weltveränderung auf und begibt sich widerwillig in den Hafen der Ehe.

Im Vergleich zu *De la terre à la lune* sind Vernes Charaktere teuflischer, egoistischer und größenwahnsinniger geworden. War die Reise zum Mond noch ein Unternehmen im Auftrag des Fortschritts der Nation und der Menschheit, so verfolgen die Veteranen in *Sans dessus-dessous* rein private Interessen. Sie nehmen dafür sogar die Zerstörung weiter Teile des Planeten in Kauf und werden deshalb als Verbrecher gegen die Menschheit gesucht. Im Zusammenhang des Themas ist jedoch vor allem von Interesse, wie Verne jene Semantiken einsammelt und überspitzt, die sich bis in die späten 1880er Jahre rund um den Komplex der Prothetik gebildet hatten. Die Veteranen erscheinen als monströse, abirrende Verkörperungen eines nationalen Projekts des technischen Fortschritts. Zudem sind die Vereinigten Staaten lediglich die Operationsplattform des Konsortiums, denn letztlich bilden die drei Männer (zwei Veteranen, ein französischer Abenteurer) eine veritable Junggesellenmaschine, die ohne »humanistische« Hemmungen ihre Unternehmungen zu realisieren sucht. Der in der *Reise zum Mond* noch als Witz erscheinende Ersatz des Phallus, die Rakete, wird hier zur Bedrohung der Menschengattung, zur Vernichtungsmaschine.

Das metaphorische Depot der Prothese ist – so könnte man mit Blick auf Jules Verne sagen –, gegen Ende des 19. Jahrhunderts so gut gefüllt, dass es in Zukunft für alle möglichen Zwecke reaktiviert und ausgestaltet werden kann. Die Prothese konnte für Traum und Trauma, Versehrung und Verbesserung, für Impotenz und Potenz, für Fortschritt und Hybris, für Utopie und Apokalypse, für Maskulinität und ihr Scheitern, für die Nation und ihr Zerbrechen, für Austauschbarkeit und Korruption des Tauschs gleichermaßen eingesetzt werden.

Allerdings mussten noch einige Jahrzehnte vergehen, bis ein deutscher Illustrator, Heinz Edelmann, von dem die Graphiken zu dem Beatles-Album *Yellow Submarine* stammen, den direkten Weg zwischen Prothese und Feuerkraft nahm und das Cover von *Sans dessus-dessous* (dt. *Der Schuß vom Kilimandscharo*) 1969 mit einer Illustration versah, in der die Kanone selbst als Prothese fungiert.

Ihre Nähe zum modischen Fetisch ist der »kleine Skandal« der Prothetik. Ihr »großer Skandal« ist die Negation der Natürlichkeit der Reproduktion zugunsten einer überlegenen, technischen Potenz. Wendell Holmes wagt nicht, in diese Richtung weisende Gedanken als selbst gedachte zu präsentieren, sondern schiebt sie dem Prothetiker Palmer unter: »[He] evi-

Abb. 29: Umschlagbild von Heinz Edelmann zu Jules Verne:
Der Schuß am Kilimandscharo (1969).

dently awards the preference to that which was born of his brain over the one he owes to his mother.«[174] Technischer Erfindungsgeist zeigt sich als der natürlichen Zeugung überlegene Potenz. Die Prothetik als sich selbst fortzeugende Maschine ohne das Zutun von Mutter Natur hat selbstverständlich andere literarische »Väter« neben Jules Verne und ist in voller Radikalität wohl zumeist in bildkünstlerischen Werken realisiert worden. Mit dem Begriff der Junggesellenmaschine[175] (*machine célibataire*) haben Michel Carrouges und Marcel Duchamp all jenen phantastischen Entwürfen, die ab 1850 wucherten und sich den Menschen und seine Hervorbringungen als Maschine dachten, einen Namen gegeben. Die phantasmatische Produktion der Junggesellenmaschinen, die Autarkie der Hervorbringung von Neuem unter Ausschluss des anderen Geschlechts, trägt (wie bei Jules

174 Holmes: »Human Wheel«, S. 576.

175 Ausführlich zum Begriff, zur Entstehungsgeschichte und zu den kulturhistorischen Bezügen: Reck, Hans Ulrich und Harald Szeemann (Hg.): *Junggesellenmaschinen. Erweiterte Neuausgabe.* Wien, New York: Springer 1999. Zur Adaptierung bei Deleuze/Guattari: Schmidgen, Henning: *Das Unbewußte der Maschinen. Konzeptionen des Psychischen bei Guattari, Deleuze und Lacan.* München: Fink 1997. Kap. 1.

Verne) durchaus gewalttätige und misogyne Züge. Sie ist in ihrer Verweigerungshaltung der sozialisierenden Funktion der Sexualität gegenüber in ihrer Exzessivität, die sich der zweckdienlichen Einhegung von Produktivkräften widersetzt, jedoch auch freiheitsliebend und utopisch. Diese Junggesellenmaschinen sind als Schutzmechanismen vor einem Sturz in die »Hölle der Kastration«[176] gelesen worden: Sie sollen den Schrecken der Endlichkeit, die Verletzlichkeit durch das Begehren des Anderen, die Abhängigkeit vom weiblichen Part und in einer Freudschen Wendung die Angst vor der phallischen Mutter bannen. In den Romanen Jules Vernes' ist die Verbindung von Verweigerung gegengeschlechtlicher Sexualität und technischer Erzeugung des Phallus in der Tat kaum zu übersehen.

Die Junggesellenmaschinen des 19. Jahrhunderts müssen jedoch auch vor dem Hintergrund von Beschädigung, dem tatsächlichen *disempowerment* von Männerkörpern in Kriegen gesehen werden. Nur die Versehrung im Krieg kann die eigentümliche Verschränkung einer Sakralisierung der Wunde (die sich z.B. in Goethes *Götz von Berlichingen* auf seine zur Reliquie gewordene Hand überträgt) mit einer Übersteigerung der Potenz der industriellen Kriegsmaschine bewerkstelligen. Es ist diese Verschränkung, die es erlaubt, den versehrten Männerkörper zu fetischisieren, dem maskulinen Körper den Charakter einer megapotenten Maschine zuzuschreiben. Erst wenn die sakrale Aura des beschädigten Helden sich mit Kapps »Zeugungskraft« der Werkzeuge verbündet, kann die phantasmatische Technomaschine abheben.

Jules Vernes Schlussszene in *Von der Erde zum Mond* ist prägnant für diesen Übertragungsvorgang. Die Zündung der Rakete ist wiederum eminent sexualisiert. Nachdem die drei Abenteurer das massive Projektil bestiegen haben, klafft die Mündung der Columbiade »frei himmelwärts«.[177] Nach der Zündung schießt »eine himmelhohe Feuersäule [...] aus dem Boden wie aus einem Vulkankrater«, und ein weitflächiges Erdbeben wird ausgelöst. Dem Publikum vergeht Hören und Sehen. Die Menschen werden umgeworfen, sind nun ihrerseits verwundet. Am heftigsten erwischt es den treuen Maston, der seinen Helden auch noch beim Start nahe sein wollte. Aber wie es Junggesellenmaschinen so ergeht, erreicht die Rakete ihr Ziel nicht. Sie kreist selbstgenügsam in der Mondumlaufbahn. Jules Vernes Erfolgsroman mag einerseits eine Umschreibung der libertinen pornographischen Literatur für ein junges Publikum gewesen sein. Er gibt aber auch eine Vorschau auf den Takeoff der Prothese als Bild der Selbstzeugung der Maschinenwelt. Ein häufig übersehenes Detail ist dabei, dass Maston mit seinen Prothesen nichts übrig bleibt, als von der Erde aus

176 Ein Überblick der sexuellen Junggesellenmaschinen von de Sade bis Sacher-Masoch und diese Ausdeutung findet sich auch bei Böhme: *Fetischismus und Kultur*, S. 382f.
177 Verne: *Von der Erde zum Mond*, S. 287.

treu die Bahnen der Rakete zu verfolgen. Und Maston ist dennoch die zukunftsträchtigste Figur. Denn sein Beobachtungsposten nahe dem Teleskop wird seine neue Heimat. Er wartet darauf, dass es möglich wird, mit den Insassen des Mondtrabanten per Fernkommunikation Kontakt aufzunehmen. Er ist im Zeitalter der optischen Medien und der Telekommunikation angekommen, während die drei Mondreisenden in ihrem newtonschen, mechanischen Universum kreisen.

Die Wiederkehr der unheimlichen Prothese mit dem / im Film

Die diebische Hand

1907 erschien der umfangreichste Katalog in der Firmengeschichte von A.A. Marks: Auf 400 Seiten werden künstliche Gliedmaßen vorgestellt und zum Verkauf angeboten. Ihre technische Beschaffenheit und unterschiedliche Gebrauchsweisen werden erläutert, individuelle Geschichten werden erzählt, und die Prothesen können nun per *mailorder* bestellt werden. 1908 war die erste Prothese in einem Film zu sehen: In der fünfeinhalb Minuten langen Vitagraph-Produktion THE THIEVING HAND spielt eine Handprothese die Hauptrolle. Nur ein Jahr später, im Jahr 1909, begannen Frank B. Gilbreth und seine Frau Lilian ihre Methode der Optimierung von Arbeitsbewegungen mit Mitteln des Films zu entwickeln.
Die zeitliche Nähe der drei Ereignisse verweist auf eine epistemologische Solidarität zwischen der industriellen Produktion von Gliedmaßen, der Erforschung des Körpers mithilfe optischer Medien und des Unterhaltungsfilms. Dieses Naheverhältnis ist für die Ökonomie und die Ästhetik der Prothetik entscheidend. Die Prothesenindustrie als Musterbeispiel einer arbeitsteiligen, am Konsumenten orientierten, auf dem Prinzip der Modularisierung beruhenden Produktionsweise habe ich bereits erläutert. Die hohe Auflage des Katalogs, die Angaben zu Fremdwährungsraten und die Möglichkeit der Bestellung aus dem Katalog weisen A.A. Marks zudem als ein frühes Beispiel einer international ausgerichteten Geschäftspolitik, als einen Global Player aus.
Die Modularisierung von Prothesen ist, wie schon Holmes' Text zum *human wheel* demonstrierte, einem protofilmischen Blick auf Bewegungsabläufe zu verdanken, wie ihn auch die Gebrüder Weber entwickelt hatten. Die Chronophotographie der siebziger Jahre des 19. Jahrhunderts und der Film (ab 1895) ermöglichten die analytische Zerlegung und technische Wiederzusammensetzung von Bewegungen. Durch filmische Techniken konnten Bewegungsabläufe jedoch auch konstruktiv zerlegt werden: Die Bestandteile einer Bewegung konnten zu einem Bewegungsbild synthetisiert werden. Der Film changierte deshalb zwischen wissenschaftlicher

Evidenzproduktion und phantastischer Neukonstruktion von Körpern. Eine große Anzahl des frühen kommerziellen Films spielen mit dem Thema der verdoppelnden Abbildung von Körpern und Körperteilen und deren Belebung. So auch THE ARTIST'S DILEMMA von 1901, das von J. Stuart Blackton und Albert E. Smith, die später die Firma Vitagraph gründeten, produziert wurde und einen Reigen von realen, gemalten, toten und wiederbelebten, sich verdoppelnden Körpern einleitete. In THE ARTIST'S DILEMMA verschwinden am Ende alle Medienkörper, und der Maler erwacht aus einem Traum. THE THIEVING HAND steht in der Tradition dieser frühen Selbstthematisierungen des Films als Illusionsmedium. Der Film führt die strukturelle Illusionserzeugung figurativ mit der unheimlichen Selbstbewegtheit eines Arms eng.

Die Handlung von THE THIEVING HAND beginnt damit, dass ein einarmiger, bitterarmer, aber überaus ehrlicher Bleistiftverkäufer einem Mann einen verlorenen Ring zurückbringt. Aus Dankbarkeit bringt der betuchte Herr den Bleistiftverkäufer zu einem Prothesengeschäft, um ihm einen Arm zu kaufen. In der Auslage befindet sich ein Kunstglied, das dem Bleistiftverkäufer nach einer kurzen Anprobe von seinem Wohltäter spendiert wird. Der künstliche Arm stellt sich aber als lebendiger als erwartet heraus und bestiehlt die Passanten, die dem Bleistiftverkäufer früher ein kleines Einkommen garantiert hatten. Der verärgerte Einarmige bringt den Arm daraufhin zu einem Pfandleiher, der das teure Stück gerne nimmt und zu den besonders wertvollen Waren ins Schaufenster legt. Der Arm jedoch hamstert sofort ein paar Schmuckstücke und macht sich von alleine auf den Weg zurück zum Bleistiftverkäufer, der nun für die Diebereien des Arms festgenommen und ins Gefängnis gesteckt wird. Glücklicherweise findet der Arm dort wieder seinen ursprünglichen Besitzer, einen Taschendieb, und befestigt sich instinktiv und selbsttätig an dessen Körper.

Zentrale Momente der metaphorischen Provokation, die von Prothesen ausgehen, verdichten sich in der kleinen Erzählung: zum einen die – dem medizinischen Schneiden und Wiederzusammenfügen analoge – Fähigkeit des Films, Körper zu zerlegen und phantastische neue zu produzieren. In der Fähigkeit des Films, Bewegung zu dekonstruieren, Körperteile per Schnitt auszutauschen, koinzidieren Maschinenlogik und Vorstellungskraft: Es ist das Prinzip der Synchronisation, die mechanische, gleichförmige Aufnahme- und Abspieltechnik, die den Schnitt und damit die Illusion ermöglicht. Zum zweiten tritt der Charakter der Prothese als Ware klar hervor. Die Prothese hat in dem fünfminütigen Film vier Besitzer und ist zweimal in Schaufenstern bzw. auf Ladentischen zu sehen. Ihre unheimliche Selbsttätigkeit ist damit eine sehr direkte Verbildlichung des Fetischcharakters von Waren, aber auch – drittens – der Objektwerdung, der Verdinglichung von Körpern im Zuge ihrer Zerlegung zum Zwecke der Optimierung.

Abb. 30+31: Filmstills aus: The Thieving Hand, Vitagraph (1907).

Dass Prothesen insgesamt in einem Naheverhältnis zum Unheimlichen stehen, machte bereits ihre spontane Abhorreszierung durch Ernst Kapp deutlich. Aber sie stehen auch im Zentrum einer psychologischen Theoretisierung des Unheimlichen, wie sie etwa zeitgleich mit dem frühen Trickfilm von Ernst Jentsch versucht wurde.[178] »Selbsttätige Organe« wie die im Film auftretende diebische Hand sind Verkörperungen des – von Jentsch als typisch für die Struktur des Unheimlichen erachteten – Zweifels am ontologischen Status von Gegenständen (belebt / unbelebt), der auch die Spiritisten beschäftigte.[179]

Zudem ist es verführerisch, in der widerspenstigen und virtuosen Hand des Taschendiebs einen ökonomietheoretischen Kommentar zu sehen.[180] Beide »Besitzer« der Hand sind nicht Teil des regulären Produktionsprozesses, sondern arbeiten in marginalen, informellen Berufen: Der eine kann aufgrund seiner Behinderung keiner Erwerbstätigkeit (etwa in der Fabrik) nachgehen, der andere ist durch seine Handgeschicklichkeit als Dieb parasitärer Nutznießer eines Systems, das zu dieser Zeit sukzessive daran arbeitet, das Handwerk zugunsten maschineller Produktion zurückzudrängen. Warum nun der Arm des Diebs beginnt, als Ware zu zirkulieren, bleibt im Dunklen. Nichts erklärt, wie die Diebeshand im Schaufenster des Prothesenfabrikanten landet, in der sonst nur reguläre, also unbelebte Waren zu finden sind. Anstatt also ihre Arbeitskraft für die Herstellung von Waren und zur Bedienung von Maschinen zu verkaufen, sind der Bleistiftverkäufer und der Dieb via informelle Warenwirtschaft in die

178 Auch Freud bezog sich in seiner Studie über »Das Unheimliche« auf Jentsch, vgl. dazu ausführlich das Kapitel »Freuds Ersetzungen«, S. 206.

179 Jentsch, Ernst: »Zur Psychologie des Unheimlichen«. In: *Psychiatrisch-neurologische Wochenschrift* 1906:8, 22, S. 195–198 und 23, S. 203–205.

180 Vgl. dazu: Brown, Bill: »Science Fiction, the World's Fair, and the Prosthetics of Empire 1910–1915«. In: Kaplan, Amy und Donald E. Pease (Hg.): *Cultures of United States Imperialism*. Durham, London: Duke University Press 1993, S. 129–163, S. 135–136.

Abb. 32+33: Filmstills aus: The Thieving Hand, Vitagraph (1907).

Zirkulation der Hand selbst eingebunden. Analog dazu: anstatt sich in seine Rolle als »lebendiges Zubehör der Maschinerie«[181] zu fügen, spielt die Hand den Menschen allerhand Tricks vor: Mal führt sie in der Luft Taschenspielertricks vor, mal erscheint sie als mechanisches Spielzeug und muss aufgezogen werden, mal ist sie quicklebendig, springt vom Tresen und robbt durch die Straßen.

Der Eindruck der Belebtheit der Maschine entstünde – so heißt es bei Marx –, da diese als materielles Artefakt die intellektuelle Arbeit der Eliten der sinnlichen Anschauung zugänglich mache. Die Wissenschaft, die den Interessen des Kapitals diene, wirke durch die Maschine als fernsteuernde, fremde Macht auf den Arbeiter, selbst wenn er diese bedient und / oder überwacht.[182] Was der Arbeiter an der Maschine als Beseelung erfährt – sie erscheint ihm, »als hätt' [sie] Lieb' im Leibe«[183] –, sei der gespenstische Nachhall der durch die Arbeitsteilung vom Arbeiterkörper abgetrennten, professionellen Intellektualität. Maschinen als »*von der menschlichen Hand geschaffne Organe des menschlichen Hirns*«, als »vergegenständlichte Wissenskraft«[184] sind in Marx' Interpretation beides: Mittel der Abwertung der Tätigkeit des Arbeiters (der selbst nicht mehr denkt, sondern in vorausgedachten und vergegenständlichten Bahnen handelt) und Potential zur Entwicklung eines *general intellect*.[185] Denn Maschinen sind für Marx die Bedingung der Möglichkeit der Schaffung von arbeitsfreier Zeit, die in ferner Zukunft für künstlerische und wissenschaftliche Tätigkeit genutzt werden könnte.

Die diebische Hand im Film heftet sich nun abwechselnd an die Körper zweier Männer, die als Außenseiter, als Nicht-Produktive markiert sind.

181 Marx, Karl: *Grundrisse der Kritik der politischen Ökonomie*. Berlin: Dietz Verlag 1983, S. 594. (= Karl Marx, Friedrich Engels. Werke 42).
182 Ibid.: S. 593.
183 Kittler: »Dorfmusikant«, Marx: *Grundrisse*, S. 600.
184 Marx: *Grundrisse*, S. 602.
185 Ibid.

Ihre Belebtheit, ihr Zirkulieren innerhalb der Warenwelt und ihr Drang zu stehlen bringt die untote Hand zumindest in die Nähe einer Kritik der Verselbständigung des Kapitals in der gespenstischen Dynamik der Produktivkräfte. Sie ist das Bild der Ablösung der Arbeit vom selbstbewusst tätigen Subjekt in zeitlicher und methodischer Hinsicht, Bild des gesteuerten Arbeitsvorgangs und der Ersetzung handwerklicher Skills durch das planerische Handeln des Managements.

Der Film war ein entscheidendes Mittel, um diese Ablösung voranzutreiben. Namentlich durch die Arbeiten von Frank B. und Lilian Gilbreth etablierte sich der Film als Instrument der Erforschung und Optimierungen der Bewegungsabläufe der industriellen Produktion. Filmische Verfahren dienten der vertiefenden und erweiternden Visualisierung bis dahin unsichtbarer Prozesse. Im Folgenden wird zu zeigen sein, wie der Film zu einem Medium der Herstellung prothetischen Wissens avancierte und wie sich im Zuge dessen der prothetische Apparat vom Körper löste und tendenziell den ganzen Raum zur Prothese machte.

Mit der Erforschung von Prothesen als Kompetenzfeld der Arbeitswissenschaften, die nach der Jahrhundertwende einsetzte, wird sie auf den Umweltbezug des menschlichen Körpers und auf den arbeitenden Körper umgestimmt. Dazu mussten jedoch zunächst die Instrumente zur Erforschung von Bewegung in Arbeitszusammenhängen etabliert werden. Mit der Gilbreth-Methode[186] sind zwei Innovationen verbunden: erstens die Geometrisierung des Versuchsfeldes und zweitens die Einrichtung eines codierten Zeichenraums zur Erforschung menschlicher Bewegung.

Die *motion studies*, die die Gilbreths, inspiriert von den Arbeiten Frederick W. Taylors, entwickelten, nahmen ihren Ausgang in Filmaufnahmen von Arbeitsvorgängen, die in einem speziell dafür eingerichteten, standardisierten Filmset stattfanden. Ein Cartesianisches Raster wird in einem ersten Schritt in den konkreten Raum hineingesetzt. Außerdem wird stets ein Zeitnehmer mitgefilmt, um die einzelnen Bewegungsbestandteile mit ihrer exakten Dauer zu korrelieren.

Die Arbeitsbewegungen wurden gefilmt und im Anschluss nach einem von Gilbreth entwickelten System zerlegt und codiert: Die verschiedenen Abschnitte der Bewegung wurden in ihre Basisoperationen sortiert (search, find, select, grasp, position, assemble, use, dissemble, inspect, transport loaded, position for next operation, release load, transport empty, wait – unavoidable delay, wait – avoidable delay, rest), und es wurden ihnen so genannte »therbligs« (einer eigens dafür erfundenen Sym-

186 Vgl. dazu: Brown, Elspeth: »The Prosthetics of Management. Motion Study, Photography, and the Industrialized Body in World War I America«. In: Ott, Katherine, David Serlin und Stephen Mihm (Hg.): *Artificial Parts, Practical Lives. Modern Histories of Prosthetics.* New York: New York University Press 2002, S. 249–281.

Abb. 34: Der einarmige Sekretär des Bürgermeisters von Boston in einem Versuchs-Filmset der Gilbreths (ca. 1920).

bolsprache, der Name ist ein Anagramm von Gilbreth) zugeordnet. Zusätzlich wurden sie farbcodiert und konnten so in Tabellen übertragen werden.

Mit Hilfe dieser Tabellen konnten nun überflüssige und unerwünschte Bewegungen eliminiert werden. So konnte ein möglichst Kraft sparendes Bewegungsschema (»the One Best Way«) extrahiert werden, auf dessen Basis man Arbeiter trainierte oder neue Werkzeuge und Maschinen konstruierte.

In einem anderen Verfahren, dem chronozyklographischen, wurde das filmische Bild außerdem der analogen Manipulation zugänglich gemacht. In diesem Fall wurden mit Hilfe von an den Gliedmaßen befestigten Lämpchen Bewegungswege als Lichtspuren aufgenommen. Diese wurden in einem 3-D-Drahtmodell nachgebildet, das händisch manipuliert (gestrafft) wurde und als Modell für das verbesserte Bewegungsschema diente.

Stereoskopische Verfahren ermöglichten eine einfache Erfolgskontrolle: Der Vergleich, der viel (schlecht) oder wenig (gut) Licht zeigte, machte die Verbesserung als Reduktion von unnötigem Kraftaufwand augenfällig.

Zum einen ist hier das Moment des Operativ-Werdens, der wirklichkeitskonstruierende Charakter der Bilder hervorzuheben. Der Raum und die Körper werden bereits für die Aufnahmen so aufbereitet, dass sich aus der analogen Abtastung von Bewegung abstrakte Abläufe ableiten lassen, die durch Wiederholung und einen Medienwechsel (zum Papier, zum Drahtmodell) der Manipulation des konkreten Raums und der konkreten Körper dienen. Zum anderen nähert sich der Status des gefilmten / photographierten Körpers zunehmend dem eines Phantoms: Seine Bewegungen lösen sich aus einem dem Individuum angehörenden Zusammenhang und bleiben als verrechen- und manipulierbare Zeichen zurück. Das kompetente (und bis dahin meist implizite) Wissen der Probanden als Steue-

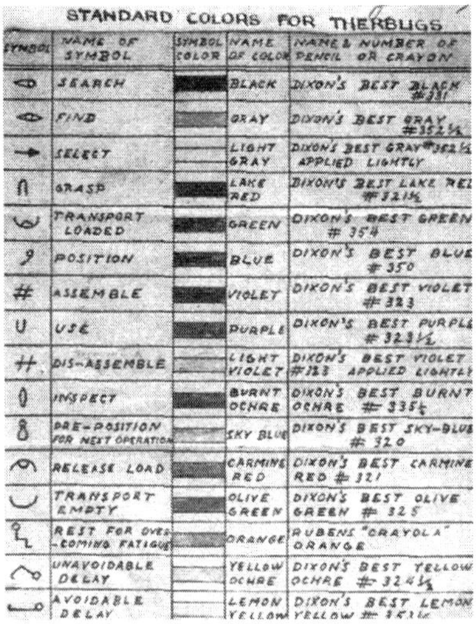

STANDARD COLORS FOR THERBLIGS

SYMBOL	NAME OF SYMBOL	SYMBOL COLOR	NAME OF COLOR	NAME & NUMBER OF PENCIL OR CRAYON
	SEARCH		BLACK	DIXON'S BEST BLACK #331
	FIND		GRAY	DIXON'S BEST GRAY #352½
	SELECT		LIGHT GRAY	DIXON'S BEST GRAY #352½ APPLIED LIGHTLY
	GRASP		LAKE RED	DIXON'S BEST LAKE RED #321½
	TRANSPORT LOADED		GREEN	DIXON'S BEST GREEN # 354
	POSITION		BLUE	DIXON'S BEST BLUE # 350
#	ASSEMBLE		VIOLET	DIXON'S BEST VIOLET # 323
U	USE		PURPLE	DIXON'S BEST PURPLE # 323½
	DIS-ASSEMBLE		LIGHT VIOLET	DIXON'S BEST VIOLET #323 APPLIED LIGHTLY
	INSPECT		BURNT OCHRE	DIXON'S BEST BURNT OCHRE # 335½
	PRE-POSITION FOR NEXT OPERATION		SKY BLUE	DIXON'S BEST SKY-BLUE # 320
	RELEASE LOAD		CARMINE RED	DIXON'S BEST CARMINE RED # 321
	TRANSPORT EMPTY		OLIVE GREEN	DIXON'S BEST OLIVE GREEN # 325
	REST FOR OVER-COMING FATIGUE		ORANGE	RUBENS "CRAYOLA" ORANGE
	UNAVOIDABLE DELAY		YELLOW OCHRE	DIXON'S BEST YELLOW OCHRE # 324½
	AVOIDABLE DELAY		LEMON YELLOW	DIXON'S BEST LEMON YELLOW [illegible]

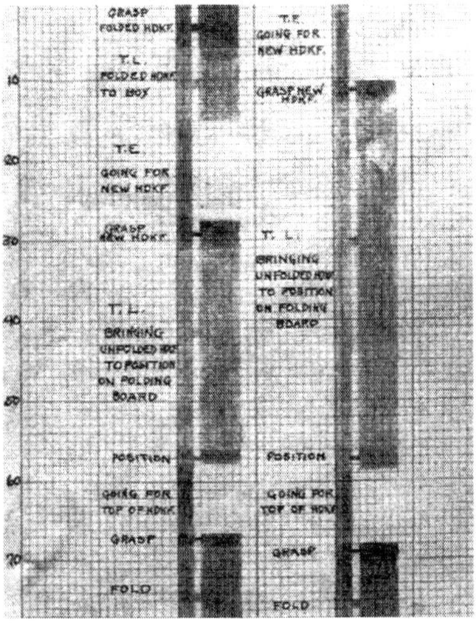

Abb. 35+36: Codierungsschema für THERBLIGS, Ablauftabelle für das Falten eines Taschentuchs.

rungsinstanz für Arbeitsvorgänge spielt nur noch eine untergeordnete Rolle, wenn ihm seine Bewegungen filmisch zurückgespiegelt werden können. Die instrumentellen und intellektuellen Kapazitäten desjenigen, der testet und die Bewegungen sichtbar und wiederholbar macht, werden stattdessen zentral und zur einzigen Instanz der Überwachung und Kontrolle der Bewegung. Zudem bildet dieses ins Explizite gezwungene Körperwissen die Grundlage für generalisierbare Aussagen, die die Optimierung und Standardisierung von Bewegung, ihre Ablösung von lokalem und individuellem Knowhow ermöglicht.

Es ist inzwischen gut erforscht, auf welche Art und Weise, mit welchen Instrumenten und Methoden die Optimierung des Outputs des arbeitenden Körpers bewerkstelligt wurde.[187] Über die Effekte dieser Verfahren auf die Selbstwahrnehmung der beforschten Arbeiterinnen und Arbeiter ist jedoch sehr unterschiedlich spekuliert worden. Zum einen wird – wie schon Marx festhält – der Arbeitende seines (impliziten) Wissens über Arbeitsvorgänge beraubt; die intellektuelle Verfügung über Körper und Zeiten wird von Managern und Ingenieuren verwaltet, er ist demnach ein mit Bewusstsein ausgestatteter Teil einer Maschine, die ihrerseits als »Gedan-

187 Eine der ersten Studien war Rabinbach, Anson: *The Human Motor. Energy, Fatigue, and the Origins of Modernity*. New York: Basic Books 1990. Aus neuerer Zeit: Alexander, Jennifer Karns: *The Mantra of Efficiency. From Waterwheel to Social Control*. Baltimore: Johns Hopkins University Press 2008.

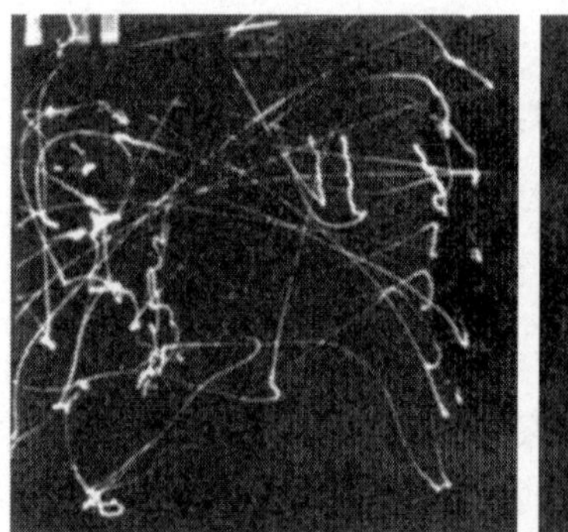
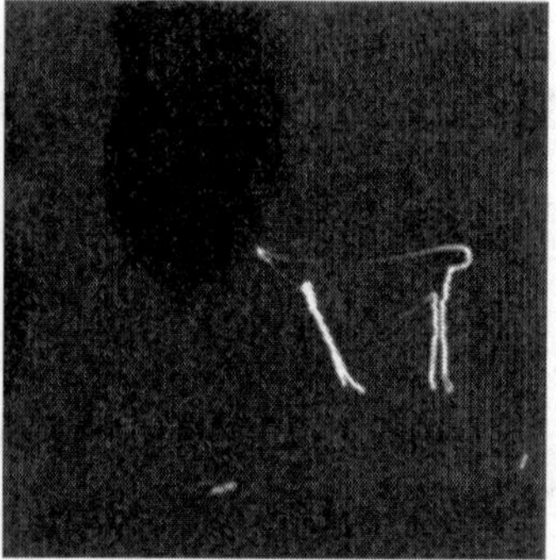

Abb. 37: Lichtspur-Methode. Stereoskopischer Vergleich ursprüngliche und optimierte Bewegung.

kenprothese« der herrschenden Klasse verstanden werden kann.[188] Die Externalisierung und Sichtbarmachung von bis dahin implizitem oder nur dem Einzelnen verfügbarem Wissen war jedoch auch Anlass utopischer Ideen – sowohl bei Vertretern des *scientific managements*, die die Filmaufnahmen auch für Lehrzwecke adaptierten, als auch innerhalb der Arbeiterbewegung.

So begrüßte Kurt Eisner in einem Artikel in der Neuen Rundschau von 1913, in dem er die Meinung der Gewerkschaften zum Taylor-System zusammenfasste, durchaus die Prinzipien der rationalen Effektivitätssteigerung. Der Kapitalismus würde diese Prinzipien jedoch lediglich »kalt« ausbeuten. Taylor vereine in sich »die Seele eines spürenden und regelnden Ingenieurs mit der kalten Leidenschaft eines Propheten des Kapitalismus«.[189] Nur durch die Abspaltung des Ingenieurs vom Kapitalisten könne er zum »sozialen Erlöser«[190] werden. Die Frage nach guter und schlechter Optimierung von Arbeitsvorgängen unterlegt Eisner mit der Semantik von warm und kalt. In der zeitgenössischen Diskussion schwingt darin Ferdinand Tönnies Unterscheidung zwischen »warmer Gemeinschaft« und »kalter Gesellschaft« mit,[191] die wiederum an den Gegensatz »Wärme des Organismus« und »Kälte der Maschine« andockt. In THE THIEVING HAND macht das Geld den Arm abwechselnd »kalt« und »warm«, tot und lebendig. Etwas später wird Charlie Chaplin diesen Gegensatz zwischen »kalter« und gespenstisch belebter Maschine und »warmer« Daseinsweise

188 In diese Richtung liest auch Brown die Methoden der Gilbreths: Brown: »Prosthetics of Management«, S. 272.
189 Ibid.: S. 148.
190 Ibid.
191 Vgl. zu dieser Antinomie als einer Schablone für die politische Theorie der Moderne: Vogl, Joseph: »Einleitung«. In: Vogl, Joseph (Hg.): *Gemeinschaften. Positionen zu einer Philosophie des Politischen*. Frankfurt a. M.: Suhrkamp 1994, S. 7–27, hier: S. 11.

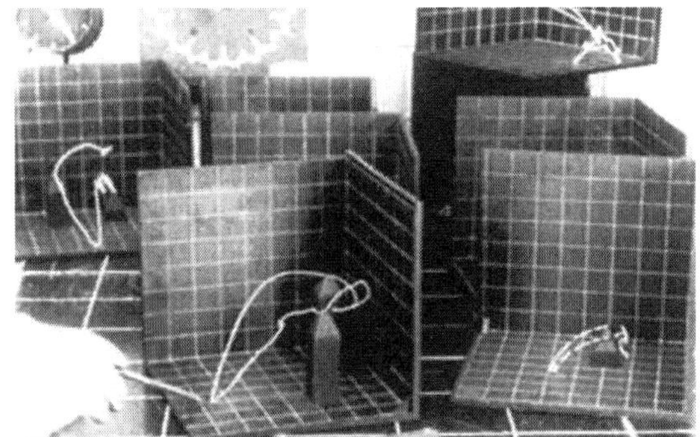

Abb. 38: Drahtmodelle mit intervenierender Hand.

als Tramp in MODERN TIMES (1933) ikonisch werden lassen. In dem kleinen Film von 1908 sind aber beinahe alle Elemente für die Deutung der Moderne als Kältekammer, als Environment für Maschinen bereits angelegt. Die kalte »Magie der Motion Studies«[192], die lebendige Arbeit berechenbar macht, kehrt sich als Automatismus gegen den Einarmigen, dem nicht nur ein Körperteil, sondern auch die Fähigkeit zu produktiver Arbeit fehlt.[193]

Dem Zustand der Unproduktivität wollten die Gilbreths ein Ende bereiten. Als Verfahren zur Beobachtung von Störungen und Abweichungen in Bewegungen wurden die Methoden der *motion studies* zur Entwicklung und Optimierung von Prothesen eingesetzt. Es konnten sowohl die Abweichungen in Bewegungsschemata von »Vollständigen« und Amputierten registriert als auch unterschiedliche Bauarten von Prothesen getestet und überarbeitet werden.[194]

Potential Cripple

Die Gilbreths gingen in Fragen der Prothetik jedoch letztlich in eine andere Richtung: Nicht die Optimierung von Prothesen stand im Mittelpunkt ihres Interesses, sondern die Anpassung von Arbeitsräumen an die Be-

192 So die Überschrift eines Kapitels in Gilbreth, Frank B. und Lillian Moller Gilbreth: *Motion Study for the Handicapped*. London: Routledge 1920, S. 1–17.

193 Aufgrund der mannigfaltigen Tauschszenen des Films könnte man auch darüber spekulieren, inwiefern die unheimliche Hand nicht auch einen Blick auf die »unsichtbare Hand« des Marktes zulässt.

194 Solche Methoden kamen auf breiter Basis zum Einsatz, stellvertretend sei hier die Dissertation von Bruno Bloch zitiert, der in seinen Forschungsarbeiten in den 10er Jahren in Berlin bei Georg Schlesinger mit Koordinatensystemen, Zyklographen und stereoskopischen Aufnahmen arbeitete: Bloch, Bruno: *Die Rumpfbewegung der Kunstbeinträger und ihr Zusammenhang mit der konstruktiven Ausbildung der Kunstbeine*. Wiesbaden, Berlin: Bergmann und Springer 1919 (Dissertation 1917).

dürfnisse der Amputierten. Diesem Interesse lag eine Auffassung von »Behinderung« zugrunde, die wegweisend sowohl für die politische Behindertenbewegung als auch für Ergonomie und Design von Arbeitsplätzen wurde. Die Hochphase der Beschäftigung der Gilbreths' mit Arbeitsplätzen für »Behinderte« fiel mit dem Eintritt der Vereinigten Staaten in den Ersten Weltkrieg zusammen. Bereits zu Kriegsbeginn setzte jedoch – so stellen es zumindest die Gilbreths dar[195] – die Sorge um die Vielzahl der Kriegsversehrten ein. Frank nahm bei Kriegsbeginn ein Engagement bei der deutschen Armee an, um dort die Kriegschirurgie zu reformieren. Die Gilbreths erlebten deshalb die ersten Kriegsjahre in Europa. Sie eilten beim Kriegseintritt der USA rasch an die Heimatfront zurück und engagierten sich fortan in Fragen der »Krüppelversorgung«. Sie propagierten die rasche Rückkehr von Kriegsversehrten in ihren Beruf als volkswirtschaftliches und psychologisches Muss, entwickelten jedoch hierfür eigenwillige Verfahren.

Als Erstes sprachen sie sich für einen besonderen *American way* in der Krüppelfürsorge aus, das sich vom Vorgehen des ansonsten von ihnen geschätzten französischen Physiologen Jules Amar unterschied. Während dieser die zu bedienenden Geräte als fixe Elemente und die Prothese als Element der Anpassung und Kopplung konzipierte, bestand ihr Ansatz »in considering the cripple as the fixed element, and adapting the device and method to the individual cripple who is to use it.«[196] Es wird betont, dass für eine solche Anpassung der Arbeitsumgebung an die Möglichkeiten des Versehrten nicht zwingend eine Prothese erforderlich sei. Es gehe vielmehr um die ganzheitliche Neueinrichtung des »Systems«[197] der Produktion. Aus Effizienzgründen, zur Vermeidung von Ermüdung und Verschleiß, soll der Arbeiter das unbeweglichste Element des Systems darstellen. Prothesen scheinen ihnen mit Blick auf dieses Ziel als ein unnötiger Umweg. Ein gut ausgedachtes Gerät (etwa ein magnetischer Hammer, eine umgebaute Schreibmaschine) ist effizienter als eine individuell angepasste und nur begrenzt funktionale Prothese.[198] Die Methoden der *motion studies* sei überaus hilfreich dabei, neue *working environments* oder bessere Bewegungsabläufe zu erfinden:

> Suppose, for example, that a worker who has lost his left arm desires to return to his former work, which is work apparently requiring both

195 Gilbreth und Gilbreth: *Handycapped*, S. xii f.
196 Ibid.: S. 44.
197 Die Gilbreths können als Pioniere »systemischen« Denkens gelten. So hießen die beiden ersten Publikationen Gilbreths *Field System* (1908) und *Bricklaying System* (1909). In beiden werden minutiös sämtliche Vorgänge und Infrastrukturen des gesamten Maurerbetriebes in Einzelteile zerlegt und reorganisiert.
198 Gilbreth und Gilbreth: *Handycapped*, S. 24.

> arms and both legs. We may find by looking at the chart that, say, two-thirds of his work is done by the right arm, the left arm doing comparatively little. We find that where both arms are occupied simultaneously, for a large proportion of the time either one or the other of the arms is engaged in »transporting empty« (Subdivision No. 14). Only for two short intervals are both arms occupied simultaneously. We see at once that it is extremely likely that the left arm's operations can be transferred, with a slight change in the conditions, either to the right arm or the feet, which, while listed as working, since they were standing, are really performing no activity resulting in product.[199]

Die Grundidee der Prothetik, der Ersatz von Körperteilen durch »etwas Ähnliches«, wird dank der Bewegungsstudien in eine funktionale Idee der wechselseitigen Anpassung zwischen Körper und Apparat transformiert. Daraus resultiert eine eigentümliche – und, wie zu zeigen sein wird, für das 20. Jahrhundert äußerst charakteristische – Neuformulierung des Verhältnisses zwischen Normalität und Abweichung: Der Normale erscheint nunmehr als »potentieller Krüppel«, der Krüppel hingegen ist keiner, so lange er produktiv ist:

> When we come to consider the subject closely we see that every one of us is in some degree a cripple, either through being actually maimed or through having some power or faculty which has not been developed or used to its fullest extent. The degree of crippling extends from the worker who [...] has lost his eyesight, his hearing, and the use of his legs, arms and hands except for the use of one finger – and by the way this is no imaginary illustration, as we have lately received a skillfully woven bag made by such a cripple maimed through a mining accident – to a man who is dependent upon glasses for reading. From an efficiency standpoint a policeman with corns on the soles of his feet or a golfer with the gout in his toe is more of a cripple during his working hours than a legless man while operating on a typewriter. We can, then, think of every member of the community as having been a cripple, as being a cripple, or as a potential cripple. Conversely, we can think of a badly mutilated man as not being a cripple during the period that he is at that work the performance of which is not affected by the mutilation.[200]

199 Ibid.: S. 33f.
200 Ibid.: S. 95.

Auf der simplizistisch anmutenden Suche nach dem »One Best Way«, eine Arbeit zu verrichten, formulierten der Bauunternehmer und seine Frau mit Ingenieurs-PhD implizit Grundsätze einer »prothetischen Anthropologie«. Ist jeder Mensch einmal ein verbesserungsfähiger »potential cripple«, treibt das die Möglichkeiten der Prothetik weit über ihr angestammtes Anwendungsfeld hinaus. Jede Form der Technik, ja jede Form systematischen Tuns kann nun als Prothese erscheinen. Die Prothese kann zu einer »absoluten Metapher« für das Nachdenken über das Verhältnis von Menschen und Technologien werden. Wenn jeder Mensch ein »potentieller Krüppel« ist, wenn Verkrüppelung nur noch in Graden messbar ist und durch reibungslose Koppelung zwischen allen Elementen eines Systems kompensiert werden kann, ist damit nicht nur ein normalistisches Programm von Sozialität als Kooperation (oder wie es bei den Gilbreths heißt: *coöperation*) formuliert. Die Verbesserbarkeit des Menschen durch (technische) Artefakte wird zur *conditio humana* schlechthin. Wenn Design eine der drei Signaturen des 20. Jahrhunderts ist, wie Peter Sloterdijk formuliert, dann werden in den *motion studies* und vor allem in den Studien mit und an Kriegsversehrten die Grundlagen dafür errichtet. Design beinhaltet (und das hat es laut Sloterdijk mit den anderen beiden Signaturen, Terror und Umweltgedanke, gemeinsam) die »Beschleunigung der Explikation« oder die »Einbeziehung von Hintergrundgegebenheiten in manifeste Operationen.«[201] Die Explikation von bis dahin halb- oder ungewussten Bewegungsprinzipien, aber auch die Einbeziehung des Raums als Arbeitsumgebung führen nicht nur zu standardisierten Arbeitsabläufen und zu einem *deskilling* von Facharbeitern, sondern lassen am Horizont einen neuen Menschentypus erscheinen: den *designable human*.

Die Gilbreths waren freilich zurückhaltend, was eine solche Utopie betraf. Als pragmatisch operierendes Unternehmerehepaar hatten die beiden wenig Interesse an einer Extrapolation ihrer Überlegungen in eine »Zukunft der Arbeit« oder an der Explikation ihrer eigenen Konzepte als Anthropologie. Ihre Forschungen führen immer wieder in Überlegungen zu geschlossenen, optimal austarierten Systemen zurück, mit denen Frank B. Gilbreths Karriere als Forscher seinen Ausgang genommen hatten.

Was dabei entsteht, liest sich bisweilen wie eine Parodie (oder aber: wie das Drehbuch zu einer kleinen Satire à la THE THIEVING HAND). So präsentieren die beiden auf der *Consolation House Conference* 1917, einer Konferenz zu Beschäftigungstherapien, ein Papier mit dem Titel: »The conservation of the world's teeth. A new occupation for the crippled soldier.«[202] Gerade weil die Kriegsversehrten Opfer so großer Zerstörung seien, wäre

201 Sloterdijk, Peter: *Luftbeben. An den Quellen des Terrors*. Frankfurt a. M.: Suhrkamp 2002, S. 7.
202 Der Aufsatz ist enthalten in: Gilbreth und Gilbreth: *Handycapped*, S. 52–67.

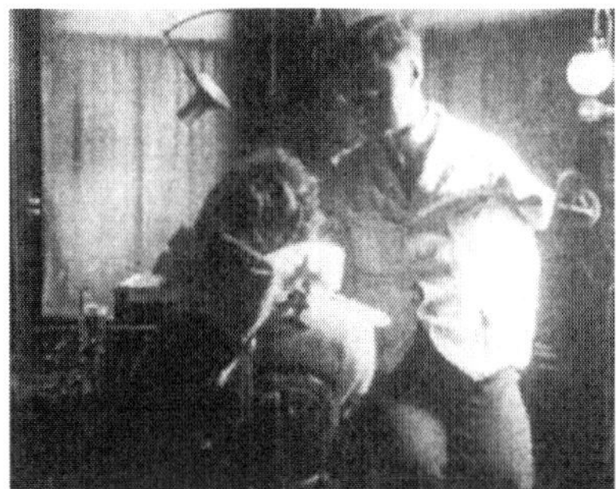
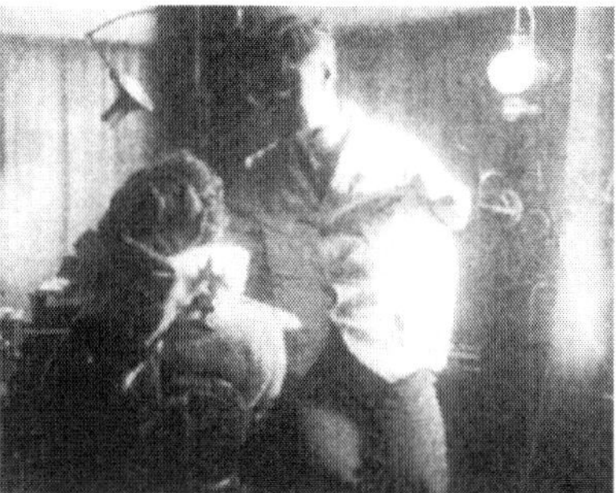

Abb. 39: Modellarbeitsplätze für einarmige Dentisten der Gilbreths.

eine besonders dankbare Aufgabe für sie Sorge und Pflegearbeit, konkret: Zahnpflege. Im universellen Kreislauf von Zerstörung und Erhaltung könnten kriegsversehrte Zahnhygieniker einen Platz einnehmen, der weltweit Verbesserungen bringen würde. Da Zahnhygiene global unterschätzt würde, wäre eine Steigerung der Versorgung mit angelernten, günstigen Zahnhygienikern auf jeden Fall wünschenswert. Jenseits der großen Aufgabe der Hebung des globalen Hygienestandards gab es praktische Gründe, gerade diesen Beruf als besonders geeignet zu erachten: Die Tätigkeit der Zahnreinigung ist eine sehr spezialisierte, und die hoch technisierte und artifizielle Arbeitsumgebung ist besonders gut für Amputierte adaptierbar.

Die Gilbreths waren – wie gesagt – Pragmatiker: Es blieb nicht bei der Phantasie. Mit Hilfe nicht-amputierter Probanden, die Armlosigkeit oder Fehlsichtigkeit simulierten, wurden Modellarbeitsplätze erprobt und Bewegungsabläufe entwickelt. In der Erklärung zur Abbildung 39 wird beispielsweise vorgeschlagen, die Hand des Patienten für einen Arbeitsvorgang (das Halten der Lippe) zu verwenden, wenn dem Dentisten eine fehle. Die funktionale Kopplung zwischen Patient und Hygieniker gehorcht nicht nur dem Gesetz der Effektivierung, sondern führt zu einer Neuverteilung von *agency*: Der Patient wird zum Werkzeug seiner eigenen Behandlung.

SYMPTOMATIK
Der Herkunftskomplex der modernen Prothetik

»der große dialektiker krieg testet alle organe«. Verfehlender Ersatz im Zeitalter technischer Zerstörung

»[...] Ich sah, wie er mein Bein auf das weiße Papier legte und zusah, wie es fortlaufen wollte, was es aber ohne mich nicht kann.«
»Bewegte es sich noch?« fragte Maja erschrocken.
»Ja,« erklärte ihr Hannibal, »das tun unsere Beine immer, nachdem sie ausgerissen worden sind. Mein Bein lief, aber weil ich nicht dabei war, wusste es nicht wohin. So zappelte es nur planlos auf demselben Fleck herum, und der Mensch sah zu, faßte seine Nase an und lächelte dabei, herzlos wie er ist, über das Pflichtbewußtsein meines Beins.«
»Das ist unmöglich,« sagte die kleine Biene ganz eingeschüchtert, »ein abbes Bein kann nicht krabbeln.«
Waldemar Bonsels: Die Biene Maja und ihre Abenteuer[1]

Als Waldemar Bonsel 1912 diesen Dialog zwischen der jugendbewegten Biene Maja und dem erfahrenen Weberknecht Hannibal schrieb, konnte er nicht wissen, dass nur wenige Jahre später der Krieg den amputierten Soldaten zu einer politisch brisanten Figur machen würde. Umgekehrt ist jedoch nachvollziehbar, wie es zu der enormen Popularität des zunächst als Kinderbuch vermarkteten Romans bei Frontsoldaten kam: Die Diskussionen um Gehorsam, Staatstreue und Verpflichtung auf Arbeit für das Gemeinwohl, die die Biene mit unterschiedlichen Tieren führt, der lakonische Sozialdarwinismus im Umgang der Tiere untereinander und die martialischen Schlachtenszenen (der Bienen gegen die Hornissen) konnten als Chiffren für im Krieg aktualisierte Debatten und Befindlichkeiten gelesen werden.[2] Und die Unheimlichkeit des »abben Beins«, das sich un-

1 Bonsels, Waldemar: *Die Biene Maja und ihre Abenteuer*. 297.–318. Auflage Berlin, Leipzig: Schuster & Loeffler 1921 (1912), S. 107.

2 Weiß, Harald: *Der Flug der Biene Maja durch die Welt der Medien. Buch, Film, Hörspiel und Zeichentrickserie*. Wiesbaden: Harrassowitz 2012. (= Buchwissenschaftliche Beiträge 83).

abhängig vom Bewusstsein seines Besitzers weiterbewegt, grundierte im Verlauf des Ersten Weltkriegs und der folgenden Jahre den Diskurs der Prothetik. Die ikonischen und metaphorischen Potentiale der Prothese sind seither mit dem Trauma des Kriegs verschränkt. Oder anders gesagt: die traumatische Struktur der Ereignisse des frühen 20. Jahrhunderts verschärfte und dramatisierte das semantische Spektrum der Prothese als Bild. Versprechen und Schrecken der Prothetik stehen einander in den Jahren nach dem Ersten Weltkrieg greller und unversöhnlicher gegenüber als jemals davor und danach.

»der große dialektiker krieg testet alle organe.«[3] Dieser Eintrag in Bertolt Brechts Arbeitsjournal vom 13. März 1942 deckt sich mit einer Vielzahl von Diagnosen, die das 20. Jahrhundert, zumal seine erste Hälfte, retrospektiv als Zeitalter der Extreme, als Epoche, die die Signatur des Traumas trägt,[4] als Epoche der Zerschlagung des bürgerlichen Selbstverständnisses und seiner leiblichen Erfahrungsweisen charakterisieren. Diese Diagnose, die auf Politik und Gesellschaft, auf ästhetische Verfahren und Artefakte, auf Medien und Apparaturen, auf wissenschaftliche Erkenntniswege und philosophische Programme bezogen worden ist, möchte ich auf ihre Belastbarkeit hin überprüfen. Meine Sonde hierfür ist die Prothetik als medizinisch-technischer Wissenskomplex und als ästhetische Figuration. Steht sie doch wie kaum eine andere Figuration im Zentrum der Selbstbeschreibungen des abendländischen Menschen des 20. Jahrhunderts. Den versehrten und prothetisch reparierten Soldatenkörper verstehe ich als Kristallisationspunkt von Traumatologien. Eine These ist, dass gerade da, wo der Ausdruck verstummt, wo etwa das Kriegserlebnis mit dem Topos der »Unbeschreibbarkeit« belegt ist,[5] wenn überlieferte Darstellungsmodi nicht mehr greifen, die Prothese als ein allegorisch hochwirksames Bild auf ihren Einsatz wartet.

Gespeist wird die Metaphern- und Bildproduktion der zehner und zwanziger Jahren zunächst aus der Medizintechnik: Die Experimente der Kriegschirurgie und der Prothesentechnik am lebendigen Leib der Kriegsversehrten und ihr Status als Versuchsobjekt in der psychologischen Forschung[6]

3 Brecht, Bertolt: *Arbeitsjournal 1938–1955*. Berlin, Weimar: Aufbau-Verlag 1977. Eintrag vom 13.03.1942, S. 238.

4 Exemplarisch: Hobsbawm, Eric J.: *Das Zeitalter der Extreme. Weltgeschichte des 20. Jahrhunderts*. München: Hanser 1995. Hüppauf, Bernd: »Introduction: Modernity and Violence: Observations Concerning a Contradictory Relationship«. In: Hüppauf, Bernd (Hg.): *War, Violence and the Modern Condition*. Berlin, New York: de Gruyter 1997, S. 1–29.

5 Vgl. Geyer: »Gewalterfahrung«, S. 253. Latzel, Klaus: »Die Soldaten des industrialisierten Krieges – ›Fabrikarbeiter der Zerstörung‹? Eine Zeugenbefragung zu Gewalt, Arbeit und Gewöhnung«. In: Spilker, Rolf und Bernd Ulrich (Hg.): *Der Tod als Maschinist. Der industrialisierte Krieg 1914–1918*. Bramsche: Rasch Verlag 1998, S. 124–141, hier: S. 136f.

6 Die selbst gewalttätige Geschichte der Kriegspsychiatrie ist mittlerweile gut erforscht und

stehen den politisch folgenreichen Gedankenexperimenten zur Herstellung eines »Neuen Menschen« und Formexperimenten in der bildenden Kunst, der Literatur und des Films gegenüber. Prothesentechnik und Kunst: Beide sind mit Formen von Körperlichkeit beschäftigt, die nicht länger von der normativen Gegenüberstellung von gesund und krank[7] zehren. Der gesunde, komplette Körper interessiert hier nur noch begrenzt, vielmehr sind die Körperarbeiter von einer Faszination für den zerstörten und hinfälligen Körper angetrieben. Ihre Domäne ist eher ein möglicher Körper, ein zukünftiger Körper, der häufig quer zu tradierten Vorstellungen von Normalität und Wohlgestalt steht. Es steckt viel Utopisches in prothetischen Körpern, aber auch ein Moment der Gewaltsamkeit, der Gewaltsamkeit der Idee einer biopolitischen Durchgestaltung von Körper und Seele. Dieses Moment der Gewaltsamkeit ist nicht nur in totalitaristischen Ideologien des Umbaus und der völligen Neugestaltung des faschistischen oder sozialistischen Menschen wirksam: Es wirkt selbst da noch, wo die neuen Körper vorläufig und seltsam gebastelt bleiben wie etwa im Dadaismus und Surrealismus.

In der Prothetik, in den wissenschaftlich-technischen und kulturellen Bearbeitungen des lädierten Körpers, wiederholt sich, was für den Ersten Weltkrieg insgesamt konstatiert worden ist: Dass sich in ihm aufgrund seiner technischen Natur Destruktion und Innovation bis zur Ununterscheidbarkeit anverwandelten.[8] Die Prothese ist auch deshalb so emblematisch für eine Kulturgeschichte der Gewalt des 20. Jahrhunderts, weil sie dieses spezifische Form der Gewalt *verkörpert*: Ihr Anlass ist ein traumatischer Verlust. Sie tritt jedoch als »fortschrittliches« technisches Gerät in Erscheinung, das einen Verlust kompensiert und der Reparatur von et-

wird im Folgenden nur punktuell eine Rolle spielen. Vgl. etwa Lerner, Paul: *Hysterical Men. War, Psychiatry, and the Politics of Trauma in Germany, 1890–1930*. Ithaca: Cornell University Press 2003. Riedesser, Peter und Axel Verderber: *»Maschinengewehre hinter der Front«. Zur Geschichte der deutschen Militärpsychiatrie*. Frankfurt a. M.: Fischer 1996. Köhne, Julia Barbara: *Kriegshysteriker. Strategische Bilder und mediale Techniken militärpsychiatrischen Wissens (1914–1920)*. Husum: Matthiesen Verlag 2009.

7 Canguilhem, Georges: *Das Normale und das Pathologische*. Frankfurt a. M.: Fischer 1996.

8 Vgl. dazu allgemein: Hüppauf: »Modernity and Violence«. In Bezug auf die Prothetik kommen neuere Studien zu ähnlichen Schlüssen: Cohen, Deborah: *The War Come Home. Disabled Veterans in Britain and Germany 1914–1939*. Berkeley, Los Angeles, London: University of California Press 2001. Kienitz, Sabine: *Beschädigte Helden. Kriegsinvalidität und Körperbilder 1914–1923*. Paderborn, München, Wien, Zürich: Ferdinand Schöningh 2008. (= Krieg in der Geschichte (KRiG) 41). Price, Matthew: »Lives and Limbs. Rehabilitation of Wounded Soldiers in the Aftermath of the Great War«. In: *Stanford Humanities Review* 5 (1996), SEHR Supplement: Cultural and Technological Incubations of Fascism, http://www.stanford.edu/group/SHR/5-supp/text/price.html, Zugriff vom 04.10.2011. Perry, Heather R.: »Re-Arming the Disabled Veteran. Artificially Rebuilding State and Society in World War One Germany«. In: Ott, Katherine, David Serlin und Stephen Mihm (Hg.): *Artificial Parts, Practical Lives. Modern Histories of Prosthetics*. New York: New York University Press 2002, S. 75–101.

was ursprünglich Ganzem dient. Gleichzeitig lässt die Prothese als technisches Artefakt einen neuen, leistungsfähigeren Körper am Horizont erscheinen: Die Materialität der Prothese (Holz, Metall) erreicht eine größere Stabilität und Belastbarkeit als die verletzliche und biegsame Materie des organischen Körpers. Der versehrte Körper ist gleichzeitig der vielversprechende Körper der technischen Moderne.

Für das vorliegende Untersuchungsfeld verbinden sich die beiden Momente der Destruktion und der Innovation geradezu prototypisch in den Aktivitäten des Berliner Betriebswirtschaftlers und Maschinenbauers Georg Schlesinger. Er war für die Optimierung von Waffentechnik in der Gewehrfabrik Spandau verantwortlich, wo unter seiner Ägide das berühmte MG 08/15 entwickelt wurde.[9] Gleichzeitig war er an zentraler Stelle für die Weiterentwicklung der Industrietauglichkeit von Prothesen zuständig, nämlich als treibende Kraft hinter der *Prüfstelle für Ersatzglieder* in Berlin-Charlottenburg.

Warum ist der Herkunftskomplex der Prothetik im Ersten Weltkrieg zu vermuten – zumal auf der Seite derer, die als Verlierer daraus hervorgingen? Die Prothetik wurde seit 1915 zu einem innovativen und interdisziplinären Forschungsfeld ausgebaut, das unmittelbar mit der Industrialisierung der Kriegsführung verknüpft war. Über den unmittelbaren Anwendungsbereich hinaus entwickelte sich die Prothetik mit ihren Subdisziplinen (Medizin, Orthopädie, Psychologie) innerhalb weniger Jahre zu einem Kristallisationspunkt neuartiger Körper- und Technikkonzepte. Die Materialschlachten des Ersten Weltkriegs brachten nicht nur Opfer- und Verwundetenzahlen[10] in bis dahin nicht gekannter Höhe, sondern auch eine ganze Reihe von Neuerungen auf technischem, medizinischem und (arbeits-)organisatorischem Gebiet mit sich. Vor dem Hintegrund der sprunghaft gestiegenen Nachfrage wurde der Bau von Prothesen innerhalb weniger Jahre von der manufakturiellen Produktion in die Massenfertigung überführt. Bis dahin waren Prothesen von Waffenschmieden, Uhrmachern, Schlossern oder Instrumentenbauern als Einzelanfertigungen hergestellt

9 Vgl. dazu die ausführlichen medien- und wissenshistorische Darstellung von Peter Berz: *08/15. Ein Standard des 20. Jahrhunderts*. München: Fink 2001.

10 Eine zuverlässige Schätzung ist aus unterschiedlichen Gründen schwierig, nicht zuletzt, da man auf die Statistiken der Kriegsversehrtenfürsorge zurückgreifen muss, deren Kriterien, wer als dauerhaft kriegsbeschädigt gilt, problematisch sind. Der Kriegsversehrtenfürsorge ging es um die Minimierung der Versorgungsleistungen. Deborah Cohen hat mehrere Quellen synthetisiert und kommt zu folgenden Zahlen: Von insgesamt 13, 2 Mio. deutschen Mobilisierten wurden 4,25 Mio. verwundet, 1,5 Mio galten als dauerhaft kriegsbeschädigt. Cohen: *War Come Home*, S. 193. Zum Vergleich: Der Deutsch-Französische Krieg (1870/71) hinterließ etwa 70.000 Kriegsinvaliden. Vgl. dazu auch: Robert Whalen, *Bitter Wounds. German Victims of the Great War* 1914–1939 (Ithaca: Cornell University Press, 1984), S. 9; Poore, *Disability*, S. 7.

worden. In den USA war es bereits im amerikanischen Bürgerkrieg zu einer Zusammenarbeit von Orthopädietechnik, industriellem Maschinenbau und Medizin[11] gekommen. In Deutschland wurde die industrielle Herstellung von Prothesen im Rahmen der Kriegswirtschaft des Ersten Weltkriegs erstmals systematisiert und auf industrielle Produktion abgestellt. Die massenhafte Prothesenherstellung erschien dringlich, weil die moderne Militärtechnik immer öfter zu Verstümmelungen der Extremitäten führte, jedoch durch neue Operationstechniken, antiseptische Maßnahmen und Fortschritte in der Krankentransportlogistik immer mehr Soldaten schwerstversehrt überlebten. Der chirurgische Eingriff der Amputation im Lazarett gehorcht einem eminent biopolitischen Kalkül: Als zeitsparende Operationsmethode erlaubten Amputationen die Rettung vieler zum Preis von Gliedmaßen einzelner. Die Prothetik erlebte aus diesen Gründen im und unmittelbar nach dem Ersten Weltkrieg einen Innovationsschub in Bezug auf Material und Machart, aber auch in Hinblick auf Herstellungs- und Anpassungsverfahren. Eine modulare, massenindustrielle Fertigung von Passteilen und deren schrittweise Anpassung im Zuge einer professionellen Rehabilitation wurden zum Standard der Versorgung mit Prothesen. Weiters konnten sich im Fahrwasser des Kriegs die orthopädische Medizintechnik sowie die Rehabilitationswissenschaften mit ihren umfassenden sozialtechnischen Programmen als eigenständige Wissenschaftszweige etablieren. Bereits zeitgenössische Kommentare weisen explizit auf die Verquickung von verbesserter Kriegstechnik und der Institutionalisierung der Fürsorge hin. In einem Kommentar zur Leipziger Kriegsfürsorge-Ausstellung ist beispielsweise davon die Rede, dass die »bedeutende Vervollkommnung, die alle technischen Waffen in diesem Weltkriege erfahren haben, [...] andererseits zu einer umfassenden, großzügig organisierten Kriegsbeschädigten-Fürsorge geführt« habe.[12]
Die Verschränkung von Destruktion und Innovation war noch zu Beginn des Krieges weitgehend positiv gedeutet. Und auch die Ökonomen und Ingenieure begriffen den Krieg als Innovationsmaschine. In einer Aussprache des Verbands Deutscher Ingenieure, an der auch Georg Schlesinger beteiligt war, wird die Allianz aus betriebswirtschaftlichen und militärischen Organisationsprinzipien deutlich angesprochen:

> Ein großer Teil von Ihnen wird die Segnungen des Militärdienstes an sich erfahren haben und u.a. auch in der deutschen Schießvorschrift ausgebildet worden sein. Wenn Sie sich ins Gedächtnis zurückrufen, wie in der Schießvorschrift zunächst gehirnmäßig der ganze Vor-

11 Vgl. das vorangegangene Kapitel.
12 »Heimatdank-Ausstellung zu Leipzig«. In: Leipziger Tageblatt vom 11. August 1917.

gang des Schießens in die kleinsten Einzelheiten zerlegt wird, wie darin jede Handbewegung, ja, jede Fingerbewegung [...] in ganz eindeutiger Weise vorher festgelegt wird, so werden Sie mir zugeben, dass alles nichts weiter ist als Scientific Management. [...] Das großartigste Beispiel jedoch, das es für unser Thema überhaupt gibt, ist die Mobilmachung. Mobilmachung heißt weiter nichts, als alles vorher so durchdenken, in seine kleinsten Einzelheiten zergliedern, alle Ausführungsmöglichkeiten so festlegen, dass wenn das Wort Mobilmachung ausgesprochen wird, die Sache nachher automatisch klappt.[13]

Die Analogien zwischen Fabrikarbeit und der Arbeit des Tötens gehen in Hinblick auf Organisations- und Wissensformen sehr weit, basierten doch Fabrik und Kaserne, wie Michel Foucault gezeigt hat,[14] schon im 19. Jahrhundert auf derselben »Mikrophysik der Macht«.[15] Sie waren nach analogen Kriterien und Regeln strukturiert: »Fabrikarbeit und Kasernendienst erwiesen sich als verwandt. Zeitdiktat und Raumgliederung, Fabrikordnung, Vorgesetztenmacht und Kontrolle zielten auf Leistung durch Anpassung und zuverlässig-ordentlichen Sinn. Die Abfolge arbeitsteiliger Handgriffe, der Maschinentakt, die Anordnung des Arbeitsplatzes drillten Körper und Sinne zu ausdauerndem Gleichmaß.«[16]
Die Industrialisierung des Ersten Weltkriegs hatte jedoch einen qualitativ neuen Durchdringungsgrad von Fabrik und Gesellschaft zur Folge. Neu war erstens das Ausmaß, in dem die Bevölkerung in die militärische Gesamtorganisation einbezogen wurde und an der nach rationalen Gesichtspunkten organisierten Produktion der Destruktion Teil hatte. Der zweite Faktor war die schockierende Präsenz und monströse Dominanz von Maschinen am Kriegsschauplatz. Diese bestand in »der Diversifikation, der sprunghaften Steigerung der Vernichtungseffizienz, und einer zunehmenden Beweglichkeit dieser Waffen« sowie in einer neuartigen Medienrealität der Kriegsführung.[17] Die Technisierung führte zudem zu

13 Conrad Matschoß in seinem Redebeitrag zur Aussprache, publiziert in: Technik und Wirtschaft 6/1913, S. 553. Vgl. dazu: Wupper-Tewes, Hans: »Die Normalisierung industrieller Arbeit. Leistung, Norm und Gesundheit in der Rationalisierungsbewegung der Weimarer Republik«. In: Bröckling, Ulrich und Eva Horn (Hg.): *Anthropologie der Arbeit*. Tübingen: Gunter Narr Verlag 2002, S. 97–107.
14 Foucault, Michel: *Überwachen und Strafen. Die Geburt des Gefängnisses*. Frankfurt a. M.: Suhrkamp 1994.
15 Foucault, Michel: *Mikrophysik der Macht. Über Strafjustiz, Psychiatrie und Medizin*. Berlin: Merve 1976, S. 198 f.
16 Blessing, Werner K.: »Disziplinierung und Qualifizierung. Zur kulturellen Bedeutung des Militärs im Bayern des 19. Jahrhunderts«. In: *Geschichte und Gesellschaft* 17 (1991), S. 459–479, hier: S. 475.
17 Geyer: »Gewalterfahrung«, S. 244. Vgl. dazu auch Geyer, Michael: *Deutsche Rüstungspolitik 1860–1980*. Frankfurt a. M.: Suhrkamp 1984. Kap III.1. sowie Flemming, Thomas: »Industria-

einer Reorganisation des Heeres von einem vom Esprit de Corps zusammengehaltenen, dem Monarchen verpflichteten Organismus zu einem komplexen, auf möglichst effiziente Produktion von Vernichtung ausgerichteten Betrieb.[18] Darüber hinaus verschob sich der Fokus vom Primat der menschliche Kampfkraft und Kompetenz auf die schiere Vernichtungspotenz von Technik und die Widerständigkeit von Material. Dies spiegelt sich in Anordnungen und Ausbildungsvorschriften wider: Nicht mehr nur Drill und Exerzieren standen auf dem Stundenplan, sondern die Ausbildung an der Waffe. Nicht mehr der Kampf Mann-gegen-Mann an der Gefechtslinie, sondern Stellungskrieg und Vorrücken im Akkord mit der schweren Artillerie bestimmten das Kampfgeschehen und die Heeresorganisation.[19] Wenn Ernst Jünger lakonisch bemerkt: »Man fällt nicht mehr, man fällt aus«,[20] wird darin eine tiefe Krise soldatischer Selbstauffassung deutlich (die Jünger mit trotzigem Heroismus einerseits und mit der Konzeption eines neuen »Typus« andererseits beantwortete). Für den Einzelnen wurde es immer schwieriger, sich in diesem Inferno als individueller Tatmensch zu erfahren. Die technische Kriegsführung war unübersichtlich und überwältigend. Der Soldat des Ersten Weltkriegs war in keiner symbolischen Schlacht- oder Raumordnung mehr aufgehoben, sondern erfährt die blanke Kontingenz des Sterbens an der Front und die ökonomisch-logistische Natur der neuen Kriege. Dies hat Konsequenzen für das Bild des Soldaten. Im Ersten Weltkrieg wird er häufig als Assemblage aus organischen und technischen Artefakten dargestellt.

Ernst Jüngers *Kriegstagebuch* laboriert über weite Strecken daran, diesen neuen Krieg zu versprachlichen. Helmut Lethen meint, dass er dies in seinem literarischen Werk weniger in einer Durcharbeitung der Sprachgestalt als durch die Arbeit an Begriffen bewerkstelligt: »Da Jünger schwarze Anthropologie, Abgründe der Natur und Abwesenheit des ›Subjekts‹ schon *im Begriff* gemeistert hat, ist seine Grammatik entlastet.«[21] Im Kriegstagebuch steht jedoch nicht die begriffliche Verdichtung von Fronterfahrung und neo-heroischer Subjektivität im Zentrum (wie später in *Über den Schmerz*[22]

lisierung und Krieg«. In: Spilker, Rolf und Bernd Ulrich (Hg.): *Der Tod als Maschinist. Der industrialisierte Krieg 1914–1918*. Bramsche: Rasch Verlag 1998, S. 55–67.

18 Geyer: *Deutsche Rüstungspolitik*, S. 99.

19 Ibid.: S. 101.

20 Jünger, Ernst: »Die Technik der Zukunftsschlacht«, Militär-Wochenblatt vom 1. Oktober 1921, abgedruckt in: *Ernst Jünger. Politische Publizistik 1919–1933*. Hg. von Sven Olaf Berggötz. Stuttgart: Klett-Cotta 2001. S. 23.

21 Lethen, Helmut: *Verhaltenslehren der Kälte. Lebensversuche zwischen den Kriegen*. Frankfurt a. M.: Suhrkamp 1994.

22 Jünger, Ernst: »Über den Schmerz«. In: *Sämtliche Werke, Abt. 2, Essays I, Bd. 7*. Stuttgart: Klett-Cotta 1980, S. 144–191.

oder in *Der Arbeiter*[23]), vielmehr scheint es um die Einübung in eine Form der Erfahrung des Ich zu gehen, die noch keine Begriffe kennt. Die Eintragungen verbleiben über weite Strecken in einer Beschreibungssprache des 19. Jahrhunderts. Noch ist keine Rede vom Typus eines außengesteuerten, medientechnisch aufgerüsteten neuen Menschen. Im Gegenteil: die Schilderungen von verletzten und toten Körpern präsentieren den Frontmenschen als Teilnehmer an einem schaurigen Totentanz oder aber als verletzbar und schmerzgebeutelt. Lediglich in einigen Schlachtenszenen kündigt sich die neue »Ichbauform« (Robert Musil) an. Prägnant ist beispielsweise eine im Telegrammstil verfasste Rückschau auf das Geschehen der »Großen Schlacht«, die Teil der gescheiterten deutschen Frühjahrsoffensive 1918 war. Die roh montierte Passage nähert sich stärker als die literarischen Schriften Jüngers einer experimentellen Formensprache an: »Ran! Erster der Komp. Erster Graben unbesetzt. Kein Pardon, Wutrausch. Über erste Linie weg, M.G. aus zweiter. Im Trichter mit Haake und Vinke, Schrapnell direkt vor Gesicht, Hacke Oberarm«.[24]

»Hacke Oberarm«, das meint hier nicht einen technisch aufgerüsteten Leib, sondern, wie aus der Ausgestaltung der Szene in *In Stahlgewittern* hervorgeht,[25] dass der Soldat Haake eine Kugel in den Oberarm bekommen hat. In der vorliegenden Form setzt die Nachbarschaft der beiden Wörter jedoch eine flirrende semantische Operation in Gang. Die Kontiguität von Leib und Gerät ist hier nicht-intentional. In vielen künstlerischen Artefakten der zwanziger Jahre wird sie sowohl stilistisch als auch motivisch programmatisch eingesetzt. Zerhackte Sprache, Collage und Montage und auch das Motiv des mit Prothesen bewehrten Soldaten werden zu zentralen Gestaltungsmitteln von Erfahrung und Deutung des Kriegs. Das Aneinanderfügen materiell gegenstrebiger Teile ist auch das Prinzip der Prothetik: Organisches und Mechanisches müssen hier funktional und möglichst friktionsfrei verbunden werden. Der metaphorische Mehrwert der Prothese ergibt sich jedoch gerade daraus, dass die Angleichung von Organ und Maschine nie völlig gelingt. Vielmehr kann man mit Blick auf die kulturellen Verarbeitungen der Kriegserfahrung von einer Programmatik des verfehlenden Ersatzes im Zeitalter der technischen Destruktion von Körpern sprechen.

Der Erste Weltkrieg stellte eine Gewalterfahrung dar, die keine symbolische Deckung in Heroismus und Opferbereitschaft fand. Ernst Jünger verwendet Schockbilder, wenn er sich am Soldatenbild des 19. Jahrhunderts

23 Jünger, Ernst: *Der Arbeiter. Herrschaft und Gestalt*. Stuttgart: Klett-Cotta 1982 (1932). (= Cotta's Bibliothek der Moderne 1).

24 Jünger, Ernst: *Kriegstagebuch 1914–1918*. Hg. von Helmuth Kiesel. Stuttgart: Cotta'sche Buchhandlung 2010, S. 396.

25 Jünger, Ernst: *In Stahlgewittern*. Stuttgart: Cotta'sche Buchhandlung 1978, S. 261.

abarbeitet: »Durch die Kugel sterben, scheint nicht schwer, dabei bleiben die Teile unseres Wesens unversehrt; aber zerrissen, in Stücke gehackt, zu Brei zerstampft zu werden, ist eine Angst, die das Fleisch nicht ertragen kann.«[26] Die Begegnung mit toten oder überlebenden Verstümmelten, deren menschliche Gestalt kaum mehr erkennbar war, muss im Grabenkrieg an der Tagesordnung gewesen sein. Jüngers Eröffnungssequenz von *In Stahlgewittern* ist eine solche Szene: »[...] starrte ich auf eine blutüberströmte Gestalt mit lose am Körper herabhängendem und seltsam abgeknickten Bein, die unaufhörlich ein heiseres ›zu Hilfe‹! hervorstieß, als ob ihr der jähe Tod noch an der Kehle säße.«[27] Die gewaltige Destruktionsleistung der Kriegsmaschine, vor allem diejenige des MG als Verkörperung des technisierten Tötens, kahle, zerbombte Landschaften und die Schilderung fehlender bzw. vom Körper abgetrennter Körperteile zählen zu den prägnantesten Motiven der Kriegsliteratur.[28] In Soldaten-Briefen – das hat Klaus Latzel herausgearbeitet – ist selten vom eigenen Erleben und auch selten vom Feind die Rede, häufig jedoch von Waffen. Die Kriegsmittel erschienen den Beteiligten zunehmend als eigentliche Akteure des Krieges.[29] Sie erzeugen tödliche Handlungsketten, in denen der einzelne Soldat, aber auch das Kollektiv der Truppe nebensächlich erschien.[30]

Der Anblick und der Diskurs der Prothese in den zehner und zwanziger Jahren war auch deshalb so dramatisch, weil der Schock, mit dem der bürgerliche Mensch aus seinem »humanistischen« Selbstverhältnis herausgesprengt wurde, in ihr augenfällig wurde. Walter Benjamin begriff, wie eine Vielzahl anderer zeitgenössischer Autoren, den Maschinenkrieg als Auslöser und Katalysator der Krise eines zuvor relativ stabilen Selbstverständnisses der bürgerlichen Klasse. Die Frage, was der Körper und was das Bewusstsein sei, welche Arbeits- und Geschlechterverhältnisse der Gegenwart angemessen seien, wurde bekanntlich nach dem Ersten Weltkrieg an vielen Orten und in allen politischen Lagern gestellt: Von Psychologen und Philosophen, von Schriftstellern und Künstlern und Künstlerinnen, aber auch von den Regierenden, die das Soziale neu zu konstituieren trachteten oder aber: die Vorkriegsverhältnisse noch einmal zurückholen wollten. So unterschiedlich diese Entwürfe auch gewesen sein mögen, ihnen allen war gemeinsam, dass sie ein neues Verhältnis von Mensch und Technik als Dreh- und Angelpunkt der Krise (und / oder der anstehenden Erneuerung) konstatierten und den industriellen Charakter des Krieges als

26 Bericht eines Soldaten zit. in: Latzel: »Soldaten«, S. 129.

27 Jünger: *Stahlgewitter*, S. 8.

28 Vgl. Latzel: »Soldaten«, S. 133.

29 Musner, Lutz: »Carso Maledetto – Die Dinge des Krieges«. In: Balke, Friedrich, Maria Muhle und Antonia von Schöning (Hg.): *Die Wiederkehr der Dinge*. Berlin: Kadmos 2011, S. 67–78.

30 Latzel: »Soldaten«, S. 130–131.

Referenzpunkt des Bedarfs nach neuen Konzepten, Körpern, politischen Strukturen anvisierten.

Es interessiert hier weniger, in welchem Ausmaß der innengeleitete, souverän entscheidende Mensch des bürgerlichen Zeitalters im Lebensvollzug je existierte. Vielmehr interessiert mich, auf welche Art und Weise die Figuration der Prothese zum Einsatz kam, um dieses Modell der Selbstbeschreibung – melancholisch, drastisch oder euphorisch – zu konterkarieren. Was mich interessiert, sind Verschiebungen innerhalb der Selbstbeschreibung historisch und lokal spezifischer Kollektive: Wie baut eine Kultur Regeln des Zusammenlebens (und ihrer Sanktionierung), wenn sie so agiert, *als ob* es Innenleitung, einen souveränen Körper und ebensolche Entscheidungsträger gebe – und wie verändert sich dies, wenn sie nicht (mehr) davon ausgehen kann oder will? Die Bilder von Kriegsbeschädigten und Prothesen funktionieren in Deutschland in den Jahren nach dem Ersten Weltkrieg als *shifter* in einem Prozess, in dem sich das Vokabular des Sprechens über Körper, Seelen und Kollektive grundsätzlich veränderte. Menschen waren nicht länger selbstverständlich in ihrem Körper beheimatet, denn eine Vielzahl dieser Körper war durch die Kriegserfahrung zerstört bzw. versehrt worden. »Gewissen« und »Willen« als regulative Ideen des Zusammenlebens waren mehr als fraglich geworden. Ein zentraler politischer Schauplatz zur Aushandlung eines neuen Selbstverständnisses innerhalb der großen Gruppe der Kriegsteilnehmer war die Frage nach Rechten und Pflichten gegenüber den sozialen Einrichtungen. Die öffentlich breit diskutierte Abhängigkeit der Veteranen von medizinischen Hilfeleistungen, Sozialfürsorge oder dauerhafter Pflege durch Frauen stand dabei in krassem Gegensatz zum überlieferten männlichen Selbstbild als Versorger und Soldat, dem die Wunde als Ehrenzeichen gilt. Die beschädigten Körper insistierten auf die von den Kriegsversehrten reklamierte Sonderstellung, hoben sie aus der Normalität heraus. Sie wurden in den politischen Kämpfen um Renten und symbolische Anerkennung zur Waffe. Prothesen irritierten das Bedeutungsspektrum des verwundeten Soldatenkörpers nachhaltig: Sie sollen unauffällig machen, bleiben jedoch in der kleinen Abweichung, dem humpelnden Gang, dem ungeschickten Griff Index eines Verlusts. In ihrer Technizität verwiesen sie unerbittlich auf den Maschinenkrieg, wiewohl sie doch seine Verheerungen heilen sollten. In Anmutung und Gebrauch verkörpern Prothesen deshalb die Tragik des Ineinanders von Destruktion und Innovation, den Riss in der Fortschrittserzählung des Abendlandes. Die Prothese ist ein Erinnerungszeichen, das den geschichtlichen Verlauf als Heterochronie markiert: Die Gewalterfahrung der Vergangenheit ragt als Fremdes und als Unerledigtes in die Körpergegenwart hinein.

Entkrüppelungen.[31] Prothetik, Arbeit, Wohlfahrt

Staatliche Fürsorge und Militanz

Der Schauplatz der Etablierung der Prothese als Schlüsselmetapher der Moderne waren die Institutionen der Kriegsversehrtenfürsorge: ihre Lazarette und Spitäler, ihre Forschungsinstitutionen, ihre Arbeitsämter, ihre Wanderausstellungen. Auch in früheren Kriegen hatten die Kriegsparteien ein vitales Interesse daran, sich der Solidarität der im Kampf Verwundeten zu versichern. Sie taten das etwa in Form von Ehrungen, aber auch in Form von Pensionszahlungen, Wohnprojekten für Veteranen u.Ä. Aber nie vor dem Ersten Weltkrieg war der Körper der Soldaten ein Objekt dermaßen umfassender Fürsorge gewesen. Dies hängt einerseits mit einer zeitspezifischen Biopolitik, wie sie Michel Foucault als Sorge um die Gesundheit und Arbeitsfähigkeit der Bevölkerung beschrieben hat, zusammen, aber auch mit der Suche nach einer Antwort auf die Auswirkungen des technischen Charakters des Krieges.

In allen kriegführenden Staaten des Ersten Weltkriegs hatte die enorme Menge der Toten und Versehrten wissenschaftliche, ökonomische und politische Effekte. So kam es überall zu Neuerungen sowohl in der medizinischen Versorgung von Kriegsversehrten als auch in der Struktur der biopolitischen Agenturen der Fürsorge. Jüngere Studien zur Verstrickung der maschinellen Kriegslogik und den Fürsorgeinstitutionen sehen in Letzteren das ambivalente Verhältnis von Fortschritt und Modernisierung im Krieg widergespiegelt. Trommler spricht noch Ende der neunziger Jahre mit Blick auf die Forschungsliteratur davon, dass die Einschätzung des Ersten Weltkriegs in Bezug auf die Moderne von der Tendenz geprägt sei, die traumatische Erfahrung zu ästhetisieren. Indem der namenlosen Schrecken, der Schock, die Erfahrung der Zerstörung von Körper und Material zu einem Emblem für das Scheitern des Projekts der Moderne gemacht wurde, wäre der rationale Charakter dieser Art von Gewalt »petrifiziert« und nicht weiter analysiert worden.[32] Inzwischen sind die unterschiedlichen organisatorischen und politischen Strategien des Umgangs mit Verletzung und Trauma ein wichtiges Forschungsgebiet geworden. Es konnte beispielsweise gezeigt werden, dass der Ausbau von Logistik und Management als militärische Kernkompetenzen aufs engste mit innovati-

31 Der Begriff »Entkrüppelung« für die Heilung oder Wiederherstellung von Behinderungen war schon seit längerem in Gebrauch gewesen und tauchte in der Öffentlichkeit mit den ersten Kriegsversehrten auf, vgl. Beil, Christine: *Der ausgestellte Krieg. Präsentationen des Ersten Weltkriegs 1914–1939*. Tübingen: TVV-Verlag 2004, S. 139.

32 Trommler, Frank: »The Therapeutic Response: Continuities from World War I to National Socialism«. In: Hüppauf, Bernd (Hg.): *War, Violence and the Modern Condition*. Berlin, New York: de Gruyter 1997, S. 65–76, hier: S. 65.

ven Methoden der Verwundetenversorgung verschränkt waren.[33] Detailstudien zu den wohlfahrtsstaatlichen Institutionen und zur Kriegsmedizin haben zudem zeigen können, dass die unterschiedlichen Versuche, mit der schieren Masse der Versehrten zurechtzukommen, zwar einen Modernisierungsschub innerhalb der Wohlfahrtseinrichtung bewirkten, gleichzeitig aber in Widerspruch zu den Wertvorstellungen und Selbstwahrnehmungen der Soldaten gerieten. Die Kriegsversehrten empfanden die rationale Verwaltung ihres Leidens als Hohn und forderten vehement eine symbolische Würdigung ihrer »Opfer für das Vaterland«.

Die Errichtung eines vom Staat getragenen, zentral koordinierten und kontrollierten Versorgungssystems für Kriegsversehrte ist, in vergleichender Perspektive betrachtet, nicht selbstverständlich. Wie in anderen europäischen Staaten wurde in Deutschland während des Krieges eine Vielzahl sozialer Aufgaben von einer ebenso großen Vielzahl von staatlichen, regionalen und lokalen, kirchlichen und privaten Akteuren getragen. Deborah Cohen hat überzeugend dargelegt, dass die Monopolisierung der Kriegsversehrtenfürsorge in den zwanziger Jahren in Deutschland als ein Sonderweg begriffen werden muss. Denn in keinem anderen kriegsführenden Staat (mit Ausnahme der Sowjetunion) kam es in diesem Ausmaß zu einer »Verstaatlichung« der Versorgungseinrichtungen. Kein Staat gab bezogen auf den Gesamthaushalt so viel für seine Kriegsversehrten aus wie Deutschland: 1924/25 waren 16,3% des Staatshaushalts, 1932/33 sogar 21,3%.[34]

Der Grundgedanke der Fürsorge bestand, wie in zahlreichen Flugblättern und Zeitungsartikeln unermüdlich betont wurde, darin, »die Amputierten durch Gewöhnung an nutzbringende Arbeit körperlich und geistig zu ertüchtigen, damit aus ihnen selbstbewusste, steuerzahlende Staatsbürger und nicht rentenempfangende Parasiten des Gemeinwesens werden.«[35]

Die Maßnahmen der Fürsorge variierten im Verlauf des Krieges und der Nachkriegszeit beträchtlich – eine Grundüberzeugung blieb jedoch durchgängig erhalten, nämlich dass die Zahlung von Pensionen nicht ausreichen würde, um die soziale Wiedereingliederung der Veteranen zu gewährleisten. So waren die Programme der Kriegsversehrtenfürsorge schon während des Krieges damit beschäftigt, Prothesen herzustellen, die es den Kriegsversehrten im besten Fall erlauben sollten, genau diejenige Erwerbsarbeit wiederaufzunehmen, die sie vor dem Krieg ausführten. Im zweitbesten Fall sollten die Veteranen nach einer Umschulung einen

33 Harrison, Mark: »Medicine and the Management of Modern Warfare«. In: *History of Science* 1996:34, S. 379–410.

34 Cohen: *War Come Home*, S. 61–97.

35 Fuchs, Paul: »Ärztliche und soziale Amputiertenversorgung«. In: *Archiv für orthopädische und Unfall-Chirurgie, mit besonderer Berücksichtigung der Frakturenlehre und der orthopädisch-chirurgischen Technik* 2–4/1919:17, S. 199–212, hier: S. 209.

neuen Beruf ergreifen.[36] Die kostenintensiven Bemühungen um die Schaffung von Voraussetzungen für eine wirtschaftliche Teilhabe der versehrten Soldaten waren freilich nur teilweise mit volkswirtschaftlichen Realien begründbar. So trat beispielsweise der häufig ins Feld geführte, befürchtete Arbeitskräftemangel nach dem Krieg bekanntermaßen nicht ein. An der Ideologie der Vollbeschäftigung der Kriegsversehrten hielt man trotzdem fest. Selbst als 1919 der Arbeitsmarkt endgültig einbrach, galt die Arbeitsfähigkeit und -willigkeit der Kriegsversehrten immer noch als Schlüssel zu ihrer Re-Mobilisierung und als moralischer Ankerpunkt der Selbstheilung der Nation.[37]

Die Bewertung des »Erfolgs« dieser Rehabilitationsbestrebungen seitens der Sozialgeschichte ist unterschiedlich. Es ist erwiesen, dass nur ein sehr geringer Prozentsatz der Kriegsversehrten tatsächlich wieder vollständig ins Arbeitsleben zurückkehrte.[38] Es wird aber auch betont, dass, gemessen an den allgemeinen Arbeitslosenzahlen und der insgesamt geringen Höhe der Einkommen, durchaus von einem Erfolg gesprochen werden kann. Denn aufgrund ihrer Rentenansprüche und ihrer Bevorzugung auf dem Arbeitsmarkt war die Gruppe der Kriegsversehrten in der Nachkriegszeit relativ privilegiert. Bei einer Arbeitslosenrate von insgesamt 12% im Jahr 1927 waren nur 8% aller arbeitsfähigen Kriegsversehrten erwerbslos. 1931 betrug dieses Verhältnis 21% zu 11%.[39] Aufgrund der politischen Sprengkraft des Themas in der Nachkriegszeit und der überaus polarisierten öffentlichen Diskussion – sowohl seitens der Betroffenen als auch seitens der Deutungseliten – ist es jedoch notorisch schwierig, die Situation gültig zu beurteilen.

In Deutschland wurde ein feinmaschiges Netz zur Betreuung und Rehabilitation ehemaliger Soldaten etabliert, das sich vom Lazarett über Rehabilitationseinrichtungen bis in die Familie hinein erstreckte. Dieses Auffangnetz sollte ihre Rentenansprüche möglichst gering halten. Prothetik und Rehabilitation waren zwei – manchmal konkurrierende – Wege, um das Gespenst des bettelnden und damit volkswirtschaftlich und moralisch belastenden Kriegsversehrten zu bannen. Viel öffentliche Polemik bezog sich

36 Zur sozialpolitisch konservierenden Funktion der Prothetik Perry: »Re-Arming«, S. 75–101.

37 Sabine Kienitz hat detailliert dargestellt, wie widersprüchlich die Strategien der Wiedereingliederung der Kriegsversehrten in den Arbeitsprozess waren. Als widersprüchlich wurden sie auch öffentlich wahrgenommen. Kienitz verortet die Ambivalenz sowohl zwischen Ideologie und den materiellen Ressourcen der Krüppelfürsorge, die vom Staat propagiert, aber nur spärlich alimentiert wurde, aber auch zwischen den Interessen und Möglichkeiten der Kriegsversehrten und der an sie herangetragenen Forderung nach einer vollständigen Rückkehr ins Arbeitsleben. Kienitz: *Beschädigte Helden*. Kapitel A.II.

38 Kleinschmidt, Christian: »›Unproduktive Lasten‹. Kriegsinvaliden und Schwerbeschädigte in der Schwerindustrie nach dem Ersten Weltkrieg«. In: *Jahrbuch für Wirtschaftsgeschichte* 1994, S. 155–165.

39 Cohen: *War Come Home*.

auf überzogene »Rentenbegehrungsvorstellungen«, die als Ausdruck einer Pathologie der Arbeitsunwilligkeit galten. Es ist gezeigt worden, dass als Antwort darauf die deutsche Fürsorge – stärker als diejenige in Frankreich, Großbritannien oder den Vereinigten Staaten – einen deutlich sozialtherapeutischen Anspruch erhob,[40] der die individuelle Arbeitsfähigkeit mit Rhetoriken der Volksgemeinschaft verband. Der Bettler und der Leierkastenmann waren in der Presse häufig beschworene, populäre Gegenbilder zum erwerbstätigen Familienversorger, zum sozial integrierten Ernährer.[41] Der prothetisch wiederhergestellte Soldat hingegen wurde zur Ikone des willensstarken, duldsamen und anpassungsfähigen Werktätigen aufgebaut. Dabei ist signifikant, dass nicht nur der technische Apparat, sondern die Erwerbstätigkeit selbst mit »prothetischen« Begriffen belegt wurde. Der Beruf müsse etwa »dem anatomischen Defekt angepasst werden«, denn nur dann sei es möglich, »aus dem Schwerbeschädigten wieder einen Vollarbeiter machen zu können.«[42] Arbeit fungiert als eine Art sozialer Prothese.

Die Arbeitsleistung der Kriegsversehrten war zwar das Kernstück politischer Rhetorik, produzierte aber auch eine schiefe Ebene in der Diskussion um ihren Status. Denn gerade die Arbeitsleistung stellte sich aufgrund der von den Fürsorgeinstitutionen verwendeten sozialtechnischen Methoden stets als defizitär dar. Die systematische Mangelhaftigkeit der Arbeitsleistung des Kriegsbeschädigten war die logische Konsequenz der statistisch-normalistischen Gesamtwahrnehmung von Leistung, die durch arbeitswissenschaftliche Methoden objektiviert wurde. Arbeitsleistungen wurden auf breiter Basis mittels psychotechnischer Verfahren akribisch erhoben und vergleichend ausgewertet.[43] »Normalkörperliche« erzielten dabei naturgemäß im Vergleich zu den Versehrten die besseren Resultate. Den Kriegsversehrten wurden diese statistischen Daten durch Prozentangaben zu ihrer Erwerbsfähigkeit zurückgespiegelt. Diese Form der Wertsetzung kam mit der Selbstwahrnehmung der Veteranen, insbesondere aus bürgerlichen Milieus, in Konflikt, die sich als verdienstvolle, heroische Ausnahmeindividuen verstanden – ein Konzept, das sich als überholt erwies.[44] Die lautstark geforderte Anerkennung der Veteranen wurde paradoxerweise gerade durch die wohlfahrtsstaatlichen Agenturen sukzessive untergraben, die sie zu unterstützen versprachen. Während im

40 Vgl. Trommler: »Therapeutic Response«.
41 Hierzu ausführlich: Kienitz: *Beschädigte Helden*, S. 58–64.
42 *Leipziger Tageblatt* vom 20. August 1917, Morgenausgabe, S. 6.
43 Vgl. dazu etwa auch die statistischen Auswertungen der Prüfstelle für Ersatzglieder in ihren Jahresberichten (»Protokoll zur Mitgliederversammlung der Prüfstelle für Ersatzglieder Berlin, 20. Januar 1920«, abgedruckt in: *Archiv für orthopädische und Unfall-Chirurgie* 17/159–172.
44 Eine umfassende Darstellung der klassenspezifischen Auswirkungen der Kriegserfahrung ist noch ausständig. Einige Hinweise gibt Latzel: »Soldaten«.

nationalen Gedenken der gefallene und verwundete Krieger als Held im Stil des 19. Jahrhunderts inszeniert wurde,[45] sahen sich die Kriegsversehrten einer bürokratisch-medizinischen Maschine gegenüber, die ihnen zwar finanzielle Anerkennung zuerkannte,[46] die symbolische Anerkennung jedoch aufgrund ihrer intrinsischen Logik geradezu auf den Kopf stellte. Kriegsversehrte mussten in der Optimierungslogik der Arbeitswissenschaften und der angewandten Psychologie zwingend defizitär erscheinen. Die zunehmende Militanz der Kriegsversehrtenverbände war so gesehen eine Antwort auf diese widersprüchlichen Subjektivierungsangebote zwischen soldatischem Ethos und ökonomischem Leistungskalkül.

Die Wiedereingliederung der Kriegsversehrten in den Arbeitsprozess hatte also zuallererst volkswirtschaftliche Hintergründe. Durch Verschiebungen im Diskurs der Nation, des Sozialen und des (männlichen) Körpers kam es jedoch zu einer wechselseitigen Überschreibung von Politik, Medizin und Sozialfürsorge im Medium des Körpers der Kriegsversehrten. Die Prothetik betritt in Deutschland in einem Moment die Bühne der öffentlichen Diskussion, als Deutschland als Kriegsverlierer eine Neuerfindung als demokratischer Wohlfahrtsstaat wagt. Die Kriegsversehrten wirkten in diesem Prozess als Katalysatoren der Modernisierung, ließen sich dem mit der neuen Gesellschaftsordnung verbundenen Projekt der Optimierung von Arbeitskraft aber nicht widerspruchsfrei einverleiben. Sie hielten durch die schiere Präsenz ihrer im Maschinenkrieg beschädigten Körper die Erinnerung an den Krieg und die damit verknüpften Verwerfungen wach, speziell die Verwerfungen zwischen einer (männlich codierten) Kultur der Fronterfahrung und einer problematisch gewordenen zivilen Existenz.[47] Die

45 George Mosse interpretiert die Kriegerdenkmäler der Zwischenkriegszeit insgesamt als Manifestationen gegen die Modernisierung: Sie verkörperten in ihrer ganzen Anmutung Ideale und Ideen des 19. Jahrhunderts, was den Charakter des Krieges, aber auch die Vorstellung von Männlichkeit betrifft. »From these places of worship (the dead) descended to plead against mass society and for the restoration of those genuine, pre-industrial virtues which were exemplified by the very desing and construction of their cemeteries.« Mosse, George L.: »National Cemeteries and National Revival: The Cult of the Fallen Soldiers in Germany«. In: *Journal of Contemporary History* 1/1979:14, S. 1–20, hier: S. 15.

46 Whalen hat gezeigt, dass es nicht unwesentlich die Kürzungen in der Sozialversorgung der Kriegsversehrten in den frühen 1930ern waren, die diese radikalisierten und zu einer für die Nationalsozialisten leicht ansprechbaren Gruppe machten (Whalen, Robert Weldon: *Bitter Wounds. German Victims of the Great War*, 1914–1939. Ithaca, London: Cornell University Press 1984, S. 192). Auch in Sabine Kienitz' Studie wird deutlich, wie ambivalent sich die Fürsorgeeinrichtungen den Kriegsversehrten gegenüber verhielten, die immer stärker in den Ruf gerieten das Fürsorgesystem auszunützen. Der latente Vorwurf des Sozialschmarotzertums verwandelte sich nach dem Krieg in eine offene und deutliche Kriminalisierung jener Kriegsversehrten, die sich in Mikro- und Schattenökonomien einzurichten gezwungen sahen. Vgl. Kienitz, Kap. A.III, S. 110–150.

47 Umgekehrt waren die Veteranen als diejenigen, die bis vor kurzem dazu bereit gewesen

»Dolchstoßlegende« paarte sich auf unheilvolle Art und Weise mit einer Kritik der Moderne als unauthentischem, verwaltetem, mechanisierten Leben. Der prothetisch reparierte Körper war eine Projektionsfläche, ein Sammelbecken für diese Widersprüche. Man kann von einer symbolisch-metaphorischen Überlastung der Maschinen-Körper der Kriegsversehrten sprechen.

Denn Prothesen wurden seit Beginn des Krieges als eine Art Allheilmittel präsentiert, waren also von Anfang an metaphorisch befrachtet. Hans Würtz, der prominente, selbsternannte Anwalt der »Krüppel« in Deutschland, suggeriert in einer Aufmunterungsbroschüre für Kriegsversehrte einen glücklichen Ausgang aus dem Krieg via Prothetik. Prothesen würden, so Würtz, die Versehrten wieder zu nützlichen und lebensfrohen Mitgliedern der Gesellschaft machen. Die Prothetik wird hier als rettendes Gegenstück der Kriegstechnologie angepriesen, als eine das zivile Erwerbsleben stabilisierende Technologie, die ihre Wohltaten im Frieden entfalten würde. Sie ist Produkt des Kriegs und soll als Brücke in die Zeit des Friedens fungieren.

Die Prothetik war also symbolisch und konstruktionslogisch mit dem Krieg verklammert: In der Prothesenherstellung kamen der Kriegstechnologie analoge betriebswirtschaftliche und technische Verfahren zum Einsatz, und sie wurde zu einer Kulturleistung erster Güte stilisiert. Dies belegen die von Hans Würtz in seiner Broschüre *Der Wille siegt!*[48] zusammengetragenen Antworten einflussreicher Persönlichkeiten, denen die Suggestivfrage gestellt worden war: »Wie ist die kulturelle Tragweite der deutschen Kriegsbeschädigtenfürsorge zu bewerten?« Bemerkenswert ist etwa das Bild, das Konrad Biesalski, Kollege von Hans Würtz am Berliner Oskar-Helenen-Heim, zeichnet. Die Kriegsversehrtenfürsorge sei der höchste Ausdruck von Kultiviertheit, analog dem Strandrecht: Die Wiedereingliederung der versehrten Soldaten in Arbeitszusammenhänge entspreche der Ausbildung eines Regulativs zur Integration von Schiffbrüchigen in die aufnehmende Gesellschaft. Soziale Fürsorge sei der Dienst am Einzelnen, gesehen durch das Interesse der Allgemeinheit. Damit wird die »Krüppelpädagogik« mit volkswirtschaftlichen Interessen auf Linie gebracht und mit einem kultivierenden Programm aufgewertet.[49] Auf die Spitze treibt diesen Diskurs auch Willy Schlüter, der Schriftleiter der *Zeitschrift für Krüppelfürsorge*. In seinen Augen sind die Versehrten nicht per

waren, für das Kaiserreich zu sterben, für die junge Demokratie eine problematische Konkursmasse.

48 Würtz, Hans: *Der Wille siegt! Lebensschicksale neuertüchtigter Kriegsinvaliden*. Dritte völlig neubearbeitete und vermehrte Auflage. Berlin: Reichsverlag Hermann Kalkoff 1916. (= Beiträge zur Invalidenfürsorge 1).

49 Ibid.: S. 48–49.

se Hilfsbedürftige. Hilfestellung bräuchten hauptsächlich die Willenskräfte der Veteranen, die häufig nicht auf produktive Arbeit gerichtet seien. Die Aufgabe der Fürsorge sei es deshalb, diese »Willenskrüppel« zu behandeln. Der Pädagoge müsse deshalb vor allem als »Entkrüppler unverletzter Willensschwacher« fungieren.[50] Der Schatten des sich wiederertüchtigenden Fürsorgehelden ist das Schreckgespenst des arbeitsunwilligen Simulanten. Arbeit als gemeinschaftsbildendes Programm und kultureller Auftrag auf der einen Seite und individuelle Genese auf der anderen Seite fallen in der von Biesalski propagierten Idee der »Hilfe zur Selbsthilfe« zusammen. Sie soll die »selbstschaffenden Glieder des Volkes«[51] produktiv machen und auf dem Weg dahin auch ein neues Selbst hervorbringen. Es ist auffällig, dass in vielen Statements der Broschüre Selbstorganisation, Selbsthilfe und der Appell an den individuellen Willen mit offen normativen Vorgaben und Forderungen verknüpft ist. Diese »Krüppelpädagogik« zeichnet sich durch ein In- und Nebeneinander von disziplinären externen und selbststeuernden internen Subjektivierungstechniken aus. Wir finden sowohl Tendenzen zur Individualisierung der Patienten als auch deren Zuteilung in therapeutisch segregierte Raum-Zeit-Gefüge, die normative Zurichtung von Körpern genauso wie Momente des Anregens von Lebenskräften, des Anstoßens von Eigendynamiken. Wilmhelm Exner, Ingenieur und Präsident des in Wien ansässigen k.k.-Vereins *Die Technik für die Kriegsversehrten*, versteht die Prothetik dezidiert als eine exportfähige technische Leistung, die den Krieg für Friedenszeiten nutzbar macht: »Die Früchte [der Entwicklungsarbeit in der Prothetik, KH] werden zunächst den befreundeten Völkern und Bundesgenossen, späterhin der Menschheit überhaupt zugute kommen, auch nach der Beendigung dieser entsetzlichen Kriegszeit – wenn es nur mehr Industrie-, Verkehrs- und sonstige Unfalls-Opfer geben wird.«[52] Was in diesem Fall als zweckrationale Rede daherkommt, gebiert im gleichen Buch rhetorische Ungeheuer. Der Schriftsteller Fritz Engel zieht aus der Verschränkung von destruktiver Konstruktion und Kriegskrüppelfürsorge als Kulturleistung die Konsequenz: Er imaginiert eine gemeinsame Ruhmeshalle für Maschinen und prothetisch reparierte Soldaten:

> Habt ihr schon jemals eine Ruhmeshalle gesehen, wie die Ruhmeshalle dieses Krieges sein wird? Waffen in riesenhaftesten Massen werden darin sein, furchtbare Konstruktionen, die noch in ihrem toten Zustande erzittern machen. Die mordenden Vögel der Luft, die morden-

50 Ibid.: S. 69.
51 Ibid.: S. 46.
52 Ibid.: S. 53.

den Fische aus der Unterwelt des Meeres werden mit weiten Schwingen, mit Hebeln, Schrauben und Zündern zu sehen sein. Aber neben ihnen wird man statistische Tabellen, Blindenbücher, Drehbänke für Einarmige, Ersatzglieder, friedliche Hand- und Schreibarbeiten sehen: neben den Zeugen der Vernichtung die Zeugen der Wiederaufrichtung.[53]

Die Arbeit am Körper der Kriegsversehrten ist in Würtz' Aufmunterungsbüchlein ein Kampf gegen die Widergänger des Krieges, gegen Untote. Und umgekehrt haben Prothesen belebende Wirkung. Für Würtz sind Prothesen »Werkzeuge, Menschen lebendig zu machen [...].« Sie sollten »die Halbtoten, die Krüppel, die armen Hascher« wieder ins Leben bringen und dabei die Wirtschaft vitalisieren.[54]

Der Umgang mit den Kriegsversehrten war also insgesamt widersprüchlich. Sie waren Anlass und Objekt einer neuartigen, inklusiven Sozialpolitik, denn sie wurden auf breiter Basis in die Ausgestaltung der neuen Programme miteinbezogen. Der Preis für die Inklusion war jedoch die Etablierung eines umfassenden Meldesystems, das medizinische Versorgung, psychologische Betreuung und eben auch die Prothesenversorgung koordinierte. Viele dieser ganzheitlich angelegten, deshalb aber auch paternalistischen, Konzepte hatten sich aus der Heilpädagogik heraus entwickelt, die für Kinder konzipiert worden war.[55] Der pädagogische Ansatz kollidiert mit der Selbstwahrnehmung der Kriegsversehrten, die sich als Anspruchs*berechtigte* und nicht als Zu-Erziehende sahen. Diese Konstellation – kein Staat investierte so viel für seine Kriegsversehrten und in keinem Staat waren die Kriegsversehrten so unzufrieden mit dem Staat – gipfelt in dem viel diskutierten Paradox, dass die Veteranen, obschon sie in der Weimarer Republik eine relativ gut abgesicherte Sozialklientel darstellten, sich gerade nicht mit der demokratischen Republik identifizierten, sondern im Gegenteil autoritären Strömungen den Weg bahnten.[56] Den Staat als Erzieher und Heiler und die Identität als Hilfsbedürftige wollten sie nicht einfach akzeptieren.

53 Ibid.: S. 52–53.
54 Ibid.: S. 139.
55 Vgl. dazu: Thomann, Klaus-Dieter: *Das behinderte Kind. »Krüppelfürsorge« und Orthopädie in Deutschland, 1886–1920*. Stuttgart: Gustav Fischer 1995.
56 Cohen führt die »Entfremdung« zwischen Kriegsversehrten und Staat darauf zurück, dass in der Weimarer Republik zivilgesellschaftliche Akteure, die den Veteranen die Anerkennung und Integration hätten geben können, nach der sie verlangten, nicht mehr aktiv werden durften: Cohen: *War Come Home*, S. 188–192. Vgl. zu dieser Diskussion auch Kienitz: *Beschädigte Helden*, S. 19, Diehl, James M.: »Victors or Victims? Disabled Veterans in the Third Reich«. In: *The Journal of Modern History* 1987:59, S. 705–736.

Vom Ersatzteil zum Medium des Selbstbezugs

Das Ziel der Versorgung der Kriegsversehrten mit Prothesen hatte zwei Fluchtpunkte: Unauffälligkeit und Produktivität. Auf der einen Seite sollte durch die realistische Nachahmung von Körperteilen mithilfe kosmetischer Prothesen – der so genannten »Sonntagshände« oder auch naturalistischer mechanischer Gliedmaßen wie dem Carnes- oder Sauerbrucharm – das soziale *passing* der Kriegsversehrten gewährleistet werden. Auf der anderen Seite war das Ziel, angeleitet durch die Ingenieurs- und Arbeitswissenschaften, eine funktionale Passung von Menschen- und Maschinenkinetik zu erreichen.

Eine der wichtigsten Institutionen für die Entwicklung von Prothesen war die in Berlin Charlottenburg 1915 gegründete *Prüfstelle für Ersatzglieder*, der Georg Schlesinger vorstand. Die *Prüfstelle* war auch der Schauplatz der Auseinandersetzung um ein verbindliches Konzept in der Prothetik. Sie verstand sich im Sinne des Heimatfrontgedankens als Ort des »Kampf[es] gegen die Gebrechen«.[57] Georg Schlesinger hatte sich als Psychotechniker und Spezialist für die Optimierung maschineller Herstellungsverfahren einen Namen gemacht. Er war ein Schüler des Maschinentheoretikers Franz Reuleaux, hatte vor seiner Arbeit an der Prüfstelle jahrelang Werkzeugmaschinen typisiert und sich mit Veröffentlichungen zur wissenschaftlichen Betriebsführung sowie mit international beachteten psychotechnischen und arbeitswissenschaftlichen Arbeiten hervorgetan. Der Standardisierung von Normalien – Griffen, Nuten, Schrauben und Kurbeln, den Schnittstellen zwischen den verschiedenen Teilen der Maschine – hatte er den Großteil seiner Forschung gewidmet. Konsequenterweise galt seine Aufmerksamkeit in der *Prüfstelle* der Typisierung von Prothesen und der Standardisierung von Anschlussnormen, insbesondere bei den so genannten Arbeitsarmen und -händen.

Diese waren idealerweise so konstruiert, dass an einem proximalen Grundgerät verschiedene Ansatzstücke befestigt werden konnten, die die Ausführung von handwerklichen Tätigkeiten ermöglichten. Voraussetzung dafür war die systematische Analyse von Bewegungsformen: die Beschreibung menschlicher Glieder als mechanisches System, die Klassifikation möglicher Bewegungen, die Charakterisierung der Funktionen des Gliedes nach »Freiheitsgraden«, die statistische Auswertung der Bewegungsformen, ihre Beschreibung als Teil einer »Bewegungskette« und abschließend: ihr Nachbau. Ziel war die Passung zwischen Amputiertem und Prothese, zwischen Prothese und Werkzeug, zwischen Werkzeug und Arbeitsvorgang. Der menschliche Körper wird hier entsprechend Reuleaux'

57 Bauer, Karl: *Wie können für unsere Kriegsverstümmelten die besten Ersatzglieder und Arbeitshilfen geschaffen werden?* Stuttgart: Strecker und Schröder 1916, S. 16.

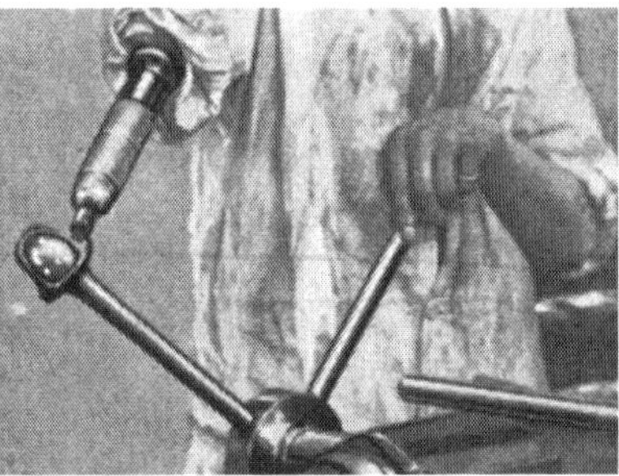

Abb. 40–42: Georg Schlesingers Entwicklung von Ansatzstücken für Handwerker.

kinematischer Maschinentheorie als ein System diskreter, ineinander greifender, austauschbarer Teile[58] konzipiert, das nach dem Baukastenprinzip zerlegt und wieder anders zusammengesetzt werden kann. In der Vorstellung der Ingenieure sollte damit der organische Leib effizient mit Maschinen verkoppelt werden können – auch um den Preis der Auflösung der äußeren Morphologie.

Das folgenreichste Resultat der Aktivitäten der *Prüfstelle* war die Einführung von einheitlichen Anschluss-Normen für Bandagen und Ansatzstücke, die schon bald als DIN-Norm zur Grundlage der flächendeckenden industriellen Herstellung modularer Prothesen wurde. Die Herstellung von werkzeugartigen »Arbeitshänden« wurde hingegen nach dem Ersten Weltkrieg nicht systematisch weiterverfolgt.

Der Abgleich arbeitswissenschaftlicher, chirurgischer und orthopädischer Wissensbestände in der Prothetik des Ersten Weltkrieges war Teil eines experimentell erarbeiteten, konkreten, sozial-technischen Systems der Standardisierung und der Passung, in das der versehrte Körper des Soldaten eingefügt wurde. Dieses System basierte auf einer »Logik der Ersetzbarkeit«, auf der »totalen Austauschbarkeit aller Maschinenteile oder -glieder.«[59]

58 Zu Schlesinger und Reuleaux' Maschinentheorie vgl. Berz: 08/15. 77–81. Allgemein zur Maschinentheorie: Schäffner *Ordnung des Wahns*, S. 224–257

59 Berz, Peter und Matthew Price: »Ersatzglieder«. In: Lutz, Petra, et al. (Hg.): *Der (im-)perfekte*

All dies wäre noch im Vokabular der oben beschriebenen mikrophysikalischen Gewalt der Fabrik beschreibbar, die ein systematisches Ineinandergreifen von zugerichtetem (Soldaten-)Körper, normierter Bewegungslehre, verteilter industrieller Massenproduktion und Arbeit als ultimativem sozialem Formierungsinstrument zum Ziel hat. Perfektioniert wurde die Kopplung der Funktionssysteme Heer und industrielle Produktion auch insofern, als einer der Aufträge der *Prüfstelle für Ersatzglieder* darin bestand, die »geistige Vorarbeit und betriebsfertige Einrichtung« einer Prothesenfabrik zu erbringen, die nach dem Krieg von versehrten, abgerüsteten Angehörigen des 3. Armeekorps bewirtschaftet werden sollte.[60]
Die Tätigkeit der *Prüfstelle für Ersatzglieder* ging auf anderen Gebieten jedoch über die exakte Verschaltung von Einzelkörpern mit Maschinensystemen, über eine disziplinarische oder »instrumentelle Codierung des Körpers«[61] hinaus. Hier wurde medizinisches und Ingenieurswissen mit versicherungstechnischen Überlegungen, mit Verfahren der Datenverarbeitung, mit neuesten experimentalpsychologischen Verfahren und psychotechnischen Methoden (Berufseignungstests, professionelle Schulung) angereichert. Ich verstehe die Prothetik der zehner und zwanziger Jahre deshalb als einen Wissenskomplex, in dem sich die Konturen eines neuen Modells der Steuerung von Körpern und Individuen abzeichnen: Ein normalistisch-kybernetisches Modell löst dabei weniger eine disziplinarische Mikrophysik ab, die erwünschtes Verhalten durch pädagogische und dressierende Maßnahmen in Körper und Seelen einsenkt, als dass sie Disziplinierungen mithilfe flexibler Methoden der Selbststeuerung und der Passung durch Rückkopplung überlagert und »humanitär intensiviert«.[62]
In einer »Amputiertenkartothek und -registratur« wurden beispielsweise sämtliche versicherungstechnischen, medizinischen und berufsrelevanten Daten der Versehrten zusammengeführt, um die statistischen Chancen für eine Rehabilitierung und die aussichtsreichsten Kandidaten für eine Wiedereingliederung ins Arbeitsleben zu ermitteln. Die Re-Mobilisierung der Soldaten folgte also nur teilweise der Logik des Kasernendrills und einer in der Kultur des Militärs verankerten Metaphysik des Willens. Selbst in in ihrem Gestus unnachgiebigen Schriften zur ärztlichen und sozialen Amputiertenversorgung wird betont, dass zur Zielerreichung »das Kommando eines mit gleichförmigem und starren militärischem Turnen vertrauten Sanitätsoffiziers« nicht hinreichend wäre. Stattdessen

Mensch. Metamorphosen von Normalität und Abweichung. Köln: Böhlau 2003, S. 143–161, hier: S. 147.
60 Radike, Richard: »Tätigkeitsbericht der Prüfstelle für Ersatzglieder«. In: *Archiv für orthopädische und Unfall-Chirurgie* 2-4/1921:19 S. 551–578, hier: S. 554. Ob diese Fabrik jemals in Betrieb genommen wurde, konnte ich nicht in Erfahrung bringen.
61 Foucault: *Überwachen und Strafen*, S. 196.
62 Price: »Lives and Limbs«.

solle ein »gewandter Turnlehrer« engagiert werden, der einen »frischen, straffen und vergnüglichen Zug« in die Übungen bringen würde.[63] Vor dem Hintergrund einer disziplinarischen, militärischen Körperkultur tauchen so Elemente von Selbstbestimmung und -regulierung auf, die später für die psychologische Behandlung der Versehrten eine wichtige Rolle spielten. Psychologen empfahlen beispielsweise, den Versehrten eine unternehmerische Laufbahn zu ermöglichen, anstatt sie in die alten Berufe zu reintegrieren. Auf Letzteres war die Prothesenversorgung ursprünglich eingerichtet gewesen, doch von den Behörden durchgeführte Erhebungen hatten gezeigt, dass ca. zwei Drittel der zu diesem Zweck gefertigten »Arbeitshände« nicht in Gebrauch waren, man sich also zur Erreichung des übergeordneten Ziels (Vollbeschäftigung für Kriegsversehrte) andere Strategien entwickeln musste.[64]
Diese Akzentverschiebung von der Disziplinierung hin zur Selbstregulierung ist mit einer neuen Konzeption des versehrten Körpers korreliert: Im mechanistischen Paradigma ist er eine reparaturbedürftige Maschine, im Diskurs von Psychologie und Medizin wurde er – wie schon bei den Gilbreths – als spezieller Fall innerhalb des Kontinuums von grundsätzlich mangelhaften, aber zur Selbstverbesserung fähigen Körpern behandelt. Das zergliedernde, mechanistische Körperkonzept der Ingenieure wurde ergänzt durch ein neovitalistisch-steuerungslogisches Modell, welches den menschlichen Körper als fein abgestimmtes Rückkopplungssystem begriff, das externe und interne Daten verarbeitet.

Armersatz, nicht Ersatzarm (Georg Schlesinger)

Der Konflikt zwischen einer mechanistischen Auffassung und einer regelnd-vitalistischen Konzeption zeigte sich im Umfeld der *Prüfstelle für Ersatzglieder* im Konflikt des berühmten Chirurgen und Prothesenentwicklers Ferdinand Sauerbruch mit dem Geschäftsführer Georg Schlesinger. Schlesingers Konzept einer guten Prothese war entsprechend seiner verfahrenstechnischen Prägung von Überlegungen zu ihrer Funktionalität und ihrer Wirtschaftlichkeit geprägt. Mit Bezug auf Kant konzipiert Schlesinger im Abschlussbericht der *Prüfstelle für Ersatzglieder* die Hand als dasjenige Organ, welches den Menschen zum vernünftigen Tier macht. Die Hand mache den Menschen »geschickt für die Handhabung aller Dinge«,

63 Fuchs: »Amputiertenversorgung«, S. 201.
64 Vgl. dazu die Ausführungen in Ach, Narziß: *Zur Psychologie der Amputierten. Ein Beitrag zur praktischen Psychologie*. Leipzig: Verlag Wilhelm Engelmann 1920. Perry betont den *class bias* der Prothesenversorgung mit ihrer Unterscheidung zwischen Kopfarbeiter und Handarbeiter. Meiner Wahrnehmung nach war die Rehabilitation der Kriegsversehrten jedoch tendenziell inklusiv. Sie kann durchaus als Versuch der Liberalisierung der ständischen Gliederung der Nachkriegsgesellschaft verstanden werden. Perry: »Re-Arming«.

sie sei »sein äußeres Gehirn!«[65] Handhabung wird in der Folge als Mechanik, die Hand als das Universalwerkzeug schlechthin, als Werkzeug der Werkzeuge herausgestellt. Die »Intelligenz« dieses Universalwerkzeugs besteht in seiner taktilen und propriorezeptiven Wahrnehmungsfähigkeit, in seiner Fähigkeit zu tasten. Diese Eigenschaft ist jedoch – so Schlesinger – für die Hand als gestaltendes und arbeitendes Organ eher lästig als hilfreich. Denn sie macht die Hand verletzlich, weshalb sie für die »Ausübung der meisten Berufe einer Bewaffnung bedarf«.[66] Die Herstellung von Prothesen folgt deshalb explizit nicht dem »inneren Konstruktionsplan« des ursprünglichen Organs – seiner Form, seiner Muskulatur, seinen Nerven etc. oder der äußeren Morphologie des Körperteils –, sondern strikt seiner Funktion. Mit Schlesinger gesprochen: Ziel der Prothetik ist ein *Armersatz*, nicht ein *Ersatzarm*.[67] Schlesinger argumentiert für diese »unphysiologische« Auffassung der Prothetik mit Verweis auf die »Fliegekunst des Menschen«, die erst möglich geworden sei, als man die vogelphysiologische Auffassung des Fliegens fallengelassen hätte. Verbesserung heißt explizit: die Wege der Evolution verlassen.

Georg Schlesingers Idee der anthropologischen Grundlagen der Prothesentechnik geht deutlich aus dem Vortrag »Der Einfluss des Werkzeugs auf Leben und Kultur«, den er 1917 im Rahmen der *Technischen Abende* im Zentralinstitut für Erziehung und Unterricht in Berlin gehalten hat, hervor. Es war nicht außergewöhnlich, dass sich Ingenieure zu kulturellen und gesellschaftlichen Fragen der Technik äußerten. Im Gegenteil entfaltete sich im Zuge der Professionalisierung des Ingenieurberufs und des Kampfs der Ingenieure um gesellschaftliche Anerkennung in den zehner und zwanziger Jahren eine lebhafte Publikationstätigkeit, die in der Gründung der Zeitschrift des Verbandes Deutscher Diplomingenieure *Technik und Kultur* einen Höhepunkt fand. Zunächst als Mitteilungsblatt des Vereins eingerichtet wurde es zunehmend – besonders unter der Schriftleitung Carl Weihes in den zwanziger Jahren – zum Ort der Reflexion einer technischen Kultur und auch Organ der Verteidigung der Technik als »Kulturfaktor«.[68]

65 Schlesinger, Georg: »Der mechanische Aufbau der künstlichen Glieder«. In: Borchardt, Moritz, et al. (Hg.): *Ersatzglieder und Arbeitshilfen für Kriegsbeschädigte und Unfallverletzte.* Hg. von der ständigen Ausstellung für Arbeiterwohlfahrt (Reichs-Anstalt) in Berlin-Charlottenburg und der Prüfstelle für Ersatzglieder (Gutachterstelle für das preußische Kriegsministerium) in Berlin-Charlottenburg. Berlin: Julius Springer 1919, S. 321–661, hier: S. 321.

66 Ibid.: S. 322.

67 Ibid.

68 Dietz, Burkhard: »›Technik und Kultur‹ zwischen Kaiserreich und Nationalsozialismus. Über das sozio-kulturelle Profil der ›Zeitschrift des Verbandes Deutscher Diplom-Ingenieure‹ (1910–1941)«. In: Dietz, Burkhard, Michael Fessner und Helmut Maier (Hg.): *Technische Intelligenz und »Kulturfaktor Technik«. Kulturvorstellungen von Technikern und Ingenieuren zwischen Kaiserreich und früher Bundesrepublik Deutschland.* Münster: Waxmann 1996, S. 105–130.

Auch Schlesingers Lehrer Franz Reuleaux hatte sich mehrfach einschlägig zum Thema »Technik und Kultur« geäußert und Technik als »Kulturhebel« und als eine Möglichkeitsbedingung von Kultur überhaupt charakterisiert.[69] Schlesinger – er hatte selbst in der Zeitschrift publiziert – befand sich mit seinen anthropologischen Spekulationen also in guter Gesellschaft.

Er beginnt seinen Vortrag mit der seit Herder konventionalisierten Unterscheidung des Menschen vom Tier durch Sprache und Vernunft, hebt jedoch im weiteren Verlauf auf den Werkzeuggebrauch als dem spezifisch menschlichen Weltzugang ab. Die Hand sei selbst ein hoch volatiles und sensibles Organ des Denkens und der Veräußerung: Die Fingerspitzen »sehen«, so Schlesinger, wo das Auge versagt.[70] Aus dieser chiastischen Bestimmung – die Hand als rationales und als sensibles Organ, als Organ das fühlt und dabei beobachtet werden kann – seien Werkzeuge als weltproduzierende Artefakte zu verstehen. Aus dieser, an Kapp erinnernden Bestimmung von Werkzeugen als kognitiven, reflexiven Tools erwachsen im weiteren Verlauf des Vortrags jedoch immer mehr Widersprüche. Denn einerseits argumentiert Schlesinger, Maschinen seien die *Fortsetzung* des handwerklichen Werkzeugs mit anderen Mitteln, andererseits stellt er fest, dass die – von ihm selbst mitgeprägten und propagierten – Kennzeichen der modernen Maschine (Standardisierung, Normierung, Ersetzbarkeit) die Sensibilität und Kunstfertigkeit des handwerklichen Werkzeuggebrauchs (und damit ihre erkenntnisgenerierende Kraft) unterminieren. Das Gesetz maschineller Produktion, das in »Beschleunigung, Reibungsverminderung, Einheitlichkeit, systematische[r] Genauigkeit, Arbeitsersparnis, Normalisierung«[71] bestehe, führe logisch zum Niedergang der Hand als universelles, sensibles, anpassbares Werkzeug, das doch die Reflexivität erst hervorbringe. Sie wird früher oder später schlicht nicht mehr gebraucht werden. Und da Maschinen Massenprodukte herstellen und der Mode gehorchen, begünstigten sie »das Protzige, Geistlose an der Stelle des Künstlerisch-Geistigen des mittelalterlichen Handwerks.«[72] Wenn nun aber »der Handformer durch die Handformmaschine« ersetzt wird,[73] was passiert dann mit der Hand als »Kulturfaktor«? Schlesinger spricht fortan nicht weiter vom Ersatz der Hand durch die Maschine, son-

69 Carl Weihe wiederum war ebenfalls ein Schüler Reulaux' und sein großer Bewunderer. Er trug dessen Kultur- und Technikkonzeption in die Zeitschrift *Technik und Kultur* hinein: Braun, Hans-Joachim: »Technik als ›Kulturhebel‹ und ›Kulturfaktor‹. Zum Verhältnis von Technik und Kultur bei Franz Reuleaux«. In: Ibid.: S. 35–43.

70 Schlesinger, Georg: »Der Einfluß des Werkzeuges auf Leben und Kultur«. In: *Technische Abende im Zentralinstitut für Erziehung und Unterricht* 2/1917, S. 11–24, S. 14.

71 Ibid.: S. 18.

72 Ibid.

73 Ibid.: S. 22.

dern argumentiert vermittels einer Metapher aus der Chemie. Die abstrakte Reinheit der Fabrikarbeit sei auf Dauer ebenso wenig zu ertragen wie der Zuckerersatzstoff Saccharin. Diese Metaphorik war im letzten Kriegsjahr besonders eingängig, hatte der Erste Weltkrieg das Leben an und fern der Front doch durch eine ganze Reihe von vergleichsweise minderwertigen Ersatzstoffen verändert. Die erfolgreiche Versorgung der Front und der Bevölkerung mit (Ersatz-) Rohstoffen war seit der britischen Seeblockade ein zentraler Kriegsfaktor geworden.[74] Fabrikarbeit und Maschinenbedienung geraten damit auf die Seite »minderwertiger« Artefakte: Kitsch, modischer Firlefanz, Saccharin – das ist nicht jene Kultur, deren Hebel die Technik beanspruchte zu sein. Nur mit Hilfe einer an Marx' Konzept des *general intellect* erinnernden Volte gelingt es Schlesinger, die Maschinentätigkeit als kulturell wertvoll zu retten: Je besser die Maschinen würden, desto weniger Zeit müssten die Arbeiter in der Fabrik verbringen und desto mehr Muße hätten sie für die Selbstveredelung durch kulturelle Betätigung.[75] Schlesinger entgeht im patriotischen Furor seines Schlussabsatzes sogar, dass das obligate Goethe-Zitat, das seinen Vortrag beschließt, der Dislozierung von Hand und Geist / Kultur entschieden widerspricht: »Ein Mann, der recht zu wirken denkt, muß auf das beste Werkzeug halten.«[76]

Diese Inkonsequenz lässt Schlesingers Parteinahme für einen *Armersatz* entgegen der Idee eines *Ersatzarms* in einem schärferen Licht hervortreten. Der hochspezialisierte, maschinische Armersatz wäre in dieser Logik zwangsweise ein minderwertiger Ersatz für das universelle Organ, ein Surrogat, das nur durch eine »kulturelle« Tätigkeit in der Freizeit ausbalanciert werden kann. Anders gesagt: Schlesingers direkt mit der Maschine gekoppelte Prothese (der Armersatz) ist nur akzeptabel, wenn Geistes- und Kulturtätigkeit, die Bildung des Individuums als Ersatz für die ursprünglich kulturschaffende Allianz von Hand und Werkzeug einspringen kann. Das humanistische Pathos, das mit Kant und Goethe zitiert wird, um den kulturellen Wert von Technik hervorzukehren, verheddert sich mit den faktisch antihumanistischen Effekten der Maschinentechnik, die eben gerade nicht den individuellen Menschen, sondern einen normalisierten Durchschnittsmenschen als Maß aller Dinge setzt.

74 Vgl. Deutsches Historisches Museum, LeMo: http://www.dhm.de/lemo/html/wk1/wirtschaft/rohstoffmangel/index.html. Zugriff vom 22.11.2011. Sowie Geyer: *Deutsche Rüstungspolitik*, S. 83–117.
75 Schlesinger: »Einfluß des Werkzeugs«, S. 24.
76 Ibid.

Kinetische Operation, Übung, Selbststeuerung (Ferdinand Sauerbruch, Albrecht Bethe)

Wie bereits angesprochen, blieb Schlesingers Prothesenauffassung nicht unbestritten. Sein Antagonist war der bekannte Chirurg Ferdinand Sauerbruch. Neben seiner Prothesenforschung machte ihn die Konstruktion einer Unterdruckkammer bekannt, die die operative Öffnung des Brustkorbs ermöglichte. In der Auseinandersetzung der beiden prominenten Figuren stand nicht zur Debatte, *ob* der menschliche Körper eine Maschine war, sondern *welche*. Sauerbruch vertrat in mehreren praktischen Fragen eine Gegenmeinung zu Schlesingers Auffassung, und dieser lag eine prinzipiell andere Ansicht zur Verfasstheit des menschlichen Körpers zugrunde.

Sauerbruch vertrat die Meinung, dass die natürlichen und gelernten Bewegungen der lebenden Hand durch die Prothese morphologisch und funktional möglichst exakt nachgeahmt werden sollten. Gesucht sei also ein *Ersatzarm*.[77] Im Vordergrund seiner Überlegungen stand weniger die Passgenauigkeit zwischen Organischem und Mechanischem als die Kommunikation zwischen Prothese und lebendigem Leib. Grundlegendes Konzept war die Ausnutzung des verbleibenden Stumpfs als Kraftquelle. Sauerbruchs Methode sah zur Steuerung der Prothese eine Zugeinrichtung vor, die durch einen Elfenbeinstift mit der Muskulatur des verbliebenen Armstumpfes verbunden war, sodass durch eine Beugung des Armstumpfes z.B. der Daumen der Prothese gezielt bewegt werden konnte. Dazu musste der verbliebene Arm operativ präpariert werden.

Ein weiterer Anlass des Dissenses war die von Schlesinger als lästige Schwäche diskreditierte (aber »kulturschaffende«) Empfindsamkeit der Hand. Für Sauerbruch sind gerade die feinen Wechselbeziehungen zwischen Hand und Gesamtorganismus – die Propriorezeption und das Tastempfinden – wesentlich für die Praktikabilität der Prothese. Die Rückmeldung des Zugmechanismus an die Restmuskulatur gibt dem Prothesenträger sensorische Informationen über Lage und Zustand der künstlichen Hand, die dadurch zielgenauer und Kraft sparender eingesetzt werden kann. Die Sensibilität ist also kein, wie auch immer hoch geschätzter, Zusatz zur Funktionalität, sondern integral für die Funktion.

Sauerbruch fand einen Unterstützer für seine Operationsmethode und Armkonstruktion in dem Physiologen Albrecht Bethe, der im Singener Lazarett Versuchsserien mit Patienten durchführte, die einer »kinetischen Operation« Sauerbruchs unterzogen worden waren. Sein Interesse galt

77 Sauerbruch, Ferdinand: *Die willkürlich bewegbare künstliche Hand. Eine Anleitung für Chirurgen und Techniker. Mit anatomischen Beiträgen von Ruge, G. und Felix, W. und unter Mitwirkung von Stadler*, Bd. 1. Berlin: Julius Springer 1916, S. 9.

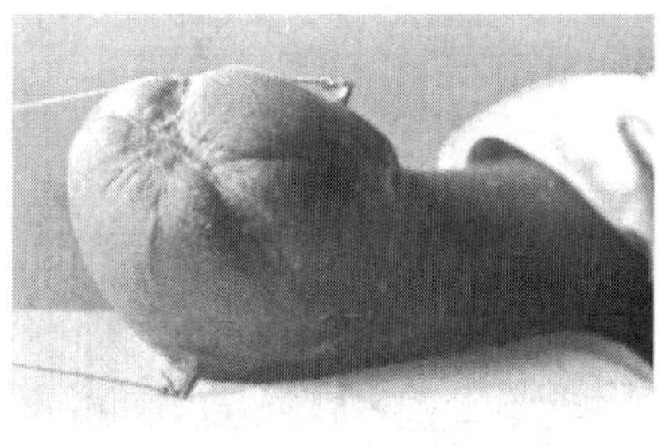

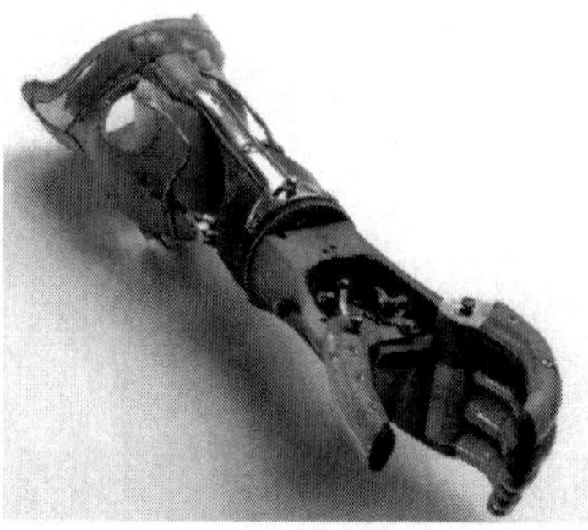

Abb. 43+44: Operation nach Sauerbruch. Sauerbruch-Prothese mit Elfenbeinstift (ca. 1930).

sowohl praktischen Fragen der Prothesenkonstruktion und des Umlernens auf neue Bewegungsschemata als auch theoretischen Fragen nach Innervationsmustern[78] und Muskelbelastungsgrenzen. In einer dreiteiligen Aufsatzserie zum *Problem der willkürlich beweglichen Prothese* stellte Bethe 1916/17 seine Ergebnisse vor. Sie sind trotz einer Würdigung des von Schlesinger favorisierten Carnes-Arms deutlich für Sauerbruch eingestellt. Im ersten Teil widmet sich Bethe dem Problem, dass nach einer kinetischen Operation das Spiel zwischen Agonist und Antagonist der Restmuskulatur ganz neu »programmiert« werden muss. Der Elfenbeinstift durchstößt beide und kann somit »willkürlich« angesteuert werden, dafür ist jedoch ein richtiggehendes Umlernverfahren nötig, das u.a. die reziproken Mitbewegungen des je anderen Muskels ausschalten muss. Dem eigentlichen Umlernen geht voraus, dass bis dahin unbewusste muskuläre Prozesse bewusst gemacht werden. Hierfür muss die Instanz der Vorstellungskraft aktiviert werden. In den Experimenten wurde angeregt, den fehlenden Arm oder die fehlende Hand in der Vorstellung zu bewegen. Bethes Formulierungen sind insofern interessant, als dass er Begriffe, die üblicherweise für eine Person verwendet werden – »selbständig«, »emanzipieren«,»erziehen« – auf einzelne Organe überträgt und damit dem metaphorischen Wuchern von Körpermetaphern Raum gibt. So wird der Amputierte zum Lehrer seiner Gliedmaßen: »Der Einarmige muss seine Muskeln von ihren alten Zwecken emanzipieren und zu neuer selbständiger Tätigkeit erziehen.«[79] Der zweite Teil seiner Abhandlung beschreibt

78 Vgl. etwa: Bethe, Albrecht und Hermann Kast: »Synergische und reziproke Innervation antagonistischer Muskeln nach Versuchen am Menschen nebst Beobachtungen über ihre Reaktionszeit«. In: *Pflügers Archiv für die gesammte Physiologie des Menschen und der Thiere* 1922: 194, 1, S. 77–101.

79 Bethe, Albrecht: »Beiträge zum Problem der willkürlich beweglichen Prothesen. I. Die Kraftkurve menschlicher Muskeln und die reziproke Innervation der Antagonisten«. In: *Münchener medizinische Wochenschrift* 45/1916, S. 1577–1579. Zit. n. d. Sonderdruck von 1916, S. 9.

Abb. 45: Albrecht Bethes Dynamometerversuche.

ein Instrument, das dem Patienten seine unbewusste Muskeltätigkeit vor Augen führen kann. Bethes »Übungs- und Untersuchungsapparat« zeigt dem Amputierten, der seinen Stumpf in die Maschine einspannt, die Hubhöhe, den Zugwinkel, den Kraftaufwand und den Hebel unterschiedlicher Bewegungen in einer einfachen Kurve. Der Patient soll dadurch Agonist und Antagonist getrennt voneinander verwenden lernen, ein neues »Muskelgefühl« erlangen und nach und nach den Stumpf kräftigen.[80] Bethe ist es also darum zu tun, durch die Externalisierung und das Anschreiben und Ansprechen unbewusster Prozesse eine Umfunktionierung der Muskulatur zu erreichen und damit den organischen Leib für Prothesen anschlussfähig zu machen.

Im dritten Teil der Abhandlung untersucht Bethe die damals im Umlauf befindlichen Modelle für künstliche Hände detailliert. Sein Augenmerk gilt jenen Mechanismen, die möglichst wenige andere Teile des Körpers zur Bedienung der Prothese erforderlich machen (etwa um einen Feststellungsmechanismus zu lösen) oder durch deren Gebrauch »behindert« werden. Nicht mehr die Verbindung von Muskelinnervationen und die analytische Aufspaltung von Automatismen in willkürliche Bewegungen ist hier sein Thema, sondern das »Übel« der mechanischen Verkoppelung zweier Vorgänge, die idealerweise unabhängig voneinander stattfinden sollen. Er bemängelt etwa, dass in einer der Prothesen eine Beugung des Arms nur gleichzeitig mit einer Hebebewegung stattfinden könne, was sich bei »doppelseitig Amputierten unangenehm bemerkbar mache, weil sie nicht imstande sind, sich selbst den After zu reinigen.«[81] Der Physiologe wird hier zum Ingenieur, folgerichtig konstruiert er selbst Hände.

80 Bethe, Albrecht: »Beiträge zum Problem der willkürlich beweglichen Prothesen. II. Uebungs- und Untersuchungsapparat für Armamputierte nach Kanalisierung der Muskelstümpfe (Operation nach Sauerbruch)«. In: *Münchener medizinische Wochenschrift* 31/1917, S. 1001–1003. Zit. n. d. Sonderdruck von 1917, S. 1.

81 Bethe, Albrecht: »Beiträge zum Problem der willkürlich beweglichen Prothesen. III. Kons-

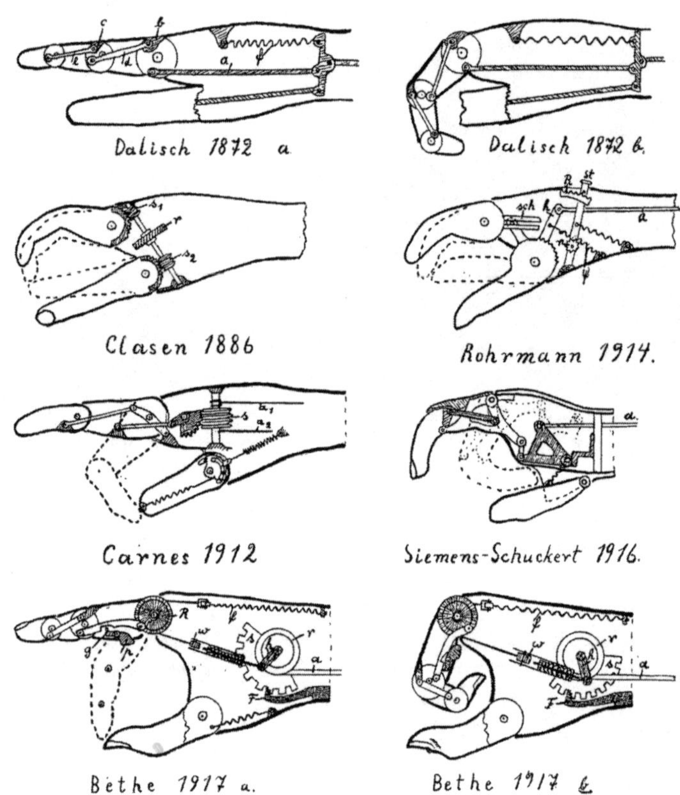

Abb. 46: Bethes Handkonstruktionen (unterste Zeile) im Vergleich mit historischen und aktuellen Modellen.

Mit Sauerbruch teilt Bethe einen Ansatz, der die menschliche Morphologie äußerlich nachahmt und erlernte Bewegungsschemata funktional imitiert. Der Weg dahin führt über Apparate: Man benötigt Selbstbeobachtungs- und Selbstaufzeichnungsapparate, um erlernte Vorgänge, die als Automatismen inkorporiert sind (das Zusammenspiel von Bizeps und Trizeps) zu dissoziieren und umzucodieren. Der einzige Weg zur technischen Implementierung solcher protokybernetischer Konzepte führt freilich über eine rein mechanische Technik. Durch das Maschinische hindurch zu denken meint bei Bethe nicht die Gleichsetzung des Körpers mit einer mechanischen Apparatur, der von einer »geistigen« Zentralinstanz gesteuert würde. Bethe war ein dezidierter Kritiker der Idee einer zentralen Steuerung. Im Gegenteil hebt er in allen Publikationen auf die Plasti-

truktionsprinzipien willkürlich beweglicher Armprothesen«. In: *Münchener medizinische Wochenschrift* 51/1917, S. 1625–1629. Zit. n. d. Sonderdruck von 1917, S. 4.

zität und Dynamik des Nervensystems ab.[82] Und auch in seiner Prothesenuntersuchung lehnt er letztlich die Unternehmungen der Prüfstelle für Ersatzglieder als zu »technisch« ab.[83] Was genau meint er aber mit »technisch«? Es zielt auf eine Maschine ab, die zur Ausführung einer, und nur einer Tätigkeit, Maschinenteile eng koppelt. Das Maschinen- und Körperkonzept, das bei Sauerbruch und Bethe Konturen gewinnt, ist das einer sich selbst aussteuernden, lernfähigen Maschine der »gleitenden Kuppelungen«,[84] wie es später Frederik Buytendijk nennt. In seiner *Allgemeinen Theorie der menschlichen Haltung und Bewegung* (ndl. 1948, dt. 1956) referiert er im Kapitel über Bewegungsempfindung[85] Sauerbruchs und Bethes Untersuchungen zur Prothetik. Bethes Umlernexperimente an Sauerbruchoperierten beweisen demnach den dynamischen und kinästhetischen Charakter der Bewegungsempfindung. Die selbst empfindungsunfähige Apparatur werde – das stellte schon Bethe fest[86] – durch die hohe Sensibilität der Körperperipherie mitempfunden und in das kontinuierliche Spiel der Feinabstimmung von Propriorezeption und Umweltbezug miteinbezogen. Aufgrund des Sondenprinzips bilden die Prothesen ein Kontinuum mit der Körpermaschine. Diese ist aber nicht als starr mechanisch konzipiert, sondern als eine dynamische Assemblage flexibel gekoppelter, funktional auf Umwelten bezogener und vom Nervenstrom durchpulster Elemente. Es ist frappierend, wie nahe in Buytendijks Darstellung der Forschung der zehner und zwanziger Jahre Sauerbruchs Prothesen und David Katz' Thesen zur Mitempfindung des Autofahrers mit seinen Reifen (vgl. Kapitel »Taktilität und Rückkopplung«) aneinander rücken. Sie sind hier auf nur zwei Seiten zusammengedrängt. Nachträglich wird ein Gegensatz ausformuliert, der in der Auseinandersetzung zwischen Schlesinger und Sauerbruch nur wie eine berufsständische Auseinandersetzung zwischen Ingenieur und Mediziner aussieht, der sich aber als ein wirklicher epistemologischer Bruch herausstellen sollte. Der Unterschied in der Maschinen- und Körperkonzeption bestand in der Explikation von Prinzipien der sensorischen Rückmeldungen und der Ausnutzung von Rückkopplungseffekten, mit Hilfe derer bis dahin wirkmächtige Differenzen zwischen organisch und anorganisch, leiblich und maschinisch liquidiert werden konnten.

82 Bethe, Albrecht und Ernst Fischer: »Die Anpassungsfähigkeit (Plastizität) des Nervensystems. Einführung und experimentelles Material.« In: Bethe, Albrecht, et. al. (Hg.): *Handbuch der normalen und pathologischen Physiologie. Mit Berücksichtigung der experimentellen Pharmakologie*, Bd. 15, 2. Hälfte: *Arbeitsphysiologie II. Orientierung, Plastizität. Stimme und Sprache.* Berlin: Springer 1931, S. 1045–1130.
83 Bethe: »Willkürlich bewegliche Prothesen III«, S. 14.
84 Buytendijk, Frederik J. J.: *Allgemeine Theorie der menschlichen Haltung und Bewegung*. Brühlsche Universitätsdruckerei Gießen: Brühlsche Universitätsdruckerei 1957 (1948), S. 186.
85 Ibid.: S. 289–293.
86 Bethe: »Willkürlich bewegliche Prothesen III«, S. 13.

Die Individualisierung der Prothese (Wilhelm Neutra)

In der psychologischen Behandlung der Kriegsversehrten entwickelte sich parallel zu Medizintechnik und Chirurgie eine Idee der »Selbststeuerung«, die die Imaginations- und Projektionsfähigkeit des Menschen und das Arsenal der Signal- und Zeichenverarbeitungssysteme ganz ähnlich wie Sauerbruch / Bethe beschrieb. Anlass der Forschung waren hier die Phantomempfindungen der Amputierten. Die systematische Beobachtung und Interpretation von Phantomempfindungen wurde zu einem Kernstück zukunftsträchtiger psychologischer Konzepte wie etwa dem des »Körperschemas« (Head, Pick, Schilder, Katz). Die Experimente mit Amputierten und Prothesenträgern führten aber auch zur Ausarbeitung eines Konzepts der Körper-Umwelt-Relation als »Gestaltkreis« (von Weizsäcker, Buytendijk), der sich wenig später als grundlegend für die Formulierung kybernetischer Selbststeuerungsmodelle erweisen sollte.[87]

Amputierte Soldaten waren von doppeltem Interesse für die Psychologen und Neurologen: Einerseits waren sie wertvolle Vergleichsfälle für Experimente. Noch nie hatte die psychophysiologische Forschung dermaßen gute Voraussetzungen vorgefunden, um vergleichende Untersuchungen zwischen »normalen« und »pathologischen« Fällen anstellen zu können. Die schiere Menge an Versehrten, die der Krieg produziert hatte, ermöglichte die statistische Absicherung von Forschungsergebnissen in einem neuen Ausmaß. Selbst in der Formierungsphase der psychophysiologischen Forschung ab der Mitte des 19. Jahrhunderts, in der – verglichen mit bis zum Beginn des 20. Jahrhunderts etablierten forschungsethischen Regularien – ein relativ rücksichts- oder sorgloser Umgang mit Versuchspersonen an der Tagesordnung war, konnten bestimmte Experimente nicht ohne weiteres durchgeführt werden; vor allem solche nicht, die sehr wahrscheinlich zu einer dauerhaften Erkrankung oder zum Tod der Versuchspersonen führten. Im 19. Jahrhundert waren für diese Schonung

87 Stefan Rieger hat den Zusammenhang zwischen versehrten Körpern, Körperphantomen, Steuerungsmodellen, Experimentalsystemen und »kybernetischer Anthropologie« bzw. einer »individualisierenden« Medientheorie systematisch herausgearbeitet und an einer Vielzahl von psychologisch-physiologischen sowie ingenieurwissenschaftlichen Texten exemplifiziert. Rieger geht es um den Nachweis, dass die Wissenschaften, die in der Nähe der Prothetik operieren, »latente Anthropologien« erdachten, denen es gelang, den Menschen ohne jede Willensmetaphysik, sondern eben als selbststeuerndes Wesen zu konzipieren. Die vorliegende Arbeit kann sich deshalb auf wenige zentrale Texte, die sich explizit mit Prothesen und nicht mit dem Gesamtkomplex der Willenspathologien und dem Phantomschmerz beschäftigen, konzentrieren. Vgl.: Rieger, Stefan: *Die Individualität der Medien. Eine Geschichte der Wissenschaften vom Menschen.* Frankfurt a. M.: Suhrkamp 2001. Rieger, Stefan: »Arbeitshand und Ausdruckshand«. In: Macho, Thomas, et al. (Hg.): *Der (im-)perfekte Mensch. Metamorphosen von Normalität und Abweichung.* Köln: Böhlau 2003, S. 163–183. Rieger: *Kybernetische Anthropologie.*

nicht unbedingt ethische Bedenken ausschlaggebend. Die Experimentalpraxis griff jedenfalls zumeist recht unbekümmert auf ihr »Menschenmaterial« zu, wenn es denn zur Verfügung stand.[88] Für Experimente, die lebendige Prozesse erforschen wollten, war es jedoch erforderlich, dass die Probanden ihre Leistungsfähigkeit auf sensorischem und muskulärem Gebiet über längere Zeit aufrecht erhielten, also nicht zu stark geschädigt wurden oder starben. Zudem standen im Zentrum der psychophysiologischen Forschung Phänomene, die über weite Strecken nur in Selbstbeobachtung und kompetenter Versprachlichung verzeichenbar waren: Grenzwerte von Empfindungen etwa (die Dauer und Ausdehnung von Perzeptionen) oder der Übergang von differenzierbarer Empfindung zum undifferenzierbaren »Gemeingefühl« (dem Schmerz). Man war deshalb auf Selbstexperimente[89] angewiesen oder aber auf die Beobachtung, Befragung und experimentelle Untersuchung »abweichender« Körper und Psychen, um aus der Differenz zum Üblichen aussagekräftige Daten zu gewinnen. Entsprechend sind die Modellsubjekte Paul Schilders, die ihm die Entwicklung des Konzepts des »Körperschemas« erlauben, Patienten mit Hirnläsionen und Amputierte, die ihm in psychiatrischen Kliniken und in Feldlazaretten vorgeführt wurden. Das Konzept des Körperschemas synthetisiert Beobachtungen auf zwei unterschiedlichen Feldern: Es erklärt Störungen, die aufgrund neurologischer Verletzungen und Krankheiten auftauchen. Wenn sich im Fall einer Hirnläsion die gesunde Hand nicht mehr im Raum zurechtfindet, geht Schilder von einer Störung des in den Nervenzellen abgespeicherten Körperschemas aus. Wenn hingegen ein Amputierter Schmerzen in seiner fehlenden Hand fühlt, zeigt dies an, dass das Körperschema intakt ist, die Verkörperung aber gestört.

In den Feldlazaretten standen den Psychologen so viele Versuchspersonen wie nie zuvor zur Verfügung. Durch ihre Organisation in den ans Heer gekoppelten Fürsorgeeinrichtungen konnte man ihrer zudem relativ unproblematisch für Langzeitstudien habhaft werden. Dieser Umstand wird in den zwei hier im Detail behandelten Studien explizit gemacht. Sowohl David Katz[90] als auch Wilhelm Neutra[91] sammelten ihre ersten Erfahrungen mit Amputierten und Prothesen bei Einsätzen im Lazarett.

88 Umfassend sind die unterschiedlichen Praktiken aus Medizin, Pädagogik und Psychologie dokumentiert in: Pethes, Nicolas, et al. (Hg.): *Menschenversuche. Eine Anthologie 1750–2000*. Frankfurt a. M.: Suhrkamp 2008.

89 Vgl. dazu: Solhdju, Katrin: *Selbstexperimente. Die Suche nach der Innenperspektive und ihre epistemologischen Folgen*. Trajekte. München: Fink 2011.

90 Katz, David: *Zur Psychologie des Amputierten und seiner Prothese*. Leipzig: Johann Abrosius Barth 1921. (= Beihefte zur Zeitschrift für angewandte Psychologie 25).

91 Neutra, Wilhelm: »Zur Psychologie der Prothese«. In: *Medizinische Klinik* 47/1917, S. 1239–1241.

Der zweite Auslöser der psychologischen Beschäftigung mit der Prothese war weniger forschungsstrategisch als vielmehr direkt politisch. Wie bereits ausgeführt, wurde die Prothesentechnik von ihren Betreibern als Lösungsansatz der ideologischen und ökonomischen Verwerfungen des Kriegs präsentiert. Durch Prothesen sollten aus vom Krieg gezeichneten, potentiell unproduktiven Versehrten wieder vollwertige Mitglieder der Gesellschaft und Familienversorger werden. Nur stellte sich heraus – eine Klage, die in einschlägigen Publikationen persistiert –, dass die wenigsten Kriegsversehrten ihre Prothese auch wirklich trugen. Viele Psychologen betonen diesen Umstand als Ausgangspunkt ihrer Untersuchungen zur Psychologie der Amputierten und der Prothese. Ihre Antworten auf die Frage nach Sinnhaftigkeit und Verbesserungsmöglichkeiten von Prothesen fielen unterschiedlich aus, sie treffen sich jedoch in der Forderung nach einer besseren Abstimmung zwischen Bedürfnissen und Empfindungen der Kriegsversehrten mit den Geräten oder aber mit den in der Prothese verkörperten gesellschaftlichen Anforderungen.

Die hier vorgestellten Studien teilen zudem ein Wissen um die heikle Responsivität zwischen Körper-Psyche und Umwelt. Und alle beschäftigen sich mit einem Problem der Beobachtung, das zunächst wenig mit der symbolpolitischen Sichtbarkeitsproblematik der Kriegsversehrten zu tun haben scheint. Sie beschäftigen sich mit der Frage, wie man Auslösungs- und Abstimmungskreisläufe zwischen Nervenimpulsen, muskulärer Aktivität und Technologien der Umweltmanipulation – kommunikativ und expressiv als Gesten oder instrumentell als Werkzeuge – experimentell explizieren und darstellbar machen kann. Stets steht die Frage im Zentrum, wie ein innerer Vorgang (etwa der Motivation einer Bewegung) sich kontrolliert in äußere Aktivitäten, in Ausdrucksgesten oder zielgerichtetes Bewegungshandeln übersetzen lässt. Dabei ist nicht nur der Übersetzungsvorgang zwischen Innen und Außen problematisch, sondern auch der Charakter dieses »Innen«. Sämtliche Psychologien der Prothese laborieren an dem schwierigen Verhältnis von willentlicher Steuerung von Bewegung, der Unterschwelligkeit von Nervenimpulsen und erworbenen Einstellungen und Automatismen. Es geht um all jene Prozesse, die hinter dem Rücken des Bewusstseins bei der Auslösung und Koordination von Bewegung am Werk sind.

Um eine These vorwegzunehmen: der versehrte Körper war deshalb von so entscheidender Bedeutung für die Entwicklung innovativer psychologischer Konzepte und technologischer Artefakte, weil beim Amputierten jene Handlungsautomatismen unterbrochen sind, die sein »Funktionieren« gewährleisten. Und in eben dieser Abweichung wird der »Normalfall«, der eben ein Automatismus ist, rekonstruierbar. Der Phantomschmerz als Irritation der Deckungsgleichheit von Körpervorstellung und Körpererfahrung ist hierfür ebenso wichtig wie die praktische Notwendigkeit, zur erfolgreichen Bedienung von Prothesen sämtliche Alltagsbewegungen neu lernen zu müssen. Der Prothesenträger muss als Figur begriffen werden, die einen hohen Grad an Körperbewusstsein in seinen Störungen vorführt und in diesem Fall zur Beobachtung aufführt. Als der Film gerade als ein Medium Karriere machte, dem zugetraut wurde das »optisch Unbewusste«[92] zu explizieren, wurde der Prothesenträger als ein Medium erkannt, welches das »psychophysisch Unbewusste«, die »Seelenmechanik«[93] sichtbar macht.

Den Grundton der Diskussion einer *Psychologie der Prothese* setzt 1917 Wilhelm Neutra mit seiner gleichnamigen Schrift. Die Genitivkonstruktion »Psychologie der Prothese« ist programmatisch zu verstehen, geht es Neutra doch um einen Parallelismus von Psyche und Physis, um eine Physis, in die sich die Prothese trotz ihrer anorganischen Materialität ganzheitlich eingliedert. Seine Studie ist, was die epistemologische Verschaltung von Psyche, Körper und Prothese betrifft, richtungweisend. Seine Überlegungen wurden von Narziß Ach (*Psychologie der Amputierten*[94]) und David Katz referiert, und Fritz Gieses *Psychologie der Arbeitshand*[95] schließt direkt an Neutra an.

Wilhelm Neutra, Chefarzt der Nervenabteilung des Garnisonsspitals in Baden bei Wien, wählt als Einstieg in die Problematik der Psychologie der Prothese die Feststellung, dass die zeitgenössisch in Angebot befindlichen Arbeitsprothesen selbst bei idealer mechanischer Beschaffenheit nur vorläufige Lösungen sein könnten.[96] Zu wenig habe bisher die psychologische Seite Berücksichtigung gefunden, vor allem die Rückwirkung des Gliedmaßenverlusts auf das Gesamterleben und -befinden der Patienten. Als Vertreter einer monististischen Auffassung von Psyche und Physis ist für ihn klar, dass der Verlust eines Körperteils unmittelbare psychische Konsequenzen hat, nämlich häufig eine Depression, der mit funktionalen Prothesen nicht beizukommen ist. Vielmehr müsse die Prothesenkonstruktion dahingehend individualisiert werden, dass der »Charakter des Einzelnen«, also jene Verhaltensmuster die er im Laufe seines Lebens erworben hat, berücksichtigt werde. Die Beispiele, die Neutra hierfür in Szene

92 Benjamin verwendet den Ausdruck sowohl im Kunstwerkaufsatz als auch in seinem kleinen Text zur Geschichte der Photographie. Benjamin, Walter: »Das Kunstwerk im Zeitalter seiner technischen Reproduzierbarkeit. Dritte Fassung«. In: *Gesammelte Schriften* I. Hg. von Rolf Tiedemann und Hermann Schweppenhäuser. Frankfurt a. M.: Suhrkamp 1991, S. 471–508. Ders.: »Kleine Geschichte der Photographie«. In: *Gesammelte Schriften* II. Hg. von Rolf Tiedemann und Hermann Schweppenhäuser. Frankfurt a. M.: Suhrkamp 1991, S. 368–385.

93 Neutra, Wilhelm: *Seelenmechanik und Hysterie (Psychodystaxie). Vorlesungen über allgemeine und medizinisch angewandte Lustenergetik (Psychosynthese)*. Leipzig: F.C.W. Vogel 1920.

94 Ach: *Psychologie der Amputierten*.

95 Giese, Fritz: *Psychologie der Arbeitshand*. Berlin, Wien: Urban und Schwarzenberg 1928.

96 Neutra: »Psychologie der Prothese«. S. 1239.

setzt, stammen nur teilweise auf dem Bereich der Prothetik. Zunächst spekuliert er über den generellen Zusammenhang von erlernten Ausdrucksregistern und je aktuellen Gefühlszuständen. Nicht der aktuelle emotionale Zustand löst in seiner Version den Ausdruck aus, sondern umgekehrt ist es die erlernte Geste, die eine »Einstellung« zur Folge hat. Dieser Vorgang wäre bei schauspielerisch Veranlagten besonders gut beobachtbar. Sein hypothetisches Beispiel führt auf das Parkett des Fechtkampfs und damit direkt in Kleists elegantes Marionettentheater hinein.[97]

> Die beispielsweise willkürlich eingenommene Fechterstellung wird unwillkürlich die trotzige, entschlossene Miene, aber auch die entsprechende seelische Einstellung im Gefolge haben. Nehmen wir nun an, dass dieser Mensch [...] ein Bein verloren hätte, so wäre trotz Prothese, die das Stehen und Gehen gut ermöglicht, die seelische Einstellung auf Trotz und Entschlossenheit nicht zu erzielen, es wäre denn, dass die Prothese die elastisch-feste Fechterstellung zulässt, also die früher geübte Körperhaltung genau zu imitieren erlaubt.[98]

Die Umstellung von verallgemeinerbarer, messbarer Funktionalität auf »Individualität«, auf Biographisches und Erlerntes, hat Konsequenzen für den Prothesenbau. Denn – so Neutra weiter – nimmt man nun an, dieser passionierte Fechter sei von Beruf Beamter, so könne man dessen Unlust am Beruf nicht beikommen, indem man ihm eine Prothese zur Ausübung seines Berufs verpasse, sondern damit, ihm durch die Ermöglichung seiner Liebhaberei seine Lebenslust wiederzugeben. In der Prothetik soll es also weniger um Arbeitsfähigkeit als darum gehen, ein biographisch erworbenes Selbstbild wiederherzustellen. Es ist dies ein »Bild«, das durch und durch physiologisch gedacht ist; eine um soziale Verhaltensweisen erweiterte Version dessen, was bei Paul Schilder »Körperschema«[99] heißt. Gemeint ist eine erworbene Gesamtvorstellung von sich selbst, die sich als dynamisches »Schema« in den Leib einschreibt. Dieses unbewusste, verkörperte Bild von sich selbst muss – so Neutra – bei der Wahl der Prothese berücksichtigt werden. Der ambitionierte Fechter braucht eine elastisch-feste Prothese, der ambitionierte Offizier hingegen eine, die ihm das Strammstehen erlaubt.[100] Das Körperschema hat in Neutras Interpretation

97 Stefan Rieger hat diese Bezüge in Hinblick auf ihre Zeitlichkeit und die Liquidierung der Kategorie des Willens kommentiert. Vgl.: Rieger: *Individualität der Medien*, S. 423–429. Rieger: *Kybernetische Anthropologie*, S. 338–341.

98 Neutra: »Psychologie der Prothese«, S. 1240.

99 Schilder, Paul: *Das Körperschema. Ein Beitrag zur Lehre vom Bewusstsein des eigenen Körpers*. Berlin: Springer 1923.

100 Neutra: »Psychologie der Prothese«, S. 1240. Der Fall findet in vielen nachfolgenden Stu-

den Charakter eines vergangenheitsbezogenen aber veränderbaren, »erziehbaren« verkörperten Bildes.
Mit dieser Forderung geht Neutra einen entscheidenden Schritt über die übliche Praxis der Prothesenversorgung hinaus, die nach Maßgabe ökonomischer Kalküle die Passung des Arbeiters mit seinem technischen oder sozialen Milieu ins Zentrum stellte. Mit der Umstellung auf dynamische Verhältnisse zwischen Physis und Ausdruck, zwischen Persönlichkeit und Übung wird ein Individuum als »seelisch-körperlicher Akkord«[101] konzipiert, dessen »Desequlibrierung«[102] man mit einer Neueinrichtung des ganzen Systems begegnen muss. Mechanisch avancierte Prothesen sind dafür nicht zwingend der Königsweg:

> Es muß eine harmonische Eingliederung der Prothese in den schon bestehenden seelisch-körperlichen Mechanismus bewerkstelligt werden, während durch die technisch gut konstruierte und tadellos funktionierende, aber nicht der Persönlichkeit Rechnung tragende Prothese eine Dissonanz erzeugt wird und eine Anpassung zum Zweck einer neuen Harmonie erzwungen werden muss.[103]

Doch wie erfährt man Exaktes über die Melodie des psychophysisch Unbewussten eines Individuums? Wie erhält man die »Partitur«[104] des Charakters? Modelle hierfür findet Neutra in der Graphologie und im Vorgehen von Zahnärzten, die auf dem Weg zum künstlichen Gebiss mit Provisorien arbeiteten. Ist die Schrift etwas wie eine nachträgliche Partitur des Charakters, so sind die Provisorien des Dentisten Hilfsmittel zur Selbsteinrichtung der Prothese. Ohne das begriffliche Urteilsvermögen des Patienten in Anspruch zu nehmen, zeigt das weiche Provisorium dem Techniker, ob und wie gut die Prothese passen wird, sie dient der Selbstaufzeichnung des Körpers mit all seinen erworbenen Eigenschaften. Aufbauend darauf imaginiert nun Neutra eine »Universalprobeprothese«.[105] Diese müsse eine Maschine sein, die sämtliche möglichen Bewegungen realisieren könne. Durch Hantieren mit den verschiedenen Stellungen der Probemaschine unter psychologischer Beobachtung können daraufhin die charakteristischen und individuell wichtigen Bewegungen herausgefiltert werden und

dien Erwähnung, z.B. auch in Ach: *Psychologie der Amputierten*, S. 28.
101 Neutra: »Psychologie der Prothese«, S. 1241.
102 Ibid.: S. 1239.
103 Ibid.
104 Rieger spricht von einer Partitur (Rieger: *Individualität der Medien*, S. 429), Neutra selbst von einer »charakteristischen Schrift«, die aus einer »Stabilitätstendenz der Harmonie« hervorgehe. Neutra: »Psychologie der Prothese«, S. 1241.
105 Neutra: »Psychologie der Prothese«.

die endgültige Prothese gebaut werden. Neutra entwirft also einen Apparat, der erstens Vergangenheit, Gegenwart und Zukunft von Bewegungen (Gelerntes, aktuell Gefühltes und Prospektives) in einen systematischen Zusammenhang bringt und zweitens ein selbstanschreibendes System unter dem fachkundigen Auge des Psychologen ist.

Sosehr also das Wohlbefinden der Patienten im Mittelpunkt von Neutras Beobachtungen und Analysen steht, sowenig vertraut Neutra auf deren Wissen um die eigenen Bedürfnisse. Man könnte auch sagen, dass das subjektive Wohlbefinden funktionalisiert wird, um leistungsfähige Menschen zu fabrizieren. Dass es Neutra insgesamt nicht primär um die Abwendung von Leid geht und seine Haltung nicht die einer einfühlenden Rücksichtnahme ist, wie der Text oberflächlich suggeriert, wird deutlich, wenn man seine Methoden zur Heilung von Kriegshysterikern in die Überlegungen miteinbezieht. Seine Methoden gleichen hier weniger einem behutsamen Neustimmen des »seelisch-körperlichen Akkords« als einem brutalen Zurechtrücken des ganzen Instruments. Denn Neutra war einer der exponiertesten Vertreter der Elektroschockbehandlung von so genannten »Kriegszitterern«. Noch 1920, in seinem Buch *Seelenmechanik und Hysterie*,[106] moniert er, dass diese allein mit dem Namen Kaufmann assoziiert würde, wogegen er und viele andere die Methode doch im Krieg erfolgreich angewendet hätten.[107] Ziel der Anwendung der Elektroschocks war die Herstellung von »Heilbereitschaft« bei den Kriegshysterikern. Ihre innere Einstellung sollte korrigiert werden, damit therapeutische Maßnahmen überhaupt greifen konnten. Dass damit neues Leid verknüpft war, war Neutra durchaus bewusst: »Die Heilbereitschaft wächst mit der Qual.«[108]

Neutras Einsatz für Individualität ist – und das ist symptomatisch für die Prothetik im und nach dem Ersten Weltkrieg – nicht unbedingt Ausfluss eines humanistischen Programms. Die Beobachtung individueller Prägungen und körperlicher Habitualisierungen ist hier vielmehr Teil eines in den zwanziger Jahren noch weitmaschigen Netzes an Wissensfragmenten, das die Manipulierbarkeit des Menschen in Rückkopplungsschleifen denkbar machte. Erst mit der Kybernetik sind solche Formen der Steuerung expliziert worden. *In nuce* werden sie jedoch bereits in der *Psychologie der Prothese* sichtbar. Retrospektiv wird deshalb auch klarer, wie Neutra in *Seelenmechanik und Hysterie* Ideen entwickeln kann, in denen eine prothetische Medientheorie anklingt:

106 Schilder: *Körperschema*.
107 Neutra: *Seelenmechanik*, S. 346.
108 Ibid.: S. 347.

> In gewisser Hinsicht ist auch die Schreibfeder oder die Kleidung eine Art Prothese. Für viele Menschen entspricht nur eine bestimmte Sorte von Federn ihrem Wesen und dies vermag so exklusiv zu sein, dass sie mit einer anderen Federnsorte ihre Gedanken nur schwer finden können. Daß man im Frack auch psychisch sozusagen ein anderer Mensch ist als in der Arbeitsbluse oder im Sportkleide ist eine bekannte Tatsache. Ebenso ist die Wohnung eine individualpsychologische Angelegenheit.[109]

Die konservative Tendenz zur körperlich-seelischen Selbsteinrichtung, die bei den Desequilibrierten beobachtbar wird, führt Neutra auf die Spur der aktiven Umgestaltung der Individuen durch Umgestaltung ihres Milieus, ihrer Medien.

> Aber die Beeinflussung braucht sich nicht gerade direkt auf die engsten Grenzen des Leibes zu erstrecken, sondern jede Veränderung der Situation und des Milieus, also der erweiterten Körperlichkeit ergibt einen psychischen Niederschlag und die intuitive oder psychologisch richtige Auswahl solcher Veränderungen ist daher von eminenter Bedeutung.[110]

Vor dem Hintergrund von Neutras nervenärztlicher Betätigung steht hier zur Disposition, was noch die Kultur- und Medientheorie der neunziger Jahre des 20. Jahrhunderts beschäftigen sollte: Es geht um das Verhältnis von direkter Einwirkung zu einer indirekten, strukturellen Gewaltausübung, die sich als Einrichtung von »Milieus« oder Medien ausbuchstabiert.

So klar wird ein Verhältnis zwischen physischer Gewalt und einer strukturellen Gewalt der Medien erst wieder von Marshall McLuhan benannt. Was bei Neutra jedoch noch Resultat des Experimentierens mit Körpern und Seelen ist, wird bei McLuhan metaphorisch. Seine berühmte Aussage, dass jede Erfindung oder neue Technik eine Ausweitung oder Selbstamputation des natürlichen Körpers sei, die ein neues Verhältnis oder neues Gleichgewicht der anderen Organe und Ausweitungen der Körper untereinander verlange,[111] mag einen Umweg über angewandte Psychologie und Medienwirkungsforschung und über Gestalttheorie und Kybernetik genommen haben – ihre Grundlegung findet sie in der Prothesenpsychologie der Zwischenkriegszeit.

109 Ibid.: S. 35.
110 Ibid.
111 McLuhan, Marshall: *Die magischen Kanäle*. Düsseldorf: Econ 1992, S. 54.

Auch der interventionistische Charakter solcherart Theoretisierung von Mensch und Medium ist bis in die Medientheorie McLuhans erhalten geblieben. McLuhan denkt nicht allein über die Umstellung des Individuums durch Umstellung seines Milieus nach, sondern über Strategien der medialen Retemperierung ganzer Gesellschaften. Im zweiten Kapitel von *Understanding Media* spielt er etwa mit der Idee, man könne durch zwanzig zusätzliche Stunden Fernsehen das aufgeheizte Stammesklima in Südafrika, welches durch einen Überschuss an Radiosendungen produziert worden ist, »herunterkühlen«.[112]

Taktilität und Rückkopplung (David Katz)

Die Spur, die vom aus dem Gleichgewicht gebrachten Soldatenkörper und seiner Wiedereinrichtung durch eine »Individualisierung« der Prothese bis hin zur medialen Manipulation des Gesellschaftskörpers führt, führt zunächst jedoch noch durch die physiologische Schule der Gestalttheorie hindurch, die McLuhan rezipiert hat. In diesem Übersetzungsschritt spielt der haptische Sinn die Hauptrolle, und auch McLuhans Interesse für Taktilität fand wohl hier wichtige Anregungen. Den Übersetzungsschritt von psychophysiologischer Forschung an Kriegsversehrten in ein theoretisches Modell der Körper-Psyche-Umweltrelation zeichne ich anhand der Forschungen von David Katz nach.
Der Pädagoge und spätere Gestaltpsychologe David Katz wurde relativ spät im Ersten Weltkrieg, im April 1918, zur Front abkommandiert. Er leitete bis Juni 1919 die psychologische Abteilung der Forschungsstelle für Ersatzglieder der Technischen Hochschule in Hannover als Teil seiner Wehrpflicht und setzte seine Versuche später in Rostock als Zivilist und außerordentlicher Professor für Pädagogik und Philosophie fort.[113] Exemplarisch lässt sich in Katz' Publikationstätigkeit der Übergang von anlassbezogener, militärischer Forschung in zuerst zivile, angewandte Forschung, dann in Grundlagenforschung und zum Schluss zu anthropologischen Generalisierungen der an den Kriegsversehrten gewonnenen Erkenntnisse demonstrieren. Erste, deskriptiv-statistische Ergebnisse publiziert er 1920,[114] eine Zusammenfassung und theoretische Explikation der Forschungen 1921. Im Jahr 1925 wurden die Experimente mit Prothesenträgern in sein Buch *Der Aufbau der Tastwelt*[115] aufgenommen, und zwar in einem Kapitel über das »Tasten mit Zwischenmedien«.

112 Ibid.: S. 41.
113 Katz: *Psychologie des Amputierten*. Vorwort.
114 Katz, David: »Psychologische Versuche mit Amputierten«. Leipzig: Johann Ambrosius Barth 1920, S. 83–117. (=Zeitschrift für Psychologie und Physiologie der Sinnesorgane 85)
115 Katz, David: *Der Aufbau der Tastwelt*. Leipzig: Johann Ambrosius Barth 1925. (= Zeitschrift für Psychologie und Physiologie der Sinnesorgane. I. Abteilung: Zeitschrift für Psychologie, Ergänzungsband 11).

Katz' Ausgangsfragestellung ist diejenige Neutras: Wie lässt sich eine bessere Abstimmung zwischen dem Amputierten und seiner Prothese erreichen? Wie kann man Nutzen und »Genuss an der Prothese« erhöhen, damit die Kriegsversehrten wieder arbeitsfähig und leistungswillig werden?[116] Die Psychologie wird klar als Agentur der besseren Passung zwischen Prothese und Amputierten benannt. Katz visiert aber gleichzeitig einen Paradigmenwechsel in der Prothetik an, der bereits in der Kontroverse Schlesinger / Sauerbruch zur Sprache kam. Er fordert – mit Rekurs auf Sauerbruchs Ansatz – eine »Sensibilisierung der Prothese« und bemängelt die bisherige Ausrichtung der Prothetik auf motorische und mechanische Faktoren.[117] Bekräftigt wird diese Forderung durch Testimonials verschiedener Amputierter, die angeben, lieber mit dem »unbewaffneten« (so die zeitgenössische Diktion), aber dafür empfindsamen Stumpf zu agieren als mit den zur Verfügung gestellten Prothesen.[118] Der Auslöser der Forderung nach mehr Sensibilität liegt auch diesmal weniger in einer empathischen Sorge um die Kriegsversehrten als in einer Sorge um die mangelnde Effizienz von Prothesen. Erst eine »Beseelung der Prothese vom Stumpf aus« könne hier Abhilfe schaffen:

> Vom Stumpf aus hätte die Beseelung der Prothese erfolgen müssen, das geschah nicht mit dem notwendigen Maße, kein Wunder also, dass sie in der Regel von ihrem Träger als ein totes Anhängsel empfunden wurde. Sie erschien als Fremdkörper, verwuchs nicht mit dem Amputationsstumpf. Tastsinn, Raumsinn, Temperatursinn und Lokalisationsfähigkeit des Stumpfes schlummerten unter dem Polster der Prothese, das häufig zugleich die freie aktive und passive Beweglichkeit des ganzen Stumpfes sowie seiner beweglichen Teile beeinträchtigte.[119]

Praktisch führen – so Katz – zwei Wege zu größerer Effizienz der Prothesen. Erstens die bessere Ausnutzung der Muskulatur und verbleibenden Sensibilitäten des Stumpfs, denen sich dann auch der Großteil seines Experimentierens widmet; zweitens die Sensibilisierung der Prothese selbst mithilfe von Materialien und Mechanismen, die Wahrnehmungskomplexe möglichst unverfälscht weiterzugeben im Stande sind, etwa durch die Formung der Bandage am Stumpfansatz aus dünnwandigem Leder. Katz widmet sich folglich (wie auch Bethe) den Operationsmethoden Sauerbruchs und der Herstellung eines Rückmeldungssystems zwischen Prothese und

116 Katz: *Psychologie des Amputierten*, S. 1.
117 Ibid.: S. 2f.
118 Ibid.: S. 3.
119 Ibid.

Restmuskulatur. Zunächst geht es also um medizinisch-technische Fragen: um Substitutionsmöglichkeiten mit vergleichendem Blick auf den intakten Wahrnehmungsapparat. Ebenso ausschlaggebend für den erfolgreichen Einsatz von Prothesen ist aber eine Psychologie des Alltags. An dieser Stelle kommen sich die Körpererfahrung des Prothesenträgers und des »Normalen« überraschend nahe. Denn Katz argumentiert, dass auch die alltägliche Wahrnehmung grundlegend prothetisch sei. Daraus ergäben sich Konsequenzen für den Bau künstlicher Gliedmaßen, umgekehrt sei die Forschung an Prothesenträgern aber auch zentral für die Erkenntnisse der allgemeinen Psychologie:

> Der psychologische Mechanismus, nach dem [...] die Sensibilisierung sowohl der eigentlich sensiblen als auch der anderen Kunstglieder erfolgt, ist jener allbekannte, durch den vermittels Handwerkszeugs oder auch nur unserer Kleidungsstücke eine Erweiterung des von uns beherrschten Empfindungsbereichs unseres Körper-Ichs erfolgt, so wenn der Arzt eine Sonde benutzt, um sich Aufschluss über dem Auge nicht zugängliche Körperhöhlen zu verschaffen, wenn der Blinde sich mit dem Stock durch die Welt ertastet oder wenn wir alle durch die Schuhsohle hindurch die Beschaffenheit des Bodens wahrnehmen, auf dem wir gehen.[120]

Die Passage ist prägnant aufgrund der Einebnung des Unterschieds zwischen defizitärer und »normaler« Wahrnehmung. Ein Amputierter, ein Blinder, ein Arzt und letztlich jede/r hantiert mit Prothesen, um sein/ihr Körper-Ich zu erweitern. Katz bezieht sich mit seinen Überlegungen auf die Beobachtungen Rudolf Hermann Lotzes, die dieser im zweiten Band des *Mikrokosmus*[121] von 1854 anstellt.

Lotze untersucht hier die menschliche Fähigkeit zur Projektion des Bewusstseins in die Außenwelt. Es sei dies eine Fähigkeit, die er einerseits als eine »freundliche Täuschung«[122] – nämlich über die Allgegenwart der Seele – begreift, andererseits jedoch sehr plastisch als Grundprinzip für Werkzeuge, Bekleidung und Schmuck ausführt. Bei Lotze finden wir Katz' Figurenarsenal (und damit das Figurenarsenal der Gestalttheorie, der Phänomenologie und der philosophischen Anthropologie) vorgezeichnet: den Wundarzt mit seiner Sonde, den Blinden mit seinem Blindenstock und eine Vielzahl von Gehenden mit unterschiedlichem Schuhwerk.[123]

120 Ibid.: S. 7.

121 Im Folgenden zitiere ich nach der 6. Auflage 1923: Lotze, Hermann: *Mikrokosmus. Ideen zur Naturgeschichte und Geschichte der Menschheit. Versuch einer Anthropologie*, Bd. 2. Leipzig: Felix Meiner 1923. (= Philosophische Bibliothek, Band 186).

122 Ibid.: S. 206.

123 Vgl. dazu ausführlich den Exkurs »Medialität des Taktilen. Hermann Lotzes Figuren der

Es ist auffällig, dass selbst in der frühen psychophysiologischen Schrift von Lotzes Lehrer Ernst Heinrich Weber (*Tastsinn und Gemeingefühl*, 1846[124]) die Tastwahrnehmung durch Zwischenmedien nicht etwa als nachgeordnetes Phänomen verstanden wird, sondern äußerst prominent als zentraler Bereich taktiler Wahrnehmung.[125] Teletaktilität ist also bereits lange vor den Studien zur Prothetik als Forschungsgegenstand der Psychophysik präsent und wird als allgemeines Wahrnehmungsphänomen untersucht. Katz hofft jedoch, durch die Prothetik zu neuen Erkenntnissen in der Erforschung des Tastens vorzustoßen. Hatte sich Weber (und auch Lotze) noch mit an der Haut befestigten Stäbchen und mithilfe des Tastempfindens der Zähne dem Ferntasten angenähert, stehen Katz nun mit den Amputierten eine große Zahl an Versuchspersonen und möglichen Versuchsanordnungen zur Verfügung, um es in allen Details zu erforschen.[126] Forschung zur Verbesserung von Prothesen ist damit gleichzeitig Grundlagenforschung zu außerkörperlichen Tastempfindungen im Allgemeinen:

> Sind die vorstehend berührten psychologischen Tatsachen ihrem allgemeinen Charakter nach bekannt, so wissen wir doch noch wenig über die Einzelheiten ihres Zustandekommens und die Höchstmaße der Leistungen, die in ihrem Zusammenhang auftreten. In dieser Richtung dürften Versuche über die von Amputierten mit ihren Prothesen erzielten Tastleistungen aufschlussreich werden, [...].[127]

Bevor Katz auf Neutras Forschungsergebnisse zur wechselseitigen Abhängigkeit zwischen Ausdrucksseite und Erlebensseite von Körperhaltungen eingeht (er übernimmt das Beispiel des strammstehenden Offiziers), beschreibt auch er einen messend-korrigierenden Apparat, der mit einem signalverarbeitenden Gliederwesen rechnet und unbewusste Anpassungsleistungen sichtbar macht. Katz analysiert einen für Tabiker (Patienten, die an Rückenmarkschwund leiden) vorgesehenen Apparat, der dem Patienten während des Gehens »Signale« zur Korrektur des Gangs gibt und damit das Umlernen einleitet.[128]

Körpererweiterung«, S. 227.

124 Er war der dritte der beiden bereits erwähnten Brüder Wilhelm Eduard Weber (Physiker) und Eduard Friedrich Weber (Anatomie, Physiologie), die die Mechanik des Gehens untersucht hatten. Ernst Heinrich Webers Studie erschien 1846 zuerst als Eintrag in: *Rudolph Wagner's Handwörterbuch der Physiologie*, zitiert wird im Folgenden nach Weber, Ernst Heinrich: *Tastsinn und Gemeingefühl*. Leipzig: Wilhelm Engelmann 1905 (1846). (= Ostwald's Klassiker der exakten Wissenschaften 149).

125 Ibid.: S. 6–8.

126 Diese Versuchspersonen waren zynischerweise deshalb so zuverlässig, weil sie als rekonvaleszente Heeresangehörige dazu verpflichtet waren, sich an den Versuchen zu beteiligen.

127 Katz: *Psychologie des Amputierten*, S. 7.

128 Ibid.

Das Buch oszilliert zwischen pragmatischen Fragen der Passung und der Effektivität der Prothesenversorgung und der Generalisierung prothesenbezogener Problematiken zu allgemeinpsychologischen Fragen.[129] Jene Teile der Studie, die sich mit Phantomempfindungen befassen, kann man außerdem als praktische Übung einer *Philosophie des Als Ob*[130] lesen. In Bezug auf Phantomempfindungen kann – so Katz – nicht Ungewusstes und Unbekanntes auf Bekanntes und »Wirkliches« bezogen werden, sondern der Psychologe begegnet tatsächlich einer Wirklichkeit »nützlicher Fiktionen«. Denn zum einen sind die beobachteten Sachverhalte schon nominell »nicht wirklich« (das entsprechende Kapitel heißt: »Die Illusionen der Amputierten«), zum anderen können sie aber mit experimentellen Methoden untersucht und nachgewiesen werden (§ 3 & 4), sie haben eine spezifische zeitliche Verlaufsform (die Phantomglieder zeigen die Tendenz zu schrumpfen, § 5), einen Bauplan (§ 6a), einen spezifischen Raum (§ 6c), und sie können trainiert und beeinflusst werden (etwa mit Stromstößen und Kokain). Das heißt: an ihrem »Wirklichkeitscharakter« kann es keinen Zweifel geben.[131]
Die Sprache, die er für die beobachteten Phänomene entwickelt, versucht, was in der Philosophie als Res cogitans und Res extensa getrennt war, zur Deckung zu bringen: Phantomglieder sind »wirklich«, weil beobachtbar, *und* illusorisch, also Gedankenprodukte. Das für die Steuerung von Bewegung notwendige Körperschema ist ein erlerntes Bild *und* Bestandteil konkreten Erlebens und Fühlens. Katz bleibt zurückhaltend, was eine Ausdeutung der Gliedmaßen-Illusionen betrifft: Keiner der damals kursierenden Erklärungen (Residuum von Innervationsimpulsen, willkürliche Mitbewegung mit einem verbliebenen Organ) stimmt er auf Basis seiner Empirie vorbehaltlos zu. Die Entstehung und die Heilung von Phantomempfindungen bleibt in seiner Darstellung – trotz der zahlreichen empirischen Beobachtungen und pragmatischen Vorschlägen zu ihrer »Nutzung« – merkwürdig unbestimmt. Eine allgemeinpsychologische Einordnung der beobachteten Phänomene im Rahmen der Gestalttheorie erfolgte erst nach dem Krieg und in einiger Entfernung zu den vielfältigen Problemen der Behandlung der Kriegsbeschädigten.[132]

129 Der Großteil des Buches besteht freilich aus der Beschreibung und Auswertung von Experimenten: Da werden die Schmerzempfindlichkeit der Stümpfe getestet, die Flächigkeit von Stimulationen der Haut, die Reizschwellen von Berührung, Druck und Temperatur, die Muskelleistungen etc.

130 Vaihinger, Hans: *Die Philosophie des Als Ob. System der theoretischen, praktischen und religiösen Fiktionen der Menschheit auf Grund eines idealistischen Positivismus (Reprint)*. Saarbrücken: VDM 2007 (1913).

131 Katz: *Psychologie des Amputierten*, S. 39.

132 Vgl. dazu ausführlich Kapitel »Vom Ersatzteil zum Medium des Selbstbezugs«, S. 118.

Prothesen zeigen

Die Körper der Kriegsversehrten wurden also in vielerlei Hinsicht Anlass von Wissensproduktion und technischer Entwicklung. Im folgenden Kapitel steht nun die politisch wirkmächtige Bildproduktion rund um den versehrten Körper im Zentrum. Die öffentlichen Bilder von Kriegsversehrten zeigen ebenso viele – wenngleich anders gelagerte – Ambivalenzen wie die sozialen und die wissenschaftlich-technischen Programme, die mit ihnen befasst sind. Denn Prothesen sind nicht nur epistemologische Unruheherde, die die Grenzen zwischen Leib und Seele, zwischen innen und außen, zwischen subjektiver und objektiver Wahrnehmung verschieben, sie erzeugen auch eine schiefe Ebene von der patriotischen Bildrhetorik der technisch assistierten Wiederherstellung des Körpers hin zu den hoch artifiziellen, heillos zergliederten Körpern des Surrealismus und des Dadaismus.
Das offensive Zeigen von Prothesen und Prothesenträgern in Ausstellungen und in den Printmedien antwortete zunächst auf Ansichten vom Krieg, wie sie beispielsweise Günther Anders kolportiert hat. Er berichtet über ein Erlebnis im Rahmen eines Schülerkommandos 1917: »Unterwegs, auf einem Bahnhof, wohl in Lüttich, sah ich eine Reihe von Männern, die sonderbarerweise an den Hüften anfingen. Das waren Soldaten, die man auf ihre Stümpfe gestellt und an die Wand gelehnt hatte. So warteten sie auf den Zug in die Heimat.«[133] In solchen Bilder kippte der in den patriotischen Paraden von 1914 heroisch inszenierte Soldatenkörper heillos ins Groteske: Er erschien als ein anlehnungsbedürftiges Ding, als hilflose Kreatur. Solche Bilder waren seit Kriegsbeginn immer alltäglicher geworden, sie sind in der Literatur des Ersten Weltkriegs und der Zwischenkriegszeit topisch. So sprach etwa Joseph Roth bereits 1920 von den Kriegsversehrten als »lebendigen Kriegsdenkmälern«.[134] Die Kriegsversehrten prägten – trotz der Fürsorgeanstrengungen des Staates – als Bettler das Straßenbild, und sie nahmen sich die Straße auch auf andere Art und Weise. Die Veteranenverbände organisierten Massendemonstrationen, in denen sie die symbolische und monetäre Anerkennung ihres Diensts am Vaterland forderten. Dabei wurden die am stärksten Versehrten in die vorderste Reihe gestellt. Die versehrten Körper wurden als Bild inszeniert und fungierten als symbolische Munition für politische Forderungen.
In den letzten Jahren des Ersten Weltkriegs kann man von einem Bilderkrieg um die Darstellung und Bedeutung der Körper der Kriegsversehrten

133 Greffrath, Mathias: »Lob der Sturheit. Eine Erinnerung an Günther Anders – den Philosophen und Pamphletisten, den Analytiker und Kämpfer, der am 12. Juli 100 Jahre geworden wäre«. In: ZEIT ONLINE, 4. Juli 2002. Zugänglich unter: http://pdf.zeit.de/2002/28/200228_a-anders.xml.pdf, Zugriff vom 01.11.2012.

134 Roth, Joseph: *Berliner Saisonbericht. Unbekannte Reportagen und journalistische Arbeiten 1920–1939*. Hg. von Klaus Westermann. Frankfurt a. M.: Kiepenheuer & Witsch 1984.

sprechen. Die Prothetik spielt darin eine wichtige und ambivalente Rolle: Sie ist eine politische Technologie im engsten Wortsinn, denn als sozialtechnisches Instrument sollte sie – wie dargestellt – die volkswirtschaftliche Gesamtproduktivität steigern und die ehemaligen Soldaten wieder zu verlässlichen Versorgern der Familie machen. Die Prothetik war aber auch ein Experimentierfeld für innovative Körperkonzepte, und sie war eine Ressource im Kampf um die Veteranen als Wähler. Die Prothese ist also einerseits ein Koppelungselement, »das die verstreuten Glieder des Volkskörpers wieder zu einer funktionstüchtigen Einheit«[135] zusammenschließen soll. Prothesen sollen ganz machen, was durch den Krieg zerbrochen wurde (die Körper, die Seele, die Nation). Sie übersteigen und subvertieren jedoch die patriotischen Intentionen, da sie eine antizipativ verdoppelte, phantomhafte und exzentrische Leiblichkeit, eine spekulative und optimierbare Körperlichkeit beobachtbar und denkbar machen. Die Prothetik konterkariert jede naturalistische Idee des Körpers, die aber die Grundlage für eine auf organischen Zusammenhalt rekurrierende Rhetorik etwa des Volks- oder Staatskörpers ist. Die öffentlich zirkulierenden Bilder von Soldaten mit Prothesen waren polyvalent und sie konnten trotz aller diesbezüglichen Anstrengungen nicht still gestellt werden.[136]

Die Ausstellungen der Kriegsversehrtenfürsorge

1917 besuchte Victor Klemperer in Leipzig eine der zahlreichen Ausstellungen der Kriegsbeschädigtenfürsorge. Bereits 1914 waren in einer Ausstellung in Berlin prothetisch reparierte Soldaten mit ihren Hilfsgeräten präsentiert worden, um die »Heimatfront« von der Leistungsfähigkeit der medizinischen Logistik zu informieren und um Kriegsversehrte »als glückliche und brauchbare Menschen« zu inszenieren.[137] Die Ausstellungen wandten sich an eine breite Öffentlichkeit, eine wichtige Zielgruppe waren jedoch auch die Kriegsversehrten selbst.[138] Neben Schautafeln, Filmen, Exponaten und Szenographien mit lebensgroßen Puppen, die »ein lebendes Bild«[139] der guten medizinischen Versorgung und der gesellschaftlichen Wiedereingliederung der Beschädigten geben sollten, wurden in den

135 Horn, Eva: »Der Krüppel. Maßnahmen und Medien zur Wiederherstellung des versehrten Leibes in der Weimarer Republik«. In: Schmidt, Dietmar (Hg.): *KörperTopoi. Sagbarkeit – Sichtbarkeit – Wissen*. Weimar: 2002, S. 109–136, hier: S. 120.

136 Zum durchwegs ambivalenten Charakter der Körperbilder der Kriegsinvaliden vgl. die ausgezeichnete Studie von Kienitz: Kienitz: *Beschädigte Helden*.

137 Ankündigung der Ausstellungseröffnung: *Leipziger Neueste Nachrichten* vom 9. August 1917, S. 13.

138 Dies wird beispielsweise in den Eröffnungsreden zur Ausstellung betont: *Leipziger Neueste Nachrichten* vom 12. August 1917.

139 So ein Artikel in der Zeitschrift für Krüppelfürsorge, zitiert nach Kienitz: *Beschädigte Helden*, S. 195.

Abb. 47: Werbeplakat der Ausstellung für Kriegsfürsorge Köln (1916).

Ausstellungen auch Menschen gezeigt. Kriegsversehrte, die an Maschinen und Geräten arbeiteten oder über ihr Schicksal Auskunft gaben, waren fixer Bestandteil der Ausstellungschoreographie. Solche Vorführungen fanden entweder in Lazaretten oder in eigens dafür konzipierten Wanderausstellungen statt.

Eine der ganz groß angelegten Schauen war eben jene von Klemperer besuchte *Heimatdank-Ausstellung für Kriegsbeschädigtenfürsorge*, die im August und September 1917 auf dem Ausstellungs- und Vergnügungsgelände des Leipziger Krystallpalasts ausgerichtet wurde. Prothesen und arbeitende Kriegsversehrte waren auch hier ein zentraler Bestandteil der Ausstellung. Klemperer fühlt sich zunächst beim Anblick der leistungsfähigen medizinischen Versorgung getröstet, verspürt aber beim Anblick von unter Tüchern verborgenen Kieferverletzungen Schauder. Letztlich überwiegt die Ablehnung des Gezeigten: Er befindet es für taktlos, »dass man Kriegsblinde in Person ausstellte, das heißt, sie bei ihren Arbeiten, also Flechten, Maschineschreiben, Kartonkleben, zeigte. Im Eingang dieses Raumes hing eine Tafel: ›Die Blinden bitten, sie nicht durch Ausdrücke des Mitleids zu belästigen.‹« Und er setzt fort: »Es war wie die Tafel an manchen Käfigen der zoologischen Gärten: ›Man bittet, die Tiere nicht zu füttern.‹«[140]

140 Klemperer, Victor: *Curriculum Vitae. Erinnerungen 1881–1918, Bd. 2.* Hg. von Walter Nowojski. Berlin: Aufbau 1996, S. 609.

Abb. 48: Garten des Krystallpalasts Leipzig (um 1880).

Solche peinlich berührten oder kritischen Stimmen waren 1917 leise. Es gab sie bestimmt, aber die öffentliche Berichterstattung über die Ausstellungen mit ihrer Mischung aus Patriotismus, Belehrung und Vergnügen war euphorisch. Und die Ausstellungen waren große Publikumserfolge. Die Zeitungsberichterstattung folgte im Fall von Leipzig der von ihren Betreibern vorgeschlagenen Deutung. Es wird der patriotische Gehalt der Ausstellung hervorgekehrt, die Fortschrittlichkeit von Behandlungsmethoden, Logistik, Technik und Pflege. Und es wird die Anschaulichkeit der Präsentation und der unterhaltend-lehrreiche Charakter eines Besuchs der Ausstellung gelobt.

Der Ausstellungsort[141] in Leipzig war ein besonderer, zweifellos prestige- und auf ungewollte Art sinnträchtig: Der Krystallpalast wurde 1834 zunächst als Schützenhaus gegründet und im Anschluss sukzessive zum – laut Eigenwerbung – »größten Vergnügungs-Etablissement Deutschlands« ausgebaut.

Über dem Eingang des Krystallpalast war zu lesen: »Laboris Industriis Civibus Requies« (»Dem gewerbefleißigen Bürger zur Erholung«). Vorbild

141 Die erste große Publikumsausstellung der Kriegsversehrtenfürsorge hatte in einem nicht weniger sinnträchtigen Gebäude stattgefunden: Bereits im Dezember 1914 eröffnete die »Ausstellung für Verwundeten- und Krankenfürsorge im Kriege« im Reichstag in Berlin. Beil: *Ausgestellter Krieg*, S. 133–136.

Abb. 49: Die Alberthalle in Leipzig (um 1905).

war der Crystal Palace der Londoner Weltausstellung. Bereits in den 1860er Jahren konnte er 11.000 Besucherinnen und Besucher fassen. Im *Trianongarten*, der 1870 eingeweiht wurde und 1881 abbrannte, waren u.a. Alpen mit künstlichem Schnee aus Farbe und Licht zu sehen, eine muschelförmige Konzerthalle, Wasserspiele, ein Biertunnel, ein Schweizerhaus, Kegelbahnen, künstliche Palmen, Grotten, eine Burgruine, ein griechischer Tempel, auf dessen Kuppel ein Atlas in doppelter Mannesgröße thronte, mit der Himmelskugel in der Hand. Im Winter gab es eine Eislaufbahn und unter dem Jahr fanden im Krystallpalast Konzerte, Zirkusaufführungen, Varietés, Ausstellungen und Messen statt. Nach dem Brand wurden Neubauten errichtet. Diverse prunkvolle Säle kamen hinzu, eine Zirkushalle und 1887 die Alberthalle, die mit 4.100 m^2 Platz für 3.000 Zuschauer bot. Bauliche Neuerungen waren zudem Stallungen, ein »Panorama« für wechselnde Dioramen-Austellungen, das später zu einer authentischen Nachbildung eines Luxusliners umgebaut wurde. Später kamen Filmstudios hinzu, und die Alberthalle wurde für den Lichtspielbetrieb umgebaut. Der Krystallpalast war ein Schau- und Vergnügungsort, an dem sich die ganze Welt, die Natur und die Technik versammeln sollte, ein Ort der attraktiven Artifizialität und der Ausbildung einer ganz neuen Art von Weltbürgerlichkeit, die weite Reisen in fremde Länder zu ersetzen suchte. Der Krystallpalast war ein Ort für das Spektakel, vollgefüllt mit High-Tech-Surrogaten.

288 Illustrirte Zeitung. Nr. 3869.

Die Heimatdank-Ausstellung für Kriegsbeschädigtenfürsorge in Leipzig.

Von Ingenieur Professor Alfred Freund, Leipzig. Mit fünf Sonderaufnahmen für die Leipziger „Illustrirte Zeitung" von Lisa König.

Die Zeit, die Wunden riß, muß auch Wege finden, sie zu heilen. Heldenhaft steht die deutsche Mauer an allen Fronten, und hinter der Front schaffen Millionen Hände und denken Millionen Hirne für unsere braven deutschen Brüder, die mit ihren Leibern das Vaterland schützen. Eine der größten Pflichten, die wir Heimgebliebenen übernommen haben, ist die Fürsorge für die Kriegsopfer, für die braven Feldgrauen, die hinter die Front getragen werden müssen zur Heilung ihrer Wunden.

Was für unsere Kriegsbeschädigten vom Augenblick ihrer Verwundung an bis zu ihrer Wiederertüchtigung entweder zum Heeresdienste oder zum Zivilberuf geschehen kann, zeigt die am 11. August eröffnete und am 3. September schließende, vom Kreisverbande Heimatdank im Regierungsbezirk Leipzig veranstaltete Ausstellung im Leipziger Kristallpalast.

Die geschichtliche Abteilung geht in ihren Darstellungen zurück bis auf Jahrhunderte vor Christi Geburt. Sie bildet den Auftakt zu einer übersichtlichen Darstellung der Leistungen ärztlicher Kunst im Verlaufe dreier Kriegsjahre. Die neuartige Wundbehandlung, der Übergang von der chemischen Antiseptik zur physikalischen, zur offenen Wundbehandlung durch Licht und Luft sowie die ganze neuzeitliche Kriegschirurgie und das Transportwesen werden in überzeugender Weise in Durchführung und Wirkung dargestellt.

Kriegerheimstätte (ländliche Kleinsiedelung) des „Frauendank 1914" mit voller Ausstattung. (Architekten J. & R. Koppe, Leipzig.)

Zum ersten Male wird ferner ein Verfahren dargestellt, mit welchem im Regierungsbezirk Leipzig außerordentliche Erfolge erzielt worden sind, nämlich das System der Außenkurse. Sobald der Arzt es gestattet, werden Kriegsbeschädigte in Industrie- und Gewerbebetrieben für den für sie besonders geeigneten Posten eingearbeitet. Sie arbeiten mit gesunden Kameraden und fühlen sich wieder als Mitschaffende. Sie wachsen auf diese Weise ganz von selbst in ihre zukünftige Stellung hinein. Fünfundzwanzig Kriegsbeschädigte, meistens Armbeschädigte und Armamputierte, arbeiten auf der Ausstellung in besonders hierfür zusammengestellten Betrieben. Die Technik, die ohnehin Menschenkräfte durch motorische Kräfte zu ersetzen bestrebt ist, kommt vielfach unserem Wunsche entgegen, die Funktionen der fehlenden Gliedmaßen durch die Maschinen selbst zu ersetzen, und zahlreiche kleine Änderungen an verschiedenen Maschinen schaffen Arbeitsmöglichkeiten für Invalide.

In den Seitengängen auf dem Wege zur Alberthalle sind Werkstätten für Papier- und Pappeverarbeitung, Holz- und Eisenverarbeitung sowie ein Konditoreibetrieb aufgestellt worden.

Gesamtbild der „Lehrgänge für Kriegsbeschädigte" des Kreisverbandes Heimatdank im Regierungsbezirk Leipzig.

Kriegsbeschädigte bei der Arbeit an Metall- und Holzbearbeitungsmaschinen auf der Ausstellung.

Der größte Förderer der Gesundheit und des menschlichen Glücksempfindens ist die Arbeit. Deshalb betätigen sich die Kriegsbeschädigten bereits in den Lazaretten mit kleinen Handarbeiten, die einen Übergang bilden sollen zu einer geregelten späteren Berufstätigkeit. Diese Lazarettbeschäftigung verscheucht trübe Gedanken, bietet Gelegenheit, den Geschmack unserer Feldgrauen zu bilden, sie anzuregen, in späteren friedlichen Zeiten Feiertagsstunden zu benutzen, mit kleinen geschmackvollen Handarbeiten ihr Heim zu schmücken. Die Ausstellung bietet eine Fülle prächtigen Materials auf diesem Gebiete.

Sobald der Arzt es gestattet, muß unter klarer Zielsetzung für jeden einzelnen Kriegsbeschädigten der Weg zur eigentlichen Arbeit wiedergefunden werden. Praktische Arbeit in Lehrwerkstätten, theoretische Lehrgänge mit dem Ziele, die Kriegsbeschädigten in die Seele ihres Berufes schauen zu lassen, um die Arbeitsfreudigkeit und das Arbeitsverständnis zu erhöhen, reihen sich in bunter Abwechslung für alle möglichen Berufsarten aneinander, alle zu dem Ziele führend, unsere Kriegsbeschädigten wieder zu vollwertigen Mitarbeitern an unserer Volkswirtschaft zu machen. Das große und zukunftsreiche Gebiet der Arbeitsbehelfe und der künstlichen Glieder gelangt in diesem Zusammenhange zur Darstellung.

Die Arbeitsbehelfe (Prothesen) unterscheiden sich von den künstlichen Gliedern vor allem dadurch, daß sie keine Nachbildungen der Hände oder Arme sind, sondern Werkzeuge, die den Kriegsbeschädigten in die Lage versetzen, Teilarbeiten zu leisten. Dementsprechend sind diese „Arbeitsarme" mit auswechselbaren Teilen versehen, von denen beispielsweise einer das Greifen eines Hammers, einer das Fassen einer Kurbel, einer Feile oder anderer Werkzeuge übernehmen kann. Solche Arbeitsarme erhalten alle Armamputierten des Leipziger Bezirkes baldmöglichst, den Kunstarm dagegen erst nach etwa neun Monaten, wenn der Armstumpf seine endgültige Form angenommen hat. Die Ausstellung zeigt die einschlägigen Erzeugnisse von etwa zwanzig Firmen. Der Vergleich der verschiedenen Ausführungen untereinander dürfte zu mancher Verbesserung anregen. Daß auch dem Beinersatz und in Verbindung damit der Herstellung orthopädischen Schuhwerks weiter Raum gewährt ist, scheint selbstverständlich.

Kunstgewerbliche Arbeiten Kriegsbeschädigter in der Städtischen Gewerbeschule zu Leipzig.

Erdgrubenhaus nach dem Entwurf des Architekten Heinz Stoffregen (B.D.A.) in der Abteilung „Wohnungsfürsorge und Ansiedlung" (Alberthalle des Krystallpalastes).

Die zugehörigen Maschinen sind zum Teil besonders für kriegsbeschädigte Einarmer gebaut worden, zum Teil durch ihre ursprüngliche Eigenart zur Bedienung durch Kriegsbeschädigte geeignet. Diese Anlagen sollen nicht nur unsern Kriegsbeschädigten die Zuversicht vermitteln, daß jeder einen zweckentsprechenden Arbeitsplatz finden kann, sondern auch unsere Ingenieure, Werkzeug- und Maschinenfabrikanten anregen, für unsere Kriegsbeschädigten durch eifriges Fortschreiten auf dem betretenen Wege zu sorgen.

In Anbetracht des Umstandes, daß das Glück des Menschen sich auf seiner Heimstätte gründet, ist der Wohnungsfürsorge und dem Siedelungswesen ein breiter Raum gewidmet. Nebeneinander werden die Bestrebungen des Heimatschutzes, sowie derer zur Darstellung gebracht, die in Rücksicht darauf, daß die Zukunft billiges Bauen erfordert, mit Ersatzstoffen arbeiten möchten. Die nach dem Entwurf von Geheimrat Prof. Dr. Friedr. Seesselberg unter Mitwirkung von Otto Michaelsen ausgebaute Alberthalle zeigt in Wandbildern, Modellen, Zeichnungen und Materialproben, das, was der Ausschuß zur Förderung sparsamer Bauweise will. Im Garten ist eine kleine Kriegersiedelung vom Frauendank mit voller Ausstattung aufgeführt. Ein Wettbewerb für Kriegerheime vervollständigt das Bild des heutigen Standes der Wohnungsfürsorge und des Siedelungswesens.

Das statistische Material des Kreisverbandes Heimatdank im Regierungsbezirk Leipzig und des Vereins Heimatdank der Stadt Leipzig gibt ein klares Bild, inwieweit es bisher gelungen ist, den Kriegsbeschädigten und ihren Angehörigen zu nützen. Sehr wesentlich ist hierbei die Feststellung, inwieweit die Kriegsbeschädigten in ihrem alten Berufe oder in einem ähnlichen Berufe trotz ihrer Schädigungen verbleiben konnten. Dem statistischen Erfassen der ziemlich strittigen Frage, ob ein Berufswechsel stattgefunden hat oder nicht, setzen sich noch erhebliche Schwierigkeiten entgegen. Nach Ansicht des Verfassers ist ein Berufswechsel fast nie nötig, wobei unter Berufswechsel die völlige Abkehr von der bisherigen Tätigkeit gemeint ist, derart, daß der betreffende Kriegsbeschädigte die früher erworbenen Kenntnisse oder Fertigkeiten überhaupt nicht mehr verwenden kann.

Die Literatur auf dem Gebiete der Kriegsbeschädigtenfürsorge bietet wertvolle Ergänzungen. Sie gibt unter anderm eine vollständige Zusammenstellung aller in deutscher Sprache erschienenen Doktordissertationen sowie der von den amtlichen Fürsorgestellen des Deutschen Reiches benutzten Formulare.

Überaus reichhaltig ist die Ausstellung. Möge von ihr reiche Anregung ausgehen zur fruchtbaren Weiterarbeit am Wohle unserer tapferen Vaterlandsverteidiger!

Abb. 50: Berichterstattung zur *Heimatdank-Ausstellung* mit Ausstellungsansichten, Leipziger Illustrierte Zeitung (1917).

Die *Heimatdank-Ausstellung* fügt sich als Ausstellung für ein breites Publikum seltsam nahtlos in das Konzept des Krystallpalasts ein. Neben der Ausstellung selbst gab es Vorträge über medizinische Maßnahmen und Methoden, aber auch über Siedlungsprojekte für Kriegsversehrte, außerdem Filmvorführungen, eine Tombola (an der sich auch König Friedrich August III. von Sachsen bei seinem Besuch beteiligte und »zwei Bände ›Bismarck‹ und [...] eine Radierung von Professor Wurm«[142] gewann) und Konzerte auf der Terrasse. Außerdem wird in den Anzeigen für die Ausstellung Besucherinnen und Besuchern eine Ermäßigung von 50 Pfennig für das Varieté-Programm des Krystallpalasts in Aussicht gestellt.
Die Ausstellung zeigte sämtliche Stationen der Krankenlogistik von der Verwundung bis zum Wiedereintritt in die Erwerbstätigkeit. Im Anschluss an eine historisch-systematische Abteilung zur Entwicklung des Sanitätswesens – die »Fortschritte der Kulturvölker« wurden ebenso gezeigt wie ein »Verbandsplatz der Massei«[143] – wurden Ersatzglieder und Arbeitshilfen in großer Zahl ausgestellt. Zudem wurden die Behandlungsschritte von Kiefer- und Sprachverletzen sowie bei Ertaubten gezeigt. Großen Raum nahmen die bei Klemperer erwähnten Lehrwerkstätten verschiedener Berufe und »Verletzungsklassen« ein, in denen Kriegsbeschädigte bei der Arbeit beobachtet werden konnten. Als Höhepunkt galt die Vorführung von Prothesen. Sie waren auch das Highlight des Ausstellungsbesuchs des Königs.[144] Die räumliche Nachbarschaft zur Gesundheitsversorgung der »Naturvölker« (Sumatra, Vorderindien, Neuseeland, »bei den Indianern«) brachte die Präsentation von Prothesen in semantische Nachbarschaft zur exotisierenden Exponierung von »abweichender« Körperlichkeit, wie sie in den »Völkerschauen« geprägt und praktiziert wurde.[145] Zum Teil konnten hier auch Produkte aus den Versehrtenwerkstätten (Spielzeug oder Konditoreiwaren) als Souvenirs erworben werden. Zudem waren Modelle für Wohnungen und Kriegsbeschädigten-Siedlungen zu besichtigen und durch Statistiken wurden die Erfolge der Fürsorgeeinrichtungen illustriert. Das Narrativ der Ausstellung war, wie gesagt, das der notwendigen Schritte zur Wiedereingliederung der Soldaten in zivile Arbeits- und Lebensverhältnisse (Heilbehandlung, Berufsberatung und -ausbildung, Arbeitsvermittlung und Ansiedelung). Dies war die mit hohem organisatorischem und finanziellem Aufwand betriebene, offizielle Politik des Kriegsministeriums. In Leipzig wie an vielen anderen Orten wurde die

142 *Leipziger Tageblatt* vom 25. August 1917, Abendausgabe, S. 4.
143 *Leipziger Tageblatt* vom 13. August 1917, Morgenausgabe.
144 *Leipziger Tageblatt* vom 25. August 1917, Abendausgabe, S. 4.
145 Vgl. dazu den Bericht im *Leipziger Tageblatt* »Aus der Heimatdank-Ausstellung« vom 13. August 1917, zu den Völkerschauen vgl.: Lange, Britta: *Echt. Unecht. Lebensecht. Menschenbilder im Umlauf*. Berlin: Kadmos 2006.

Ausstellung vom lokalen Fürsorgeverein *Heimatdank* mitgetragen. Die allerorten gebetsmühlenartig verbreitete Propaganda der Heilung der Nation durch Arbeit war auch in Leipzig Bestandteil von Eröffnungsreden und wurde in der Zeitungsberichterstattung getreulich wiedergegeben: »Der Drehorgelspieler, der Invalide, der mit Streichhölzchen handelt, sie sollen von der Straße verschwinden! Dafür sollen die Invaliden durch die erforderliche Ausbildung wieder arbeitsfähig gemacht werden, damit sie sich durch werktätige Arbeit ihren Lebensunterhalt verdienen können.«[146] In derselben Rede wird eine bessere Kontrolle des »häufig übers Ziel hinausschießenden« und »dilletantischen« privaten Mitleids für Kriegsversehrte moniert und eine zentrale Verwaltung und Kontrolle der Fürsorgeeinrichtungen gefordert. Zudem mahnt eine Zeitungsnotiz des Vereins *Heimatdank* vom 9. September 1917 – also während der Laufzeit der Ausstellung – die Bevölkerung, bettelnde Kriegsversehrte zu melden, da Bettelei nicht den Interessen der Kriegsversehrtenfürsorge entspreche.

Die Ausstellung und ihre Paratexte dokumentieren bis ins Detail die Leitlinien der deutschen Fürsorgepolitik: Ertüchtigung und Arbeit statt Almosen, Normalisierung des Alltags statt Sonderbehandlung, Zentralisierung und Regulierung des sozialen Engagements, Aufklärung der Bevölkerung und der Kriegsinvaliden ob der Fortschrittlichkeit der Gesundheits-, Wohn-[147] und Arbeitspolitik.

Diese Kriegsversehrtenausstellungen waren Publikumsmagnete. So konnte die bereits im Dezember 1914 stattfindende *Ausstellung für Verwundeten- und Krankenfürsorge im Kriege* im Reichstag in Berlin, die im Anschluss als Wanderausstellung tourte, über 100.000 Besucherinnen und Besucher verzeichnen. Warum waren die Ausstellungen so attraktiv? Christine Beil argumentiert, dass die Ausstellungen der Kriegsversehrtenfürsorge zunächst auf die unmittelbar nach Kriegsbeginn in der Bevölkerung laut werdenden Befürchtungen zurückzuführen waren, die Sanitätseinrichtungen seien mit der Versorgung der Verwundeten überfordert,.[148] Dieser Impuls erklärt jedoch nicht hinreichend die anwachsende Flut von redundanten Bildern in Zeitungsartikeln, Filmen und eben auch Ausstellungen zum Thema Kriegsversehrtenfürsorge. Sabine Kienitz wiederum führt die offensiven Aufklärungskampagnen auf die Unheimlichkeit und Bedrohlichkeit der technisch unterstützen und überformten Körper der verwundeten Soldaten zurück, die durch rationale Erklärungen abgefedert werden

146 Eröffnungsrede von Oberregierungsrat Dr. Bartsch, Geschäftsführer des Kreisverbandes des Vereins Heimatdank, zitiert im *Leipziger Tageblatt* vom 12. August 1917, S. P.

147 Es wurde erwogen, Kriegsversehrte in Gruppen in neu zu bauende Dörfer »umzusiedeln«.

148 Sie belegt dies mit Aussagen aus dem Katalog der Berliner Ausstellung und mit offiziellen Stellungnahmen aus dem Innenministerium. Beil: *Ausgestellter Krieg*, S. 131.

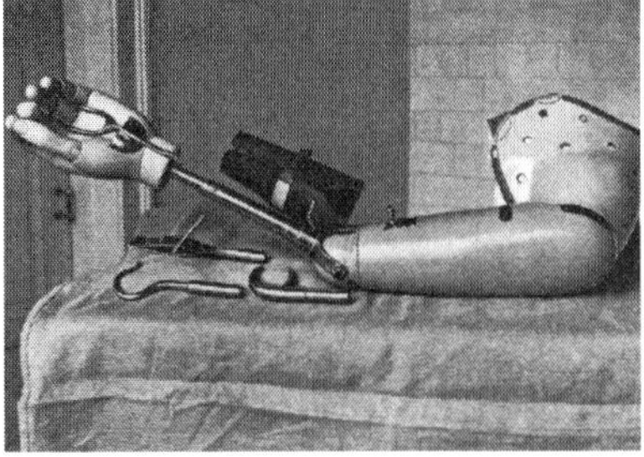
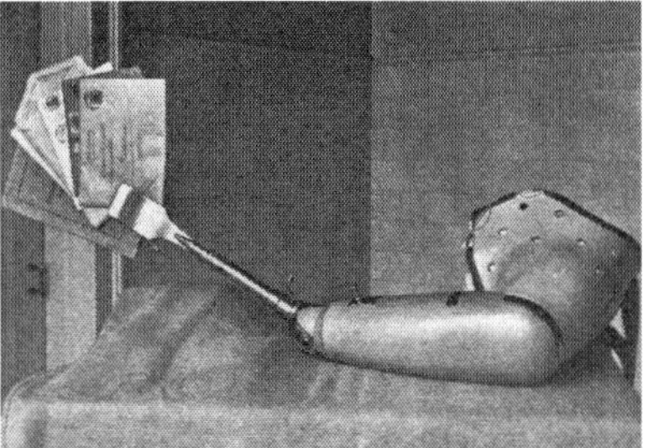

Abb. 51: Präsentation von Prothesen als Ausstellungsstücke.

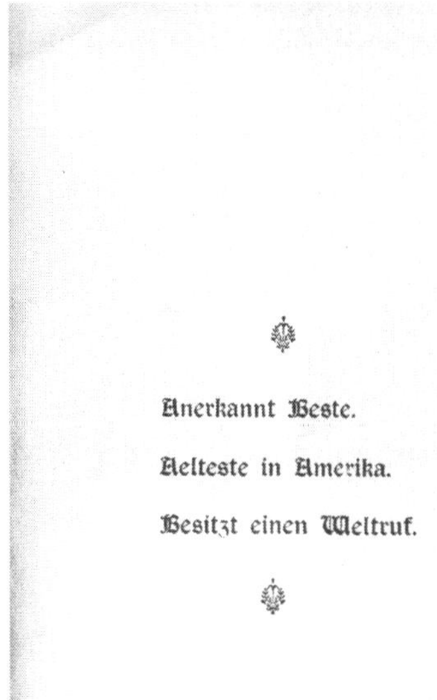

Abb. 52: Umschlag des Katalogs von A.A. Marks, *Natur und Kunst*.

sollte.[149] Jedenfalls sollte die Zivilbevölkerung durch Aufklärung beruhigt und zur Unterstützung der Kriegsanstrengungen ermuntert werden. Deborah Cohen ist zuzustimmen, dass die Ausstellungen eine wichtige Funktion für den Rapport zwischen Front und Zivilbevölkerung hatten. Die Besucherstatistiken belegen, dass die Ausstellungen ein Ort der Begegnung zwischen der interessierten Bevölkerung und den Kriegsversehrten waren.[150] Was häufig als schwierig erachtet wurde – der Abgleich zwischen

149 Kienitz: *Beschädigte Helden*, S. 192.
150 Cohen: *War Come Home*, S. 64.

Fronterfahrung und zivilem Leben – wurde durch die öffentliche Präsentation der Fürsorgeanstrengungen und der Soldaten möglich.

Welche Darstellungsformen kamen in den Ausstellungen zum Einsatz? Zum einen wurden die Prothesen als technische Meisterwerke in musealer Aufmachung präsentiert. Ein solches Display betont die skulpturalen Qualitäten künstlicher Gliedmaßen und stellt sie in eine Reihe mit bildhauerischen Werken. Die Prothesen werden weitgehend dekontextualisiert und als ahistorische »Meisterwerke«, als begehrenswerte und handwerklich hochwertige Objekte präsentiert. Seit der Mitte des 19. Jahrhunderts hatte sich die Analogisierung von Prothese und Skulptur als Darstellungskonvention im kommerziellen Sektor etabliert.[151]

Weiter ist eine Massierung und Serialisierung der Artefakte zu beobachten. Die große Anzahl der ausgestellten Artefakte konnotiert Vielfalt und Potenz technologischer Entwicklung, erlaubte aber auch konzentriertes, vergleichendes Schauen zur Abwägung der Vor- und Nachteile unterschiedlicher Modelle. Wie auf einer Verkaufsmesse konnten Betroffene das Angebot durchforsten.

Eine Besonderheit im Vergleich etwa mit den Werbe- und Ausstellungsstrategien der U.S.-Hersteller des 19. Jahrhunderts stellt der Fokus auf physische Arbeit dar. Wie dargestellt, ging es hier um die Etablierung eines Männerkörpers, der sowohl arbeiten als auch repräsentieren, sich zeigen können sollte. In den ausstellungsbegleitenden Broschüren finden sich endlose Photoserien von arbeitenden Männern aus allen nur vorstellbaren Handwerken. Es sind quasifilmische Bewegtbildfolgen, die Arbeitsabläufe im Detail darstellen und bildliche Äquivalente zu den ausgestellten Handwerkern darstellen.

Sosehr der Krieg und die aktuellen politischen Anliegen in den Exponaten anwesend waren, sosehr hat man sich darum bemüht, Medizintechnik in den Ausstellungen »anthropologisch« zu rahmen. Von der Ausstellung »exotischer« Medizintechniken war bereits die Rede. Zum Einsatz kamen aber auch Lichtbildreihen, die die Geschichte der Prothetik didaktisch aufbereiteten. Für die Leipziger Ausstellung sind zwar anthropologische Vorträge, nicht aber Lichtbildvorträge belegt. Das folgende Beispiel stammt aus dem Deutschen Hygienemuseum in Dresden. Es wurden Glasdiapositive mit Reproduktionen von kunsthistorischen Artefakten gezeigt. Sie enthalten Szenen mit Prothesen und historische technische Zeichnungen.

Zielen die szenographischen Ausstellungsteile mit aktuellen Exponaten auf eine Aktivierung des Publikums, so tendieren die anthropologisch-historischen Teile zu einer Generalisierung und einer optischen Normali-

151 Die Ausstellungsstrategien der Prothesenhersteller sind im vorausgegangenen Kapitel dargestellt.

Abb. 53: Ausstellungsansicht: *Die Kriegsbeschädigtenfürsorge in Deutschland* Dresden (1917–18).

Abb. 54: Ausstellungsansicht: *Heimatdank-Ausstellung* Leipzig (1917).

sierung von Behinderung und Prothetik: Prothesen hat es immer gegeben, sie sind Teil unserer Geschichte, und sie werden immer besser. Es wurde freilich keine systematische, historische Anthropologie von Behinderung betrieben. Die historisch-anthropologischen Abteilungen der

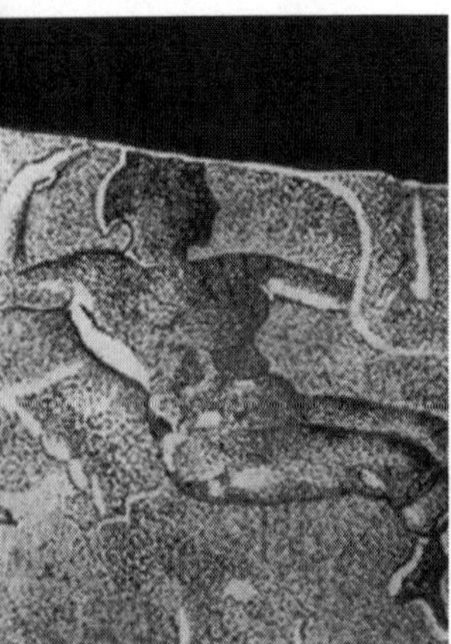

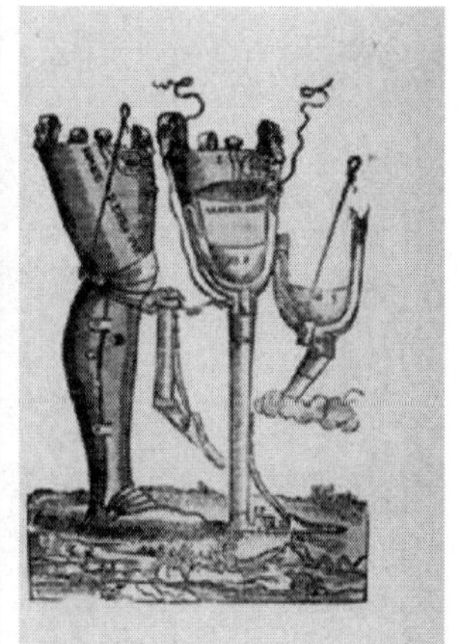

Abb. 55: Drei Glasdiapositive aus der Lichtbildreihe zur Geschichte der Prothetik, Deutsches Hygiene-Museum Dresden (ca. 1923).

Ausstellungen sind jedoch durchaus als Versuche der Inklusion einer sozialen Gruppe interpretierbar, die bis dahin nur als heroische Ikone in der Geschichtsschreibung eine Rolle spielte (aber nicht als Behinderte). Eine zentrale Forderung späterer sozialer Bewegungen war stets die nach einer Gegengeschichte, nach dem Eintrag etwa des Anteils von Frauen oder körperlich Beeinträchtigen in das kulturelle Archiv. In den Kriegsversehrtenausstellungen zeigt sich deshalb eine Spannung, die die Gesundheits- und Wissenschaftsausstellungen des 20. Jahrhunderts prägen sollte. Es ist eine Spannung zwischen der Darstellung der Leistungsfähigkeit von Wissenschaft und Technik, einem aufklärerisch-propagandistischen Zug und der Anwaltschaft für eine sich politisch artikulierende gesellschaftliche Gruppe, in diesem Fall: der Kriegsversehrten.
Welche Form der Sichtbarkeit und welche Ästhetik wird hier erzeugt? Wie verhält sich diese Verquickung von Leistungsschau und sozialer Anwaltschaft zur zunehmenden Marginalisierung von Kriegsversehrten, wie sie Leonhard Frank nur zwei Jahre später kolportiert? 1919 schreibt er in einer Erzählung: »In keinem Berliner Grandhotel sind Servierkellner angestellt, die künstliche Hände haben. Der Anblick einer Kunsthand verschlägt kultivierten Gästen, die fünfzehn Mark für ein Diner bezahlen, den Appetit.«[152] Wie kommt es, dass die Massen die Ausstellungen stürmen und im Alltag vor einer Kunsthand zurückschrecken? Der Umschlagpunkt zwischen Schaulust und Schrecken soll im Folgenden genauer bestimmt werden.

152 Frank, Leonhard: *Der Mensch ist gut*. Hannover: Fackelträger Verlag 1953 (1919), S. 182. (= Faro-Bücherei 5)

Vorzeigeinvaliden, animierte Prothesen und Krüppelvirtuosen

Was Victor Klemperer für die Ausstellung im Krystallpalast moniert – dass die Kriegsversehrten ausgestellt würden wie Tiere im Zoo –, war Bestandteil einer Strategie des Zeigens, die in unterschiedlichen Kontexten zum Einsatz kam: Zivil- und Kriegsinvaliden wurden nicht nur in Ausstellungen, sondern auch in Zeitschriften und Broschüren als Vorbilder und als lebende Beweise des medizinisch-technischen Erfolgs der Fürsorgeeinrichtungen ausgestellt. Allein in einem von Felix Krais im Auftrag des württembergischen Landesausschusses für Kriegsinvaliden-Fürsorge herausgegebenen Handbuch von 1916 finden sich an die 300 Abbildungen von Kriegsversehrten.[153]

Diese »Vorzeigeinvaliden«[154] traten mit und ohne Prothesen auf, als Zivilisten und Soldaten. Die größte Gruppe waren mit Prothesen ausgestattete Mustersoldaten, die meist aus der Offiziersklasse kamen. Rasch etablierte sich eine Standarderzählung der Rehabilitation, die sich tatsächlicher Biographien von versehrten Soldaten bemächtigte. Die Erzählungen gleichen strukturell den Testimonials der amerikanischen Prothesenwerbung und zirkulierten in Bild und Schrift in unterschiedlichen Medien. Es waren immer wieder die gleichen Männer, die in den verschiedenen Publikationskontexten, in Fachzeitschriften für Orthopädietechnik, in solchen der Fürsorge und in populären Medien (in Zeitungsberichten, in Lehrfilmen) auftauchten: Hauptmann Brunck, Leutnant Papke, Erich Zachmann, der Chirurg Max Crohn, der für den Carnes-Arm warb, oder auch ein Invalide, der nur unter dem Namen »Hoeftman-Mann« bekannt war, da er die »Produkte« des Königsberger Chirurgen Heinrich Hoeftman demonstrierte. Diese Invaliden waren »Medienstars«[155], ihre Abbildungen wanderten durch die unterschiedlichen Veröffentlichungskontexte, und die Männer gingen mit »ihren« Chirurgen oder Ingenieuren auf Tournee.

Zwei dominante Strategien des Zeigens lassen sich identifizieren: Zum einen wurde durch das serielle Bildarrangement die Leistungsfähigkeit der Prothetik für die physische Wiederherstellung und soziale Wiedereingliederung der Versehrten demonstriert. Die Bildgeschichten bestanden aus drei bis vier Tafeln. Auf dem ersten Bild wurde der Kriegsversehrte zunächst halbnackt gezeigt. Die Prothesen sind im Bild, lehnen ungebraucht an einem Sessel oder dienen dem in der Totale aufgenommenen Mann als Stütze. Das nächste Bild zeigt den gleichen Mann, halbbekleidet

153 Krais, Felix (Hg.): *Die Verwendungsmöglichkeiten der Kriegsbeschädigten in der Industrie, in Gewerbe, Handel, Handwerk, Landwirtschaft und Staatsbetrieben.* Stuttgart: Felix Krais Verlag 1916.
154 Vgl. Kienitz: *Beschädigte Helden*, S. 192–205.
155 Ibid.: S. 210.

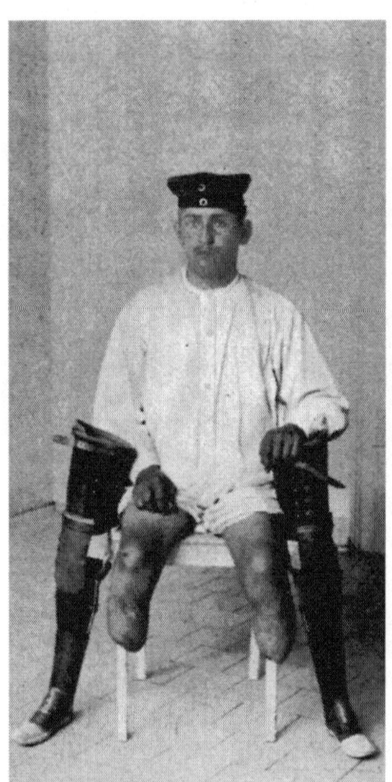

Abb. 56: Das Narrativ der Wiederherstellung (1916).

und mit Prothesen ausgestattet. Diese verschwinden im letzten Bild unter der Kleidung, die den Soldaten uniformiert, körperlich wiederhergestellt und bewegungsbereit (oder in Bewegung) zeigt.
Zusätzliche Bilder stellten die Protagonisten in militärischer Montur beim Reiten, Exerzieren, bei der Arbeit (häufig ebenfalls in Uniform) oder bei der Verrichtung von Alltagstätigkeiten dar. Teil zwei der Erzählung beinhaltet also die Wiedereingliederung in soziale Zusammenhänge.
Ein zweiter Typus der visuellen Narration konzentrierte sich auf die vielfältigen Bauarten von Prothesen, auf die Wandelbarkeit der Technik. Beliebt waren hier Bildfolgen, die einen Kriegsversehrten bei der Erledigung verschiedener alltäglicher und beruflicher Verrichtungen zeigen.
Die vorbildlichen Individuen traten in diesen Bildern visuell in Konkurrenz zur Technik, wie die industrielle Technik in Konkurrenz zu handwerklicher Tätigkeit trat. Visuell konkurrieren Individuen / Handwerker mit einer fetischisierten Technik. Häufig sind diese Bilder kombiniert mit vereinzelten, drapierten, inszenierten Artefakten. Diese museale Überhöhung verrückt die Prothesen-Dinge in einen quasi-lebendigen Zustand – entsprechend der von Krzysztof Pomian untersuchten Dynamik der Wieder-

belebung von Sammlungsobjekten.[156] Die Prothesen erlangen eine Eigenständigkeit, wirken animiert, wohingegen die Körper der Menschen eingefroren und objektiviert werden.

Einen ähnlich unheimlichen Effekt haben die Filme über die Rehabilitation und Schulung von Gliedmaßenamputierten. Ein Film des National Hygiene Museums von 1918 aus dem Reserve-Lazarett Ettlingen[157] zeigt beinamputierte Soldaten bei Gehübungen. Uniformiert und mit Prothesen ausgestattet überwinden sie im Gleichschritt Hindernisse oder betätigen sich bei Spielen oder Turnübungen. Der Gang mit Prothesen kommt dabei jedoch weniger als Triumph des Willens ins Bild, als dass er durch Schlingern und Störung in einer Art Rückprojektion auf die filmischen Techniken der Bewegungsforschung die Mechanizität militärischer Bewegungsschemata hervorkehrt. Auch hier erscheinen die Prothesen lebendiger als die Leiber aus Fleisch und Blut, denn sie sind es, die stolpern machen, die die rigiden militärischen Bewegungsschemata konterkarieren.

Eine soziale und eine technische Choreographie überlagern sich im Medium des Soldatenkörpers und erzeugen eine semantische Drift. Denn die beiden Choreographien verfuhren beim Zeigen der Prothesen eigentlich unterschiedlich. In der sozialen Choreographie der Prothese sollte am Ende ihre Artifizialität verschwinden, in der technischen musste sie deutlich ins Bild gerückt werden. Sobald die Prothese als technischer, quasi-autonomer Gegenstand zur Ansicht gebracht wird, stößt sie eine gefährliche metaphorische Operation an: Die Prothese zeigt, was sie verdeckt (einen Verlust, die Verwundung), sie hebt als artifiziell hervor, was einmal organische Ganzheit gewesen ist. Sie refiguriert den Menschen (mag er vorbildlich sein oder nicht) zu einem Anhängsel der Maschine. Diese metaphorische Falllinie ist umso steiler, als die Propaganda zu Beginn des Krieges Ideen von Organizität und Ganzheit der Nation auf den männlichen, leistungsfähigen Leib des Soldaten projiziert hatte.

Es gab aber auch Gegenprogramme zu den Mensch-Maschine-Zwittern. Nämlich jene »Krüppelvirtuosen«, die in der Behindertenpädagogik Hans Würtz' eine so zentrale Rolle spielten und die kürzlich von Peter Sloterdijk als Vorbilder einer übenden Existenz wiederentdeckt worden sind.[158] Auf die semantische Nähe der Darstellung von Behinderten zum Varieté und zum Zoo verwiesen bereits der Ausstellungsort und die Strategien des Zei-

156 Pomian, Krzysztof: *Der Ursprung des Museums. Vom Sammeln*. Berlin: Wagenbach 2007.
157 Roeßiger, Susanne, Uta Schwarz und Stiftung deutsches Hygiene-Museum (Hg.): *Kamera! Licht! Aktion! Filme über Körper und Gesundheit* 1915–1990. Dresden: Sandstein 2011. (= Publikationsreihe Sammlungsschwerpunkte 4).
158 Sloterdijk: *Du mußt dein Leben ändern*. Kapitel 3: »Nur Krüppel werden überleben. Unthans Lektionen«.

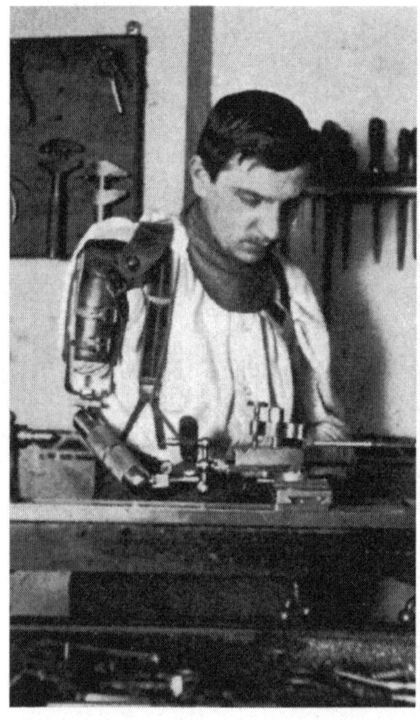

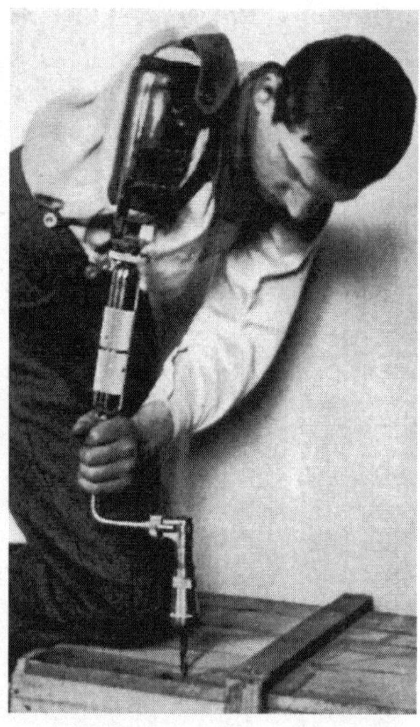

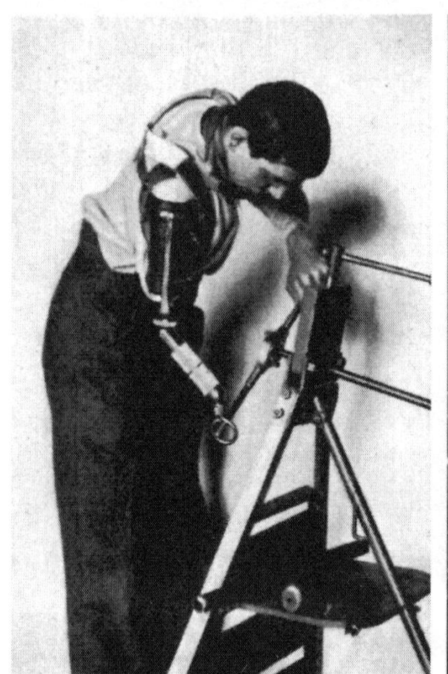

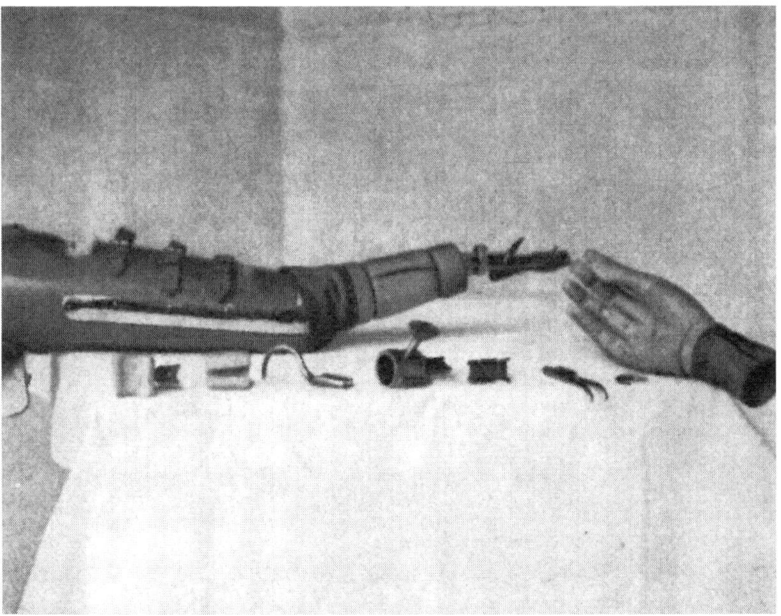

Abb. 57+58: Vielfalt der Verwendungsweisen von Prothesen (1916).

Abb. 59: Filmstill: *Reserve-Lazarett Ettlingen in Baden, Turnübungen der Amputierten (Gehschule)*, National Hygiene-Museum (1918).

gens der Schau im Krystallpalast in Leipzig. Ebenfalls aus dem Varieté geboren war die Karriere des armlosen Geigers Carl Hermann Unthan, der – bereits als Unterhaltungskünstler etabliert – zur Ermutigung der Kriegsversehrten durch die Lazarette zog und dem einer der ersten Filme des Hygienemuseums Dresden gewidmet war. Bereits 1915 beauftrage der Gründer des Museums (Karl August Lindner) einen Film mit Unthan über die *Ausbildung der Füsse als Hände*[159]. Er zeigt Unthan bei täglichen Verrichtungen oder auch in grotesken Szenen, etwa beim Badevergnügen mit einem Regenschirm, den er mit den Füßen hält, nie aber mit technischen Hilfsgeräten. Mich interessiert hier weniger die Modellfunktion Unthans für eine »trotzexistenzialistische« Lebenskunst, die Sloterdijk herausgearbeitet hat,[160] als sein Einsatz für eine Ethik der Überwindung physischer Einschränkungen und seine Anwaltschaft für ein prothesenfreies Leben. Erstere war kompatibel mit der Idee der Doktrin der Erziehung des Willens, Zweitere stand in Konflikt mit der Idee einer sozial-technischen Wiederherstellung von Körper und Seele. Seine Auftritte waren bei den Soldaten sehr beliebt, wurden aber von Ärzten und Orthopäden misstrauisch beäugt, da Unthan sich mit vollem Körpereinsatz gegen eine Medikalisierung von Behinderung und gegen Prothesen stark machte. Seine Kunst bestand dagegen im kreativen Umfunktionieren von Körperteilen

159 Vgl. Roeßiger: *Kamera! Licht! Aktion!*, 96f.
160 Sloterdijk: *Du mußt dein Leben ändern*, S. 77.

für alle möglichen Verrichtungen. »Umfunktionieren« und Varieté, das sollten wenig später wichtige Zutaten bei Bertolt Brecht und den Dadaisten sein. Das Varieté war ein wichtiges Gefäß für ihre wilden Performances, war aber auch ein nicht unwesentlicher Bestandteil der von offizieller Seite unterstützten Schaukultur für und mit Kriegsversehrten.
Die Sichtbarkeitsregimes und die Schaukultur, die sich rund um den Kriegsversehrten etablierte, sind widersprüchlich: Fortschrittsoptimistischer Patriotismus, heroischer Militarismus und Freakshow schillern ineinander. Die Bilder der versehrten Soldaten ließen sich in den nachfolgenden Jahren nicht und nicht ruhig stellen.

Die eiserne Hand II. »Der Wille ist die beste Prothese«
In den Kriegs- und Nachkriegsjahren hatten Rhetoriken der Selbstüberwindung einflussreiche Anwälte innerhalb der »Krüppelpädagogik«, etwa mit Hans Würtz, der den »Krüppel« als Modellfall des außergewöhnlichen Menschen, des permanent nach Selbstverbesserung strebenden Kulturwesens interpretierte und eine umfangreiche publizistische Tätigkeit zur Verbreitung seiner Thesen entfaltete. Zur Stilisierung des »überzeitlichen Charakter[s] der Figur des Kriegsbeschädigten«[161] eignete sich naturgemäß der seit Goethes Drama als »Urdeutscher« geltende Götz von Berlichingen. Bereits während der Kriegsjahre erfuhr der Götz eine Renaissance, stand er doch für Willensstärke, Tatkraft und einen eigensinnigen Patriotismus. Die mechanische Hand des Götz nutzt nicht nur Georg Schlesinger in seinen Studien zu Handprothesen als Vorbild für mechanische Hände[162] (und ihm tun es viele populärwissenschaftliche Publikationen nach), sondern schmückt auch als geballte Faust das Titelblatt von Hans Würtz' oben erwähntem Ermunterungspamphlet *Der Wille siegt!*, das ab 1915 in mehreren Auflagen und Variationen erschien.
Götz von Berlichingen wird in Würtz' Büchlein als Vorzeigeinvalide und als Vorzeigedeutscher inthronisiert. Würdevoll erträgt er in Würtz' Darstellung die Schmerzen der Verwundung durch eine Kanone der eigenen Leute. Er ist bescheiden, strebsam, sich selbst und anderen treu und ein erfinderischer Geist. Noch auf dem Krankenbett erfindet er den Mechanismus seiner zukünftigen Prothese. Seine Solidarität mit anderen Versehrten (dem Einhänder Köchli und dem Einbeiner Hans von Selbitz) wird ausführlich behandelt. Wie schon in Goethes *Götz von Berlichingen mit der eisernen Hand* stilisiert auch Würtz die künstliche Hand zu einem »heiligen« Instrument: »Ich betete zu Gott und dachte bei mir, auch wenn ich

161 Kienitz: *Beschädigte Helden*, S. 49.
162 In den technischen Darstellungen der Entwicklung künstlicher Hände von Schlesinger et al. wird auf diese Prothese verwiesen, vgl. Schlesinger: »Mechanischer Aufbau«, S. 545.

Abb. 60+61: Technische Zeichnung der Hand des Götz von Berlichingen und Titelbild Hans Würtz: *Der Wille siegt!* (1916)

zwölf Hände hätte, und seine Gnade und Hilfe stände mir nicht bei, so wäre alles umsonst.«[163] Götz wird zu einem Schutzheiligen der Kriegsbeschädigten. Würtz' Goethe-Lektüre hebt jene Stellen heraus, in denen die künstliche Hand als Wunder, als belebt durch Gottes Willen ausgezeichnet wird. Die eiserne Hand fungiert zudem als doppeltes Erinnerungszeichen. Zum einen gemahnte der »Ritter« Götz an eine phantastische, heroische Vergangenheit, an eine Zeit, in der Verwundung, Narben und Verlust von Körperteilen der Vorstellung nach noch als Ehrenzeichen überwundener Todesgefahr gewürdigt wurden, während der aktuelle Krieg Soldaten als austauschbare Maschinenteile benutzte. Zum anderen galt die kunstvoll gefertigte Hand als Vorbotin deutscher Ingenieurskunst. Der Hand wurde der Status einer »Ur-Prothese«[164] zugeschrieben, und sie (bzw. eine Hand, die man für das Original hielt) wurde in der historischen Abteilung der Ausstellung im Krystallpalast gezeigt. Zwar wird Götz als Prototyp deutschen Erfindungsgeistes inszeniert, aber die technische Wiederherstellung von Körpern ist nicht Würtz' primäres Thema. Er verfolgt vielmehr ein auf individuelle Leistung bezogenes Ertüchtigungsprogramm, im Rahmen dessen Selbstüberwindung die Überlegenheit über einen in-

163 Würtz: *Der Wille siegt!* S. 22.
164 Kienitz: *Beschädigte Helden*, S. 55.

neren oder äußeren Feind garantiert. Wirksamer als ein Gerät ist konsequenterweise die Psyche: »Der Wille ist die beste Prothese.«[165] Götz ist eher ein Vorbild »deutscher Willenskraft« als technischer Genius. In *Götz von Berlichingen und Wir!*[166] wird seine Geschichte mit einer ungewöhnlichen Version des Germanischen Sagenkreises gerahmt. Die Götter Walhallas seien – wie eben auch Götz – gerade aufgrund ihrer »mannigfachen Entstellungen« besonders tatkräftig und willensfest gewesen. Auch Wotan, »der Gott des Sturmes, der Jagd, der Forschung, des Fahrens in alle Fernen, besaß nur eine Auge«[167]. Da er der Gott der Dichter ist, ist er nicht nur ein Geistesverwandter Götz', sondern auch Goethes, dem in dem Pamphlet einiges an triefschwerem Deutschtum untergeschoben wird. Neben seiner Leistung, dem Götz von Berlichingen seine »deutsche Seele« zurückzugeben, lobt Würtz ihn für die Figur der Luciane in den *Wahlverwandtschaften*, die in ihrer Mildtätigkeit einem rechtshändig Kriegsversehrten das Linksschreiben beibringt und damit dessen Lebenskräfte wiedererweckt.[168] Luciane erscheint als Ahnin der deutschen Krüppelpädagogik, der Wiederertüchtigung durch Arbeit an Körper und Seele: »Manches hat Goethe in seiner Sehergabe vorausgesagt und vorausgesehen, aber dass noch einmal die Kriegsbeschädigten in Einarmschulen im Linksschreiben ausgebildet werden, um *Götz von Berlichingen* nur mit der linken Hand abzuschreiben, das hat sich der Dichter wohl doch nicht träumen lassen.«[169] Es ist nicht überliefert, ob diese Szene jemals tatsächlich stattgefunden hat, sie ist aber im Kontext des Kampfes um die Körper und Seelen der Kriegsversehrten und angesichts des praktischen Engagements Würtz' im Oskar-Helene-Heim in Berlin durchaus denkbar. Bezeugt ist hingegen eine von einem Einhänder abgezeichnete Version von Götzens eiserner Hand. Auf dem Deckblatt der von der Heidelberger Einarmschule herausgegebenen Ein-Arm-Fibel findet sich nach Angabe des Herausgebers Eberhard von Künßberg die Zeichnung eines einarmigen Kriegsverletzten. Sie demonstriere als Werkstück aus dem Unterricht die Effektivität der Schule und sei das Symbol eines nationalen Neubeginns, geboren aus der Kriegsversehrtenfürsorge.[170] Die Zeichnung ist eine Würtzsche »Willensprothese«: Ausdruck des guten Willens umzulernen und Zeichen der Selbstüberwindung. Stößt Würtz' emblemhafte Faust entschlossen nach

165 Würtz, Hans: *Götz von Berlichingen und Wir! Ein Wort an die Wetterfesten im Waffenrock*. Berlin: Reichsverlag 1916, S. 21.
166 Ibid.
167 Ibid.: S. 8.
168 Ibid.: S. 18.
169 Ibid.
170 Künßberg, Eberhard Freiherr von: *Einarm-Fibel. Ein Lehr-, Lese- und Bilderbuch für Einarmer*. Karlsruhe: Braunsche Hofbuchdruckerei 1915. IV. Vgl. auch: Kienitz: *Beschädigte Helden*, S. 56.

unten durch, ist diese hier triumphal nach oben gereckt, eingefasst von einem perfekten Kreis, der die Ganzheit des Körpers und der Nation evozieren mag.

Würtz adressierte mit seinen Krüppelheroen und deren göttlichen Vorfahren nicht die »normalisierbaren« Kriegsopfer, die die Behörden im Sinn hatten, sondern Persönlichkeiten. Seine »Ehren- oder Heldenkrüppel«[171] appellieren an das Besondere, das Herausragende im Einzelnen. Paul Darke hat für den Topos des Behinderten als dem herausragenden Individuum den Ausdruck »supercrip« geprägt.[172] Im Kontext der Kriegsfolgenbewältigung sind Würtz' »Superkrüppel« auf eigenwillige Art und Weise mit dem Imaginären der nationalen Geschichtsschreibung verknüpft. Es entsteht ein symbolisches Band von den germanischen Göttern über erfundene deutsche Ritter und die deutsche Klassik bis hinein in die Einarmschulen. Und sowenig die Nationalsozialisten später von Hans Würtz' Krüppelheroismus hören wollten,[173] sosehr war er an jener semantischen Verkettung beteiligt, die 1943 den Namen für die 7. SS-Panzergrenadier-Division »Götz von Berlichingen« nahelegte. Diese Division führte den »Endkampf« mit besonderer Härte durch.

Die Demonstrationen der Kriegsversehrtenverbände

In der Nachkriegszeit entwickelten die Veteranenverbände eine politisch folgenreiche Variante des Exponierens von Versehrung und Prothesen: »Es muß eine der merkwürdigsten und eindrucksvollsten Demonstrationen der unmittelbaren Nachkriegszeit gewesen sein«, kommentieren Spilker und Ulrich den Demonstrationszug von etwa 10.000 Kriegsbeschädigen und Veteranen durch das Berliner Zentrum zum Gebäude des Preußischen Kriegsministeriums. Die Demonstration fand auf Aufruf des *Reichsbunds für Kriegsbeschädigte* am 22. Dezember 1918 statt. Es habe sich, so berichtete das *Leipziger Tageblatt* »ein Bild des grausigen Elends« geboten, »das manchen Vorübergehenden die Tränen in die Augen treten ließ.«[174] Demonstriert wurde für bessere finanzielle Absicherung, aber auch für die symbolische Anerkennung der Leistungen im Krieg.

Die öffentliche Präsenz der Kriegsversehrten war schon vor den Demonstrationen der Veteranen ein heikles Thema gewesen. Durch die Tages-

171 Beide Begriffe tauchten bereits 1915 in den Diskussionen um die richtige Benennung der Verwundeten des Kriegs auf, wurden aber nach meinem Wissensstand nicht lange verwendet. Hingegen ist es wohl vor allem Hans Würtz und Konrad Biesalski zu verdanken, dass sich bis zu einem gewissen Grad der Begriff Krüppel als »Ehrenname« etablierte. Vgl. Kienitz: *Beschädigte Helden*, S. 119–120.

172 Darke: »Eye Witness«.

173 Zum Schicksal von Hans Würtz vgl. Sloterdijk: *Du mußt dein Leben ändern*, S. 82–90.

174 Spilker, Rolf und Bernd Ulrich (Hg.): *Der Tod als Maschinist. Der industrialisierte Krieg 1914–1918*. Bramsche: Rasch Verlag 1998, S. 324.

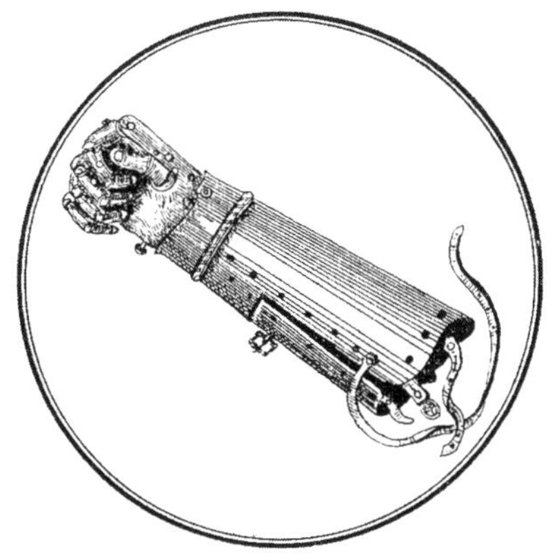

Einarm=Fibel

Abb. 62: Deckblatt der *Einarm-Fibel* (1915)

presse geisterte immer noch und immer wieder das Schreckgespenst des bettelnden, hilflosen Veteranen. Maßnahmen der öffentlichen Hand – wie die medizinische Versorgung der Veteranen oder arbeitsmarktpolitische Entscheidungen – mussten seit Kriegsende demokratisch durchgesetzt werden. Und umso wichtiger wurde die öffentliche Meinung, die Einstellung der Bevölkerung zu den Nutznießern der Maßnahmen. Der »bettelnde Soldat« wurde zu einem Abschreckungsszenario aufgebaut und immer wieder zur Sicherung einer positiven Haltung zu den Rehabilitationsmaßnahmen evoziert.[175]

Die Strategien der Veteranen setzten auf dieses Szenario auf, um sich die Aufmerksamkeit der Öffentlichkeit zu sichern. Ihre Aufmärsche produzierten drastische Bilder und wirkten wie grausame Parodien auf die Paraden zur Zeit der Mobilmachung. Über eine Demonstration Ende Mai 1920 in Berlin hieß es in der sozialdemokratischen Zeitschrift *Vorwärts*:

> An der Spitze gingen Schwerstverstümmelte, darunter zahlreiche Leute mit ganz zerfleischten und entstellten Gesichtern. Es folgten etwa 50 Invaliden in Rollstühlen, die von Kameraden geschoben wurden, oder die sich mit Selbstfahrern fortbewegten. Ganze Kompanien humpelten auf Krücken und an Stöcken vorbei, man sah unzählige Amputierte.[176]Die öffentliche Präsentation der Versehrung

175 Kienitz: *Beschädigte Helden*. Teil A, besonders S. 110–134. Whalen: *Bitter Wounds*. Kapitel 8.
176 Zit. n. Kienitz: *Beschädigte Helden*, S. 303.

war innerhalb der Verbände nicht unumstritten,[177] blieb aber eine gängige Praxis. Elias Canetti dokumentiert sogar einen Fall, bei dem ein Zivilinvalider bei einer Mai-Demonstration in Wien gegen seinen Protest in der Marschkolonne den Kriegsversehrten zugeschlagen wurde. Die Identifikation von Behinderung und Kriegsteilnahme war eine »Umfunktionierung« von bereits kursierenden Bildern, eine semantische Waffe.[178] Das systematische Exponieren von Versehrung kalkulierte mit dem Mitleid der Öffentlichkeit. Es konnte sich jedoch nicht den Effekten der jahrelangen, spektakulären, exotisierenden Zurschaustellung versehrter Körper entziehen. Kienitz bringt das Beispiel eines Demonstrationszuges des *Reichsbunds der Kriegsbeschädigten und Kriegshinterbliebenen* aus dem Januar 1919 zum Ministerium für soziale Fürsorge, deren Teilnehmer sich nach Ankunft bei Ministerium genötigt fühlten, die vielen Zuschauer und Zuschauerinnen mit Rufen wie »Wir sind keine Schaustellung!« von den Fenstern zu vertreiben.[179] Die ostentative Veröffentlichung versehrter und prothetisch reparierter Körper entfaltete damit Wirkungen, die weit über die politischen Forderungen der Veteranen hinausgingen. Diese legitimierten sich über die Verpflichtung des Staates, das Opfer der körperlichen und seelischen Unversehrtheit zu kompensieren. Von nicht wenigen wurden die Demonstrationen jedoch als Heimsuchung erlebt, als Aufmarsch einer untoten Armee. So etwa in Leonhard Franks expressionistischer Novelle *Der Mensch ist gut* (1919) oder in Erich Maria Remarques Heimkehrer-Roman *Der Weg zurück* (1930). Es war aber wohl Hugo Ball, der als Erster die Paraden der Mobilmachung in einen Totentanz der Versehrten umgeschrieben hat. 1916 unterlegte er den schneidigen – bis heute von den Bundeswehrmusikkorps gern gespielten – Dessauer-Marsch mit neuem Text. Der Originaltext lautete[180]:

> Die Trommel ruft Trompete klingt
> wir ziehen fort zum Streite
> wo unser Kaiser den Sieg verspricht
> wenn der ganze Erdenkreis
> sich auch mit ihm entzweite
> bleiben seine Deutschen treu
> so fürcht't er sich nicht

177 Vgl. Ibid.: S. 305.
178 Canetti, Elias: *Die Fackel im Ohr. Lebensgeschichte 1921–1931*. Frankfurt a. M.: Fischer 1995, S. 324.
179 Kienitz: *Beschädigte Helden*, S. 305.
180 Die verschiedenen Textvarianten sind dem Volksliederarchiv entnommen: http://www.volksliederarchiv.de/modules.php?name=Search&query=Dessauer+Marsch, Zugriff vom 27.03.2012.

Lebt alle wohl, viel tausendmal
Ihr Väter, Brüder, Mütter, Schwestern
und die Herzallerliebste mein
wenn der Kaiser Frieden macht
so komme ich schon wieder
fall ich aber, will ich auch zufrieden sein

Der Marsch war von Soldaten zu einem Trinklied umgedichtet worden (*So leben wir*); Hugo Ball macht 1916 im Cabaret Voltaire ein makabrer Totentanz daraus, der folgende Zeilen enthält:

So sterben wir, so sterben wir.
Wir sterben alle Tage,
Weil es so gemütlich sich sterben läßt.
Morgens noch in Schlaf und Traum
Mittags schon dahin.
Abends schon zu unterst im Grabe drin.
Wir murren nicht, wir knurren nicht,
Wir schweigen alle Tage,
Bis sich vom Gelenke das Hüftbein dreht.
Hart ist unsere Lagerstatt
Trocken unser Brot.
Blutig und besudelt der liebe Gott.[181]

Leonhard Frank,[182] aktiv in der Räterepublik und Pazifist, phantasierte 1917 (er schrieb das Buch vor Kriegsende, es konnte aber erst 1919 erscheinen) einen Aufmarsch der Kriegsversehrten, der die militärische Parade in eine Mischung aus politischer Demonstration, Karnevalszug und – auch hier – Totentanz umcodiert. Im Anschluss an eine Schilderung des Nachkriegselends, der von Scham und Leiden gezeichneten Kriegsheimkehrer, imaginiert er einen Massenstreik in Berlin, der von einem stillen und stummen Krüppelzug ausgelöst wird. Wo die Krüppel vorüberziehen entfachen sie spontan Mitgefühl (»Bei den Zuschauern platzt die dünne Haut«[183]) und Solidarität, alles geht auf die Straße: »Kein Mensch bleibt zurück. Die durchkrückten Straßen sind leergesaugt.«[184] Leonhard Frank erfindet in

181 Riha, Karl, Jörgen Schäfer und Angela Merte (Hg.): *DADA total. Manifeste, Aktionen, Texte, Bilder*. Stuttgart: Reclam 1994, S. 51.
182 Der heute relativ unbekannte Frank war in den 10er und 20er Jahren ein viel gelesener Autor. George Grosz berichtet von Franks Entdeckung in Theodor Däublers *Weißen Blättern*, in dessen Umfeld Dada-Berlin entstand. Grosz, George: *Ein kleines Ja und ein großes Nein. Sein Leben von ihm selbst erzählt. Mit siebzehn Tafel- und fünfundvierzig Textabbildungen*. Hamburg: Rowohlt 1955, S. 104.
183 Frank: *Der Mensch ist gut*, S. 154.
184 Ibid.

hochexpressionistischem Tonfall das drastische Figurenarsenal des linken, pazifistischen Protests. Aus bekannten Bildern destilliert er eine zwischen Leben und Tod stehende Horrorkörperlichkeit, die die Nachkriegspublizistik infizierte und sich seither tief in populäre Bildwelten eingeschrieben hat: »Blinde, die Hand auf den Schultern der Armlosen. Irre, die ernst und schweigend, aufgeregt sprechend, gläubig lächelnd, mitgehen. Beinlose in Selbstfahrern. Zwischen Krücken rhythmisch baumelnde Soldatenkörper. Hinken der Invaliden. Stampfen der Stöcke, Krücken und Kunstbeine auf dem Asphalt.«[185] Was in den Strategien des Zeigens der Fürsorge angelegt war – die wechselseitige Abbildbarkeit von Soldatenkörper und Maschinenkörper und das davon ausgehende Unheimliche und Verstörende – wird von Frank in propagandistischer Absicht ausgespielt. Die Schilderung Der Alptraum Franks changiert zwischen politischer Manifestation, Begräbniszug und obszönem Karneval. An die Spitze des Zugs setzt er einen mit bunten Lampions geschmückten Wagen, der mit Toten und Verstümmelten besetzt ist.

> Zwölf kräftige Männer, die zusammen fünf Arme und sieben Beine haben, stehen und sitzen auf dem Wagen. An der Längsstange [...] hängen große, farbige Papierlampions. Blau. Rot. Grün. Violett. Rot. Eine Reihe schaukelnder, erleuchteter Papierlampions. [...] Der Atmende [...] ist um acht Uhr früh verendet. Sein noch uniformierter Leichnam sitzt neben dem Kutscher auf dem Bocke. Die angebundene Leiche wackelt. Von der Stange, an der die leuchtenden Papierlampions schaukeln, hängt ein Seil herunter; und in der Schlinge, die unter den Armen um die Brust gelegt, hängt der Soldat, der kein Kinn, keinen Mund, keine Nase, keine Augen, kein Gesicht mehr hat. Links von ihm hängt ein Seil herunter, das den »Rechten Menschwinkel« hält. Er stützt sich auf seine fünfzig Zentimeter hohen Spazierstöckchen. [...] In der Mitte hockt der Rumpf erhöht auf einem thronartigen Aufbau mit Rückenlehne, an welcher der Rumpf festgeschnallt ist. Der Rumpf ist nackt.[186]

Hier ist es nicht das Maschinenhafte, das die Veteranen unheimlich macht, sondern der Entzug der menschlichen Form, eine Dingwerdung, die Bewegtheit durch äußere Kräfte. Die Menschen sind nicht länger Souveräne ihres Leibs: Wie die Lampions schaukeln, schwanken, wackeln sie. Als Emblem der Dingwerdung fungiert eine Figur, die als »der Rumpf« bezeichnet ist. Er hat jede selbständige Bewegungsfähigkeit verloren. Die Kriegsversehrten sind der Welt der Gegenstände anverwandelt, sind pas-

185 Ibid.:
186 Ibid.: S. 155f.

sives Material geworden. Frank haucht diesen Stümpfen und Rümpfen Leben, Denken und Menschlichkeit ein, damit der Trauerzug zur revolutionären Manifestation werden kann. Denn Politisierung und Handlungsfähigkeit bleibt an das Individuum und seine (Liebes-)Empfindung gebunden. So wird über den »Rumpf« gesagt: »Die inkarnierte Liebe lebe[t] in seinen tiefen, ruhigen Augen.«[187] Frank verlässt am Ende der Erzählung und mit der psychologischen Überformung seiner Figuren das allegorische Register. Auf Dauer erfolgreich waren aber die von ihm geprägten Bilder als Allegorien im Sinne Walter Benjamins. Denn wenn die Allegorie die Differenz zwischen Besonderem und Allgemeinem markiert und in ihrer Bruchstückhaftigkeit auf die Vollendungs- und Erlösungsbedürftigkeit von Geschichte insistiert, dann ist es genau der dingliche Charakter der Kriegsteilnehmer, der sie zu Zeugen eines tragischen, unverfügbaren historischen Prozesses macht. Als Topos und als Bild wurden sie zum symbolpolitischen Einsatz im Kampf um die Deutung des Ersten Weltkriegs. Als Allegorien, die das »Primat des Dinghaften vor dem Personalen«[188] herausstellen, sind sie in die Kultur der Zwischenkriegszeit eingegangen und nicht als Franks christlich liebende und leidende Protorevolutionäre. So hat Otto Dix wenige Jahre später Franks allegorische Bilder in Gemälde und Collagen übersetzt, etwa in *Pragerstraße* (1920) oder 45% *erwerbstätig* (1920), das später *Die Kriegskrüppel* hieß. Es wurde nach Ausstellung als »entartete Kunst« wahrscheinlich vernichtet.

Erich Maria Remarques Aufmarsch der Untoten in *Der Weg zurück* (1931) ähnelt Franks Karnevals- und Trauerzug, findet aber eine andere Auflösung:

> Langsam kommt ein Zug Menschen heran in den verblichenen Uniformen der Front. Er ist gruppenweise formiert, immer zu vieren nebeneinander. Große Schilder werden vorangetragen: »Wo bleibt der Dank des Vaterlandes?« – »Die Kriegskrüppel hungern.« [...] Hinter den Blinden kommen die Einäugigen, die zerfetzten Gesichter der Kopfverletzten, schiefe wulstige Münder, Köpfe ohne Nasen und ohne Unterkiefer, einzige große rote Narben, die ganze Gesichter, mit ein paar Löchern darin, wo früher Mund und Nase waren. [...] Ihnen folgen die langen Reihen der Beinamputierten. Viele haben schon die künstlichen Glieder, die schräg vorwärtsschnellen beim Gehen und klirrend auf dem Pflaster aufsetzen, als sei auch der ganze Mensch künstlich, aus Eisen mit Scharnieren.[189]

187 Ibid.: S. 156.

188 Benjamin, Walter: »Ursprung des deutschen Trauerspiels«. In: *Gesammelte Schriften* I. Hg. von Rolf Tiedemann und Hermann Schweppenhäuser. Frankfurt a. M.: Suhrkamp 1991, S. 203–409, hier S. 362.

189 Remarque, Erich Maria: *Der Weg zurück*. 6. Auflage. Köln: Kiepenheuer und Witsch 2007, S. 242–244.

Weitere detaillierte Beschreibungen von Verletzungen folgen, den Höhepunkt bildet wiederum die Schilderung eines »Rumpfmenschen«, dessen Wägelchen auf einer Baustelle für ein neues Tanzlokal ins Stocken gerät. Remarque löst die Szene nicht heilsgeschichtlich-humanitär auf, sondern eskaliert sie in einer Reminiszenz an die Ekstase des Schützengrabens. Am Ende des Tages finden sich die Abgerüsteten im Schusswechsel mit ihren ehemaligen Kameraden, die den Demonstrationszug beschossen hatten:

> Wir liegen in Haustüren, Schüsse peitschen, Menschen schreien, wir sind überschwemmt, mitgerissen, verwüstet, rasend vor Haß, Blut spritzt auf das Pflaster, wir sind wieder Soldaten, es hat uns wieder, krachend und tobend rauscht der Krieg über uns, zwischen uns, in uns – aus ist alles, die Kameradschaft durchlöchert mit Maschinengewehren, Soldaten schießen auf Soldaten, Kameraden auf Kameraden, zu Ende, zu Ende! –[190]

Nicht nur ragt das Unerledigte des letzten Krieges hier in Gestalt von Prothesen in eine deformierte Gegenwart hinein, Remarque bietet auch keinen revolutionären Ausweg aus dem Zustand an. Der Krieg ist Vitalisierer und Zerstörer zugleich, weder Prothesen noch Revolution können daran etwas ändern. In seinem Roman bleiben ziviles und soldatisches Leben unvereinbar. Frieden gibt es nur in der Natur, nicht unter den Menschen. Unter den Menschen herrscht Stagnation (das zivile Leben der Soldaten ist ein einziges auf der Stelle Treten), durchbrochen von wiederaufflammender, sinnloser Gewalt. Ganz am Ende gibt es aber plötzlich einen utopisch-lichten Moment, in dem eine Versöhnung zwischen verdinglichter Menschenwelt und den Kräften des Lebens möglich scheint. Die Utopie des Friedens liegt in der Belebung der Menschendinge:

> Das Leben ist ein Zimmer. In den Möbeln knackt es, der Tisch kracht und der Schrank knarrt. Man hat sie vor Jahren gefällt und zerschnitten, gehobelt und geleimt zu Dingen des Dienens [...] – aber in jedem Frühjahr [...] rumort es wieder in ihnen, sie erwachen, sie dehnen sich, sie sind nicht mehr Gerät, Stuhl und Zweck, sie haben wieder teil am Strömen und Fließen des Lebens draußen.[191]

Das kann man Kitsch nennen. Aber es ist auch ein Versuch, der allgegenwärtigen Allegorie des versehrten, prothetische reparierten Soldatenkörpers als unerlöstem Untoten etwas entgegenzusetzen. Die Verdinglichung,

190 Ibid.: S. 252.
191 Ibid.: S. 312.

die Instrumentalität des Menschen ist nicht aufhebbar, aber irgendeine Form von Zukunft ist dennoch möglich.

Bis zum Ende des Krieges hatte sich das Bild des versehrten und wieder zusammengebauten Soldaten also mit widersprüchlichen Bedeutungen angereichert: Propagandabilder einer patriotischen Fortschrittserzählung überlagerten sich mit solchen der Anklage und des Scheiterns. Bilder von Prothesenkörpern sind Nachbilder des Maschinenkriegs und »Vorbilder«, in dem Sinn, dass die nationalsozialistische Bildpolitik sie abhorreszierte, während sie das Bildrepertoire der Avantgarden nachhaltig prägten. Auch Victor Klemperer berichtet rückblickend (die Niederschrift seines Tagebuchs begann 1938) von seltsamen Nachbildern der Kriegsversehrtenausstellung, die sich alsbald (1918) mit der aktuellen Streikberichterstattung zu einer Vision vermischten: »Tagelang verfolgte mich diese Ausstellung, und als in den letzten Januar- und ersten Februartagen die Nachrichten von Streikunruhen in Wien und Berlin kamen, da sah ich wieder die verstümmelten Kiefer vor mir und die Blinden an den Schreibmaschinen.«[192] Visionen der Revolution sind 1918 nicht ohne die Schockbilder aus dem Krieg zu haben.

Der ästhetische Unruheherd der Prothetik

Die von offizieller Seite vorangetriebene, symbolische Befrachtung des prothetisch reparierten soldatischen Körpers erzeugte einen eminent politischen Körper. Die Figuration der Prothese lässt sich spätestens gegen Ende des Kriegs nicht mehr ruhig stellen, denn sie markiert und maskiert simultan eine Abwesenheit, einen Verlust. Sie ist ein Umspringbild und zeigt je nach Blickwinkel einen ganzen Körper – oder aber einen zerstörten. Sie bringt so die propagandistische Rede ins Schlingern, denn sie zieht Bilder nach sich, die jede Form von Eindeutigkeit unterspülen. Die Prothese wurde zum einen zu einer Grenzfigur der imaginären Instituierung von Gemeinschaft anstatt als ihr Garant zu fungieren: Das künstliche Bein soll Ganzheit suggerieren, aber in seiner Technizität verweist es auf die Konstruktionsleistung, die mit Ganzheitsvorstellungen der erhofften Wiederherstellung verbunden ist. Das materiell-symbolische Aggregat von Prothese und Soldatenkörper bildet einen Unruheherd patriotischer, körperschaftlicher Metaphorik, ein semantisches Kräftefeld, innerhalb dessen es auf dem artifiziellen und gewaltsamen Charakter von Zusammenfügungen, von Vergemeinschaftungen insistiert. Als Bild der Ambivalenz einer wissenschaftlich-technischen Moderne provoziert die Prothese zum anderen Zweifel und Kritik am rationalen Vorgehen biopolitischer Agenturen.

192 Klemperer: *Curriculum Vitae II*, S. 609.

Der patriotischen Rhetorik planvoller Fürsorge zum Trotz wurden die Kriegskrüppel nach Kriegsende zunehmend als Allegorien des verlorenen Krieges und der Versehrtheit des Deutschen Reichs wahrgenommen und inszeniert. Drastisch fällt dies beispielsweise in Ernst Tollers Stück *Hinkemann*[193] aus. Toller, Mitbegründer der Münchner Räterepublik, hatte das Stück 1921/22 im Festungsgefängnis Niederschönenfeld niedergeschrieben. Dem Soldaten ist im Krieg sein bestes Stück weggeschossen worden, und er findet dafür nicht nur keine Prothese, sondern geht seiner Frau verlustig, die ihn kurzerhand durch den sowohl finanziell als auch physisch potenten Fabrikdirektor Paul Großhahn ersetzt. Hinkemann findet in der Nachkriegswelt, in der alles reparierbar erscheint – selbst die Jungfernehre, wie es an einer Stelle heißt – keinen Tritt mehr und endet als Schausteller, der Ratten und Mäusen die Köpfe abbeißt. Ein mehr als melancholischer Kommentar auf die Enthauptung des Souveräns im bürgerlichen Drama und damit auf die Metapher des »sozialen Körpers.« Susanne Lüdemann hat mit Rückgriff auf Jacques Rancière argumentiert, dass die Metapher des sozialen Körpers – also die Modellierung einer Totalität des Sozialen in Analogie zum menschlichen Körper – stets dann mobilisiert wird, wenn das Kollektiv von seinem Zerfall bedroht ist: Menenius Agrippa erzählt den Plebejern die Allegorie vom Zusammenspiel der Glieder im sozialen Körper zur Abwendung eines drohenden Bürgerkriegs und mit der Absicht, diese davon zu überzeugen, dass es Sinn mache, die Eigeninteressen dem Gemeinwillen (in diesem Fall eigentlich: dem Willen der Patrizier) unterzuordnen. In der Geschichte rebellieren die Glieder und Organe des Körpers durch Funktionsverweigerung gegen den Magen, da diesem Despotismus unterstellt wird. Sie gefährden damit jedoch ihr eigenes Überleben, da ohne Nahrungszufuhr der ganze Körper geschwächt wird. »Die Paradoxie der Metapher [des sozialen Körpers, KH] besteht« – so Lüdemann – darin, »dass sie überhaupt erst dann und nur deswegen aufgeboten werden muss, weil das politische Gemeinwesen permanent von seiner Spaltung und Teilung bedroht ist.«[194] Die Virulenz von Ernst Tollers Stück vom deutschen Hinkemann besteht in Analogie dazu nicht in seiner vordergründigen Allegorisierung des vom Feind verstümmelten Staatsganzen, sondern darin, dass der nicht mehr reparierbare Hinkemann nicht mehr für eine »Gestalt« des Sozialen, für ein funktional gegliedertes Ganzes einstehen will. Die Prothese, die Hinkemann nicht bekommen kann, verweist nicht nur auf die Ungleichheit der Glieder und ein elementares »Unvernehmen«[195] der frühen Weimarer Republik,

193 Toller, Ernst: *Hinkemann*. Leipzig: Reclam 2003 (1921).

194 Lüdemann, Susanne: *Metaphern der Gesellschaft. Studien zum soziologischen und politischen Imaginären*. München: Fink 2004, S. 83.

195 Rancière, Jacques: *Das Unvernehmen. Politik und Philosophie*. Frankfurt a. M.: Suhrkamp 2002.

sondern darauf, dass das Gebilde namens Deutsches Reich den Kopf und jeden Zusammenhalt verloren hat. Mit der Gliedmaßenamputationsrhetorik schleicht sich in Tollers Text biopolitisches Argument ein: Die Arbeiterschaft, die nicht mehr bereit ist, sich dirigieren zu lassen, figuriert, vielleicht ungewollt, als fehlender Körperteil, als fehlende Potenz. Die unwillige Arbeiterschaft stünde dann auch für ein Absterben des deutschen Volkes. Allgemeiner kann gesagt werden: in Tollers Stück kann das Soziale als Ganzes nicht mehr figuriert werden, erst recht nicht durch Prothesen.

Dieser politische Körper des Prothesenträgers wurde nach dem Ersten Weltkrieg von Künstlern und Künstlerinnen mit ganz unterschiedlichen Stoßrichtungen durchgestaltet. Die ästhetischen Strategien operierten in einem unsicheren und deshalb attraktiven Terrain. Denn die augenscheinliche Artifizialität der Prothese und ihre (technisch bedingte) Logik der Ersetzbarkeit setzt eine gefährliche semantische Operation in Gang: Die Prothese ersetzt *faktisch* ein Ursprüngliches, *indem es dieses nachahmt*. Eine synekdochische Figur wird damit in ein prekäres Verhältnis zu einer fingierenden Operation gesetzt. Wird der reparierte Soldatenkörper erst einmal für eine Körperschaft eingesetzt, provoziert die Prothese einen Schwund verlässlicher Referenzen, sie verweist auf nichts als auf eine Kette von Ersetzungen. Da die materielle Prothese ein fehlendes Körperteil evoziert, dieses Körperteil als Vorstellung aufruft, verlieren die normativen Differenzsetzungen körperschaftlicher Begründungsmuster den Boden unter den Füßen.

Raoul Hausmanns kleiner, aber scharfer parodistische Text »Prothesenwirtschaft« von 1920/21[196] entwickelt als Satire eine Analyse der politischen Bodenlosigkeit der Rhetorik der Prothese. Die technische Wiederaufrüstung der Kriegsversehrten hat hier nichts medientechnisch Revolutionäres (wofür Hausmann an anderer Stelle durchaus offen ist), sondern das arbeitsmarktpolitische Kalkül der Prothesenversorgung wird präzise realpolitisch verortet, wenn Hausmann schreibt: »So'n Prolethenarm oder Bein wirkt erst vornehm, wenn 'ne Prothese dransitzt. Der Prothetiker ist also ein besserer Mensch, sozusagen durch das Verdienst des Weltkrieges klassengehoben.«[197] Voll Sarkasmus kommentiert Hausmann das tayloristisch-arbeitswissenschaftliche Programm, als das er die nationalen Programmen zur Versorgung der Kriegsversehrten mit Prothesen erkennt – und damit gleich auch das reaktionäre Ressentiment der Veteranen. Er fordert für Prothetiker längere Arbeitstage (25 Stunden) und kleinere Es-

196 Raul Hausmann, »Prothesenwirtschaft«. In: Hausmann, Raoul: *Bilanz der Feierlichkeit. Texte bis 1933*, Bd. 1. München: edition text + kritik 1982, S. 137–138.
197 Ibid.: S. 137.

sensrationen (die Prothese braucht weniger Energie). Dass jedoch mit dem Arbeitswillen und der Arbeitsfähigkeit der Versehrten nach dem Ende des Burgfriedens des Ersten Weltkriegs mehr auf dem Spiel stand als nüchterne Fragen der Rationalisierung – zu denen sich die Arbeiterbewegung ambivalent verhalten hatte –, wird in seinem Schlusssatz deutlich: »Mit diesen Leuten schaffen wir dann den Wiederaufbau Deutschlands – jeder Einsichtige fordert deshalb Prothesenwirtschaft statt Rätediktatur.«[198]
Der einsichtige Bürger, der vermittels rationaler Planung das Gemeinwesen organisiert und jedem einen Platz darin zuweist, produziert in Wahrheit Monster. Einigen weiteren ästhetischen Monstern (im Sinne des *monstrare*, des ostentativen Zeigens) der Zwischenkriegszeit werde ich in den folgenden Kapiteln exemplarisch und ohne Anspruch auf Vollständigkeit des Panoramas nachgehen. Es wurden nicht nur Prothesen und Prothesenträger in Ausstellungen gezeigt, die künstlerischen Verarbeitungen weisen auch darauf hin, was Prothesen selbst zeigen: Sie zeigen auf, sie sind eine Geste einer tiefen Krise des abendländischen Selbstverständnisses von Wissensformen und Wahrnehmungsgewissheiten.

Dadaistische Medien. Ein Ohr ›als‹ Auge und Bilder ›als‹ Bilder

Das Generalthema der *Ersten Internationalen Dada-Messe* in Berlin 1920 war der prothetisch reparierte Männerkörper. Das berühmte Pressephoto, auf dem der Großteil der Protagonisten von Dada-Berlin abgebildet ist, zeigt auf den ersten Blick zumindest drei Prothesenkunstwerke, also Werke, in denen Prothesen ikonisch sind. Auf den zweiten Blick finden sich weitere prothetische Artefakte.
Links an der Wand ist Otto Dix' großformatiges Ölgemälde 45% *erwerbstätig* (1920) zu sehen, das mit seinen vier Typen Mehrfachversehrter auf die Demonstrationen der Invalidenverbände rekurriert. Von der Decke hängt die Skulptur *Preussischer Erzengel* von John Heartfield und Rudolf Schlichter, und rechts steht *Der wildgewordene Spießer Heartfield (Elektromechanische Tatlin-Plastik)* von Heartfield und George Grosz.
Der *Preussische Erzengel* ist eine seltsame Vorahnung auf Walter Benjamins Engel der Geschichte. Die Deckenskulptur ist eine Schimäre aus preußischem Offizier, protestantischem Priester (auf seiner breiten Schärpe steht geschrieben: »Vom Himmel hoch, da komm ich her«) und Schwein. Er ist verstümmelt (handlos), dafür aber ausgestattet mit der übermenschlichen Fähigkeit zu fliegen. Auf einem unter der Figur baumelnden Schild wird der militärische Kontext karikiert: »Um dieses Kunstwerk vollkommen zu begreifen, exerziere man täglich zwölf Stunden mit vollgepacktem Affen und feldmarschmäßig ausgerüstet auf dem Tempelhofer Feld.« Das Schild

198 Ibid.: S. 138.

Abb. 63: Pressephoto zur Eröffnung der ersten Dada-Ausstellung Berlin (1920).

gibt zudem einen dezidierten Hinweis auf das Verfahren der Herstellung des Werks: »Heartfield-Schlichter mont.« Mit dieser Formel wird die Erweiterung künstlerischer Autorschaft proklamiert und die Montage als Genrebezeichnung eingeführt. Bereits 1920 reklamierten die Dadaisten die Montage als zentrales Produktionsprinzip, so auch auf dem Deckblatt des Katalogs »Messe«, das John Heartfield als »Monteurdada« ausweist.[199] *Der wildgewordene Spießer* ist aus einer kleinen Schneiderpuppe und diversen Gebrauchsgegenständen zusammengebaut. Statt eines Kopfs trägt er eine Glühbirne, statt Armen und Händen eine Pistole und eine Türglocke. Das rechte Bein ist ein Lampenständer, die Brust ist dekoriert mit dem Schwarz-Adler-Orden, dem Buchstaben C, der Nummer 27, Messer und Gabel. Der Rücken ist mit einem Eisernen Kreuz verziert. Ein künstliches Gebiss ist im Schritt angebracht. Die rechte Körperhälfte steht im Krieg, die linke im bürgerlichen, im Spießerleben. Sowohl mit Blick auf das Militär als auch auf das zivile Leben ist die Figur jedoch eine amputierte und kastrierte. Sie ist nichts als eine hochdekorierte Nummer. Auffällig ist das Anbringen von Militaria, Konsumgegenständen (die Glühbirne, der Lam-

199 Dickerman, Leah (Hg.): *DADA. Zurich, Berlin, Hanover, Cologne, New York, Paris. Ausstellungskatalog der National Gallery of Art Washington*. Washington, Landover: National Gallery of Art 2005, S. 122.

penständer) und Artefakten der Medienwelt (Lettern, Nummernschild) auf der Körperoberfläche. Sie sind von außen an den Spießer herangetragene Distinktionsmerkmale, aufgeklebt auf einen Körper ohne Innerlichkeit. Auch hier fügen die Paratexte weitere – widersprüchliche – Bedeutungsebenen hinzu. Die Statik der Puppe kontrastiert mit der Zuschreibung »wildgeworden« im Titel, der außerdem auf den russischen Konstruktivismus (»Elektromechanische Tatlinplastik«) referiert.[200] Die Installation oszilliert zwischen einer Dekonstruktion des militärischen und bürgerlichen Männerkörpers und einem in den technischen Artefakten ikonischen, konstruktiven Potential von Körpermodifikation. In der Skulptur überblenden einander unterschiedliche Varianten des künstlichen Menschen: der statistische, medial konstituierte Massenmensch, die Puppe, der Automat und eben auch: der Prothesenträger.

Allzu heftig mussten die Dadaisten nicht an den Stellschrauben des Text- und Bildmaterials zu Versehrung und zur Prothetik drehen, um es ins Register des Grotesken zu transportieren. Das zeigt etwa das folgende Bild-Text-Arrangement aus Hans Würtz' einschlägigem Front-Ermutigungspamphlet *Der Wille siegt!* von 1916. Gezeigt wird ein populärer »Vorzeigeinvalide«, Leutnant Papke, in seiner Eigenschaft als Erzieher an der Haupt-Kadettenanstalt Berlin-Lichterfelde. Das Bildarrangement vermittelt einen Eindruck entspannter Ordnung. Alles und jeder ist hier an seinem Platz. Die Bildunterschrift hingegen dynamisiert und sprengt die präsentierte Ordnung.

Das Lichterfelder Kadettenkorps
Zieht vor das alte Kirchentor.
Voran der frische Leutenant.
Nanu – der hat nur eine Hand?

Merkt auf, ihr preußischen Kadetten:
Wie man sich Mut und Schneid kann retten,
Wenn eine Hand vom Arme fliegt,
Hurrah! Der deutsche Wille sieg

200 Peter Bexte hat darauf hingewiesen, dass die Dadaisten zu diesem Zeitpunkt nur sehr rudimentäre Kenntnisse der Tatlinschen Maschinenkunst hatten, diese aber öffentlichkeitswirksam einsetzten. Die Referenz auf avantgardistische Kunstströmungen war eine publizistische Taktik. Bexte, Peter: »Mit den Augen hören/mit den Ohren sehen. Raoul Hausmanns optophonetische Schnittmengen«. In: Schramm, Helmar, Ludger Schwarte und Jan Lazardzig (Hg.): *Spuren der Avantgarde: Theatrum anatomicum. Frühe Neuzeit und Moderne im Vergleich.* Berlin, New York: de Gruyter 2011, S. 426–441.

Abb. 64: Unfreiwillig dadaistisch: *Der deutsche Wille siegt!*

Die Bildunterschrift durchkreuzt das geordnete Arrangement, denn quer durch den symmetrischen Bildaufbau »fliegt« in der Vorstellung die abgetrennte Hand des Leutnants. Was hier das Resultat dichterischen Dilettantismus ist, wurde von den Berliner Dadaisten zum Konstruktionsprinzip erhoben: das ironische Neben- und Ineinander von Textfragmenten, von Körper- und Maschinenteilen, die Montage heterogener Bildpartikel, das Zerreißen von Sinnzusammenhängen, das Rearrangement der Bestandteile. Das *Prinzip* von Montage und Collage ist dabei dem *Motiv* des prothetisch reparierten Körper abgeschaut. Patriotisches Hurrah- und Kriegsgeschrei à la Würtz und militärische Insignien wurden von den Berliner-Dadaisten lustvoll enteignet und mit Maschinen- und Prothesenkörpern vernäht. Etwa auf Raoul Hausmanns Zeichnung *Der eiserne Hindenburg* (1920), der sein »Sieg hurraaaa« mechanisch artikuliert – nämlich durch eine Furzmaschine.

Der eiserne Hindenburg und seine ungustiöse Phrasenproduktion führt an jenen Punkt heran, an dem die Dadaisten Prothesen und Maschinen nicht nur ikonisch, sondern medial verwendeten. Das von Peter Bexte vermutete »Dauermissverständnis über den Status der Maschine im Dadaismus«[201], das die Dadaisten durch ihre Bluffs und Hoaxes provoziert hat-

201 Ibid.: S. 436.

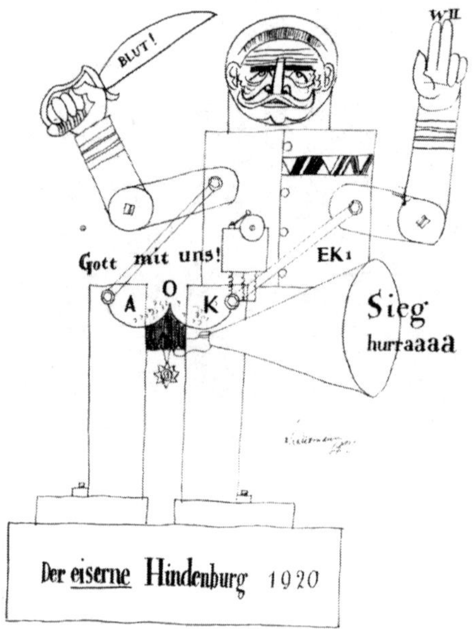

Abb. 65: Raoul Hausmann, *Der eiserne Hindenburg* (1920), Tinte auf Papier.

ten, wurzelt in der doppelten Benutzung des Prothesenkörpers als Motive und als Prinzip des Montierens. Bexte zufolge ging es den Dadaisten – Raoul Hausmann mit seinen technovisionären Manifesten ist hier keine Ausnahme – an keiner Stelle um Technik als solche, sondern um eine Geste des »Als« oder des »Als-ob«, um ein Reflexivwerden des medialen Charakters von Technik. Das Changieren zwischen Körperprothese (figurativ) und Medienprothese (operativ) zeigt sich eindrücklich in der Bilderwelt der Dada-Messe. Prothetische Motive werden von einem »Werk« zum anderen durchgereicht und dabei verändert und rekontextualisiert. Den Kopf des *eisernen Hindenburg* verwendet Hausmann mehrmals, z.B. in einer etwa zeitgleich angefertigten Zeichnung, diesmal vermittels eines Huts ins zivile Leben verpflanzt und zum Aufsatz eines Plattenspielers umfunktioniert, der wiederum »hurra! hurraa! hurraaaa!« brüllt. Die technisch reproduzierbaren Bilder aus den Massenmedien werden zur austauschbaren Ressourcen der Montage; und sehr häufig werden sie zu Prothesenkörpern rekonstruiert. Die Kriegsmaschine, verbildlicht in Hindenburgs Maschinenkörper, ist umgebaut worden in einen Plattenspieler. Er hat die Gestalt gewechselt und produziert nun Parolen als Unterhaltung. Das Auswechseln und Überkleben von Köpfen scheint in der aktivistischen Hochzeit von Dada-Berlin überhaupt eine der produktivsten Gesten gewesen zu sein.

Abb. 66: Raoul Hausmann, Heimatklänge!, *Der Dada 3* (1920).

Überklebt und ausgetauscht wurde nicht nur innerhalb des Bildraums, Hinzufügungen und Supplemente wucherten auch im Ausstellungsraum. So wurde Dix' großformatiges Ölgemälde *45% erwerbstätig* – es ist in Bezug auf den Bildtyp ein traditionelles Werk – durch weitere, direkt darauf angebrachte Bilder erweitert. *Auf* dem Bild wurden zwei weitere Collagen / Photomontagen appliziert: Der Kopf des ersten »Krüppels« wurde durch George Grosz' *Ein Opfer der Gesellschaft* (1919, alternativer Titel: *Remember Uncle August, the Unhappy Inventor*) ersetzt, und mittig war eine Collage zu einem Preisausschreiben zur Ermittlung »größter deutscher Mannesschönheit« aus der Dada-Publikation *Jedermann sein eigner Fussball* (1919) angebracht. Was schon in Dix' Ölgemälde motivisch reflektiert wird, die Überblendung von Militarismus, Prothetik und Sexualität, die Thematisierung von Maskulinität als Fetischismus, wird mit den montierten Elementen noch einmal expliziter – und wortwörtlich – herausgestellt.

Ein Opfer der Gesellschaft basiert auf einem Porträt Friedrich Eberts, der in einem weißen Labor- oder Medizinerkittel dargestellt ist. Mit seinem zweiten Titel (*the Unhappy Inventor*) verweist die Figur auf die Verklammerung von Forschung und staatlicher Politik, aber auch – und dies direkter – auf die sozialtechnische Ausrichtung der Nachkriegspolitik. Es ist der interventionistische Charakter biopolitischer Maßnahmen, der hier aufs Korn genommen wird. Die Collage zeigt den Politiker *als* Mediziner / Erfinder.

Insgesamt wirkt das Erfinden und Intervenieren ungesund und lächerlich. Das auf die Stirn montierte Fragezeichen und der seltsame ringförmige (aus Brotteig geformte?) Auswuchs auf der Stirn pervertieren die Ikonographie des Erfinders. Die aus einem Fahrradschlauch gefertigten Epaulette auf der linken Schulter, die gleichzeitig den Kopf abstützt, und der luftleere, von der Decke hängende zweite Fahrradschlauch insinuieren die Inhaltsleere des wissenschaftlich-technischen Weltzugangs. Andere Elemente, etwa das dritte Auge statt eines Ohrs (»An eye for an ear«, wie es bei Marshall McLuhan heißt) und der Ersatzmund werden als mediale Erweiterungen des Körpers eingesetzt. Auch diese Elemente sind polysem: Sind es die vielen, polizeilichen Augen des Staates, um die es hier geht? Oder sind es die Massenmedien als künstlicher Mund der Nation? Oder ist etwa die Ersatzteillogik der Reparatur kaputter Körper – die künstliche Nase, die eine von Schlesingers Normalien sein könnte –, die hier exponiert wird?
In der oberen Mitte von 45% *erwerbstätig* war eine weitere Photomontage angebracht. Auch sie zeigt Politikerporträts (Ebert, Noske, Scheidemann u.a.), die auf einen Fächer montiert sind. Auf der Dada-Messe war augenscheinlich nur der Fächer und nicht der Text aus *Jedermann sein eigner Fussball* ausgestellt, der das demokratische Wahlverfahren als Preisausschreiben und Schönheitswettbewerb persiflierte. Diese medienkritische Polemik war in der Ausstellungsversion nur noch rudimentär vorhanden.[202] Der Fächer, eine etwas plumpe Metapher des »Parteienspektrums«, feminisiert die Politiker. Anders als das künstliche Gebiss, das den »wildgewordenen Spießer Heartfield« zum Inhaber einer männerverschlingenden *vagina dentata* machte, geht es hier um die Persiflage eines neuartigen Modells des Politikers, der nicht länger dem männlichen Ideal des nationalen Führers entspricht. Mit solchen Anspielungen auf ziviles Leben und demokratische Politik als weibliche, eitle Einrichtungen befanden sich die Dadaisten in Übereinstimmung mit den Veteranenverbänden, aber auch mit der nationalkonservativen Publizistik Ernst Jüngers. Beide wurden nicht müde, den Gegensatz zwischen Front und Heimat als einen zwischen männlich und weiblich, zwischen gewagtem und uneigentlichem Dasein darzustellen.
Die dadaistischen Aktionen und Artefakte satteln also mehrfach auf die politisch heiklen Diskurse rund um die Kriegsversehrten auf. Sie bezogen jedoch eine recht unkomfortable Position und stellten ein ums andere Mal die Ideologiegesättigtheit und die Polysemie dieser Bilder heraus. Es geht ihnen darum, die Bilder *als* Bilder zu zeigen, um die Exponierung ihrer Konstruktion und die möglichen Effekte ihres Gebrauchs (etwa in der Wahlwer-

202 Auf den mir zugänglichen Ausstellungsansichten geht nicht klar hervor, ob die Bildunterschrift »Deutsche Mannesschönheit I« Teil der Installation war.

bung die Tendenz zum Schönheitswettbewerb). Peter Bexte hat diese Geste des »Als« bei den Dadaisten extrahiert und auf ihre Methode des »Zusammenschneidens« bezogen.[203] Diese Geste, die *etwas als etwas anderes* zeigt, ist freilich in der Prothese motivisch angelegt: Sie zeigt als Artefakt das Bein *als* Bein. Als künstlerisches Verfahren hat sie viele Namen, Montage oder Verfremdung sind zwei – in den zwanziger Jahren immens wichtige – davon. Eine Auge *als* Ohr, eine Schraube *als* Nase, Friedrich Ebert *als* Arzt / Erfinder *als* Kopf eines Krüppels, der Offizier *als* Schwein, der Künstler *als* wildgewordener Spießer usw. Eine ganze Kaskade von Ersetzungen führt Bilder *als* Bilder, Körper *als* Körper, Politiker *als* Politiker vor. Die Prominenz prothetischer Figuren auf der ersten Dada-Messe ist nicht nur politische Intervention und beißende Medienkritik (obwohl sie auch das ist). Prothesen sind das figurative Pendant zum formalen Experiment mit Praktiken des Ersetzens, das eine Schärfung und Intensivierung von Wahrnehmung erreichen möchte. Mit André Breton gesprochen: »Man kann eine Hand verfremden, indem man sie vom Arm trennt. Sie gewinnt dabei ›als Hand‹.«[204] Der exzessive Gebrauch der Geste des Als hatte eine ganze Reihe von Effekten, die den Dadaismus zu einer der wirkmächtigsten Kunstströmungen des 20. Jahrhunderts machten. Ein zentrales Element ist die fachgerechte Zerstörung von konventionalisierten Sinnzusammenhängen. Diese Tendenz wurde von Zeitgenossen als Raserei und Verrücktheit wahrgenommen, innerhalb der Gruppe erlaubte sie immer neuen Kombinations- und Kooperationsmöglichkeiten. Die Ausarbeitung des ikonischen und medialen Potentials von Maschinenbildern[205] ist eine weitere zentrale Leistung der Dadaisten. Maschinen(teile) finden sich nicht nur in den Montagen und Collagen, sondern auch in Cartoons, in streng geometrischen, an den italienischen Surrealismus erinnernden Bildern, auf filigranen Zeichnungen, in allegorisch überfrachteten Großgemälden und als Zutat der wild zusammengebastelten Skulpturen. Eine unbestreitbare Innovation war außerdem die konsequente Erweiterung des Bildraums (Collagen auf einem Bild, Montagen in einem Bild) und des Radius des künstlerischen Schaffens ins Performative und Publizistische hinein.

Die Montagetechniken der Dadaisten entstanden etwa zeitgleich mit Sergej Eisensteins Theoretisierung der Film-Montage als gesellschafts- und wahrnehmungsveränderndes Verfahren. Raoul Hausmanns bereits 1918 verfasstes *Synthetisches Cino der Malerei* deutet nicht nur eine Nähe zu Eisen-

203 Bexte: »Mit den Augen hören«.

204 André Breton in *La femme 100 têtes*, zit. n. Spiess, Werner: *Max Ernst – Loplop. Die Selbstdarstellung des Künstlers*. Köln: DuMont 1998, S. 38.

205 Bexte spricht von der Entdeckung des ikonischen Potentials von Maschinen bei Hausmann. Ich würde sagen: Die Dadaisten »entdeckten« nicht die Maschine als solche, sondern ganz bestimmte, nämlich unlogische Maschinen. Bexte: »Mit den Augen hören«, S. 435.

steins ästhetischem Programm an, sondern auch Einverständnis mit der revolutionären Stoßrichtung seiner Montagetheorie. So ist im *Synesthetischen Cino* unmissverständlich von einer angestrebten »Steigerung der Sinnesorgane durch Wissenschaft und Kunst«[206] die Rede. Es gibt allerdings theoretische und praktische Unterschiede zwischen Dada und Eisenstein, denn wo Eisenstein Filmbilder schnitt, schnitten die Dadaisten mit Scheren Bilder aus Zeitungen zusammen. Diese Erfindung der Photomontage haben mehrere Dadaististen und Dadaistinnen für sich reklamiert.[207] Hausmann führt die Montage auf die Begegnung mit montierten Soldatenporträts bei einem Urlaub mit Hannah Höch auf Usedom zurück. Es war eine weit verbreitete Praxis, die Köpfe militärischer Würdeträger auf massenhaft hergestellten Lithographien durch individuelle Porträts (etwa des eigenen Sohnes) zu ersetzen. In Hannah Höchs Nachlass ist eine solche Lithographie mit ersetzten Köpfen zu finden, beschriftet mit dem Satz: »Der Anfang der Photomontage.«

George Grosz und John Heartfield verbreiteten (zum Teil selbst, zum Teil durch die Feder Wieland Herzfeldes) ihre eigene Variante der Geschichte der Erfindung der Photomontage. Derzufolge entstand sie als eine Uminterpretation von Feldpost. Herzfelde berichtet darüber, dass Heartfield und Grosz 1916 damit begannen, so genannten »Liebesgaben« an die Front zu schicken. Diese wurden als »individualisierte« Zuwendung für die Frontsoldaten en gros und anonym produziert und zugestellt. Neben an der Front offenkundig absurden Dingen wie gesteiften Krägen oder Ärmelschonern, verschickten Heartfield und Grosz beispielsweise neu beschriftete Teebeutel, die etwa »Süße Träume« oder »Loyalität mit der kaiserlichen Familie« bewirken sollten. Auf Karton klebten sie Werbeanzeigen (etwa für Hundefutter oder Gesangsbücher) zusammen. Bald gingen sie dazu über, solcherart umfunktionierte Postkarten für ihre private Korrespondenz zu verwenden. Angeblich wurden geklebte Postkarten zum Teil auch von den Soldaten verwendet, um Zensur zu umgehen.[208] Eine weitere wahrscheinliche Inspirationsquelle waren Artefakte, die in den so genannten »Klebestuben« entstanden. Auf Initiative von Ida Dehmel wurden in Hamburg von Freiwilligen (vor allem Frauen) während des Kriegs »Klebehefte« hergestellt. Aus Illustrierten und Zeitungen wurden Alben für Soldaten zusammengestellt, die häufig den »Liebesgaben« beigegeben wurden. Johannes Baader wiederum behauptet, die Erfindung der Photo-

206 Synthetisches Cino der Malerei, in: Hausmann: *Bilanz*, S. 14–16, hier: S. 15.
207 Die unterschiedlichen Herkunftsgeschichten sind entnommen: Doherty, Brigid: »Dada Berlin«. In: Dickerman, Leah (Hg.): *DADA. Zurich, Berlin, Hanover, Cologne, New York, Paris. Ausstellungskatalog der National Gallery of Art Washington*. Washington, Landover: National Gallery of Art 2005, S. 87–112, S. 90–98. Biro: *Dada Cyborg*, S. 189–196.
208 Vgl. Doherty: »Dada Berlin«, S. 94.

montage sei im Zuge von individuell gestalteten Geburtstagskarten im Jahr 1918 zu verorten.

Wie dem auch sei, gemeinsam ist allen Herkunftserzählungen die Bezugnahme auf Krieg und Erinnerung sowie auf eine Dialektik von Massenproduktion und Individualisierung. Die Dadaisten zeigten sich fasziniert von standardisierten Bildwelten und medialen Artefakten, die während der Mangelwirtschaft des Krieges umso verführerischer glänzten. Sie verhöhnten die vorgestanzte Innerlichkeit, wie sie im Begriff der »Liebesgabe« suggeriert wurde und die sie in einer Linie mit dem Appell an deutsche, soldatische oder bürgerliche Seeleneigenschaften ablehnten. Die Erzählung von Hausmann / Höch macht noch deutlicher, warum der verstümmelte, reparierte Soldatenkörper zum Inbegriff des Montierens wurde. In der figurativen Überkreuzung von verkörperter Zerstörung und zusammengeklebter Ganzheit auf den Soldatenporträts eröffnete sich das experimentelle Potential der Montage als Methode einer doppelbödigen Kritik und der Intervention in Geschichtserzählungen. Das metonymische Spiel der Ersetzungen erhielt im medial konstruierten Bild des Soldaten jene politische Schärfe, die sich die Dadaisten wünschten. Sie konnten den Soldaten als Inszenierung und Konstruktion bürgerlich-militaristischer Propaganda im Wortsinn »dekonstruieren«: in seine Einzelteile zerlegen und neu zusammenbauen, oder besser: zerlegend zusammenbauen. Dass diese Zusammenschnitte häufig plump und grob ausfielen, war ganz im Sinne ihrer Erfinder und beabsichtigte die Exponierung der strukturellen Gewaltsamkeit der Herstellung des Massenmenschen.

Lange vor jeder kritischen Theorie der Medien entwickeln die Dadaisten also ästhetische Methoden zur Dekonstruktion der medialen Herstellung des Massenindividuums. Dem Verlust bürgerlicher Subjektivität weinten sie jedoch nicht allzu heftig nach. Ihre Arrangements sind im Gegenteil so labyrinthisch, dass nie ganz klar wird, ob gerade kritisiert oder affirmiert wird, ob nicht die Affirmation schon Kritik ist oder die Kritik doch Affirmation. So behauptete George Grosz in seiner Biographie (1955), er habe 1916 ein Porträt von Henry Ford mit einer – selbstverständlich gefälschten – Widmung an der Wand seines Ateliers aufgehängt[209] und in einer Bildunterschrift die Einführung des Taylor-Systems in der Kunst gefordert.[210] War also der interventionistische Gestus von Dada ein einziger Hokuspokus? War alles Behauptete leere Parole, Provokation, um den künstlerischen Projekten eine Öffentlichkeit und einen Markt zu schaffen, eine Verspottung der Leidenden des Krieges? Zwar ging es bei der Erfindung

209 Grosz: *Kleines Ja*, S. 103.

210 Bergius, Hanne: *Montage und Metamechanik. Dada Berlin – Artistik von Polaritäten*. Berlin: Gebr. Mann Verlag 2000, S. 49.

der Anti-Kunst letztlich um die Erneuerung der Kunst und nicht um ein konkretes politisches Projekt, das heißt aber im Umkehrschluss nicht, dass Dada unpolitisch war. Die Dadaisten erweiterten nicht nur den Aktionsradius künstlerischer Produktion über den traditionellen Kunstbetrieb hinaus und stellten damit die Kunst insgesamt auf die Probe. Sie erprobten jene Werkzeuge des Widerspruchs, die – sehr viel später – so wichtig für außerparlamentarische politische Bewegungen werden sollten: die Herstellung satirischer Flugblätter, das Abhalten von Happenings etc. Teil ihres Programms war auch der dezidierte Ersatz des künstlerischen Genies durch ein Kollektiv, des einheitlichen Werks durch heterogene Assemblagen, des Originals durch das Kopierte. Auch sahen die Dadaisten ihre ästhetische Produktion nicht länger als der Wirklichkeit vor- oder nachgelagerte »Sonderwelt« an, sondern als integraler Bestandteil und Effekt einer medial durchwirkten und geschichtsgesättigten Gegenwart. Und die geschichtliche Sättigung ihrer Gegenwart war eine der physischen und psychischen Gewalt, die von Militär und Staat ausging. Im *ersten dadaistischen manifest* proklamierte Richard Huelsenbeck diese Kunstauffassung. Wieder verwendet er Strategien der Zergliederung und Bilder der Verstümmelung:

> Die Kunst ist in ihrer Ausführung und Richtung von der Zeit abhängig, in der sie lebt, und die Künstler sind Kreaturen ihrer Epoche. Die höchste Kunst wird diejenige sein, die in ihren Bewußtseinsinhalten die tausendfachen Probleme der Zeit präsentiert, der man anmerkt, daß sie sich von den Explosionen der letzten Woche werfen ließ, die ihre Glieder immer wieder unter dem Stoß des letzten Tages zusammensucht.[211]

Der Dadaismus soll die Glieder zusammensuchen, er kommt hier in die Nähe der Prothetik und mit Blick auf die Dadaisten als Medienarbeiter auch einer provisorischen Didaktik. In ihrer Hochphase bis 1924 sind die Dadaisten keine Therapeuten oder Sozialingenieure im Sinne des sowjetischen Konstruktivismus, sondern sie flicken notdürftig zusammen: provisorisch, improvisatorisch. Bisweilen resultiert dies in einen Strudel, eine Totalinflation von Bildern und Parolen. Orientierung boten da die imaginären Identitäten, die das Dadakollektiv so wunderbar vergrößern (aufblasen, inflationieren) konnte: Oberdada, Weltdada usw. Da passt es gut, dass Johannes Baader 1930 als Teil des Phänomens der »Inflationsheiligen« zu einem Treffen verschiedener Wanderprediger mit einer Maschine der Lufthansa eingeflogen wurde, um dort als wahrer Christus aufzutre-

211 Richard Huelsenbeck, »Dadaistisches Manifest«, April 1918, abgedruckt in: Bergius, Hanne: *Das Lachen Dadas. Die Berliner Dadaisten und ihre Aktionen*. Gießen: Anabas 1989, S. 26–27, hier: S. 26.

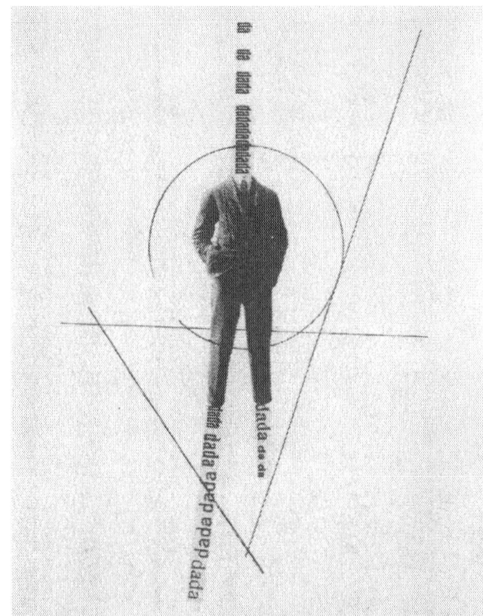

Abb. 67: George Grosz, John Heartfield: *Der Weltdada Richard Huelsenbeck*, Photomontage (ca. 1919).

ten.[212] Man kann sich bei den Dadaisten nie ganz sicher sein, ob man Prothese oder Organ, Original oder Imitat vor Augen hat.

Eine kleine Collage von George Grosz und John Heartfield mit dem Titel *Der Weltdada Richard Huelsenbeck* (1919) legt eine andere Lesart von Dada nahe: Dadakunst selbst ist das neue Organ. Im Weltmittelpunkt – Leonardos vitruvianischen Menschen zitierend – steht ein mit Huelsenbeckteilen ausgefüllter Anzug, Hemd und Krawatte inklusive. Als Kopf und als Füße fungieren Papierstreifen, die mit »dada da dadadada« usw. beschriftet sind. Dada ist eine stotternde Erweiterung des verstümmelten Bürgers geworden, eine provisorische Kunst- / Künstler-Prothese, wo kein einheitlicher Gesichtspunkt oder eine gegliederte Grammatik Sinn garantieren kann. Und Dada ist hier – trotz oder aufgrund des erlebten Totalangriffs auf die Körper, der so drastische Bilder erzeugte – vor allem eines: Sprache. Vielleicht sogar der Versuch, wieder sprechen zu lernen, selbst wenn zuerst einmal nur aus dem »Ratata« der Maschinengewehre ein etwas weicheres »dadada« wird.

Als die Dadaisten in den frühen 1920er Jahren versuchten, die Wahrnehmung wahrnehmbar zu machen, entstanden neue Figurationen. Im Vorgang des Zeigens auf die mediale Produktion von Sinn zerfiel dieser hoff-

212 Ibid.: S. 162–172.

nungslos, entließ aber neue Figuren und ästhetische Verfahren in die Welt. Die »letzten Lockerungen« (Walter Serner) der Dadaisten hinterließen zerlegte Maschinen und Körper, und das Neuzusammengefügte blieb ungefügig und absurd. Als Ausweg bot sich die Flucht in den Mystizismus des byzantinischen Christentums (Hugo Ball) oder auch eine Annäherung an holistische Welterklärungsmodelle, etwa Hanns Hörbigers Welteislehre (Raoul Hausmann). Am nachhaltigsten und am längsten (bis in die sechziger Jahre hinein) und ohne sich den Verlockungen von wohlfeilen Weltbildern hinzugeben, betrieb wohl Hannah Höch Dekonstruktion mit Mitteln der Collage. Ihre post-dadaistischen Arbeiten haben den Charakter japanischer Goldreparaturen, einer Technik, mit der zerbrochenes Porzellan repariert wird. Die Bruchstellen werden nicht dissimuliert, sondern mittels Gold oder Goldlack konturiert. Ähnlich erscheinen in Hannah Höchs späteren Arbeiten die Beschädigungen und die zerschlagenen Körper nicht mehr als Scherbenhaufen, sondern als wertvolle Preziosen.[213] Zwei Collagen aus den dreißiger und vierziger Jahren *Siebenmeilenstiefel* und *Nur nicht mit beiden Beinen auf der Erde stehen* zeigen eine Richtung an, die den destruktiven Avantgarde-Gestus, der die verstümmelten Körper noch weiter fragmentierte, zurückstellt, ohne Heilung in Aussicht zu stellen, aber auch ohne einer planvollen Neukonstruktion des Menschen allzu viel Vertrauen entgegenzubringen. Wenn es irgendwo im Dadaismus Cyborgs im Sinne Donna Haraways gibt, dann bei Hannah Höch: Sie verfertigt historisch markierte und transformationsbereite Hybriden, Märchenwesen, die auf dem Sprung in eine andere Welt sind.

Körper umfunktionieren mit Bertolt Brecht. Die Krüppelkopien der Dreigroschenoper

Die dadaistischen Dekonstruktionen sind Medienarbeiten: Sie arbeiten mit am welt- und wahrnehmungserzeugenden Inventar technisch (re-) produzierter Bilder und Texte. Sie sind auch Medientheorie im Sinne des analysierenden Beobachtens, Anschauens und Betrachtens, das das griechische Wort meint. Denn Dada stellt zur Ansicht aus, worauf die gut vierzig Jahre später entstehende Medientheorie abhebt. Dada-Assemblagen führen der Wahrnehmung zu, dass in Medientechniken und ihren Institutionen bedeutungsgenerierende Instanzen am Werk sind, die dem Sinn vorgelagert oder beigemischt sind. Ihre Strategien, die Materialität von Zeichen – seien sie nun Schrift oder Bild, lautlich oder räumlich organisiert – durch Montage hervorzukehren, ist eine Theorie der Medien *avant la lettre*.[214] Die

213 Vgl. Burmeister, Ralf und Berlinische Galerie (Hg.): *Hanna Höch. Aller Anfang ist DADA.* Ostfildern: Hatje Cantz 2007.

214 Vgl. dazu auch Mersch, Dieter: »Einleitung. Wort, Bild, Ton, Zahl – Modalitäten medialen Darstellens«. In: Ders. (Hg.): *Die Medien der Künste. Beiträge zur Theorie des Darstellens.* München:

Geste des »Als« ist dabei wichtiger als das traditionelle »Als-ob« der Künste. Es geht weniger um neue Metaphern und Erzählungen als um das Ausstellen von Mediatisierungen. Hanne Bergius hat überzeugend dargestellt, dass die dadaistische Geste der De-Konstruktion zwischen den Polen eines (dionysischen) Taumels aller Bedeutung und (apollinischen) Versuchen der Klärung aufgespannt ist. Bergius verwendet für die »Entregelungsprozesse« zwischen den beiden Polaritäten die Begriffe Montage (dionysisch) und Metamechanik (apollinisch).[215] »Metamechanik« meint eine Auffassung von Technik, wie sie sich in Gilles Deleuzes Charakterisierung von Alfred Jarry als Vorgänger Heideggers findet: Technik als Erbe der Metaphysik, die jedoch die Metaphysik sprengt, da sie nicht länger bedeutet, hierarchisiert und subsumiert, sondern *macht* und *zwingt*.[216] Auch für Deleuze ist Technik im planetarischen Maßstab, in ihrer Omnipräsenz nicht einfach Seinsverlust, sondern eine potentielle Quelle des Werdens, eines *unbestimmt Zukünftigen*, auch der Aufhebung überlieferter Wissens-, Arbeits- und Geschlechterverhältnisse.[217] Technik als Kunst des Unvorhersehbaren, des Unwahrscheinlichen, das ist ein Flugzeug, das im Begriff ist, »*in all seinen Bestandteilen davonzufliegen* [Kursivierung d. Autors, KH]«[218]. Das scheint mir eine gute Beschreibung dadaistischer De-Konstruktion zu sein.
Sucht man nach einem Erben dieser Geste, stößt man unweigerlich auf Bertolt Brecht und seiner zum Slogan geronnenen Forderung, das Theater müsse das Zeigen zeigen. Auch Walter Benjamin behandelt in seinem Aufsatz zu gesellschaftstransformierenden Möglichkeiten der Kunst »Der Autor als Produzent«[219] neben Tretjakow und dem epischen Theater den Dadaismus. Brecht wiederum rekurrierte in seiner Konzeption des V-Effekts auf Dadaismus und Surrealismus: »Der Dadaismus und der Surrealismus benutzten Verfremdungseffekt extremster Art. Ihre Gegenstände kehren aus der Verfremdung nicht wieder zurück.«[220] Brechts V-Effekt sollte freilich aus der Verfremdung in die Wirklichkeit des Publikums zurückkehren. Er entwickelte die expositorische Geste des »Als« nicht zwingend in-

Fink 2003, S. 9–49. Mit flusserschem Akzent: Roth, Nancy: »Kameraden und Kohlköpfe: John Heartfield im Universum der technischen Bilder«. In: Engell, Lorenz, Jiří Bystřický und Katerina Krtilova (Hg.): *Medien denken. Von der Bewegung des Begriffs zu bewegten Bildern*. Bielefeld: transcript 2010, S. 123–136.

215 Bergius: *Montage und Metamechanik*. Einführung, S. XV.

216 Deleuze, Gilles: »Ein verkannter Vorläufer Heideggers: Alfred Jarry«. In: *Kritik und Klinik*. Übers. von Joseph Vogl. Frankfurt a. M.: Suhrkamp 2000, S. 124–135.

217 Ibid.: S. 127–130.

218 Ibid.: S. 128.

219 Benjamin, Walter: *Versuche über Brecht*. Hg. und mit einem Nachwort versehen von Rolf Tiedemann. Frankfurt a. M.: Suhrkamp 1971, S. 95–116.

220 »Notizen über V-Effekte«. In: Brecht, Bertolt: *Gesammelte Werke, Bd. 15. Schriften zum Theater 1*. Frankfurt a. M.: Suhrkamp 1967, S. 364–369, hier: S. 364.

termedial weiter. Bei den Dadaisten verweist ein Medium z.B. durch ungefügen Ersatz oder Wiederholung auf die Artifizialität eines anderen: Die Photographie hebelt den Naturalismus der Malerei aus, die Typographie den Naturalismus der Photographie usf. Brecht arbeitete hingegen innerhalb des Theaters und durch eine »Umfunktionierung«[221] der Grammatik der theatralischen Mittel. Er versuchte die Entwicklung einer Schauspielkunst der »sozialen Geste« und erneuerte das Theater baulich und szenographisch. So kam es zu einer Neurahmung der Spielfläche durch »kleine Bühnen« und / oder einen halbhohen Flattervorhang. Bekannt sind der Einsatz von Schildern und die wechselseitige Unterbrechung von Sprechpartien und Gesang.

Mit Blick auf Brechts *Dreigroschenoper* und *Mann ist Mann* stellt sich die Frage, wie sich die ästhetische Programmatik Brechts im Umgang mit dem hinfälligen Körper auf der Bühne ausmacht und welche Funktion dabei der figurativen Darstellung von Prothesen zukam. In der *Dreigroschenoper* lässt sich an die Szenen in Jonathan Peachums Bettlerausstattungsladen anknüpfen, in *Mann ist Mann* an jene Operation, die im Zentrum der Handlung steht: die Ummontage des Packers Galy Gay in eine menschliche Kampfmaschine. In beiden Fällen – dies die Ausgangsthese – ist die Umwandlung von Versehrung, Mangel und Schwäche in eine Allegorie der Gesellschaft Voraussetzung und Anlass für den Einsatz prothetischer Bilder.

In einem Negativbeweis lässt sich diese These der Abstraktion und Allegorisierung dadurch stützen, dass Brecht für eine Aufführung der Dreigroschenoper von 1949 die Krüppelszenen modifizierte. Angesichts der Kriegsversehrten des Zweiten Weltkriegs im Publikum hielt er sie nunmehr für unangebracht. In einem Brief an Kurt Weill – der die Neufassung nicht autorisierte – schrieb er: »Die Krüppelkopien des Herrn Peachum sind im Augenblick in Deutschland nicht attraktiv, da im Zuschauerraum selbst zu viele echte (Kriegs-)Krüppel oder Anverwandte von Krüppeln sitzen. Es musste da einfach ein Ersatz gefunden werden.«[222] Im Umkehrschluss heißt das, dass aus Anlass der Erstaufführung (1928) solche Pietät nicht notwendig schien. Die *Dreigroschenoper* war 1928 ein äußerst populäres Stück. Niemand scheint sich damals an der ironischen Entkernung der Figur des Kriegsversehrten gestoßen zu haben. In der Tat setzt Brechts Verwendung des Bildarsenals des Kriegskrüppels da ein, wo die Debatte Mitte der zwanziger Jahre stehen geblieben war: Bei der wirtschaftlichen Verwertbarkeit von Versehrung, Behinderung und Arbeit.

221 Z.B. »Anmerkungen zur ›Dreigroschenoper‹«, in: Brecht, Bertolt: *Die Dreigroschenoper. Der Erstdruck* 1928. Mit einem Kommentar von Joachim Lucchesi. Frankfurt a. M.: Suhrkamp 2004, S. 93. Benjamin: *Versuche über Brecht*, S. 104.

222 Brecht: *Dreigroschenoper*, Kommentarteil, S. 129.

Wie oben dargestellt, kreiste die öffentliche Debatte nach dem Ende des Ersten Weltkrieges um zwei Themen: erstens, um die angebliche »Rentenangst« der Kriegsversehrten, also um die angebliche Bedrohung, die nicht gerechtfertigte finanzielle Ansprüche für Volkswirtschaft und Arbeitsmoral darstellten. Damit in Verbindung stand der quantifizierende Umgang mit dem Kriegsbeschädigtenstatus. Zweitens wurde der Unruheherd thematisiert, den die öffentliche Präsenz der Veteranen in Bezug auf die Erinnerungspolitik und Neudefinition der Nation darstellten. Öffentlich sichtbar waren die Kriegsversehrten vor allem in zwei Varianten: als Betreiber einer informellen Ökonomie (Betteln, Straßenmusik und Kleinkriminalität) und als Teilnehmer großer Demonstrationszüge der Verbände für Kriegsbeschädigte. In Jonathan Jeremiah Peachums Geschäftsmodell fließen beide Aspekte zusammen. Der Bettlerkönig bietet den Bettlern Londons ein Art Franchising-Modell an, das ihre Einnahmen zu maximieren verspricht. Er selbst stellt sich als zynischer Spezialist der Produktivmachung des Elends vor, als einer, der aus der »furchtbaren Fähigkeit, sich gleichsam nach eigenem Belieben gefühllos zu machen«[223] Kapital schlägt, indem er die Bettler mit Geschäftsbedarf – künstlichen Versehrungen, Krücken, Prothesen etc. – ausstattet. Das wohlfahrtsstaatliche Typifizierungs- und Quantifizierungsparadigma der Prothetik parodierend, modifiziert er die Körper der Bettler entsprechend fünf Grundtypen des Elends, die in einem Schaukasten anhand von fünf Wachspuppen dargestellt sind. Die Herstellung von Invalidität ist ein Theater im Theater: Frau Peachum bügelt Flecken in die »Uniformen« der Bettler, und an einer Stelle beschwert sich ein »Angestellter« darüber, dass sein falscher Armstumpf nicht genügend Einnahmen bringt:

> BETTLER: Ich muß mir ganz energisch beschweren, indem das ein Saustall ist, indem es überhaupt kein richtiger Stumpf ist, sondern eine Stümperei, wofür ich nicht mein Geld hinausschmeiße.
> PEACHUM: Was willst du, das ist ein ebenso guter Stumpf wie alle anderen.
>
> BETTLER: So, und warum verdiene ich nicht ebensoviel wie alle anderen? Ne, das könne Sie mit mir nich machen. (Schmeißt den Stumpf hin) Da kann ich mir ja mein richtiges Bein abhacken, wenn ich so einen Schunde wie –
>
> PEACHUM: Ja, was wollt ihr denn eigentlich? Was kann denn ich dafür, dass die Leute ein Herz haben wie Kieselstein. Ich kann euch doch

223 Ibid.: S. 12.

nicht fünf Stümpfe machen! Ich mache aus jedem Mann in fünf Minuten ein so bejammernswertes Wrack, dass ein Hund weinen würde, wenn er ihn sieht. Was kann ich dafür wenn ein Mensch nicht weint! Da hast du noch einen Stumpf, wenn dir der eine nicht ausreicht.[224]

Die Idee der Prothese wird damit invertiert und pervertiert. Es ist nicht die Prothese, die Produktivität gewährleistet, sondern der Körper muss als Amputierter maskiert werden, um die Einnahmen maximieren. Der beschädigte Körper ist in der Beschwerdeführung des Bettlers reines Mittel zum Zweck. Selbst die drastische Androhung einer Selbstamputation ist nichts als Rhetorik zur Erzwingung besserer ökonomischer Ausgangsbedingungen.

Ist Peachums Bettlerladen als verkehrte Welt des Wohlfahrtsstaates eingerichtet, so ist die von ihm organisierte Demonstration am Tag der Krönungsfeierlichkeiten ein Reflex auf die Großdemonstrationen der Kriegsversehrtenverbände und ihre Forderung nach einem angemessenen Ort in der Erinnerungskultur der Nachkriegszeit. Peachum unterfüttert die Androhung des Bettlerzugs mit einer historischen Erzählung. Er weist den Polizeipräsidenten auf die Störung des Krönungszugs der Semiramis durch »allzu lebhafte Beteiligung der unteren Schichten«[225] hin. Er spielt direkt auf die Ereignisse der Nachkriegszeit an, wenn er ihm die negativen öffentlichen Reaktionen auf Bilder des Niederknüppelns von Krüppeln vor Augen stellt: »Aber wie wird es aussehen, wenn anlässlich der Krönung sechshundert arme Krüppel mit Knütteln niedergehauen werden müssen? Schlecht würde es aussehen. Ekelhaft sieht es aus. Zum Übelwerden ist es.«[226] Peachum geht es mit seinen Krüppelkopien nicht um die Körper, die lassen sich herrichten, sondern um den höchsten Einsatz in einer Ökonomie der Schockbilder.

Peachums Geschäftskonzept definiert seine Aufgabe als die eines Produzenten von effektvollen Bildern. Aus dem realen Elend der Bettler formt er Figuren, die Mitleid erregen. Filch fragt an einer Stelle, warum er nicht sein reales Elend »darstellen« darf, das eher Typ A als Typ C entspräche. Peachum antwortet: »Weil einem niemand sein eigenes Elend glaubt, mein Sohn.«[227] Das ist nicht nur Einsicht in die Verfasstheit eines ausdifferenzierten, affektkapitalistischen Gemeinwesens, sondern auch die Programmatik des epischen Theaters: Es sollte nicht kunstvoller Ausdruck

224 Ibid.: S. 41–42.
225 Ibid.: S. 65.
226 Ibid.: S. 75. Im Film *Die Dreigroschenoper* (G.W. Pabst, 1931) gibt Peachum zudem den Befehl, die Hässlichsten mögen an den Rändern marschieren, was an die theatralen Strategien der Kriegsversehrtenverbände erinnert.
227 Ibid.: S. 16.

von »natürlichen« Affekten zeigen, sondern zeigen, wie Affekte gemacht werden. Peachum ist der Modell-Regisseur des epischen Theaters. Er baut seine Figuren so zusammen, wie auch Brecht seine Typen gebaut hat. Sie entstehen auf Basis einer quasiwissenschaftlichen Arbeit an Gestik und Mimik, an der Ausstattung, an den einzelnen Vorgängen auf der Bühne. Während der Probenarbeit zur *Dreigroschenoper* in Paris 1937 zeigte er sich beispielsweise erfreut, dass ein Schauspieler sich stundenlang mit der Auswahl seines Hutes beschäftigte: »Dies, dachte ich beglückt, ist ein Schauspieler des wissenschaftlichen Zeitalters.«[228] In seinen Anmerkungen zur Aufführungspraxis konzipiert er das Geschäft Peachums der Raum der Modellierung zentraler Konzepte des epischen Theaters, als Modellraum des verweisenden Zeigens:

> 5) Die Schauspieler brauchen sich bei dem Zeigen solcher Dinge wie des Peachumgeschäftes nicht allzu sehr um den gewöhnlichen *Fortgang der Handlung* zu kümmern. Allerdings dürfen sie nicht ein Milieu, sondern müssen sie einen Vorgang geben. Der Darsteller eines dieser Bettler muß das Auswählen eines passenden und effektvollen Holzbeines (er prüft ein solches, legt es wieder beiseite, prüft ein anderes und greift dann zum ersten zurück) so zeigen wollen, daß eigens dieser Nummer wegen Leute sich vornehmen [...], noch einmal das Theater aufzusuchen [...].[229]

Die Zuschauer sollen wiederkommen, nur um die eine Szene noch einmal anzusehen. Deutlich tritt hier hervor, dass Brecht das Theater als Abfolge von Bildern, von Tableaus dachte. Roland Barthes hat dies in »Diderot, Brecht, Eisenstein« als Brechts »dioptrische Kunst« bezeichnet, als Kunst, fein säuberliche Rahmen zu setzten. Von daher stammt die Verwandtschaft des epischen Theaters zum Film. Bei Diderot und Brecht sei »das perfekte Stück [...] eine Abfolge von Bildern, das heißt eine Galerie, eine Ausstellung.«[230] Brecht forcierte in Zusammenarbeit mit seinem Szenographen Caspar Neher[231] dieses Vorgehen, indem er die Bühne in zwei oder mehr Bühnenbilder aufteilte: Im Vordergrund fand sich ein – häufig mit

228 »Ein alter Hut«. In: Ibid.: S. 109.
229 »Anmerkungen zur ›Dreigroschenoper‹«. In: Ibid.: S. 100.
230 Barthes, Roland: »Diderot, Brecht, Eisenstein«. In: *Der entgegenkommende und der stumpfe Sinn. Kritische Essays III*. Übers. von Dieter Hornig. Frankfurt a. M.: Suhrkamp 1990 (1973), S. 94–102, hier: S. 95.
231 Zur zentralen Rolle, die Neher für die Konzeption und Umsetzung des epischen Theaters zukommt vgl. Tretow, Christine: »›Geschärfter Blick‹ und ›Innere Schau‹. Grundlagen der Entwicklung der Neherschen Bühne«. In: Tretow, Christine und Helmut Gier (Hg.): *Caspar Neher – Der größte Bühnenbauer der Welt*. Opladen, Wiesbaden: Westdeutscher Verlag 1997, S. 36–60.

leichten Wänden oder einem Flattervorhang begrenzter Raum – im Hintergrund brachte Neher seine berühmten, gemalten oder projizierten, großflächigen, kommentierenden Bilder an. Zur Uraufführung der *Dreigroschenoper* bildete den Bühnenhintergrund eine riesige Jahrmarktsorgel, in deren Inneren sich die Musiker befanden und die buntleuchtend zum Leben erwachte, sobald ein Song gespielt wurde. Flankiert wurde die Orgel von zwei »riesigen Leinwandtafeln in roten Samtrahmen aufgestellt, auf welchen die *Neher*schen Bilder projiziert waren.«[232] In der Peachum-Szene wurde zudem der Eindruck einer Ausstellung durch die Vitrinen (oder Schaufenster) mit den fünf Typen des Elends genährt. Brecht bemerkte zur Pariser Aufführung (1937): »Auf einer kleinen, flachen Staffelei standen einzelne zerlumpte Schuhe, ebenfalls nummeriert wie Modelle, die man sonst in Museen unter Vitrinen sieht.«[233]
Barthes' spätere Zweifel an Brechts Einsatz des »Zeigens des Zeigens«, den er in früheren Texten als »Verwackelung der Zeichen« beschrieben und – analog zur japanischen Alltagskultur – als vorbildlich für eine nichtrepräsentative Kunst eingeschätzt hatte,[234] entzündet sich genau an dieser Verwandlung eines Kontinuums in ein Bild. Als Ausschnitt ist das Bild ein Fetisch, der der abendländischen Tendenz zur Geometrisierung (und damit zur Diskretisierung) des Erlebens entspricht. Dem setzt Barthes das Kontinuum der Musik und des Texts entgegen. Das Einrichten des Bildes mitauszustellen bewirke, so Roland Barthes, zwar einen Bruch mit der Selbstverständlichkeit des eingerichteten und codierten Sichtraums, Brecht verbleibe aber dennoch in der Welt der diskreten Bildfolgen. Anders gesagt: die Kritik des Tableaus durch mediale Selbstthematisierung ist noch keine mögliche Welt, entspricht auch nicht dem Anspruch an die Künste, *aisthetisch* Grundstürzendes zu provozieren.
Was macht diese Tendenz zum Tableau mit dem Körper auf der Bühne? Sie ordnet ihn nach dem Modell der porträtierten Gestalt. Das gilt auch noch für die Montage. »Die durch die Montage angeordneten und gleichsam magnetisch aufgeladenen Organe funktionieren im Namen einer Transzendenz, der der *Gestalt*.«[235] Diese ordnet den Körper auf eine Ganzheit hin, die Diderot als diejenige der organisch geordneten »Gliedmaßen bei einem Tierkörper«[236] beschrieben hat. Trifft das für die Körper Brechts zu? Finden sich in der Dreigroschenoper nicht viele jener von Barthes

232 »Aufbau der ›Dreigroschenopern‹-Bühne«. in: Brecht: *Dreigroschenoper*. S. 106–107, hier: S. 106.
233 Ibid.: S. 107.
234 Vgl. dazu ausführlich: Neumann, Gerhard: »Roland Barthes' Theorie des Deiktischen«. In: Mersch, Dieter (Hg.): *Die Medien der Künste. Beiträge zur Theorie des Darstellens*. München: Fink 2003, S. 53–74.
235 Barthes: »Diderot, Brecht, Eisenstein«, S. 33.
236 Diderot: »Composition«, zit. n. ibid.

Abb. 68: Szenenskizze Caspar Nehers zu Peachums Bettlerladen in der *Dreigroschenoper*, Theater am Schiffbauerdamm Berlin (1928).

favorisierten »Teilorgane«, die eine »Eindämmung des metaphysischen Sinns des Werks«[237] bewerkstelligen? Das Ausstellen unversehrter, ganzer, souveräner Körper ist Brechts Sache nicht. Seine Zerlegungsarbeit und die anschließende Synthetisierung von möglichst prägnanten gestischen Chiffren zielt jedoch auf eine Totalität, nämlich die von sozialen Beziehungen und Verhältnissen. Brechts »sozialer Gestus«[238] knüpft damit an Lessings »prägnanten Augenblick« an, er bleibt didaktisch und auf ein soziales Ganzes bezogen.[239] Diese Geste ist – so Roland Barthes – so lange erforderlich, wie die Gesellschaft noch unfertig ist. Das Ganze der Gesellschaft ist eben genau das Unfertige, das Fragment, die Durchgangsstation. Erst nach der Aufhebung sozialer Widersprüche – ein seltener messianischer Zug bei Roland Barthes – komme die Zeit ohne Fetische, ohne Bilder, ohne Geometrie, ohne Tableaus, ohne Gestalten aus: eine utopische Zeit der Musik und des textuellen Kontinuums. Die Zersplitterung und Montage von Körpern ist demnach ein notwendiges Übergangsmodell. Es ist ein Indiz für die Notwendigkeit der Arbeit am Gesellschaftskörper, ein Symptom unabgeschlossener – und im Zeitalter der *posthistoire* kann man wohl sagen: unabschließbarer – Geschichtsprozesse. Die Körper der Kriegsversehrten rumoren in Brechts Stück von 1928, sie sind aber halbwegs stabilisiert als Bilder. Sind die realen Körper jedoch zu präsent – wie 1949 –, erscheint ihre groteske Bildwerdung unangemessen.

237 Ibid.
238 Z.B. Bertolt Brecht: »Gestik«, in: Brecht: *Gesammelte Werke I*, S. 752–753.
239 Barthes: »Diderot, Brecht, Eisenstein«.

Montage und Ichschrumpfung in ›Mann ist Mann‹

In der *Dreigroschenoper* wurden den Schauspielerkörpern künstliche Gliedmaßen an die Seite gestellt, um ihre Körperlichkeit zu denaturieren, besser gesagt: um jeden Naturalisierungseffekt zu unterbinden. Das heißt auch, die schauspielerische Verkörperung von Rollen zu verhindern, einen Gestus statt einer Rolle zu entwickeln. Die Prothesen und Krücken sollten in der *Dreigroschenoper* die Artifizialität und die Historizität von Körperlichkeit herausstellen. Die Methoden des Ausstellens von Gemachtheit und Prägnanz körperlicher Habitualisierungen werden in Brechts Theaterschriften unter dem Stichwort »Gestus« verhandelt. In Brechts Theaterarbeit geht es ihm darum, einen Gestus zu isolieren, zu formalisieren und vorzuführen. Die Prothesen in der *Dreigroschenoper* sind beispielsweise Externalisierungen, Formalisierungen des politischen Charakters des Mitleids, aber auch Verkörperungen des Prinzips des Zeigens und Ausstellens auf dem Theater, das in einer Standardisierung von Bewegung besteht. Ziel des Aufführens von prägnanten Gesten ist, sie zur Veränderung, zur Umfunktionierung aufzuschließen.

In *Mann ist Mann* (Uraufführung 1926) wird nun das Ummontieren eines Menschen thematisch. Erzählt wird die Geschichte des unschuldigen Packers Galy Gay in eine martialische Kriegsmaschine. In der ersten Berliner Aufführung 1931 wurde er von Peter Lorre gespielt, der noch im selben Jahr, in Fritz Langs M, seinen Durchbruch als Filmschauspieler feierte.[240] Die Rahmenhandlung skizziert ein Camp der englischen Armee in Indien kurz vor dem Abmarsch in Richtung der tibetanischen Bergfestung El Dchowr. Galy Gay wird unter Anwendung diverser Tricks zu einem Soldaten umgebaut. Eine Gruppe der Maschinengewehreinheit hat ihren vierten Mann nach einem betrunkenen Überfall an den Herren der Gelbherrenpagode verloren und sucht nun dringend Ersatz für den Appell. In einem Zwischenspruch der Witwe Begbick wird die Programmatik des Stücks kurz und bündig dargelegt:

> Herr Bertolt Brecht behauptet: Mann ist Mann.
> Und das ist etwas, was jeder behaupten kann.
> Aber Herr Bertolt Brecht beweist auch dann
> Daß man mit einem Menschen beliebig viel machen kann.
> Hier wird heute abend ein Mensch wie ein Auto ummontiert
> Ohne dass er irgend etwas dabei verliert. [...]

240 Auch in Fritz Langs M (1931) ist die informelle Ökonomie der Bettler zentral: In der Halbwelt formiert sich jene Bürgerarmee, die den Kindermörder ausfindig macht, und auch M verwendet die ikonischen Bilder des Leierkastenmanns, des Blinden etc.

Herr Bertolt Brecht hofft, Sie werden den Boden, auf dem Sie stehen
Wie Schnee unter Ihren Füßen vergehen sehen.[241]

Das abendländische Subjekt verschwindet hier nicht im Sand am Meeresstrand, sondern schmilzt unter den Füßen weg. Und wie bei Michel Foucault ist deshalb nicht unbedingt Trauerarbeit angesagt, denn es geht nichts sonderlich Wertvolles verloren. Ob jedoch jemand etwas gewinnt, bleibt ebenso fraglich. Die Transformation Galy Gays durchläuft verschiedene Phasen und findet in einer fingierten Verkaufsszene ihren Höhepunkt, die wiederum als Theater im Theater inszeniert ist: Galy Gay wird von der Maschinengewehrabteilung dazu verführt, einen gefälschten weißen Elefanten aus Armeebeständen zu verkaufen. Der Elefant ist eine wirklich schlechte Fälschung. Er besteht aus mit Leintüchern verkleideten Soldaten, die mit einem Eimer Wasser entsprechende Körperfunktionen imitieren. Das Kalkül geht dennoch auf, da Galy Gay »jede Bierflasche für einen Elefanten halten würde, wenn einer mit dem Finger darauf deutet und sagt: ich bin Käufer für diesen Elefanten«.[242] Wie die Logik des Mehrwerts aus dem gefälschten Elefanten eine echte Ware macht, wird aus dem gefälschten Jeriah Jip ein echter, einer, der Galy Gay eigenhändig begräbt und am Ende zu einer menschlichen Kampfmaschine mutiert, die im Alleingang eine tibetanische Bergfestung einnimmt.

Galy Gay ist nicht der Einzige, dessen Identität ummontiert wird. Diejenige von Sergeant Charles Fairchild verändert sich in die andere Richtung: Er wird vom strammen Militär zu einem Häufchen Elend. Ähnlich der Figur General Jack D. Ripper in Stanley Kubricks DR. STRANGELOVE (1964) demaskiert sich in Fairchild nach und nach militärischer Drill in einer Rhythmik von Gewaltausbrüchen als Impotenz. Fairchild entmannt sich am Ende selbst, um den Verführungen der Frauen, denen er hoffnungslos ausgeliefert ist, zu entrinnen. Seine Figur invertiert die Geschichte des Galy Gay, dessen Potenz sich durch die Kriegsmaschine ins Groteske steigert.

Die Frage nach der Herstellung von Subjektivität und Identität verlagert das Stück an die Körpergrenzen. Statt vorgeführter Introspektion wird beispielsweise die Verwunderung Galy Gays ob seiner neuen Identität in einer Selbstbesichtigung aufgeführt. Als zukünftiger Teilnehmer seines eigenen Leichenzugs wird Galy Gay von Jesse als Jip adressiert, und Galy Gay akzeptiert die neue Identität ohne Widerrede. Ichschrumpfung ist das Programm.

241 Brecht, Bertolt: *Mann ist Mann*. Frankfurt a. M.: Suhrkamp 1968, S. 44–45.
242 Ibid.: S. 47.

JESSE: Ist das nicht Jip? Jip, du mußt gleich aufstehen und bei dem Begräbnis dieses Galy Gay die Leichenrede halten, denn du hast ihn doch gekannt, besser als wir vielleicht.

GALY GAY: Hallo, seht ihr mich denn überhaupt, wo ich bin? *Jesse zeigt auf ihn.* Ja, das stimmt. Was mache ich denn jetzt? *Er beugt den Arm.*
JESSE: Du beugst den Arm.
GALY GAY: Jetzt habe ich also zweimal den Arm gebeugt. Und jetzt?
JESSE: Jetzt gehst du wie ein Soldat.
GALY GAY: Geht ihr auch so?
JESSE: Genau So.[243]

In dieser Szene wird Subjektivierung als Anrufung und Performanz inszeniert. In seiner Leichenrede auf sich selbst behandelt Galy Gay das Problem der Selbstgewissheit im Bild der Frage nach der Zugehörigkeit von Körperteilen, der Zugehörigkeit eines abgehackten Arms:

Woran erkennt der Galy Gay, daß er selber
Der Galy Gay ist?
Würd abgehackt sein Arm ihm
Und fände er ihn in einem Mauerloch
Würd Galy Gays Aug erkennen Galy Gays Arm
Und Galy Gays Fuß ausrufen: dieser ist's?[244]

Das Ich gewährleistet keine interne Referenz, keine Selbsterfahrung ist verlässlich. Dem Körper analog zerfällt das Bewusstsein in Teile, die nichts voneinander wissen. Im Umkehrschluss heißt das aber: nur in Sprachspielen und wechselseitiger Besichtigung entsteht dieses Ich, nur diese fabrizieren den identitären Zusammenhalt. Nun braucht es nur noch die Blechmarke mit Namen und Nummer, und fertig ist der »Neue Mensch«, mit dem sich trefflich Schlachten gewinnen lassen. *Mann ist Mann* ist typisch für die Zweifel am bürgerlichen Subjektivierungsmodell in der Zwischenkriegszeit und damit aktuellen, konstruktivistischen Subjekttheorien nicht unähnlich. Der neue Ichbautyp (Robert Musil) der Außensteuerung wird in Brechts Stück fein säuberlich zubereitet und in einem puppenhaften Körper ins Bild gesetzt.[245]

243 Ibid.: S. 66.
244 Ibid.: S. 68.
245 Zur Psychologie des Außen vgl. ausführlich: Lethen: *Verhaltenslehren der Kälte.*

Abb. 69: Szenenansicht, Pressephoto, *Mann ist Mann*, Aufführung am Staatstheater am Gendarmenmarkt Berlin (1931).

Mann ist Mann ist eine Groteske, eine Art Marionettentheater mit Menschen. Die Geschichte der Austauschbarkeit des einen durch den anderen wird eingerahmt durch Slapstick, übertriebene Kostüme, Schlager usw. Die Aufführungsdokumentation der Berliner Inszenierung (1931) zeigt die karikaturistische Kostümierung der Soldaten, die wie aus einer Schmierenkomödie oder dem Kasperletheater wirken. Die überzeichneten Konturen der Körper auf der Bühne artifizialisieren die Bewegungen der Schauspieler. Ihre Oberkörper und Schultern sind aufgepolstert, zwei gehen auf Stelzen, sie tragen falsche Bärte und Nasen. Einzig Galy Gay (Peter Lorre) bekommt keine Körperextensionen und wirkt daher besonders klein, ja mickrig.

Das Stück führt damit eine Einschrumpfung jener Ich-Anteile vor, die an der alltäglichen Aufführung von Gruppenidentität nicht teilhaben, und betreibt eine Aufplusterung der sozialen Geste: Alles ist hier Kostüm, Schminke, Außenwirkung. Als Teil seiner Transformation zu Jeriah Jip schminkt sich Peter Lorre auf offener Bühne um, erst als Maskenträger wird er zum Mitspieler.

Günther Heeg hat eine Lesart des Körpers in Brechts Theater vorgeschlagen, die mir mit Blick auf eine prothetische Logik von *Mann ist Mann* plausibel scheint. Seine These ist, dass Brechts Ästhetik auf der Auszehrung des biologischen Körpers (seines eigenen und desjenigen der Schauspie-

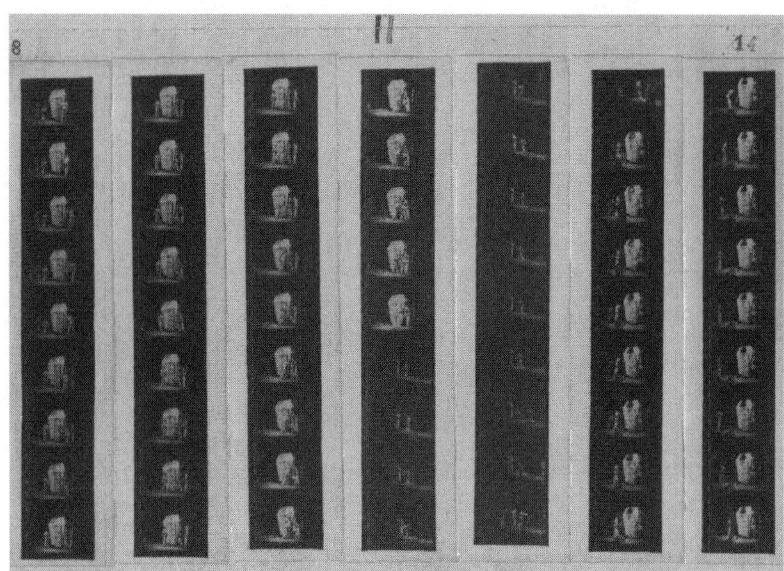

Abb. 70: Schmalfilmsequenz der Aufnahme einer Probe zu *Mann ist Mann* (1931).

ler) beruht. Der »Entwurf eines theatralen Ersatzkörpers«[246] diene – er argumentiert ähnlich wie Barthes – ausschließlich der Hervorbringung von Bildern. Dabei führe Brecht eine »Attacke gegen den naturalistisch in seine Textrolle sich einfühlenden Schauspieler«[247], die auch eine Attacke gegen die Theologie (»Das Wort ist Fleisch geworden«) des bürgerlichen Theaters sei. Die Verdopplung von Sinn in Wort und Geste, die Übertreibung, die Wiederholung, das Ausstellen des Köpers als Bild – das alles seien Mittel, um den zeigenden Körper als kritischen Impulsgeber zu kreieren. Gleichzeitig betreibe Brecht in seiner Bildmachung des Körpers, eine »Abtötung des Lebendigen«.[248] Von der Bühne verschwindet alles, was der lebendige Leib in seiner Präsenz an überdiskursiven Regungen produziert, alles, was nicht zur Gesamtkomposition beiträgt. Deshalb gehe in die Arbeit am Gestus »eine verdeckte Geste schamhafter Bedeckung ein«, die Geste der Bedeckung all jener Körperregungen, die sich nicht der Gesamtkonzeption einverleiben lassen.[249] *Mann ist Mann* lässt sich so als eine Moritat auf die Abtötung des Unerwarteten und Spontanen in der

246 Heeg, Günther: »›Jeder Blick für die Bühne muss ein sehenswertes Bild fassen.‹ Der Körper der Brecht-Szene zwischen Text und Tableau«. In: Mersch, Dieter (Hg.): *Die Medien der Künste. Beiträge zur Theorie des Darstellens*. München: Fink 2003, S. 139–150.
247 Ibid.: S. 142.
248 Ibid.: S. 145.
249 Ibid.: S. 144.

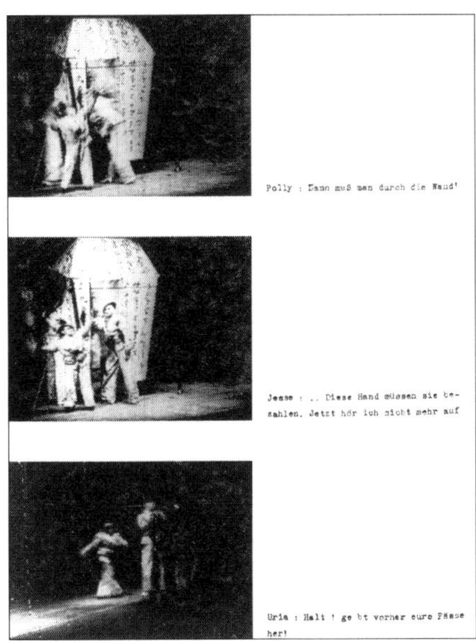
Polly : Dann muß man durch die Wand'

Jesse : .. Diese Hand müssen sie bezahlen. Jetzt hör ich nicht mehr auf

Uria : Halt ! ge bt vorher eure Pässe
her!

Abb. 71: Eine Seite aus dem Modellbuch zu *Mann ist Mann* (1931).

Theaterarbeit lesen. Diese Arbeit am Stillstand lässt sich im Fall von Mann ist Mann gut dokumentieren. Denn im Brecht-Archiv existiert ein Schmalfilm, durch den Brecht die Aufführung (vermutlich eine späte Probe) dokumentieren ließ.[250] Ein gesamter Durchlauf wurde in Einzelbildschaltungen festgehalten. Die überlieferte Fassung zeigt das Stück aus einer einzigen Perspektive. Andere Kamerapositionen wurden zwar offenbar ebenfalls versucht (nach dem Ende des Durchlaufs finden sich einige Versuche mit anderen Perspektiven auf der erhaltenen Filmkopie), Brecht entschied sich aber für die eine, gleich bleibende Perspektive von vorne, leicht rechts, aus dem Zuschauerraum. Es wird nicht geschnitten, und es werden keine filmischen Mittel im engeren Sinn verwendet. Festgehalten wird der prototypische Blick eines Zusehers auf die Bühne. Die Einzelbilder wurden im Anschluss auf Papier abgezogen und in einem Modellbuch sequentiell angeordnet.[251]

Die Modellbücher sollten als Anleitung für zukünftige Aufführungen verwendet werden, sollten visuelle Passformen für zukünftige Inszenierungen zur Verfügung stellen. Es ging Brecht also nicht um eine Dokumentation der Theaterarbeit mit ihren Kapriolen und Volten, sondern um die

250 Filmkopie auf DVD, Akademie der Künste, Bertolt Brecht Archiv Berlin, Signatur: BBA AVM (DVD) 040.

251 Modellbuch zu *Mann ist Mann* (1931), Akademie der Künste Bertolt Brecht Archiv Berlin, Signatur: BBA 2008 B 654.

Abb. 72: Szenenskizze Caspar Nehers zur Erschießung Galy Gays in *Mann ist Mann*, Volksbühne am Bülowplatz Berlin (1927).

Isolierung von exemplarischen Tableaus. Die Körper auf der Bühne fielen in diesem Fall zweifach einer Mortifikation anheim: Einmal wurden sie auf der Bühne zu Bildern angeordnet und ein zweites Mal wurden sie auf Photofilm gebannt, um zukünftigen Aufführungen als Muster zu dienen.[252] Was auf der Ebene der Narration von *Mann ist Mann* stattfindet, verdoppelt sich in der Probenarbeit Brechts. Es findet die Umwandlung eines sinnlichen Körpers (Galy Gay zieht zu Beginn aus, um einen Fisch zu kaufen) in eine »Maschine« zur Vorführung von Bedeutung statt.

Es ist wahrscheinlich dem Bühnenbildner Caspar Neher zu verdanken, dass das epische Theater mehr war als eine Maschine zum Dirigat von Ersatzkörpern. Seine Szenenskizzen aus feinen, zerrinnenden Tuschestrichen, seine Vorliebe fürs Improvisierte und Vorläufige – die Gestelle und Zeltstädte auf der Bühne – erinnerten in Brechts rigidem Theater der Typen und Gesten daran, dass, was zu sehen ist, auch anders sein könnte. Durch die Art und Weise seines Bühnenbaus wurde wahrnehmbar, dass *dieses* Tableau gebaut worden war und dass es jederzeit wieder abgebaut werden konnte. Was in der *Dreigroschenoper* Peachums Krüppelladen, die exponierten Krücken und Prothesen leisteten, übernimmt in späteren Aufführungen vielleicht das Nehersche Proszenium: ein Marker für den stets wackligen Charakter sämtlicher Konstruktionen zu sein.

252 Vgl. Heeg: »Körper der Brecht-Szene«, S. 145.

22.11.41
der neger CLARENCE MUSE hat eine bearbeitung von DREIGROSCHENOPER gemacht und will eine negeraufführung produzieren.

Abb. 73: Bertolt Brecht, Seite aus dem *Arbeitsjournal* (1941).

Die Tableau-Werdung des Körpers, die Umwandlung des sinnlichen, des leidenden Prothesenkörpers in eine Allegorie der künstlichen, der außengeleiteten Existenz, die Verzeichnung des Kriegsversehrten zum sozialen Gestus: dies alles wollte – wie eingangs erwähnt – in Brechts Wahrnehmung nach dem Zweiten Weltkrieg nicht mehr so recht passen. Das Misstrauen gerade diesen Bildern gegenüber hat wohl auch mit der politischen Recodierung des Kriegsversehrten im Nationalsozialismus zu tun. Die NSDAP adressierte bekanntlich die Veteranen in ihrer tradierten Rolle als diejenigen, die sich für die Nation geopfert hatten und konnte viele von ihnen als Unterstützer gewinnen. Bertolt Brecht hatte eine klare Wahrnehmung von der »Umfunktionierung« von Verwundungen in Ehrenzeichen. Akkurat unter einem Eintrag zu Clarence Muses Bearbeitung der *Dreigroschenoper* vom 22. November 1941 ist obenstehnder Zeitungsausschnitt eingeklebt.

Gezeigt wird eine Ansprache Hitlers an die »alten Kameraden«, seine Solidarisierungsgeste mit der Gefahr, das sie auf sich genommen hatten und die sich in ihre hinfälligen Körper eingeschrieben hat. Die Krücken sind deutlich als Ehrenzeichen ins Bild gerückt. Es ist gut vorstellbar, wie Brecht im Exil beim Anblick solcher Bilder Zweifel an der eigenen allegorisch-ironischen Verwendung von Prothesen und Krücken kamen. Bereits im Februar 1942 ist aber wiederum eine solche Verwendung dokumentiert. Über mehrere Seiten klebt Brecht Bilder zu einer pazifistischen Pro-

Abb. 74: Bertolt Brecht, Seite aus dem *Arbeitsjournal* (1942).

testaktion gegen eine als Zynismus wahrgenommene Kampagne des U.S.-Kongresses. Dieser hatte sich als Solidaritätsgeste mit den eigenen Leuten eine Monatspension ausgesetzt. Bürger sammelten daraufhin Care-Pakete für den Kongress, die Nahrungsmittel und Kleidung enthielten, um den Hungernden zu helfen. Die Geschenke wurden – ähnlich den dadaistischen Liebesgaben – mit recht bissigen Kommentaren versehen. Eines der Bilder zeigt eine Prothese, versehen mit einem Schild: »They haven't a leg to – Stand On!« Im (durch den Ausschnitt etwas verstümmelten) Untertitel »gifts were not very subtle. Even a congressman could catch on this one« mag sich Brechts eigene, von Walter Benjamin im positiven Sinn »plump«[253] genannte Vorgehensweise spiegeln, die einen direkten Durchgriff ästhetischer Formen auf eine politische Praxis zum Ziel hatte. Die

253 Die häufig zitierte Stelle stammt aus einem Kommentar zum Dreigroschenroman: »Es gibt viele Leute, die unter einem Dialektiker einen Liebhaber von Subtilitäten verstehen. Da ist es ungemein nützlich, daß Brecht auf das ›plumpe Denken‹ den Finger legt, welches die Dialektik als ihren Gegensatz produziert, in sich einschließt und nötig hat. Plumpe Gedanken gehören gerade in den Haushalt des dialektischen Denkens, weil sie gar nichts anderes darstellen als die Anweisung der Theorie auf die Praxis. *Auf* die Praxis, nicht an sie: Handeln kann natürlich so fein ausfallen wie Denken. Aber ein Gedanke muß plump sein, um im Handeln zu seinem Recht zu kommen.« »Brechts Dreigroschenroman«. In: Benjamin: *Versuche über Brecht*, S. 84–94, hier: S. 90–91.

Arbeit am Gestus war eine der zentralen Strategien Brechts in dieser Hinsicht. Das ostentative Vorzeigen von Krücken und Prothesen in der *Dreigroschenoper* und im politischen Kampf der »alten Kameraden« sowie das ironische Spiel mit Bedeutungen in der US-Protestaktion: In diesem Dreieck spannen sich die Instrumentalisierungen des versehrten Körpers auf. Gerade weil die Prothese ein »Restbestand des Kältepanzers der soldatischen Persona«[254] ist, das Symptom eines unerledigten Traumas, lässt sie sich nicht zum eindeutigen ideologischen Gebrauch umfunktionierten, sondern schillert zwischen Ressentiment und Emanzipation, zwischen rechts und links, zwischen Einspruch und Affirmation.

Halt! Zwischenruf für das Stolpern

> Wenn irgendeine hinfällige lungensüchtige Kunstreiterin in der Manege auf schwankendem Pferd vor einem unermüdlichen Publikum vom peitschenschwingenden erbarmungslosen Chef monatelang ohne Unterbrechung im Kreise rundum getrieben würde, auf dem Pferde schwirrend, Küsse werfend, in der Taille sich wiegend, und wenn dieses Spiel unter dem nichtaussetzenden Brausen des Orchesters und der Ventilatoren in die immerfort weiter sich öffnende graue Zukunft sich fortsetzte, begleitet vom vergehenden und neu anschwellenden Beifallsklatschen der Hände, die eigentlich Dampfhämmer sind – vielleicht eilte dann ein junger Galeriebesucher die lange Treppe durch die Ränge hinab, stürzte in die Manege, riefe das: Halt! durch die Fanfaren des immer sich anpassenden Orchesters.
>
> Franz Kafka: *Auf der Galerie*[255]

Franz Kafkas kurze Erzählung »Auf der Galerie« entwirft ein Bild der Prothetik als Antriebskraft einer schlechten Unendlichkeit. Der »hinfällige« Körper der Kunstreiterin wird von diesen seltsamen Händen, die eigentlich Dampfhämmer sind, unerbittlich dazu angefeuert weiterzumachen. Das Bild pervertiert und verdreht den biopolitischen Appell an die Kriegsversehrten, ihre Körper wieder produktiv zu machen. Die applaudierenden

254 Lethen: *Verhaltenslehren der Kälte*, S. 246.
255 Auf der Galerie in: Kafka, Franz: *Drucke zu Lebzeiten*. Frankfurt a. M.: Fischer 1994, S. 262–263, hier: S. 262. (= Kritische Ausgabe).

Dampfhämmer sind ein (ebenso verdrehtes) Bild der kulturellen Instanzen, die die Bilder und Narrative, die Begründungen zur volkswirtschaftlichen Indienstnahme der Körper zur Verfügung stellten und orchestrierten. Insofern ist die Sequenz auch Zeugnis einer frühen Sensibilität für das, was heute immaterielle, kognitive oder affektive Arbeit[256] heißt: Die öffentliche Meinung ist der Motor des politischen Betriebs, der vorschreibt, wozu ein Körper gebraucht werden soll.

Kafkas Hoffnung gilt im Gegensatz zu Brecht nicht der möglichen Umerziehung des Publikums, sondern einem einzelnen Zwischenrufer. Wo Brecht auf die Umfunktionierung der Schaulust in politische Teilhabe spekulierte, steht bei Kafka eine Geste des Innehaltens. Eine solche ist in der Kunst der Zwischenkriegszeit nicht häufig anzutreffen. Sie changiert vielmehr zwischen ungestümer Raserei und kühler Konstruktionsarbeit, zwischen »dionysischem« und »appollinischem« Pol (»Montage und Metamechanik« heißen sie bei Hanne Bergius).[257] Eines des seltenen Beispiele ist der stille Roman *Ginster* von Sigfried Kracauer; er ist, wie auch Kafkas Erzählung, um katechontische Momente herum angelegt. Dauernd wird hier – ganz im Stil der Heroen des Missgeschicks Charlie Chaplin und Buster Keaton – gestolpert und gestottert. In einer Szene schreckt Ginster zurück, als während einer Tanzveranstaltung einem Mann,der stürzt und den fröhlichen Reigen damit unterbricht, sehr rasch wieder auf die Beine geholfen wird: »›Ich kann mir Fälle denken‹, meint der schüchterne Ginster, ›in denen es höflicher wäre, nicht zu helfen. Wenn ich zum Beispiel aus Zufall gleichzeitig mit einem Einarmigen vor einer Tür stünde, möchte ich am liebsten stolpern, um ihn zu nötigen, mir die Türe zu öffnen.‹«[258]

256 Entgegen der gängigen Darstellung beruhte freilich auch die »industrielle Phase« des Kapitalismus auf »immaterieller« und »affektiver« Arbeit (Versorgungsarbeit, kulturelle und kommunikative Arbeit, Bildung und Wissen). All diese Nicht-Erwerbsarbeit wurde in der marxistischen Theorie jedoch selten thematisiert, sodass in der neo-marxistischen Interpretation immaterielle und kognitive Arbeit als ein Epochenbruch erscheint. (Vgl. dazu exemplarisch: Lazzarato, Maurizio: »Immaterial Labor«. In: Virno, Paolo und Michael Hardt (Hg.): *Radical Thought in Italy. A Potential Politics*. Minneapolis, London: University of Minnesota Press 2006, S. 133–147). Feminstische Theoretikerinnen der Arbeit haben immer wieder auf diese Schieflage hingewiesen (z.B. die Sonderausgabe von *ephemera*, number 7/1 (2007), »Immaterial and affective labour: explored«. Aber auch die Sorge- und Wissensarbeit inkludierende Darstellung von Kluge und Negt gibt gute Hinweise auf die Gründe der Nicht-Theoretisierung dieser Art von Arbeit in der marxistischen Theorie: Negt, Oskar und Alexander Kluge: *Geschichte und Eigensinn. Entstehung der industriellen Disziplin aus Trennung und Enteignung*, Bd. 1. Frankfurt a. M.: Suhrkamp 1993. »Immateriell« ist vielleicht das Produkt dieser Arbeit, Körper sind dennoch involviert. Kafkas lungensüchtige Kunstreiterin macht genau dies deutlich.

257 Bergius: *Montage und Metamechanik*.

258 Kracauer, Siegfried: »Ginster. Von ihm selbst geschrieben«. In: *Werke*, Bd. 7. *Romane und Erzählungen*. Hg. von Inka Mülder-Bach unter Mitarbeit von Sabine Biebl. Frankfurt a. M.: Suhrkamp 2004, S. 9–256, hier: S. 31.

Die Hilflosigkeit soll, ginge es nach Ginster, nicht schnell repariert und beseitigt werden, sondern ein Verzögerungsmoment in der leichtfüßigen Gegenwart sein. Wohin die umständlich geöffnete Tür führt, hat Kracauer sehr viel später in seinem Geschichtsbuch ausgeführt. Sie führt vom Parkett der Gegenwart in einen Vorraum hinaus, der Historiographie heißt. Mit dem Zögern und Stolpern ist nicht nur eine Ethik des Umgangs mit Trauma und Versehrung angedeutet, sondern auch eine Fortbewegungsart durch die Geschichte. Man kann sie nur stolpernd schreiben. In der letzten Szene des Romans verfolgt Ginster im Geheimen einer alten Dame, wahrscheinlich eine ehemalige Prostituierte, mit auffällig geschminktem Gesicht: »Es war eine schneeweiß gepuderte Larve, die aus dem Grab geholt zu sein schien. Berührte man die Wangen, so zerfielen sie sicher in Staub.«[259] Die Alte trägt Kriegerabzeichen auf der Brust und tänzelt wie eine Primaballerina die Straßencafés entlang. Sie ist eine seltsam verquere und überaus zarte Version der dadaistischen Traumatisierten, auch eine, die nicht aufhören kann wiederzukommen. Der Protagonist hingegen geht einen Schritt weiter. Vielleicht.

> Die Alte kümmerte sich nicht um das Schwinden der Menschen. Tagaus, tagein würde sie auf und ab wandern mit den Kriegermedaillen auf der Brust. Ich gehe jetzt, sagte Ginster zu sich; morgen – er stolperte, verspürte am Arm einen Stich. Das Vögelchen, die Stange des Vögelchens. Er drehte den Ring.[260]

259 Ibid.: S. 255.
260 Ibid.: S. 256.

DIAGNOSTIK

Prospektive Organe

Freuds Ersetzungen

Der Prothesengott. Eros und Thanatos der Technik

Sigmund Freuds Überlegungen zur prothetischen Natur des Anthropus stammen aus sehr unterschiedlichen Quellen. Zum Teil argumentiert er physiologisch, zum Teil rekurriert er auf Erfahrungen in der analytischen Praxis. Ein weiterer Teil seiner Überlegungen ist dezidiert spekulativ und bezieht seine Evidenz aus Literatur und Kunst.[1] Manches ist kohärent auf das Theoriegebäude der Psychoanalyse bezogen, manches scheint ein merkwürdiger Appendix derselben. Die Figur des »Prothesengotts« ist demnach selbst ein Theoriehybrid, zusammengesetzt aus empirischen, narrativen und theoretischen Elementen, die in jenen der ab 1919 geschriebenen Texte Sigmund Freuds langsam Kontur gewinnen, die um das Verhältnis von Trauma, Todestrieb und Kultur kreisen.

Das Unbehagen in der Kultur, jener Text, in dem der Prothesengott 1930 seinen Auftritt hat, ist so hybrid wie die Figur selbst: Religionsphilosophische Überlegungen stehen neben Reflexionen über die ungleichzeitige Natur von Erinnerungen, Thesen zur Genese der Moral aus einem primären Destruktionstrieb neben technikphilosophischen Überlegungen, Yoga als Technik der Lebensführung neben anthropologischen Ursprungsfiktionen und Überlegungen zur Einschränkung des Geruchssinns bei den »Urmenschen«. Die Frage danach, was Kultur ist und woher das zeitgenössische Unbehagen mit ihr kommt, versammelt Bruchstücke ganz unterschiedlicher Wissensfelder. In der Beantwortung der Frage streiten bis zum Schluss zwei Erklärungsansätze, die beide gewissermaßen prothetisch sind: einmal die Theorie der Ersetzung ursprünglicher Triebe durch gesellschaftlich gezähmte, sekundäre. In Freuds Terminologie sind die sekundären Triebe »ermäßigte« Varianten, die positiv als Sublimierung oder negativ als Neurose auftreten. Zum zweiten nimmt Freud eine Ökonomie der wechselseitigen Anpassung und Überformung gegensätzlicher Triebenergien an: Die Antinomie zwischen und wechselseitigen Indienstnahmen von Todestrieb und Eros als Motor der Individual- und Kulturentwick-

1 Eine Philologie der Quellen dieser spekulativen Teile muss selbst spekulativ bleiben: In der rekonstruierten Bibliothek Freuds finden sich zwar einige wenige im engeren Sinn spekulative Titel (so etwa J.B.S. *Haldanes Possible Worlds* von 1927, eine Gesamtausgabe von Villiers de l'Isle-Adam von 1910–1912) aber ein Nachweis konkreter Anleihen ist nicht zu erbringen. Explizit referiert Freud ausschließlich »ungefährliche« Klassiker (Platon, Rückert etc.).

lung. Die Bedeutung von Technik als Kulturleistung oszilliert ebenfalls zwischen den beiden Polen: Technik ist Sublimierung und steigert die Überlebenswahrscheinlichkeit der Spezies Mensch, sie schränkt aber auch die individuelle Entfaltung ein (Deutung 1). Im Kampf zwischen Libido und Todestrieb steht die Technik in der Ecke des Todestriebs im Ring (Deutung 2). Dies wird in Freuds Antwort auf Einsteins Frage nach dem Krieg deutlich.[2] Was für den Hegelianer Kapp noch unhinterfragter Telos der Zivilisation ist, ist bei Freud – und das macht seine Kulturtheorie zu einer post- oder amodernen – undenkbar geworden. Kultur und Technik als Wege zur Höherentwicklung und Vervollkommnung der menschlichen Gattung zu begreifen scheint ihm angesichts der jüngeren Vergangenheit unmöglich.[3] Die Adaptibilität und Lernfähigkeit des Menschen, mithilfe von Artefakten und Institutionen soziale Stabilität und Interessensausgleich herzustellen, ist bei Freud dunkel eingefärbt. Freuds Prothesengott ist keine Lichtgestalt, die den Weg in eine technologisch und zivilisatorisch verbesserte Zukunft weist, sondern eine Figur der Skepsis und der unhintergehbaren Negativität menschlicher Vermögen.

In Freuds Bibliothek befand sich übrigens ein Exemplar von Ernst Kapps *Grundlinien einer Philosophie der Technik*[4]; ob die These vom Prothesengott in Auseinandersetzung mit Kapps Technikbegriff entstand, kann aber nur gemutmaßt werden. Wichtiger als die semantische Nähe des Prothesengottes zu Kapps Organprojektionsthese ist die konsequente Umakzentuierung, die Freud bereits in seinen früheren Arbeiten in Hinblick auf den Begriff des Unbewussten vorgenommen hatte. Waren für Kapp Technologien kausal unproblematische Explikationen des Unbewussten, die der notwendig fortschreitenden Selbsterkenntnis der Menschheit dienten (Telegraphenkabel sind unbewusste Materialisierungen des Prinzips Nervenstrang, Hämmer sind Fäuste), so ist Freuds Begriff des Unbewussten (später: des Es) eine Zumutung für jede Form kausaler Rückführbarkeit. Das Unbewusste Freuds ist ein verwirrender, zeitlich geschichteter Raum persönlicher und unpersönlicher Anteile des Ich. Alles Mögliche sammelt sich hier: das stammesgeschichtliche Erbe, nie ins Bewusstsein gelangende physiologische Prozesse und Automatismen, Libido und Todestrieb, Familiengeschichte, abgespaltene Elemente der Zumutungen des Zivilisationsprozesses. Freuds Prothesengott ist als Explikation *dieses* Unbewussten konzipiert. Und deshalb entspricht er keineswegs der Vorstellung eines zivilisatorisch überlegenen Übermenschen, sondern eher einer

2 Einstein, Albert und Sigmund Freud: *Warum Krieg?* Zürich: Diogenes 1996 (1932).

3 Freud, Sigmund: »Das Unbehagen in der Kultur«. In: *Studienausgabe*, Bd. IX. Frankfurt a. M.: S. Fischer 1974 (1930), S. 197–270, S. 270.

4 Trosman, Harry und Roger Dennis Simmons: »The Freud Library«. In: *Journal of the American Psychoanalytic Association* 3/1973:21, S. 646–687, hier: S. 666.

dadaistischen Figur, die aus Versatzstücken des antiken Rom, griechischer Mythologie und der Kriegserfahrung des frühen 20. Jahrhunderts zusammengesetzt ist.

David Wills hat herausgearbeitet, wie sehr die Theoriebildung Freuds selbst einer Bewegung der Ersetzung und Anpassung folgte, eine Logik, die er biographisch mit Freud als Langzeitträger einer Prothese identifiziert.[5] Freud musste seit 1923 als Folge von Kehlkopfkrebs eine Kieferprothese tragen und ertragen. Die Prothese, das bezeugt sein Biograph Ernest Jones, machte ihm immer wieder zu schaffen.[6] Sie wurde im Hause Freud »das Ungeheuer« genannt und erforderte dauernde Nachjustierung, verursachte Schmerzen und musste mehrmals in aufwändigen Prozeduren ausgetauscht werden. Sie ermöglichte ihm zwar das Sprechen und Essen und durfte nicht länger als wenige Tage herausgenommen werden, da es sonst zu einer Rückbildung des Gewebes gekommen wäre. Doch Sigmund Freuds Sprechen wurde durch die Prothese verwaschener, und aufgrund einer Schädigung der Ohrtrompete wurde auch sein rechtsseitiges Gehör immer schlechter. Es wurde deshalb notwendig, die Analysesituation im Behandlungszimmer umzustellen. Die Erwähnung des üblen Mundgeruchs des alternden *Roi Soleil*,[7] dem bei fehlendem Kiefer eben keine Prothese zur Verfügung gestanden hatte – im *Unbehagen in der Kultur* kann man symptomatisch oder anekdotisch lesen. Ebenso anekdotisch oder symptomatisch im Zusammenhang mit seinen techniktheoretischen Spekulationen kann man das Faktum bewerten, dass Freuds einziges Flugerlebnis (für damalige Zeit ein Hightech-Unterfangen) im Zusammenhang mit einem Ausflug auf die Ostseeinsel Hiddensee 1930 – also im Zeitraum des Entstehens des Textes – stattfand, zu dem er von einem Berlinaufenthalt aus aufbrach. Nach Berlin musste Freud in seinen letzten Lebensjahren mehrmals – so auch 1930 – reisen, um die Prothese anpassen zu lassen.[8]

Die Verpflichtung des Freudschen Denkens auf Operationen des Ersetzens und Anpassens reduziert sich natürlich nicht auf biographische Details; vielmehr sind sie der Effekt einer spezifischen Art der Theoriebildung, die zwischen psychoanalytischer Praxis, philosophischer Spekulation und diagnostischem Gegenwartskommentar navigiert. Es geht mir im Folgenden um die Art und Weise, wie Operationen des Ersetzens und Anpassens zur Formierung eines folgenreichen Begriffs – des Prothesengottes – führten. In welchen Resonanzräumen zwischen Beobachtung und Interpretation zeitgenössischer Problemlagen, zwischen systematischer

5 Kapitel 4 »Berchtesgaden, 1929«, In: Wills: *Prosthesis*, S. 92–129.

6 Zum Folgenden vgl.: Jones, Ernest: *Das Leben und Werk von Sigmund Freud. Band III. Die letzte Phase* 1919–1939. Bern, Stuttgart: Verl. Hans Huber 1962, hier: S. 119–120.

7 Freud: »Unbehagen«, S. 223.

8 Jones: *Sigmund Freud*, S. 182.

Menschenbeobachtung und philosophischer sowie literarischer Lektüre entstand er als figurative Verdichtung und als Metapher?
Mag der Prothesengott 1930 nur noch ein fernes Echo auf die konkrete Situation von Kriegsversehrten sein, so ist doch der Beginn der theoretischen Fundierung der Figur in der Zeit unmittelbar nach dem Ersten Weltkrieg zu finden. Denn *Das Unbehagen in der Kultur* revidiert und justiert Topoi, die in Freuds Texten ab 1918 eine Umstellung der psychoanalytischen Triebtheorie bewerkstelligen. In dieser nach dem Ersten Weltkrieg eingeleiteten theoretischen Wendung ersetzt die Antinomie von Todestrieb und Eros den Konflikt zwischen Selbsterhaltungstrieb und Libido. Diese Anpassung des psychoanalytischen Deutungsapparats zeichnete sich in den Diskussionen der psychoanalytischen Gesellschaft 1918 erstmals ab[9], wird in Freuds Text über *Das Unheimliche* (1919)[10] literarisch abgetastet und in *Jenseits des Lustprinzips* (1920)[11] ausformuliert. Expliziter Anlass dafür ist der Erste Weltkrieg, genauer: die Unmöglichkeit, vermittels des psychoanalytischen Schemas die zwanghafte Wiederholung der grauenhaften Erlebnisse bei kriegstraumatisierten Patienten (im Traum, in der Phantasie) schlüssig zu erklären und praktisch zu unterbinden. Im Kern wurden von den Psychoanalytikern »normale« Neurosen und Kriegsneurosen als vergleichbar erachtet: Bei der Verarbeitung beider müssten Mechanismen der Verdrängung und Verschiebung am Werk sein.[12] Während jedoch »normale« Neurosen als vom Selbsterhaltungstrieb erzwungene *Umleitungen* primärer, libidinöser Energien auf ungefährlichere Objekte und Verhaltensmuster gedeutet wurden (»Lust, die nicht als solche empfunden werden kann«[13]), macht die zwanghafte Rückkehr des Traumatisierten zu seinem Trauma im Schema der klassischen Lehre von der Triebökonomie nur bedingt Sinn. Es kann kaum oder gar kein Lustgewinn durch diese Erinnerung entstehen. Denn selbst wenn das traumatisierende Ereignis erotische Anteile hat (z.B. das Schmerzerleben bei Verletzung), wovon Freud ausgeht, würde das nicht erklären, warum die Traumatisierten stets die *Unlust* erzeugenden Momente des traumatisierenden Ereignisses wiederholen würden. Die widerspreche der wunscherfüllenden Tendenz des Traums.[14]

9 Freud, Sigmund, et al. (Hg.): *Die Psychoanalyse der Kriegsneurosen. Diskussion gehalten auf dem V. Internationalen Psychoanalytischen Kongreß in Budapest, 28. und 29. September 1918, Bd. 1.* Leipzig, Wien: Internationaler Psychoanalytischer Verlag 1919. (= Internationale Psychoanalytische Bibliothek).
10 Freud, Sigmund: »Das Unheimliche«. In: *Studienausgabe, Bd. IV.* Frankfurt a. M.: S. Fischer 1970 (1919), S. 243–272.
11 Freud, Sigmund: »Jenseits des Lustprinzips«. In: *Studienausgabe, Bd. III.* Frankfurt a. M.: S. Fischer 1975 (1920), S. 217–272.
12 Freuds Einleitung in: Freud, et al. (Hg.): *Kriegsneurosen*, S. 9.
13 Freud: »Jenseits«, S. 220.
14 Ibid.: S. 223.

Ebenso wie der Masochismus ließ sich dieses Festhalten am Leiden als Teil einer widerstreitenden Dynamik von Selbsterhaltungstrieb und Libido nicht gänzlich klären. Selbst dann nicht, wenn die libidinösen Elemente des Selbsterhaltungstriebs in Rechnung gestellt werden, also beispielsweise die libidinöse Besetzung eines schmerzhaften Körperteils, das lustvolle Leiden an einer Verletzung o.Ä. All dies wäre erklärbar, da es der eigene, narzisstisch besetzte Leib ist, der selbsttätig intensive Empfindungen generiert. Deshalb seien auch Schockneurosen sehr viel weniger häufig, wenn mit dem Schock gleichzeitig eine Verletzung oder Verwundung auftritt.[15] All dies überzeugt Freud jedoch nicht, denn in diesem Fall müsste der Wiederholungszwang dem Bewusstsein lustbesetzte Momente der Traumatisierung vorführen. Das tut er jedoch nicht: Ein ums andere Mal erzwingt er die Erinnerung an die Bedrohung durch den Tod, an das Grauen.

Freud nimmt nun eine erste Ersetzung vor: Er substituiert den Kriegsneurotiker einem Kleinkind: durch jenen Knaben im Alter von anderthalb Jahren (es war sein Enkel), den er dabei beobachtete, wie er seine Spielsachen mit offensichtlichem Vergnügen weit von sich wirft, begleitet von der Artikulation »o-o-o-o«, der üblicherweise den Weggang der Mutter signalisierte. Der Zusammenhang erhellt sich dem Beobachter und Großvater, als er das gleiche Spiel mit einer an einen Faden gebundenen Spule beobachtet. Die Spule wird – akustisch begleitet von einem »o-o-o-o« – weggeworfen und mit einem freudigen »da« wieder begrüßt. Freud interessiert daran weniger das Moment der Selbstermächtigung, in dem das Kind virtuell die Kontrolle über den Fortgang der Mutter erlangt. Er deutet das Wegwerfen auch nicht als Antizipation der Lust beim Zurückkommen der Mutter, sondern als eigenständigen, ermächtigenden Akt, in dem das Leid (des Verlusts) wiederholt wird, die Mutter zwar symbolisch »wiederhergeholt« wird aber in einem Art Racheimpuls auch fortgeworfen wird. Diese Episode führt Freud auf die Fährte des Wiederholungszwangs. Auf welche Art und Weise die kindliche Praxis den Schmerz zu lindern im Stande ist, bleibt zunächst ungeklärt. Denn Freud wechselt das Register der Argumentation und knüpft an Forschungen der Biologie und Physiologie an. Gegenstand seiner Überlegungen sind nun Protozoen und deren Methoden, sich vor zu großen Reizmengen zu schützen. Es steht nun die Verbindung zwischen außen und innen, zwischen Physiologie und Ausdruck in Frage. Er fragt sich, wie die Ableitung innerer Spannungszustände nach außen einerseits und die Verinnerlichung von Außenreizen in der Bauart der Organismen andererseits zu verstehen ist. Freud übernimmt von Breuer[16]

15 Ibid.: S. 222.
16 Ibid.: S. 236.

die Idee, der erstrebenswerteste Zustand eines Organismus sei Ruhe bzw. eine konstant niedrige »Spannung«, Fechners »*Tendenz zur Stabilität*«[17]. Jede Triebökonomie muss folglich darauf ausgerichtet werden, möglichst einen ursprünglichen Ruhezustand wiederherzustellen. Mehr noch: kontraintuitiv – und entgegen seiner eigenen, älteren Triebtheorie – bestimmt Freud Triebe nicht länger als zur Veränderung und Entwicklung drängende Energien, sondern im Gegenteil als solche, die das Leben dem Tod ähnlich machen möchten. Der Lebensprozess ist grundsätzlich konservativ, möchte zum Zustand der Unbelebtheit zurück.[18] Seine berühmte Schlussfolgerung lautet: »*Das Ziel allen Lebens ist der Tod.*«[19] Die Polaritäten, die den Lebensprozess strukturieren, »der Zauderrhythmus im Leben der Organismen«[20] findet nicht länger zwischen Selbsterhaltung (Individuum) und Arterhaltung (Gesellschaft) statt, sondern zeigt sich als ein paradoxes Phänomen: Eros und Todestrieb kämpfen gewissermaßen um die angemessene Dauer der Lebensspanne des Einzelwesens, das große Mengen an Unlust und Schmerz auf sich nimmt (und selbst produziert!), um am Ende doch zu sterben. Die Libido als mächtiger und primärer Antrieb, der vom Realitätsprinzip und von Anforderungen des Sozialen zurückgedrängt wird, ist am Ende des Textes ein unfreiwilliger Zuarbeiter des Todestriebs geworden: »Das Lustprinzip ist dann eine Tendenz, welche im Dienste einer Funktion steht, der es zufällt den seelischen Apparat überhaupt erregungslos zu machen [...].«[21] Statt als Mechanik des Ersetzens, Verdrängens und Verschiebens ursprünglicher Triebenergien auf sozial akzeptierte Verhaltensweisen wird der Eros nun als eine Art Servomechanismus des Todestriebs konzipiert.

Im besten Fall führt diese ungleiche Zusammenarbeit zu Liebe, Kunst, Wissenschaft, Technik, Kultur. Im weniger guten zu sadistischer Zerstörungswut, der Projektion der Todeskräfte auf ein Äußeres. Diese beiden Alternativen werden freilich erst 1930 ausformuliert. Eine Vorschau auf das Szenario gibt jedoch der Text *Das Unheimliche* (1919), in dem die gefährliche Nachbarschaft zwischen Angst und Lust, Zerstörung und Erotik vor der Folie der literarischen Motive des künstlichen Menschen und des Doppelgängers, aber auch mit Blick auf tatsächlichen Organersatz diskutiert wird. In Anlehnung an Ernst Jentsch untersucht Freud die Unschlüssigkeit, ob etwas belebt oder unbelebt ist, als ein Kernelement des Unheimlichen. Nicht die intellektuelle Seite, der Suspense, die Unsicherheit in der Bewertung des ontologischen Status von Tatsachen interessiert ihn

17 Ibid.: S. 219.
18 Ibid.: S. 246.
19 Ibid.: S. 248.
20 Ibid.: S. 250.
21 Ibid.: S. 270.

jedoch, sondern die Unschlüssigkeit des Lebens selbst. Es sei nämlich ganz und gar nicht klar, welchen Status das Unbelebte in Bezug auf das Lebende habe: Ist der Tod das unvermeidbare Schicksal jedes Lebewesens oder nur ein regelmäßiger, vielleicht aber vermeidbarer Zufall,[22] wie die biologische Forschung um 1900 nahelegt? Freud referiert Weisman, der durch Beobachtung der Vermehrung durch Zellteilung und angeregt durch das Fehlen einer »Leiche« beim Tod niedriger Organismen von der Dichotomie von Leben und Tod abgerückt war. Er sprach stattdessen von einem Dualismus von sterblicher und unsterblicher Substanz (von *soma* und *potentia*) in Organismen.[23] Das Unheimliche, das von belebten Maschinen, künstlichen Augen, aber auch von abgetrennten (und autonom agierenden) Gliedern ausgeht, ist in Freuds Darstellung kein intellektuelles Problem, sondern eine Reflexion dessen, was Leben ist. Es ist das ganz Nahe, das Heimische, das Vertraute, dessen Vorsilbe »Un-« nur »die Marke der Verdrängung«[24] ist. Wenn der Tod das Ziel des Lebens ist, ist uns das Unbelebte näher, als das dem tätigen und produktiven Wachbewusstsein erträglich ist. Das Bewusstsein greift deshalb auf alte Bewältigungsstrategien – etwa Animismus und Okkultismus – zurück, um sich die unerträgliche Nähe zum Unbelebten vom Leib zu halten.

Wie ordnen sich nun Technologien als unbelebte, von Menschen geschaffene Artefakte in die Dynamik von Leben und Tod ein? Sie werden im *Unbehagen in der Kultur* genau in dem Moment topisch, in dem Freud die Ambivalenz von Kultur und Zivilisation als einerseits Schutzraum des schwachen Tierwesens[25] und andererseits Einschränkungsinstanz thematisiert. In der ersten Hälfte des *Unbehagens in der Kultur* argumentiert Freud ganz im »alten« Schema der Psychoanalyse (also ohne Todestrieb), demzufolge die Libido sich in Luststeigerung und Leidvermeidung aufspaltet und verschiedene »Techniken der Lebensführung«[26] generiert. Im Idealfall kommt es zu einem Ausgleich zwischen Libido und Realitätsprinzip, dies jedoch immer unter der Bedingung von Triebverzicht und des stets drohenden Durchbruchs der unterdrückten Primärtriebe. Im Verlauf graviert der Text zu einer Argumentation, die diesen Ausgleich als unlösbaren Auftrag, die Stabilität als unbefriedigend und Kultur als bloße »Hilfskonstruktion«[27] aussehen lässt. »Lebensführung« scheint nur dann, und auch dann nur halbwegs, gelingen zu können, wenn sie in einem »Spiel der

22 Freud: »Das Unheimliche«, S. 264.
23 Freud: »Jenseits«, S. 254.
24 Freud: »Das Unheimliche«, S. 267.
25 Freud: »Unbehagen«, S. 222.
26 Der Begriff wird in Zusammenhang mit Erwerbsarbeit und künstlerisch-wissenschaftlicher Praxis verwendet, vgl. Ibid.: S. 211 FN 1 [S. 212].
27 Freud entlehnt den Ausdruck von Fontane, Ibid.: S. 207.

Auswahl und Anpassung«[28] einen möglichst breiten Fächer an »Lebenstechniken« (Arbeit, Liebe, Askese, Flucht in die Neurose, Intoxikation) zu entwickeln im Stande ist. Den Religionen unterstellt Freud diesbezüglichen Reduktionismus. Wenn Religionen, indem sie den einen Weg durch das paradoxe Gestrüpp namens Leben vorgeben, anstatt das Leben als Umweg von Tod zu Tod, das es ist, zu akzeptieren, enthalten sie dem Gläubigen die Einsicht in die wahre Natur des Lebens vor. Denn das Einzige, was am »Leben« positiviert werden kann, ist seine Negativität, der Tod. Alles andere ist Ausweichen, Kompensieren, Überlisten, Umwege machen.

Eine solche List, ein solcher Umweg – und nicht etwa Garant des Fortschritts – ist die Technik. Im Licht dieser Argumentation erscheint der Prothesengott als ein Mittelding aus Hilfskonstruktion und Illusion. Technologie ist ein Mittel, das temporär ein wirksamer Schutz gegen die »Übermacht der Natur« einerseits und gegen die »Hinfälligkeit unseres eigenen Körpers« andererseits ein kann, mit Glück jedoch nichts zu tun hat:

> In den letzten Generationen haben die Menschen außerordentliche Fortschritte in den Naturwissenschaften und in ihrer technischen Anwendung gemacht, ihre Herrschaft über die Natur in einer früher unvorstellbaren Weise befestigt. Die Einzelheiten dieser Fortschritte sind allgemein bekannt, es erübrigt sich, sie aufzuzählen. Die Menschen sind stolz auf diese Errungenschaften und haben ein Recht dazu. Aber sie glauben bemerkt zu haben, daß diese neu gewonnene Verfügung über Raum und Zeit, diese Unterwerfung der Naturkräfte, die Erfüllung jahrtausendealter Sehnsucht, das Maß von Lustbefriedigung, das sie vom Leben erwarten, nicht erhöht, sie nach ihren Empfindungen nicht glücklicher gemacht hat. Man sollte sich begnügen, aus dieser Feststellung den Schluß zu ziehen, die Macht über die Natur sei nicht die einzige Bedingung des Menschenglücks, wie sie ja auch nicht das einzige Ziel der Kulturbestrebungen ist, und nicht die Wertlosigkeit der technischen Fortschritte für unsere Glücksökonomie daraus ableiten.[29]

Technische Fortschritte schaffen nur selten einen Ausgleich in der Glücksökonomie, sie gehorchen vielmehr der Steigerungs- oder Eskalationslogik widerstreitender Triebe, die zwischen Entladung und der Suche nach neuer energetischer Zufuhr pendelt. Die Wohltaten des technischen Fort-

28 Ibid.: S. 216.
29 Ibid.: S. 218f.

schritts seien vielmehr der paradoxen Lustproduktion durch die willentliche Herstellung von Unlust – wie im Wiederholungszwang beobachtet – zu vergleichen:

> Man verschafft sich diesen Genuß, indem man in kalter Winternacht ein Bein nackt aus der Decke herausstreckt und es dann wieder einzieht. Gäbe es keine Eisenbahn, die die Entfernungen überwindet, so hätte das Kind die Vaterstadt nie verlassen, man brauchte kein Telephon, um seine Stimme zu hören. [...] Was nützt uns die Einschränkung der Kindersterblichkeit, wenn gerade sie uns die äußerste Zurückhaltung in der Kinderzeugung aufnötigt, so daß wir im ganzen doch nicht mehr Kinder aufziehen als in den Zeiten vor der Herrschaft der Hygiene, dabei aber unser Sexualleben in der Ehe unter schwierige Bedingungen gebracht und wahrscheinlich der wohltätigen, natürlichen Auslese entgegengearbeitet haben? Und was soll uns endlich ein langes Leben, wenn es beschwerlich, arm an Freuden und so leidvoll ist, daß wir den Tod nur als Erlöser bewillkommnen können?[30]

Technik als potente Schutzinstanz wird zusammengeschrumpft zu einer allzu menschlichen Agentur, die deshalb auch nur nach allzu menschlichen Regeln operiert. Wie ironisch die Passage ist, die den Prothesengott inauguriert, ist selten bemerkt worden. Er ist eine ziemlich lächerliche Figur, geradezu eine Parodie auf Ernst Kapps Fortschrittsoptimismus. Nachdem Freud Triebverzicht – den Verzicht auf das Auslöschen des Feuers durch Urinieren – als Quelle der Technik identifiziert hat, trifft man auf die einschlägige – sie ist eine der am häufigsten zitierten Freuds überhaupt – Passage:

> Mit all seinen Werkzeugen vervollkommnet der Mensch seine Organe – die motorischen wie die sensorischen – oder räumt die Schranken für ihre Leistung weg. Die Motoren stellen ihm riesige Kräfte zur Verfügung, die er wie seine Muskeln in beliebige Richtungen schicken kann, das Schiff und das Flugzeug machen, daß weder Wasser noch Luft seine Fortbewegung hindern können. Mit der Brille korrigiert er die Mängel der Linse in seinem Auge, mit dem Fernrohr schaut er in entfernte Weiten, mit dem Mikroskop überwindet er die Grenzen der Sichtbarkeit, die durch den Bau seiner Netzhaut abgesteckt werden. In der photographischen Kamera hat er ein Instrument geschaffen, das die flüchtigen Seheindrücke festhält, was ihm die Grammophonplatte für die ebenso vergänglichen Schalleindrücke leisten muß, bei-

30 Ibid.: S. 219.

des im Grunde Materialisationen des ihm gegebenen Vermögens der Erinnerung, seines Gedächtnisses. Mit Hilfe des Telephons hört er aus Entfernungen, die selbst das Märchen als unerreichbar respektieren würde; die Schrift ist ursprünglich die Sprache des Abwesenden, das Wohnhaus ein Ersatz für den Mutterleib, die erste, wahrscheinlich noch immer ersehnte Behausung, in der man sicher war und sich so wohl fühlte.
Es klingt nicht nur wie ein Märchen, es ist direkt die Erfüllung aller – nein, der meisten – Märchenwünsche, was der Mensch durch seine Wissenschaft und Technik auf dieser Erde hergestellt hat, in der er zuerst als ein schwaches Tierwesen auftrat und in die jedes Individuum seiner Art wiederum als hilfloser Säugling – »*oh inch of nature!*« – eintreten muß. All diesen Besitz darf er als Kulturerwerb ansprechen. Er hatte sich seit langen Zeiten eine Idealvorstellung von Allmacht und Allwissenheit gebildet, die er in seinen Göttern verkörperte. Ihnen schrieb er alles zu, was seinen Wünschen unerreichbar schien – oder ihm verboten war. Man darf also sagen, diese Götter waren Kulturideale. Nun hat er sich der Erreichung dieses Ideals sehr angenähert, ist beinahe selbst ein Gott geworden. Freilich nur so, wie man nach allgemein menschlichem Urteil Ideale zu erreichen pflegt. Nicht vollkommen, in einigen Stücken gar nicht, in anderen nur so halbwegs. Der Mensch ist sozusagen eine Art Prothesengott geworden, recht großartig, wenn er alle seine Hilfsorgane anlegt, aber sie sind nicht mit ihm verwachsen und machen ihm gelegentlich noch viel zu schaffen.[31]

Die Passage ist eigentlich keine Theorie der Technik, sondern arbeitet sich mithilfe rhetorischer Figuren durch die eigene Kulturtheorie: Technologien sind zum einen Bilder (Projektionen) der Vermögen des organischen, sensorischen und psychischen Apparats und der ambivalenten Bedürfnisstruktur des Menschen. Sie sind Verdichtungen und Materialisierungen der im vorangegangenen Ansatz entwickelten Definition von Kultur als die »ganze Summe der Leistungen und Einrichtungen [...], in denen sich unser Leben von dem unserer tierischen Ahnen entfernt und die zwei Zwecken dienen: dem Schutz des Menschen gegen die Natur und der Regelung der Beziehungen der Menschen untereinander.«[32] Technik tritt als *pars pro toto* an die Stelle aller Kulturleistungen und exponiert in drastischen Bildern deren illusorischen Charakter, ihren Charakter als Glückssubstitute. Er kann nicht in einem einfachen Sinn »fortschrittlich« sein,

31 Freud: »Unbehagen«, S. 221f.
32 Ibid.: S. 220.

da es der psychische Apparat des Menschen und dessen Externalisierungen – die Kulturleistungen – auch nicht sind. Vielmehr zeigt sich gerade im Glauben an den technischen Fortschritt, an die Göttlichkeit der Technik, das Verharren des Menschen auf der Stufe des Glaubens an die magische Kraft der Dinge – analog dem Glauben des Fetischisten an die magische Kraft des Fetischs. Der Fetisch ist jedoch in Freuds Auffassung nicht Ersatz für *etwas*, sondern Ersatz für *nichts*, nämlich den fehlenden Phallus der Mutter, der im männlichen Kind die Kastrationsangst auslöst.[33] In Umschrift über den Fetischbegriff hieße dies: Je stärker der Glaube einer Kultur an die Allmacht des Fetischs Technik ist, desto deutlicher wird dem Analytiker dieser Kultur die Leere der Versprechungen. Freuds Charakterisierung des Unheimlichen als »Marke der Verdrängung« trifft an dieser Stelle das Undenkbare in Kapps Rede von der Prothese als »Maske der Verkrüppelung«[34]. Die physiologische Impotenz des Menschen, die Kapp mit dem Werkzeugcharakter der Technik ausfüllen, ja zum Kulturanlass und zur Quelle der menschlichen Sonderstellung in der Natur vergrößern kann, ist bei Freud eine Leerstelle. Und so scheinen im Verlauf des Textes »kulturelle Errungenschaften« – Religion, Wissenschaft, Kunst und technischer Fortschritt – zu einem *Nichts*, zu einer Art Massenneurose einzuschrumpfen, die machtlos gegenüber dem allmächtigen Todestrieb ist, oder sogar: ihm assistiert.

Freuds Argumentation ertastet im Anschluss an die Prothesengott-Passage einen anderen Parcours, der seinen Weg über die Urgeschichte, den Vatermord durch den Brüderbund zu dem von ihm konstatierten Irrtum der Kommunisten nimmt, Menschen seien kooperative Wesen. Es geht ihm um die Konturierung des Aggressionstriebs, gegen den Kultur und Gesetz ihre Dämme errichten, indem Sicherheitsgarantien gegen Triebeinschränkung getauscht werden. Er rekapituliert seine Überlegungen aus *Jenseits des Lustprinzips*, wonach die Ausbreitungstendenz der erotischen Suche nach Lust stets im Dienst des Thanatos stehe. Destruktion ist demnach im Gewand des Eros gekleideter, nach außen projizierter Todestrieb. Den kulturellen Verkleidungen, in denen der Todestrieb sich zeigt, widmet sich der ganze restliche Text: erotische Aggression, das Gewissen, das Schuldbewusstsein und das Strafbedürfnis. Sie alle sind Artikulationen des Kampfes zwischen Eros und Thanatos, in dem der Eros meist unterliegt, sich nur temporär und punktuell behaupten kann.

Techniken – von Yoga bis zum Flugzeug – kommen in den beiden letzten Dritteln des Textes nicht mehr vor. Erst im letzten Absatz kommt Freud

33 Freud, Sigmund: »Fetischismus«. In: *Studienausgabe*, Bd. III. Frankfurt a. M.: S. Fischer 1975 (1927), S. 383–388.

34 Vgl. oben Kapitel »Maske der Verkrüppelung«, S. 34.

noch einmal auf den Zusammenhang zurück. Der – ebenso häufig wie die Prothesengott-Passage kommentierte – Schluss lautet:

> Die Schicksalsfrage der Menschenart scheint mir zu sein, ob und in welchem Maße es ihrer Kulturentwicklung gelingen wird, der Störung des Zusammenlebens durch den menschlichen Aggressions- und Selbstvernichtungstrieb Herr zu werden. In diesem Bezug verdient vielleicht gerade die gegenwärtige Zeit ein besonderes Interesse. Die Menschen haben es jetzt in der Beherrschung der Naturkräfte so weit gebracht, daß sie es mit deren Hilfe leicht haben, einander bis auf den letzten Mann auszurotten. Sie wissen das, daher ein gut Stück ihrer gegenwärtigen Unruhe, ihres Unglücks, ihrer Angststimmung. Und nun ist zu erwarten, daß die andere der beiden »himmlischen Mächte«, der ewige Eros, eine Anstrengung machen wird, um sich im Kampf mit seinem ebenso unsterblichen Gegner zu behaupten. Aber wer kann den Erfolg und Ausgang voraussehen?[35]

Die von Freud so eindrücklich geschilderten Destruktivkräfte hatten sich in den Kriegsjahren als technische Potenz mit dem Potential zur Selbstausrottung der Menschheit gezeigt. Freud ist selbst in dieser visionären Schlusspassage zurückhaltend, wenn es darum geht, die Konsequenzen seiner diagnostischen Anstrengungen projektiv werden zu lassen. Ein ums andere Mal wehrte er sich dagegen, zur Produktion einer »Weltanschauung« beizutragen. Dennoch ist man geneigt, in dieses Szenario die Figur des Prothesengottes zu inserieren und sich mögliche Ausgänge vorzustellen. Der Prothesengott ist dann entweder eine menschheitsvernichtende Kampfmaschine im Dienste des externalisierten Todestriebs oder jene erotische Maschine der Verbindungen, die von Deleuze / Guattari in kritischer Absetzung und Verlängerung der Freudschen Theorie entwickelt wurde: ein Ensemble von Organen und Artefakten, ein flexibel mit dem menschlichen Körper verschaltetes Sammelsurium von »kleinen Maschinen«, die immer neue und überraschende Verbindungen zwischen Menschen, Naturkräften und Dingen herzustellen in der Lage sind. Zwischen diesen beiden Polen changiert jede Prothesentheorie der Technik bis heute.

Interludium zum hinkenden Denken und zu Theoriefetischen

Freud nahm selbstverständlich die Schrift und das Schreiben in den Katalog der Extensionen des Prothesengottes auf. Wie die zeitgenössische Kultur- und Medienwissenschaft begreift auch er das Schreiben als eine

35 Freud: »Unbehagen«, S. 270.

fundamentale und formierende Kulturtechnik. Deshalb möchte ich im Folgenden die Wechselwirkungen zwischen seinem eigenen Schreiben und den von ihm erschriebenen Figuren untersuchen.[36] Mich interessiert besonders die Selbstcharakterisierung der Freudschen Denkbewegung als »hinkende«. Sie steht am Ende von *Jenseits des Lustprinzips* und ist die Paraphrase einer Paraphrase:

> Im übrigen mag uns ein Dichter (Rückert in den *Makamen des Hariri*) über die langsamen Fortschritte unserer wissenschaftlichen Erkenntnis trösten:
>
> »Was man nicht erfliegen kann, muß man erhinken
> Die Schrift sag, es ist keine Sünde zu hinken«[37]

Die Makamen des Hariri sind ein arabisches Prosagedicht aus dem 12. Jahrhundert, das von Friedrich Rückert, dem Dichter und Mitbegründer der modernen Orientalistik in Deutschland, 1826 ins Deutsche übertragen wurde. Geschrieben wurde es von al-Hariri, einem Gelehrten aus Basra (geboren 446, gestorben 515 oder 516 nach mohammedanischer Zeitrechnung). Rückert hat für die Übertragung gleichzeitig Poesie und Philologie betrieben, denn »der Kern selbst, der Mittelpunkt vieler seiner Makamen [ist etwas, K.H.], das an der Originalsprache haftet und mit dieser wegfällt. In solchen Fällen habe ich mir mit allerlei Stellvertretungen zu helfen gesucht, worüber man die Nachweisung in den Anmerkungen zu den einzelnen Makamen finden wird. Dasjenige aber, dem von keiner Seite beizukommen war, habe ich weggelassen.«[38] Das Vorgehen des Übersetzers ist ein Hin und Her zwischen Hinken und Fliegen: Fußnoten und philologische Erläuterungen stützen und durchbrechen den lyrischen Fluss. Die Poesie, das Ersetzen und Weglassen, verleiht ihm Flügel. »Auf den Flügeln der poetischen Reflexion in der Mitte schweben, diese Reflexion immer wieder potenzieren und wie in einer endlosen Reihe von Spiegeln vervielfachen«[39] ist eine Schlegelsche Annäherung an romantische Poetizität, die auch Rückert in Anspruch nahm.

36 Über den Wunderblock als Modell des Erinnerns und über die modellbildende Funktion mechanischer Apparate für psychische Vorgänge sind eine ganze Reihe von Studien vorgelegt worden, mich interessiert hier anderes – nämlich eine hinkende Fortbewegungsart der Erkenntnis. Vgl. beispielsweise: Wegener, Mai: *Neuronen und Neurosen*. München: Fink 2004. Schäffner: *Ordnung des Wahns*. Schmidgen: *Unbewußte der Maschinen*.

37 Freud: »Jenseits«, S. 272.

38 Rückert, Friedrich: *Die Verwandlungen des Abu Seid von Serug oder die Makamen des Hariri*. 4. Stuttgart: Verlag der Cottaschen Buchhandlung 1864, S. VI.

39 Schlegel, Friedrich: *Kritische Friedrich-Schlegel-Ausgabe*. Hg. v. Ernst Behler et. al. München, Paderborn, Wien: Schöningh 1958ff., S. 182f. (Fragment 116).

Woraus Freud also zitiert, ist ein in sich zeitlich, geographisch und sprachlich vielschichtiges Gebilde: Arabische Dichtung aus dem – in christlicher Zeitrechnung – 12. Jahrhundert, ins Deutsche übertragen im 19. Jahrhundert, verwendet er, um das eigene Vorgehen in diesem gefährlich spekulativen Text zu rechtfertigen. Der Stil des Palimpsests, der durch diese letzten Sätze schimmert, ist kennzeichnend für den ganzen Text. Argumente, Belege und narrative Elemente aus ganz unterschiedlichen Textsorten werden hier vernäht. Die gewagteste Ingredienz stammt wahrscheinlich aus Platons *Symposion*, nämlich die mythologische Erzählung von der ursprünglichen Einheit der Geschlechter, die Geschichte von den Kugelwesen.[40] Diesem Rekurs auf die Antike ist es zu verdanken, dass sich mit dem »Erhinken und Erfliegen« in lockerer Assoziation zwei Typen von »Prothesen« assoziieren: Die Werkzeuge des (hinkenden) Hephaistos und die Flügel des (körperlich intakten) Ikarus. Ich möchte mir Freud beim Schreiben als jemanden vorstellen, der abwechselnd diese beiden Avatare bewohnt. Freuds späte Texte, zumal die hier behandelten, sind durch eine Fortbewegungsart in der Argumentation geprägt, die zwischen der »hinkenden« Empirie der Analyse, dem Zuhören im Behandlungsraum und einem Flug der Phantasie, dem Ausflug in fachfremde Gebiete, in die Literatur und die bildende Kunst wechseln. Die Ikarus-Seite ist dabei stets von Hybris und Absturz bedroht, die Hephaistos-Seite ist kraftvoll, aber zögerlich. Er betont in *Jenseits des Lustprinzips* gleich zu Beginn den spekulativen Charakter seiner Überlegungen, und in einem Brief an Ferenczi kündigte er den Text als »reichlich dunkel«[41] an. Die Fortsetzung dieser Überlegungen in *Das Ich und das Es* bezeichnet er ebenfalls als »etwas Spekulatives«.[42]
Freuds Entscheidung für diese an Umwegen reiche Form der Erkenntnis hat sicher zu der zerklüfteten Form seiner Rezeption in unterschiedlichen intellektuellen Feldern beigetragen, hat ihn aber für die Kultur- und Medienwissenschaft anschlussfähig gemacht. Und aus dem Inneren des verwinkelten Theoriegebäudes heraus gesehen ist seine Vorgehensweise kohärent. Denn die Überzeugung von der Nicht-Abschließbarkeit des wissenschaftlichen Erkenntnisweges und eine skeptische Perspektive auf die angebliche Erfolgsgeschichte der Vernunft prägten Freuds Wissenschaftsauffassung. Die Wissenschaft sei nicht nur noch »sehr jung unter

40 Freud: »Jenseits«, S. 266.
41 Jones: *Sigmund Freud*, S. 56f.
42 Ibid.: 124. In der Vorrede zu *Das Ich und das Es* ist jedoch davon die Rede, dass die Überlegungen »eher den Charakter einer Synthese als einer Spekulation« trügen. Jenseits der Manöver der Diskursbegründung, die zwischen einem Heroismus des »noch nie gedachten« und Absicherungsrhetoriken oszilliert, wird in den Texten aus den frühen 20er Jahren eine beträchtliche Unsicherheit gegenüber den eigenen Deutungen psychischer Geschehnisse sichtbar. Ich deute den Hinweis aufs Spekulative deshalb in erster Linie als eine Schutzvorkehrung, die es erlaubte, über die klassische Form der Triebtheorie hinauszugehen.

den Menschen« – ginge es nur darum, dann hätte sie zumindest theoretisch das Potential zur zukünftigen Weltverbesserung –, sie habe auch »wesentlich negative Züge, wie die Bescheidung zu Wahrheit, die Ablehnung der Illusionen.«[43] Das Denken insgesamt charakterisiert Freud an anderer Stelle als Aufschub, als Probehandeln, dem auf organischer Ebene das Tasten entspricht. Im Vorgang des Tastens schickt das Ich »periodisch kleine Besetzungsmengen in das Wahrnehmungssystem, mittels deren es die äußeren Reize verkostet [...].«[44] Wenn Denken Negativität ist und ein vorsichtiger, taktiler Vorgang, mittels dessen die Stabilität des Systems gewährleistet wird, folgt daraus, dass das Denken Anteil hat am Todestrieb mit seiner Tendenz zu Starre und Equilibrium.

Man hat Freud vorgeworfen, dass er den Kleinigkeiten, dem Lapsus, zu große Bedeutung beigemessen hätte und dass seine Vergleiche – man möchte verbessern: Ersetzungen, metaphorischen Verschiebungen – oft hinken. Gesteht man jedoch dem stolpernden Lesen jenen Erkenntniswert zu, den Freud im tastenden Charakter des Denkens, in der Langsamkeit der wissenschaftlichen Erkenntnis sieht, erweisen sich Lapsus und Hinken als notwendige Verzögerungsmomente. Für einen Prothesengott ist Selbsterkenntnis nur stolpernd und tastend, über die seltsamen und erratischen Umwege zu haben, die sein seelischer Apparat dauernd leistet.

Manche dieser Spekulationen sind von Freuds Lesern und Leserinnen im Nachhinein wütend und / oder genüsslich dekonstruiert worden. Gerade weil Freud für Politiken der Emanzipation attraktiv war, flog ihm beispielsweise seine Lösung des »Rätsels der Weiblichkeit« als kastriertes Dasein um die Ohren. Anstatt über ihre minderwertige Genitalität und natürliche Passivität spekulative Kathedralen bedrohter männlicher Potenz zu bauen, hätte – so seine Kritikerinnen – eine Analyse realökonomischer (und nicht nur triebökonomischer) Verhältnisse vielleicht zu einem besseren Verständnis des Widerstands seiner Patientinnen gegen das Gewaltmonopol ihrer Väter und Ehemänner geführt. Ähnliches gilt auch für die Kriegsneurotiker: Hätte Freud sie nicht gegen ein spielendes Kind eingetauscht, wäre er zwar vielleicht nicht zum Theorem des Todestriebs vorgestoßen, hätte aber möglicherweise eine wirksamere Argumentation gegen die brutale psychiatrische Praxis seiner Zeit entwickeln können. Diese lehnte er zwar ab – die Kriegspsychiater galten ihm als »Maschinenge-

43 Die Zitate stammen vom Ende der 35. der in den frühen 30er Jahren schriftlich fortgeführten Vorlesungen zur Einführung der Psychoanalyse von 1916/17. Nach Klaus Heinrich »phantasiert sich Freud hier noch einmal in den Hörsaal zurück«, da ihn seine Kieferprothese daran hinderte, öffentlich zu sprechen. Heinrich, Klaus: »Festhalten an Freud. Eine Heine-Freud-Miniatur zur noch immer aktuellen Rolle des Aufklärers Freud«. In: *Zeitschrift für psychoanalytische Theorie und Praxis* 3/2007:22, S. 365–388. (Freud-Zitate nach Heinrich).

44 Freud, Sigmund: »Die Verneinung«. In: *Studienausgabe, Bd. III*. Frankfurt a. M.: S. Fischer 1975 (1925), S. 373–377, S. 377.

wehre hinter der Front«[45] –, er konnte aber weder eine Theorie noch eine Behandlungsmethode der so genannten »Schockneurosen« vorlegen, die diese unterbunden hätte. Dieses Absehen vom Konkreten, das auch ein Verschieben von eminent politischen Fragen ins Individuelle inkludiert, zeigt sich vielleicht besonders komprimiert in einer kleinen Passage aus dem Fetischismus-Text von 1927:

> Eine andere Variante, aber auch eine völkerpsychologische Parallele zum Fetischismus möchte man in der Sitte der Chinesen erblicken, den weiblichen Fuß zuerst zu verstümmeln und den verstümmelten dann wie einen Fetisch zu verehren. Man könnte meinen, der chinesische Mann will es dem Weibe danken, daß es sich der Kastration unterworfen hat.[46]

Wenn 1927 von verstümmelten Füßen die Rede ist und von einer Fetischisierung dieser Verstümmelung, wäre es naheliegender gewesen, auf die Vielzahl der versehrten Soldaten zu rekurrieren, die – wie gezeigt wurde – noch weit in die zwanziger Jahre hinein eine große öffentliche Präsenz hatten und deren »Verstümmelungen« in der rechten Propaganda als Opfer für das Reich »fetischisiert« wurden. Freud spricht jedoch lieber vom »chinesischen Weibe«, nicht zum Zwecke der Wiederaufrichtung des potenten Männerkörpers, eines sich selbst transparenten Willensmenschen oder als Kern eines normativen Programms der Heilung – hier war Freud vorsichtig –, sondern als Anlass zur Anpassung und Weiterentwicklung eines fungiblen und adaptionsfähigen theoretischen Arsenals, das in der Folge in seiner Mittelstellung zwischen politischer »Weltanschauung« und Heilung des Individuums produktiv werden konnte.

Prothetische Anthropologie

Nicht nur in Sigmund Freuds Schriften wechselt die Prothese Status und Funktion im Verlauf der Theoriewerdung. Vom interdisziplinär bearbeiteten, aber pragmatischen und lokalen Anwendungsfeld medizintechnischer Versorgung von Kriegsversehrten wandern Phantomschmerz und Prothesen in den zwanziger Jahren in allgemeinpsychologische und anthropologische Theorien ein. Was ermöglicht die Karriere des Prothesenträgers vom politischen Skandal und medizintechnischen Experimentierobjekt zu einer Metapher für den Menschen an sich, zu einem *homo protheticus*? Wie kommt es, etwas später, zum Auftritt des Menschen als

45 Vgl. Riedesser und Verderber: *Maschinengewehre*, S. 64f.
46 Freud: »Fetischismus«, S. 388.

»Prothesenproteus«[47]? Dies ist Helmuth Plessners untechnisches Bild des Menschen. Welche epistemologischen Spuren – oder Residuen – hinterließ die Prothetik als technopolitisches Unternehmen in anthropologischen und psychologischen Spekulationen? Der Formierung von Gestalttheorie und Phänomenologie im Umfeld der Kriegsversehrtentherapie kommt hierbei eine Schlüsselrolle zu.

Anthropologie der Phantombildung. Eine Hypertrophie

Die Genealogie einer prothetischen Anthropologie erschöpft sich nicht in Texten, die aus der Sicht der *intellectual history* als Wegmarken anerkannt sind. Aus dem Meer der anthropologischen Ausdeutung von Amputation, Prothetik und Phantomschmerz ragen als hypertrophe Spitzen wenig bekannte Abhandlungen heraus, die aus den Grenzbereichen der Natur- und Technikwissenschaften stammen. Sie mögen nicht zum Kernbestand disziplinärer Wissensbestände zählen, haben aber eine wichtige Vermittlungsfunktion: Sie ermöglichen den Transport von Argumenten, Figuren und Narrativen zwischen den Einzeldisziplinen und in eine größere Öffentlichkeit, sie schaffen eine Atmosphäre, in der bestimmte Übertragungen plausibel werden. Stefan Rieger hat die »latente Anthropologie« solcher Texte aus einem Dickicht »kryptokybernetischer« Texte im Detail herausgearbeitet.[48] Ich möchte hier einen Text genauer vorstellen, der die Nachkriegspsychiatrie, die sich mit den versehrten Körpern und Seelen befasste, dezidiert als Lehre vom Menschen versteht. Der Autor der Schrift *Phantome und Doppelgänger* (1952), Max Mikorey, war in der Nachkriegszeit ein beliebter Gastredner in der Erwachsenenbildung und bei der Bundeswehr sowie Gerichtspsychiater für einige spektakuläre Mordfälle. Mikorey war eine Figur, die weniger akademisch anerkannt war, als dass sie den medialen Echoraum für wissenschaftliche Autoritäten in der Wirtschaftswunderzeit bespielte. Der Text ordnet sich ausdrücklich in eine Linie gesellschaftsdiagnostischer Prothesenforschung ein, sowohl was die herangezogenen Schriften (Herder, Kapp, Freud, Katz, Bethe, Plügge, Schilder) als auch was die Kontextualisierung durch den Autor betrifft. Er betont im Vorwort, es seien die »heute über 200.000 Kriegsamputierten« der beiden Weltkriege gewesen, die ihn auf die Spur der Phantomerscheinungen als Leitidee seiner »Grundlegung einer anthropologischen Charakteristik« geführt hätten. Diese wiederum sollte der philosophischen Anthropologie eine biologische Basis verschaffen.[49] Mikoreys spekulative Neurologie baut auf seinen praktischen Erfahrungen als Arzt in der psy-

47 Plessner, Helmuth: »Die Frage nach der Conditio humana«. In: *Conditio humana. Gesammelte Schriften VIII*. Frankfurt a.M.: Suhrkamp 2003, S. 136–217, hier: S. 191.

48 Rieger: *Kybernetische Anthropologie*.

49 Mikorey, Max: *Phantome und Doppelgänger*. München: J.F. Lehmanns 1952, S. 7–8. Stefan

chiatrischen und Nervenklinik der Universität München auf, mobilisiert jedoch weit darüber hinausgehend unterschiedliche Genres für seine These: Literatur (Euripides, Goethe), Philosophie (Herder, Kapp), experimentelle Physiologie (Plügge, Pick) und theoretische Biologie (Uexküll, Ehrenberg). Die These lautet, dass Phantomglieder und Doppelgänger kognitive Versionen biologischer Vorgänge sind. Phantomglieder seien (dies entnimmt er den Ausführungen Plügges s.u. Kapitel »Regenerationsexperimente«, S. 271) »imaginäre Regenerate«: Wie Salamander bei Verlust von Gliedmaßen eine neues produzieren würden, produziere der Mensch Phantomglieder: »Das *Phantom* ist ein *imaginäres Regenerat*; das *Regenerat* ist ein *realisiertes Phantom*.«[50] Analog dazu seien Doppelgänger imaginäre Versionen eines nicht realisierten Zwillings: »[D]er eineiige Zwilling ist ein realisierter Doppelgänger, der Doppelgänger ist ein imaginärer Zwilling.«[51] Beiden psychischen Mechanismen sei gemeinsam, dass sie einer Rhythmik oder einem Wettstreit zwischen »Autonomie« (der Körperteile) und »Regeneration« (Bezug auf das Körperganze) unterliegen. Diese Dynamik habe eine Schutzfunktion für den Gesamtorganismus. Der organische Vorgang der Absonderung eines Körperteils sei stets letztes Mittel des Systemerhalts. Doppelgänger fungieren aufgrund dieser Rettungsfunktion häufig als Auslagerungsinstanzen von Schmerz in physischen oder psychischen Belastungssituationen. Phantomglieder bilden sich üblicherweise nur nach einem abrupten Gliedmaßenverlust, nur dann, wenn sich der Gesamtorganismus nicht auf den Verlust des Glieds (etwa durch Erkrankung, Erfrierung) einstellen konnte. Gliedmaßenverdopplungen haben deshalb einen atavistischen Charakter. Sie aktualisieren phylogenetisch (etwa bei den Echsen) oder ontogenetisch (bei der ersten Zellteilung) in der Vergangenheit liegende Situationen. Mikorey besteht jedoch darauf, dass die menschlichen Phantome *nicht* rückwärtsgewandt sind. Er bestreitet damit Paul Schilders Erklärung des Phantomschmerzes als Trauerarbeit für ein mit narzisstischen Energien besetztes Körperteil. Nach Mikorey haben die Phantome eine eminente Zukunftsdimension: »Das Amputationsphantom ist also nicht eine *neurologische Reminiszenz*, sondern eine *metaneurologische Antecipation*!«[52]

Rieger verweist mehrfach auf das schmale Buch, ohne jedoch auf die problematische Figur seines Autors oder den Kontext der Veröffentlichung einzugehen. Mikorey wird als Dr. med. und Dr. phil. eingeführt und damit als Kronzeuge einer Interdisziplinarität von Geistes- und Naturwissenschaften, einen Hinweis auf einen geisteswissenschaftlichen Abschluss Mikoreys konnte ich jedoch nirgendwo finden. Rieger: *Individualität der Medien*, S. 373–378, S. 389f., S. 411. Rieger: *Kybernetische Anthropologie*, S. 180f, S. 195–199, S. 204, S. 338.

50 Mikorey: *Phantome und Doppelgänger*, S. 15.

51 Ibid.: S. 31.

52 Ibid.: S. 16.

Mikorey gibt dem praktischen Nutzen des Phantomglieds etwa zur »Beseelung der Prothese« oder zum »psychotherapeutische[n] Training im Dienst der Elektroprothesen«[53] nur wenig Raum. Etwas mehr Beachtung findet der Doppelgänger als »psychotherapeutische Selbsthilfe«[54]. Der Text zielt jedoch insgesamt nicht auf praktische Anwendungen in der Therapie, sondern aufs Ganze, nämlich auf die Etablierung der Phantombildung als anthropologische Charakteristik. Den phantombildenden Menschen zeichnet Mikorey als ein organisch primitives Wesen der »Zurückhaltung des élan vital in einer mittleren Entwicklungslinie«[55], dessen Entelechie in »konstruktiven Reserven«[56], nämlich als Imaginationsfähigkeit, zurückgehalten wird. Diese Reserve hat umfassende Konsequenzen, da sie die Projektion des Menschen ins ganz Kleine genauso wie in den Kosmos ermöglicht. Diese narzisstische Phantomtechnik sei gleichbedeutend mit Leibniz' Zentralmonade[57] und mit Kants apriorischen Kategorien.[58] Außerdem sei sie – man ahnt es schon – verantwortlich für die Möglichkeit der Schaffung von Technik. Mit Kapp als Kronzeugen ist der Mensch das Universaltier, das dank seiner technischen Organprojektionen »schwimmt wie ein Fisch, gräbt wie ein Maulwurf und fliegt wie ein Vogel«[59]. Der Weg in die technische Sphäre der menschlichen Umweltbeherrschung führe logisch »über Phantomprojektionen, die biotechnische Maschinenelemente des Körperbaus in tote Stoffe der Umwelt hineinspiegeln.«[60]
Der Text ist dabei selbst phantomhaft: Er produziert verzerrte Schattenwürfe von Philosophemen und Theoremen und konstruiert daraus Gestalten. Wo Plessner vorsichtig und umsichtig positive und negative Modifikationsthese der Anthropologie unterscheidet, stehen hier Kant, Herder, Nietzsche und Scheler[61] undifferenziert nebeneinander, um den Menschen als »krankes Tier« durch Geist zu kurieren. Der Text ist ein Phantom auch im Sinne einer »metaneurologischen Antecipiation«. Er gibt eine Vorausschau auf die neo-cartesischen Virtualitätsphantasien des Computerzeitalters und er ist »metaneurologisch«, weil er schlicht kein neurologisches Wissen im engeren Sinn enthält. Mikorey hat nur sehr spärlich naturwissenschaftlich gearbeitet. Seine Doktorarbeit von 1928 ist die einzige genuin neurologische Schrift.[62] Ab den frühen dreißiger Jah-

53 Ibid.: S. 37.
54 Ibid.: S. 37–39.
55 Ibid.: S. 48.
56 Ibid.: S. 43.
57 Ibid.: S. 53.
58 Ibid.: S. 66.
59 Ibid.
60 Ibid.
61 Ibid.: S. 68.
62 Der Titel lautete »Über einen atypischen Fall metastatischer Wirbelkarzinose mit syringo-

ren wandte sich das NSDAP-Mitglied Mikorey ideologisch einschlägigen theoretischen Sachgebieten zu. Die kumulative Habilitation von 1941 enthält acht, zum Teil ungedruckte, »Beiträge zur gerichtlichen Psychiatrie und zum Grenzgebiet zwischen Medizin und Rechtswissenschaft«. Drei davon hatte Mikorey mit dem den nationalsozialistischen juristischen Eliten verbundenen Strafrechtler Edmund Mezger verfasst. Außerdem sind enthalten: »Die Einwirkung der Entmannung auf die geistige und physische Entwicklung« von 1935, »Das Judentum in der Kriminalpsychologie« von 1936,»Naturgesetz und Staatsgesetz« von 1936, »Recht und Medizin« und »Das Psychopathenproblem im modernen Krieg«.[63] Der letzte Titel bezieht sich auf einen Vortrag, den Mikorey am 20. Dezember 1939 in seiner Eigenschaft als beratender Psychiater der Deutschen Wehrmacht vor dem VII. Wehrkreis München gehalten hatte. Der Vortrag nimmt die »psychiatrische Dolchstoßlegende« (die Schuld der Kriegsneurotiker an der deutschen Niederlage im Ersten Weltkrieg) zum Ausgangspunkt für eine äußerst unnachgiebige Position. Er empfiehlt – und als beratender Psychiater exekutiert er später auch – ein repressives Vorgehen gegenüber so genannten »minderwertigen Psychopathen« und Kriegsneurotikern:

> In allen Fällen ist es im Interesse der militärischen Disziplin notwendig, ziemlich kurzen Prozess zu machen. Die zweifellos häufigsten solchen Reaktionen zu Grunde liegende psychopathische Eigenart darf nicht unter den Schutz des §51 gestellt werden. [...] Bei unvorsichtiger Anwendung wird der §51 Abs. II zum Dolchstoßparagraphen gegen die Aufrechterhaltung der Manneszucht. [...] Da diese psychopathischen Delikte oft exemplarisch sind und auf alle Fälle exemplarisch wirken, muss auch die Strafe exemplarisch sein.[64]

Mikorey war weniger als ein Neurologe und mehr als ein Mitläufer. Damit und auch insofern war er ein nicht untypischer Fall für deutsche Akademiker seiner Zeit, als er sich nach dem Ende des Zweiten Weltkriegs geschickt dem Zugriff der Militärbehörden entzog. Durch raffinierte bürokratische Winkelzüge konnte er 1948 seinen Posten als Oberarzt der Psychiatrie zurückbekommen. Die Abhandlung *Phantome und Doppelgänger* verschaffte ihm, trotz einiger Zweifel seitens mancher Kollegen an seiner wissen-

myelieähnlichem Symptomenkomplex und ein Sarkom des extraduralen Raumes«, zu den biobibliographischen Details vgl. die ausführliche Dissertation von Weidmann: Weidmann, Andreas Michael: *Professor Dr. med. Max Mikorey (1899–1977). Leben und Werk eines Psychiaters an der Psychiatrischen und Nervenklinik der Ludwig-Maximilians-Universität Munchen.* Institut für Geschichte und Ethik der Medizin, Technische Universität München, Dissertation 2007.

63 Ibid.: S. 156f.

64 Zit. n. ibid.: S. 174.

schaftlichen Leistungsfähigkeit, einen außerplanmäßigen Professorentitel. Er war weiterhin als Berater in Fragen der Panik bei der deutschen Bundeswehr tätig und hat sich nie öffentlich zu seinen Positionen und Aktivitäten in den dreißiger und frühen vierziger Jahren geäußert.
Es fällt schwer Mikoreys Ausweichen auf allgemein anthropologische Fragestellungen nicht als ein Manöver zu lesen, um dem Schatten seiner Tätigkeit als Militärpsychiater zu entgehen. Die Hunderttausenden Amputierten, die am Beginn seines Textes stehen, kommen weder zu ihrem Ausdruck noch zu ihrem Recht. Sie werden zum Modellfall des Menschen als »krankem Tier« abstrahiert, das erst auf dem Sprung zur Humanität ist, während die narzisstische Selbstbespiegelung des Psychiaters als Philosoph einen Vorschein auf die Virtualitätsphantasmatik des späten 20. Jahrhunderts wirft.

Taktile Prothesensteuerkreise

In den Arbeiten von David Katz – und einem größeren Netz daran anknüpfender Forschungsarbeiten aus dem Bereich der Gestalttheorie – lässt sich der Transfer der Prothetik von der konkreten Anwendung in eine allgemeine psychologische Theorie der Körperwahrnehmung verfolgen. Katz' experimentelle Forschungen zur Psychologie der Prothese sind im Kapitel »Taktilität und Rückkopplung«, (S. 138). bereits vorgestellt worden. Im Folgenden wird der Einsatz prothetischer Figuren in seinen theoretischen Arbeiten konturiert. Die erste Verarbeitungsstufe hin zu einer Generalisierung versehrter Körperlichkeit und technischer Erweiterungen findet sich in *Der Aufbau der Tastwelt* (1925).[65] Die Arbeit entstand in unmittelbarer Nachbarschaft zu Paul Schilders überaus einflussreicher Publikation *Das Körperschema* (1923),[66] in der er die Herausbildung der subjektiven Vorstellung vom eigenen Körper als ein Resultat der tastenden Umweltaneignung des Kleinkinds beschreibt.
In der Einleitung zu *Der Aufbau der Tastwelt* verknüpft Katz bis dahin getrennte oder sogar konkurrierende diskursive Stränge. Auf den ersten Seiten begegnet man nicht nur dem »Amputiertenproblem«,[67] sondern auch den beiden Kontrahenten Georg Schlesinger und Ferdinand Sauerbruch. Georg Schlesinger wird als Autor seines populären Vortrags zum Menschen als werkzeugschaffendem Wesen[68] zitiert, Sauerbruch als Kronzeuge der »Erziehung der Hand durch das Gehirn«.[69] Es grenze ans Wunderbare, was durch die Sauerbruch-Prothese in der Umerziehung der Muskulatur erreicht worden sei.[70]

65 Katz: *Aufbau der Tastwelt.*
66 Schilder: *Körperschema.*
67 Katz: *Aufbau der Tastwelt*, S. 6.
68 Vgl. oben Kapitel C.2.3 & C.2.4.
69 Katz: *Aufbau der Tastwelt*, S. 5, FN.
70 Ibid.

Wenn die Hand das »äußere Gehirn« des Menschen sei (Kant, Schlesinger), sei die Prothese gewissermaßen die *Verkörperung* dieser kognitiven Leistungen. Insofern Katz von einem Verhältnis der Rückkopplung zwischen Sensorik und Körperumwelt ausgeht, »erzieht« sie folglich den Organismus. In der Verschmelzung von technisch-medizinischem Vokabular mit individualpsychologischen Begriffen (»Erziehung«) wird deutlich, was hier auf dem Spiel steht: Möglichkeiten der (Selbst-) Kontrolle von Verhalten. Was in der Auseinandersetzung zwischen Sauerbruch und Schlesinger noch getrennt war, kommt nun zusammen. Die Prothese ist nicht länger ein minderwertiger Ersatz, eine Nachahmung organischer Formen oder Funktionen, sie ist Teil eines gekoppelten Systems von Wahrnehmungen, Projektionen, Reaktionen und Steuerungen. Organizität ist nicht länger etwas Gegebenes, das in einem eindeutigen Gegensatz zum Künstlichen oder Erworbenen steht, sie wird selbst fraglich und deutlich medial.

Exkurs: Medialität des Taktilen.
Hermann Lotzes Figuren der Körpererweiterung

Dass gerade der Tastsinn den Leib zum Medium macht, hat Tradition: Seit der Antike wurde der Tastsinn als problematischer Modus des Selbstbezugs studiert. In Aristoteles' *De Anima* ist der Tastsinn jener Sinn, der die Wahrnehmung, dass wahrgenommen wird, erst ermöglicht. Der Tastsinn stellt erstens einen elementaren Selbstbezug her und ermöglicht zweitens aufgrund seiner Multimodalität eine Unterscheidung verschiedener Sinnesqualitäten. Weil der Tastsinn so unterschiedliche Empfindungen wie Druck, Rauigkeit und Temperatur wahrnehmen kann, können wir erfahren, dass beispielsweise Sehen etwas anderes ist als Schmecken. Der Tastsinn entspricht, so der Altphilologe Daniel Heller-Roazen, jener »inneren Berührung«[71], jenem sinnlichen Selbstbezug, der im antiken Denken jene Systemstelle einnimmt, die später das Bewusstsein als ein »kognitivistischeres« Konzept besetzt. Der Tastsinn ist seit Aristoteles ein Sonderfall unter den Sinnen, da bei ihm Medium und Organ der Wahrnehmung nicht klar zu trennen sind. Während man das Sichtbare *durch* das Transparente (*diaphanes*) mit dem Auge sieht und das Hörbare *durch* Bewegung der Luft *an das* Ohr dringt, das Medium also das Organ affiziert, ist dies beim Tastsinn nicht ganz klar. Denn das Ertastete berührt direkt den Körper. Im Falle des Tastsinns leidet der Körper nicht durch das Dazwischen, sondern »gleichzeitig mit dem Dazwischen, so wie einer, der durch sein Schild hindurch getroffen wird«.[72] Der Tastsinn ist gleichzeitig ein Instrument

71 Heller-Roazen, Daniel: *The Inner Touch. Archaeology of a Sensation*. New York: Zone Books 2007.
72 Aristoteles: *De Anima. Von der Seele*. Wien, Zürich: Artemis 1950. II, 423b3.

der Selbstwahrnehmung und jener Sinn, der das wahrnehmende Lebewesen besonders verletzbar macht. Diese Überlegungen führen Aristoteles dahin, das Fleisch inklusive der Haut eben nicht als Sinnesorgan, sondern als Medium des Tastsinns zu charakterisieren, während sich das Wahrnehmungsorgan für das Tasten irgendwo »im Inneren« befinde. Der Körper ist das »angewachsene Zwischen für das Tastorgan«[73], das Organ für die Tastwahrnehmung selbst. Das macht den Tastsinn zum *koine aisthesis*, zum Allgemeinsinn, zum Gemeinsinn. Er synthetisiert alle Sinnestätigkeit im Selbstbezug und macht Sinneswahrnehmungen erst unterscheidbar. Damit stellt sich ein weiteres Problem: Einerseits gibt es nach Aristoteles nur fünf Sinne, nicht mehr und nicht weniger. Der Sinn für die Wahrnehmungstätigkeit selbst kann kein zusätzlicher sein, kann aber auch nicht einer der fünf Sinne mit ihrem je distinkten Vermögen sein. Das »innere« Sinnesorgan des Taktilen kommt dem allgemeinen Sinn jedoch am nächsten, wenn Aristoteles schreibt, der Tastsinn sei »wie es einige vom Punkte sagen, daß er einer oder zwei ist und insofern auch teilbar. [...] Man verwendet also dasselbe Zeichen zweimal. Sofern man zwei als Grenze setzt, sind es zwei, die urteilen [...], sofern es aber eines ist, [ist es] dann auch gleichzeitig.«[74] Das Organ des Tastsinns, der »innere Sinn« kann aufgrund seiner chiliastischen Natur gleichzeitig wahrnehmen und unterscheiden. Die Haut und das Fleisch sind Medium und Organ gleichzeitig.

Dieser komplizierte Bau der Tastempfindung, in der *agens* und *patiens*, wahrnehmen und urteilen, eigen und fremd durcheinandergeraten, hat auch die entstehende Psychophysik des 19. Jahrhunderts mit ihrem Ideal objektivierbarer, messbarer Ergebnisse herausgefordert. War schon die Objektivierbarkeit von Sinneswahrnehmungen als solche ein kompliziertes Unterfangen, so galt dies umso mehr für den Tastsinn mit seinem fraglichen Selbst- und Außenbezug, seinen multiplen Ausprägungen (Raumgefühl, Temperatur, Druck, Rauhigkeitsempfinden) und der Vielzahl der involvierten Organe (Haut, Muskulatur, Nerven). Katz referiert in seinem Buch über den Tastsinn aktuelle Arbeiten aus der Psychotechnik und der Tierpsychologie, aber auch zwei einschlägige Arbeiten aus der Frühzeit der Psychophysik: Ernst Heinrich Webers *Tastsinn und Gemeingefühl* von 1851 und Rudolf Hermann Lotzes *Mikrokosmus* (1856–1864). Die beiden Gelehrten, Lehrer und Schüler, hatten sich zwar für ähnliche Phänomene interessiert, etwa das Ferntasten und Synästhesie, stehen aber für unterschiedliche Positionen in der Erforschung der Psyche. Im Vergleich zu Weber bauen die Argumente des jüngeren Lotze nicht auf Verifizierung

73 Ibid.: II, 423a9.
74 Ibid.: III, 526b30.

von Erkenntnissen in Experimenten und auf Messbarkeiten, sondern versuchen eine Einordnung der Physiologie in Philosophie und Naturgeschichte. Anders als die messende Physiologie, die auf Generalisierbarkeit in Hinblick auf allgemeingültige Naturgesetze zielt, geht es Lotze um die Bewertung und Einordnung der Physiologie in einen naturphilosophischen »Kosmos«, in dem der Mensch eine Sonderstellung einnimmt. So bescheiden der Titel *Mikrokosmus* in Kontrast zum universellen Anspruch von Humboldts *Kosmos* (1845–1862) klingen mag, so deutlich markiert der Untertitel *Ideen zur Naturgeschichte und Geschichte der Menschheit. Versuch einer Anthropologie* einen in Hinblick auf den Menschen generellen Erklärungsanspruch.

Lotzes Experimente rekurrieren zwar zum Teil auf physiologische Experimente – beispielsweise auf diejenige Webers –, sind aber im Wesentlichen Gedankenexperimente. Seine Beobachtungen wurden sowohl für die Gestalttheorie als auch für die Phänomenologie und die philosophische Anthropologie prägend. Die Studie des heute kaum mehr bekannten Philosophen und Psychologen stellt eine untergründige Verbindung zwischen Akteuren wie Sigmund Freud (in dessen Bibliothek sich mehrere Bücher Lotzes finden), Maurice Merleau-Ponty, Helmuth Plessner, Arnold Gehlen und eben auch David Katz her. Diejenigen Stellen, die theoriegeschichtlich besonders wirksam geworden sind, beziehen sich auf zwei Themen: das Wie der Selbstwahrnehmung des Körpers im Raum und die Frage der Teletaktilität. In beiden Fällen entwickelt Lotze eine Sichtweise und eine Nomenklatur, die prägend für die Psychologie wurde. Was die Selbstwahrnehmung des Körpers im Raum betrifft, sucht er einen Weg, der weder der Unabhängigkeit raum-zeitlicher Kategoriebildung von der Erfahrung das Wort redet (Raum und Zeit sei das »eigentümliche Besitztum menschlicher Phantasie«[75]), noch eine »Anerziehung von Raum- und Zeitanschauung« für wahr befindet. Vielmehr geht es ihm um eine spezifische Reflexivität, die wir heute als »praxeologisch« bezeichnen würden. Er erläutert, wie sich im Hin und Her zwischen Erfahrung und Erinnerung, zwischen Innen und Außen im praktischen, spielenden, eingreifenden Umgang mit der Welt Kategorien, Ordnungen und Wissensbestände herauskristallisieren. Kategoriales Wissen begreift er als Resultat von Wahrnehmungs- und Wissensformen, die sich an der Körperperipherie herausbilden. Er ist auch insofern ein Vorläufer eines »medientheoretischen« Denkstils, als er Wahrnehmen und Wissen als eng zusammengehörend begreift. Lotze prägt für nur teilweise bewusste Wahrnehmungen an der Körpergrenze den Begriff des »Lokalzeichens«[76] – die späteren »Engram-

75 Lotze: *Mikrokosmus* II, S. 194.
76 Ibid.: S. 200.

me« der Psychologie. Selbstkenntnis als sinnliche Erfahrung der eigenen Lage im Raum und die Bewertung derselben als »Lebenslage« (»Fülle von Spannkraft«, »zarte Reizbarkeit«, »geduldige Stärke«, »liebliche Hinfälligkeit«, »straffe Festigkeit«[77]) sind jedoch nur eine Seite dessen, was der sinnliche Körper weiß. Die sinnliche Bespielung der Körperperipherie ermöglicht zudem eine Ausdehnung des eigentlichen Körpers über die Grenzen der Haut hinaus und damit die Einfühlung in nicht-menschliche Erlebniswelten. Dieses einfühlende Wissen ermöglicht die Kenntnis des Vogelflugs, des engbegrenzten Dasein eines Muscheltiers, der »schlanken Formen des Baumes, [...] dessen feine Zweige die Lust anmutigen Beugens und Schwebens beseelt«, ja sogar eines toten Gebäudes und der Spannungen zwischen seinen »Gliedern«.[78] Sinnliche Wahrnehmung, insbesondere die Vielheit taktiler Wahrnehmungen und ihre Orientierung auf den körpernahen Mikrokosmos hin, konzipiert Lotze also nicht als subjektivistische Beschränkung, sondern protophänomenologisch als elementaren Erkenntnisvorgang, der sich auf vielfältige Relationen außerhalb des Subjekts bezieht.

> Nicht allein in dieser ästhetisch genießenden Weise dehnen wir indessen unsere Sinnlichkeit über die Grenzen unsers eigenen Körpers mitfühlend aus, sondern auch wo wir handelnd die äußere Welt umgestalten wollen, unterstützt uns in der Berechnung ihrer Verhältnisse ein ähnliches Hinausversetzen unserer Phantasie, das die Feinheit unsers Tastsinns und die leichte Verknüpfung früherer Erfahrungen möglich macht. Nicht an allen Stellen ist die Hautoberfläche unseres Körpers so organisiert, dass sie durch Erzeugung verschiedener Lokalzeichen auch die Erregungen ihrer nächstaneinandergelegenen Punkte sondern, und unser Bewußtsein zu verschiedenen ihnen entsprechenden Empfindungen, mithin auch zu einem Bilde ihrer Verknüpfungen ihrer Form und Lage veranlassen müssen.[79]

Lotze konstatiert systematische und handlungsorientierte Verknüpfung zwischen Wahrnehmung und Erinnerung, tastender Gestaltung und projektivem Vermögen. Vor allem die Auge-Hand-Korrelation mache die spezifische Reflexivität des menschlichen Weltzugangs aus. Prototypisch dafür ist das wissenschaftliche Experiment: »Während die eine Hand das Objekt fesselt, die andere es prüft und seine Lage zu erneuerter Prüfung verändert, entsteht unsere Kenntnis auf dem Wege des Experimentes.«[80]

77 Ibid.
78 Ibid.: S. 201.
79 Ibid.
80 Ibid.: S. 202.

An dieser Stelle im Text kommt nun die Teletaktilität ins Spiel und damit die »excentrische Projektion«[81]. Auch Ernst Heinrich Weber hatte sich an zentraler Stelle seiner Untersuchung zu *Tastsinn und Gemeingefühl* mit dem Phänomen befasst, dass sich taktiles Empfinden in eine nicht zum empfindenden Körper gehörige Verlängerung fortsetzen kann. Er untersuchte dies mit Hilfe von an Fingern und Zähnen befestigten Stäbchen. Lotze ergänzt diese Experimente durch eine große Zahl neuer, zum Großteil sehr lebensnaher Beobachtungen. Den Einstieg in die Diskussion von Teletaktilität bildet – einmal mehr – die Feststellung der fundamentalen Wehrlosigkeit des Menschen sowie seiner Angewiesenheit auf Werkzeuge. Im Rekurs auf die vorangegangenen Beobachtungen zur taktilen Raumwahrnehmung entwickelt Lotze mithilfe eines einfachen Gedankenexperiments das Sondenprinzip der Körpererweiterung:

> Traf das eine Ende des Stabes irgendeinen Widerstand, der es aufhielt, und konnte nur das andere durch die Bewegungen unserer Hand im Raume herumgeführt werden, so liegt jener Durchschnitt in dem Punkte, in welchem der Stab das widerstehende Objekt berührt; in diesen Punkt, der aller unserer unmittelbaren Empfindung durchaus entzogen ist, verlegen wir das wirklich empfundene Gefühl des Widerstandes, und glauben nun, die Berührung des Stabes mit dem von uns entfernten Objekt ganz ebenso unmittelbar sinnlich zu empfinden, wie seine Berührung mit der Fläche unserer Hand.[82]

An dieser Stelle findet sich das – in Phänomenologie, Gestalttheorie und Medientheorie ein ums andere Mal aktivierte – Arsenal von Figuren der »Verlängerung der Existenz bis in die Enden und Oberflächen dieses fremden Körpers hinein«[83]: der Blinde mit seinem Stock, der Arzt mit der Sonde, der Schreibende mit seiner Feder, der Malende mit seinem Pinsel. Teletaktilität findet sich im feinen Nähen und in der rohen Anwendung von Gewalt:

81 Unter dem Begriff »excentrische Projection« wurde um 1900 eine Vielzahl von Phänomenen diskutiert. Phantomschmerzen und ungenaue Lokalisation fielen ebenso darunter wie das Mitempfinden nach dem Sondenprinzip. Vgl. Eisler, Rudolf: *Wörterbuch der philosophischen Begriffe*. Berlin: E.S. Mittler und Sohn 1904. 2, S. 143–144. Das mag der Grund dafür sein, dass Weber vor Ungenauigkeiten warnt und die unterschiedlichen Vorgänge des »Hinauswerfens« und »Antizipierens« (Mitbewegung, Reizung des Nervenstrangs, die Entwicklung einer Vorstellung von Raum, Zeit und Zahl, abstrakte Begriffsbildung, vgl.Weber: *Tastsinn und Gemeingefühl*, S. 12) streng getrennt verstehen möchte. Genau die Unschärfen zwischen physiologischen Effekten und erkenntnistheoretischen Problemstellungen machten jedoch die exzentrische Projektion zu einem so attraktiven Forschungsfeld.

82 Lotze: *Mikrokosmus II*, S. 202.

83 Ibid.: S. 210.

> Beim Nähen scheint unserer Wahrnehmung unmittelbar in der Spitze der Nadel gegenwärtig zu sein und wir empfinden, wie sie zuerst das Gewebe in einem erhabenen Gipfel vor sich herdehnt, um dann mit einem plötzlichen Stoß hindurchzudringen. So fühlt ferner der Holzhauer neben dem Anprall der Axt gegen seine Hand auch ihren zischenden Einschnitt in das Holz, so der Soldat das Eindringen seiner Waffe in das Fleisch des Gegners; so freut sich die Rohheit darüber, dass sie die Schläge, die sie austeilt ihrerseits mitgenießen kann: sie hätte kein Vergnügen am Schmerze des andern, wenn sie nicht unmittelbar das Auffallen des Stockes auf seinen Rücken mit der größten sinnlichen Deutlichkeit mitfühlte.[84]

Das Miterfassen außerkörperlicher Gegebenheiten wird als ein Vermögen eingeführt, das über die eigentliche Schwäche des menschlichen Körpers freundlich hinwegtäuscht. Lotze bleibt aber nicht bei einer solchen, einer kompensatorischen, Ausdeutung des Phänomens stehen, sondern widmet sich im Anschluss ausführlich dem Schmücken des Körpers. In Hüten und Schuhen entdeckt er den Wunsch, die eigene Erscheinung zu verlängern oder imposant zu verbreitern, fragiler oder entschiedener zu erscheinen. Innovativ ist, dass er nicht auf eine repräsentationale Ausdeutung von Kleidung abhebt: Bei Schuhen ist es das »doppelte Berührungsgefühl«[85] zwischen Fuß, Schuh und Untergrund, das die Wirkung ausmacht, beim Hut die sensorische Rückkopplung, die Federn oder Steifheit im Zusammenwirken mit der Gehbewegung erzeugen. Im Schmuck und Putz geht es nicht so sehr darum, ein Gegenüber zu beeindrucken (also um eine soziale Funktion), sondern um einen Wunsch, mit andersartigen, außerkörperlichen Erfahrungswelten zu verschmelzen. Wenn sich Kinder im Spiel einen Schwanz anheften, diene das nicht nur dazu, das zum Schwanz passende Tier darzustellen, sondern durch die »peripherischen Bahnen« der Schwingung und der dadurch verursachten Erregung »haben sie ziemlich denselben Genuß einer nach dieser Seite hin beweglich verlängerten Existenz, als wäre dies neue Organ ihnen wirklich angewachsen.«[86]

Lotze führt damit auf die Spur jener Frage, die für die psychologische Untersuchung von Prothesen erkenntnisleitend wurden: Wie muss eine Prothese konstruiert sein, sodass sie sich in das erlernte System der Propriorezeption und der Rückkopplungen zwischen Empfinden, Selbstwahrnehmung und kontrollierte Bewegung einordnet? Er berührt aber auch einen Bereich der prothetischen Phantasmatik, der erst in Kybernetik und

84 Ibid.: S. 204.
85 Ibid.: S. 209.
86 Ibid.: S. 210.

Medientheorie zum Durchbruch kommt. Denn er widmet sich der Sehnsucht nach der Extension des gegebenen Körpers, die nicht im pragmatischen Werkzeugcharakter von Körpererweiterung aufgeht, sondern experimentierfreudig, ludisch und ergebnisoffen ist. Dieser Aspekt lässt an Samuel Kochs Auftritt mit Sprungstelzen bei WETTEN-DASS ...? am 4. Dezember 2010 denken, der, befeuert durch eine kalkulierbare mediale Aufmerksamkeit für das Wagnis, das er einging, mit Hilfe technischer Extensionen über Autos sprang. Der Unfall des jungen Mannes traf wohl auch deshalb ins Mark der Unterhaltungsindustrie – wie die ausführliche Berichterstattung zeigte –, weil diese aktuell einen wichtigen Schauraum für die Erprobung »anderer Körper« bereithält. Die Unterhaltungsindustrie teilt mit der Erfahrung des technisch aufgerüsteten Körpers eine – von Lotze nicht bedachte – eskalatorische Dynamik: Dem Höher, Schneller, Weiter sportlicher Prothesen entspricht das Näher, Intensiver, Spektakulärer der Television.

Lotzes phänomenologische Präzision, so könnte man sagen, war zwar an der Entwicklung einer neuen Idee des Leibs als sich selbst steuerndes System beteiligt, hatte aber keine Idee von den physiologisch-kognitiven, sozialen und kulturellen Rückwirkungen, die eine technische Modifizierung des Körperraums mit sich bringt. Es ist vielleicht ein Erbe Lotzes, dass weder die Phänomenologie noch die philosophische Anthropologie ein überzeugendes begriffliches Instrumentarium für technisches Agieren anbieten kann. Indem beispielsweise Letztere den Menschen als »natürlich-künstlichen« auffasst, ist er auch ein unproblematisch »natürlich-technisches« Wesen. Dies verkennt jedoch sowohl das »Luxurieren des Erfinderischen«[87], die fundamentale Unbegründbarkeit bestimmter technischer Innovationen, als auch die Antinomie zwischen Leistungsfähigkeit und Verstehen,[88] die sich spätestens mit den Technologien der Industriellen Revolution eingestellt hat. Deren Leistungen sind längst nicht mehr als unmittelbare Rückkopplungen mit dem Körper erleb- und »genießbar«, technische Wirkungskreisläufe sind hier entgrenzt und potenziert. Technologien sind so komplex geworden, dass sie nur noch durch fortgesetztes *blackboxing*[89] handhabbar sind. Technologien der Neuzeit sind keine durchschaubaren oder sinnlich erlebbaren Erfahrungswerte, sondern bestehen aus ineinander verschachtelten Maschinen, die durch die Prinzipien Schaltung und Auslösung koordiniert werden.[90]

87 Lebenswelt und Technisierung unter Aspekten der Phänomenologie. Blumenberg, Hans: *Wirklichkeiten in denen wir leben. Aufsätze und eine Rede.* Leipzig: Reclam 1981, S. 7–51, hier: S. 16.
88 Blumenberg spricht mit Husserl von einem Auseinanderdriften von *Leistung* und *Einsicht*, vgl. ibid.: S. 51.
89 Latour: »Dädalus«, S. 223f.
90 Vgl. dazu Blumenberg: *Wirklichkeiten*, hier: S. 36.

In Lotzes *Mikrokosmus* gibt es demgegenüber nur Alltagshandlungen und sehr einfache Maschinen. Dass die hier rekapitulierten Passagen häufig ironisch ausfallen, mag signalisieren, dass Lotze durchaus bewusst war, dass mit der Frage nach den Körpererweiterungen mehr auf dem Spiel stand als die Mode des nächsten Jahres. Mit der Aufstellung der »Grundgesetze [...] der exakten Lehre vom Putze« habe er der Mode den nämlichen Dienst erwiesen wie Kepler der Astronomie.[91] Seiner Rezeption im 20. Jahrhundert blieb es vorbehalten, diese Großtat auf das schwierigere Feld der Betrachtung der Technik zu führen.

In seinem Buch *Der Aufbau der Tastwelt* geht David Katz in zumindest dreierlei Hinsicht auf Lotze zurück: einmal auf seine erkenntnistheoretische Position, derzufolge sinnliches Erleben und kategoriales Bewerten Teil eines einzigen Vorgangs des »Begreifens« in einem komplexen zeitlichen Gefüge sind; zweitens auf seine Aufmerksamkeit für das Zusammenspiel von Taktilität und Visualität und drittens auf seine Betrachtungen zum Ferntasten durch künstliche Extensionen. Katz geht den – entscheidenden – Schritt in Richtung einer allgemeinen Sichtweise auf Technik auf Basis des Sondenprinzips. Dieses Prinzip hatte er ins seinen Prothesenarbeiten als zentral für die »Sensibilisierung« der Prothese identifiziert.[92]

> In einer stellenweise humoristisch gefärbten Darstellung legt LOTZE dar, welche Bedeutung unsere nach diesem Prinzip [dem Sondenprinzip, KH] wirkenden Kleidungsstücke für die Erweiterung des von unserem Körper-Ich beherrschten Raumes besitzen. In dem Zeitalter von Automobil und Flugzeug ist es vielleicht gestattet darauf hinzuweisen, daß nach dem gleichen Prinzip der exzentrischen Projektion der Chauffeur mit den Pneumatiks die Güte der Chaussee, der Flugzeugführer mit den Tragflächen des Areoplans die elastischen Verhältnisse der Luft fühlt.[93]

Auf Basis von Lotzes untechnischer Technikkonzeption dringt Katz hier auf jenes Gebiet vor, das 22 Jahre später Kybernetik heißen wird: die Lehre von der Regelung und Aussteuerung von »Systemen«, zumal solcher, in

91 Lotze: *Mikrokosmus* II, S. 212.

92 Ich wiederhole das Zitat aus Kapitel »Taktilität und Rückkopplung«: »Der psychologische Mechanismus, nach dem [...] die Sensibilisierung sowohl der eigentlich sensiblen als auch der anderen Kunstglieder erfolgt, ist jener allbekannte, durch den vermittels Handwerkszeugs oder auch nur unserer Kleidungsstücke eine Erweiterung des von uns beherrschten Empfindungsbereichs unseres Körper-Ichs erfolgt, so wenn der Arzt eine Sonde benutzt, um sich Aufschluss über dem Auge nicht zugängliche Körperhöhlen zu verschaffen, wenn der Blinde sich mit dem Stock durch die Welt ertastet oder wenn wir alle durch die Schuhsohle hindurch die Beschaffenheit des Bodens wahrnehmen, auf dem wir gehen.« Katz: *Psychologie des Amputierten*, S. 7.

93 Katz: *Aufbau der Tastwelt*, S. 116.

denen Menschen mit Maschinen zielgerichtet interagieren. Der »Chauffeur und seine Pneumatiks« sind auch Gegenstand der ersten kybernetischen Programmschriften.

Was mit der Arbeit an »sensiblen Prothesen« begann, transformiert sich über den Weg der Gestalttheorie mit ihren Regelkreisen – in denen wiederum Psychophysik und Uexküllsche Umweltlehre[94] zusammenlaufen – nicht nur in eine allgemeine Theorie der Wahrnehmung, sondern in eine Metatheorie *aller* »Systeme«, seien sie organisch oder mechanisch, tierisch oder menschlich.[95]

Bleiben wir in der Chronologie von Katz' Schriften, treffen wir zeitgleich zur Selbstgründung der Kybernetik im Zuge der Macy-Konferenzen (1946–1953) auf ein Standardwerk zur Gestaltpsychologie, das seit der Erstausgabe 1944 laufend überarbeitet wurde, in hohen Auflagen bis 1969 erschien und in zahlreiche Sprachen übersetzt wurde. In der Ausgabe von 1948 liest man hier zwar von der Gestaltpsychologie als »Lehre von der dynamischen Selbststeuerung des psychophysischen Organismus«[96], nichts jedoch über sensible Prothesen. Im Gegenteil hebt Katz nun darauf ab, dass die Plastizität des Organismus es ihm erlaube, nach einer Amputation auf beeindruckende Art und Weise selbsttätig umzulernen, indem zum Beispiel andere Organe und Gliedmaßen für das verlorene einsprängen.[97] Zum Bestand des gestaltpsychologischen Wissens zählte auch der Phantomschmerz der Amputierten. Das Phänomen wird von Katz nun herangezogen, um auf die vielfältigen Ausprägungen von Vikariaten hinzuweisen: Nicht nur können Organe die Funktionen anderer übernehmen, auch das kognitive System kann solche Ersatzleistungen vollbringen.[98] Hier ist keine Rede mehr von technischem Ersatz oder von der wechselseitigen Abstimmung zwischen Mensch und Maschine. Wie ist dieses Zurückschrecken vor den Konsequenzen eines Selbststeuerungsmodells des Körpers im Medium seiner Einbildungen (im Phantomglied) und technischer Artefakte (in der Prothese) zu verstehen? Warum meidet der 1925 über taktiles Feedback zwischen Chauffeur und Pneumatiks spekulierende Psychologe 1948 Prothesen, die doch so sinnvoll als dynamische Selbststeuerungssysteme beschrieben werden könnten? Katz tat dies selbst in seinen frühen Schriften zur *Psychologie der Prothese.*[99]

94 Vgl. dazu Kapitel »Spekulative Biologie und die Medien der Umweltforschung«, S. 261.
95 Zum Zusammenhang zwischen Gestalttheorie vgl. Rieger: *Kybernetische Anthropologie.* U.a. S. 349f. Bühler, Benjamin: *Lebende Körper. Biologisches und anthropologisches Wissen bei Rilke, Döblin und Jünger.* Würzburg: Königshausen & Neumann 2004. (= Studien zur Kulturpoetik 3), S. 86.
96 Katz, David: *Gestaltpsychologie.* Basel: B. Schwabe & Co. 1948, S. 57.
97 Ibid.: S. 24.
98 Ibid.: S. 67. Auch im Psychologischen Atlas ist das Phantomglied vertreten, vgl. Katz, David: *Psychologischer Atlas. Orbis pictus psychologicus (Mit 396 Abbildungen).* Basel: B. Schwabe & Co. 1945, S. 108.
99 Katz: *Psychologie des Amputierten.*

Zur Beantwortung dieser Fragen ist eine Digression in die philosophische Anthropologie notwendig. Gestaltpsychologie und philosophische Anthropologie sind durch ein Netz gemeinsamer Referenzen und Konzepte verbunden, die inzwischen gut dokumentiert und herausgearbeitet worden sind.[100] Die Gestaltpsychologie in der Version von David Katz baut gar auf die philosophische Anthropologie als »unentbehrliche Hilfswissenschaft« auf.[101] Damit ist gesetzt, dass es eine Differenz zwischen Menschen und Tieren geben muss. In Katz' Diskussion des Werkzeuggebrauchs bei Menschen und Tieren wird dann auch deutlich, was ihn davon abhielt, seine Gedanken zum Mensch-Maschine-Regelkreis im Sinne der Aufhebung der Mensch-Tier-Maschinen-Grenze weiterzudenken. Es geht ihm darum, Mensch und Tier zwar vergleichbar zu machen, sie aber dennoch unterschieden zu halten. Den Menschen kennzeichnet Universalismus, das Tier Spezialistentum, den Menschen Flexibilität, das Tier Starrheit; den Beweis dafür erbringt – wieder einmal – die menschliche Hand mit ihren durch den aufrechten Gang »und infolge der Bewegungsfreiheit des Armes« ermöglichten »großen Anzahl der Arten des Zugreifens [...].«[102] Die menschliche Kompensationsfähigkeit wird ins Feld geführt und damit einmal mehr das Thema Behinderung. Diesmal ist es Helen Keller, die trotz ihrer Taubblindheit aktiv am »geistigen Leben« teilnehme und damit – ähnlich wie Carl Herman Unthan in anderen von Katz' Publikationen – zum Musterbeispiel der erstaunlichen Anpassungsfähigkeit der menschlichen Psyche und Physis stilisiert wird. Während Helen Keller ein selbstbestimmtes und erfolgreiches Leben führe, sei ein wildlebendes, verstümmeltes Tier nicht überlebensfähig.[103]

Aber Morphologie ist nicht alles: Nicht nur der menschliche Körper ist äußerst anpassungsfähig, sondern die Möglichkeit, sich »gefühlsmäßig« von den Dingen zu distanzieren, ermöglicht Kultur:[104] »Die Anlage des menschlichen Geistes, Werkzeuge aus sich herauszustellen und zu benutzten, enthält unerhörte Möglichkeiten der Befreiung aus der Enge [...].«[105] Im Umfeld der Werkzeugdiskussion taucht dann die Formulierung auf, die neuzeitliche Technik garantiere dem Menschen »eine fast schon beängstigende Unabhängigkeit seiner Existenz von den natürlichen Bedingungen.« Sie bedrohe die Menschheit aber auch mit physischer Vernichtung. Technik diene nicht länger den Bedürfnissen des Men-

100 Bühler: *Lebende Körper*. Rieger: *Individualität der Medien*. Rieger: *Kybernetische Anthropologie*.
101 Katz, David: *Mensch und Tier. Studien zur vergleichenden Psychologie*. Zürich: Morgarten Verlag Conzett & Huber 1948, S. 274.
102 Ibid.
103 Ibid.: S. 282.
104 Ibid.: S. 298.
105 Ibid.: S. 301.

schen, sondern »vollziehe den Fortschritt nach eigenen Gesetzen.«[106] Achtzehn Jahre nach Freuds *Unbehagen in der Kultur* ist die Frage nach der Technik offenbar auch für jemanden, der den Werkzeuggebrauch als Erweiterung des menschlichen Handlungsspielraums sehr hoch ansetzt, nicht positiv zu beantworten. Es ist jene feine Haarlinie, die den technischen Möglichkeitssinn von einer Verpflichtung zur Selbstverbesserung trennt, die bei Katz in einem Zögern oder Zurückschrecken vor den Konsequenzen des eigenen Denkens spürbar wird. Diese Haarlinie ist auch der feine Unterschied zwischen den Anthropologien Helmuth Plessners und Arnold Gehlens.

Prothesenproteus und Maskenspiel (Helmuth Plessner)

Als Philosophie des Ausbalancierens einer allzeit instabilen Lage[107] gravitiert die philosophische Anthropologie sowohl epistemologisch – sie ist eine Legierung aus Gestalttheorie und Umweltlehre, Physiologie und Philosophie – als auch motivisch immer wieder ins Gravitationsfeld der Prothetik. Das Basisvokabular – etwa Helmuth Plessners »exzentrische Positionalität«[108] oder die »variable Führungsordnung«[109] Arnold Gehlens – reicht in jene Wissensfelder hinein, die sich mit Forschung zu Prothesen und Phantomgliedern beschäftigten.
An zentralen Stellen verdichtete Helmuth Plessner die Frage nach der Natur des Menschen zu einer eminent epistemologisch-politischen. Er tat dies mithilfe einer dezidiert »prothetischen« Metaphorik. Er kommt dabei zu einer präzisierenden Einschränkung der Formulierung Freuds, der Mensch sei ein Prothesengott. Es geht ihm darum, Freuds Anthropologie der Kompensation zu historisieren und die sozialtheoretischen Risiken der Triebsublimierungsthese zu konturieren. Die Neuformulierung des Freudschen Diktums findet sich im Aufsatz »Die Frage nach der Conditio humana« von 1961, in dem Plessner das Theorem der »exzentrischen Position« verdichtet darstellt. Nach einem Durchgang durch Lebensphilosophie, Evolutionstheorie und Uexküllsche Umweltlehre bestimmt er den Ort, oder präziser gesagt: den Unort, des Menschen im Tierreich als einen andauernd gefährdeten:

106 Ibid.
107 Lethen, Helmut: »Anleitung zur Schlaflosigkeit. Über den Formzwang in der Philosophischen Anthropologie von Helmuth Plessner und Arnold Gehlen«. In: *Unheimliche Nachbarschaften. Essays zum Kältekult und der Schlaflosigkeit der Philosophischen Anthropologie im 20. Jahrhundert*. Freiburg: Rombach 2009, 215–234, hier: S. 215.
108 Helmuth Plessner, *Die Stufen des Organischen und der Mensch* (Berlin, New York: de Gruyter, 1975), S. 288–346.
109 Gehlen, Arnold: *Der Mensch. Seine Natur und seine Stellung in der Welt*. Wiebelsheim: Aula 2004 (1950), S. 165.

> Klauen und Hörner haben wir nicht, keine Giftzähne und scharfen Gebisse, keinen schützenden Pelz. Unsere Instinkte reichen nicht aus, uns durchs Leben zu führen. Haben wir »Mängelwesen« also, weil nicht genügend ausgerüstet, unspezialisiert für den Kampf ums Dasein und kindlich geblieben, eine virtuelle Kompensation mitbekommen: Intelligenz, Sprache und Abstraktion? Es bedarf offenbar nur geringer Akzentverlagerung, um aus dem Herderschen »Invaliden seiner höheren Kräfte« einen Kriegsteilnehmer seiner niederen zu machen und die Weltoffenheit zu einer, wenn auch effektiven, Spielform von Vitalität. Aus den höheren Kräften sind dann Prothesen geworden, der Mensch hat sich in einen Prothesenproteus verwandelt.[110]

An dieser Schlüsselstelle des Textes greift Plessner auf Herders Mängelwesenthese und auf Freuds Überlegungen zurück, um seine eigene Position deutlich zu machen. Diese grenzt sich gegen eine Biologisierung des Anthropus auf der einen Seite – gegen die »Utopie einer verlorenen Wildform«[111] – und gegen eine Idealisierung des Menschen auf der anderen Seite ab. Er sei keinesfalls ein durch Intellektualität, Sprach- und Werkzeuggebrauch aus seinen vitalen Zusammenhängen »befreites« Lebewesen. Plessner weist zudem Freuds These der Selbstdomestikation, die den Menschen in einen ewigen Zirkel aus Verdrängung, Kompensation und Rückkehr des Verdrängten einsperrt, als zeitdiagnostische Verkürzung aus. Die biologische Fundierung der Mängelwesenthese und damit auch die Funktion der Triebe in Hinblick auf die Ausbildung von Kultur seien zu einfach gedacht. Und auch die Frage, wie die Menschen zu ihren Göttern und Idealen kommen, akzentuiert er um. Die von Freud (und vielen anderen) konstatierte Wehrlosigkeit des Neugeborenen, das »extrauterine Frühjahr«, interpretiert Plessner nicht als Mangel, sondern als Bedingung der Möglichkeit einer Objektivierung des eigenen Leibes, des Aufbaus eines imaginären Idealkörpers.[112] Diese Chance auf Distanzierung wird als Teil (und nicht als Abspaltung) der Ontogenese konzipiert. Aus dem Umstand, dass sich nicht nur physisches Wachstum, sondern auch die Komplettierung von Organentwicklung (z.B. der Augen, des Nervensystems) außerhalb des Mutterleibs und in Kontakt mit sozialen Bezugssystemen und kulturellen Wertungen vollzieht, ergibt sich für Plessner die menschenspezifische Zwitternatur von *sein* und *sich nicht haben*.[113]

110 Plessner: »Conditio Human«, S. 191.
111 Ibid.
112 Ibid.
113 Ibid.: S. 190.

Anders gesagt: die volle physische Realisierung des Leibes ist beim Menschen auf ein Soziales angewiesen –, und das Soziale ist zugleich die Eingangstür für Abstraktionen, Idealisierungen und Objektivierungen. Wie auch in Hinblick auf die phylogenetische Herleitung von Werkzeuggebrauch und Sprache verwirft Plessner jede Logik eines temporal oder kausal einem Naturzustand nachgeordneten Bruchs. Sprechfähigkeit und Sprechorgane sind gleichursprünglich, ebenso wie Abstraktionsvermögen und das menschenspezifische Spielfeld der Hand-Auge-Koordination, »Triebüberschuss« und Verwiesensein auf eine Mitwelt. Triebüberschuss und Sozialität wiederum sind durchaus korreliert mit dem biologischen Faktum einer relativ unfertigen Physis. Der Kompensationsgedanke, »biologisch konsequent auf das Ganze des menschlichen Daseins bezogen«, biete eine notwendige, aber keine hinreichende Erklärung für die Entfaltung kultureller Leistungen. In letzter Konsequenz – und das ist Plessners politische Intervention – verurteile eine reduktionistische Kompensations- und Selbstdomestikationsthese den in seinen selbstgeschaffenen Umwelten lebenden, den artifiziellen Menschen zu einer sekundären Form von Unfreiheit und Wildheit: »[...] die Triebbremsung steigert den Trieb und ruft reaktiv nach gesteigerter Bremsung. Das von Natur aus harmloseste, schutzloseste aller Tiere [...] macht sich, ihnen vertrauend, zum Haustier und bewirkt damit ungewollt seine Verwandlung zu einer sekundären Wildform, zum Raubtier, zur blonden Bestie – im Stall.«[114]

Freuds Theorie der Verdrängung ursprünglicher Triebregungen als Motor der Zivilisation gelte mit der Einschränkung, dass man keine Utopie des »natürlichen Menschen« in sie hineinlese, sondern in Richtung der Anerkennung einer »essentiellen Gebrochenheit im Verhältnis des Menschen zu sich selbst« erweitere.[115] In seinem Hauptwerk *Die Stufen des Organischen und der Mensch* von 1926 diskutiert Plessner ausführlich den Reduktionismus unterschiedlicher »naturalistischer« und »spiritualistischer« Herleitungen der Sonderstellung des Menschen im Tierreich. Theorien einer »geistigen« Natur des Menschen verwirft er als Erbschaft theologischer Konzepte der göttlichen Herkunft des Menschen. In Bezug auf die naturalistischen Theorien unterscheidet er solche der *positiven* und *negativen Modifikation* einer »Naturschicht menschlicher Existenz«[116]. Theorien der positiven Modifikation identifiziert er mit dem Darwinismus. Demzufolge dienen Intelligenz und Handfertigkeit ausschließlich dem Lebenserhalt und der Lebensförderung der Gattung. Er kommentiert spöttisch, der

114 Ibid.: S. 192.
115 Ibid.: S. 193.
116 Plessner, Helmuth: *Die Stufen des Organischen und der Mensch*. Berlin, New York: de Gruyter 1975. S. 312.

Urmensch habe sich demnach »die Kultur gewissermaßen aus den Fingern gesogen.«[117] Theorien der negativen Modifikation sähen in der Kulturalisierung hingegen einen »lebensgefährlichen Prozeß, einen Erkrankungsvorgang.« Daraus leite sich der Gedanke ab, sämtliche Kulturleistungen seien »Krücken und künstliche Glieder«[118]. Sie gelten dann als Steigerungs- und Hilfsmittel einer pathologischen Existenz. Das Erklärungsmodell der positiven Modifikation begründe die Rhetorik eines »nach Selbststeigerung verlangenden und auch dazu berufenen Lebens«, während das der negativen Modifikation Kultur als »Ausdruck des zur Selbststeigerung verdammten und vor ihr Rettung suchenden Lebens«[119] konzipiere. Einmal ist der Mensch ein gesundes, einmal ein krankes Tier. Plessner navigiert mit seinem Theorem der »konstitutiven Gleichgewichtslosigkeit«[120] zwischen Skylla und Charybdis einer gefährlichen Selbststeigerungsideologie und eines lähmenden Kulturpessimismus. Er dreht die Logik, aufgrund derer Darwinisten, Nietzsche-Anhänger und Freudianer operieren, um: Die Selbststeigerungstendenz, die den Menschen zum Apostaten der Natur macht, zum Unruhestifter, zu einem macht, dessen »Machttrieb Orgien feiert«[121], ist nicht Ursache der Kultur, sondern ihrerseits Symptom der exzentrischen Positionalität und Ausdruck der Schwierigkeit, menschliche Existenz ins Gleichgewicht zu bringen.

Freud konzipierte den göttlichen Anteil des Prothesengotts als Teil einer negativen Anthropologie. Götter sind für ihn phantasmatische Reaktionsbildungen auf die faktische Schutzbedürftigkeit und Unselbständigkeit des Menschen. Sie sind intellektuelle Abspaltungen des Vitalitätsprinzips. Plessner hingegen interpretiert Götter als entlastende Doppelgänger der leiblichen Menschen. Er sieht sie als Bildgestalt jenes Anteils im Denken und Handeln, der notwendigerweise und unhintergehbar unbegrifflich ist. Da der Mensch nicht in seiner gegebenen Umwelt (der natürlichen oder der kulturellen) aufgeht, sondern sich die Welt dauernd neu erschließt, stelle sich »jedem Verhalten [...] ein offenes, überschießendes Plus entgegen, das räumlich in der ständig sich verschiebenden Horizontlinie [...], zeitlich als Zukunft, an den Dingen als verborgene Möglichkeit [...] auftritt.«[122] Dieses Unbekannte ist vielversprechend und bedrohlich zugleich, weswegen Götter als imaginäre Orientierungs- und Stabilisierungsinstanzen gebildet werden. Sie sind mithin ein Gegenüber

117 Ibid.
118 Ibid.: S. 313.
119 Ibid.: S. 315.
120 Ibid.: S. 316.
121 Ibid.: S. 320.
122 Plessner: »Conditio Humana«, S. 212.

im virtuellen Raum, ein »Ebenbild«[123], das eine Navigation in unklarem Gelände des nicht konkret Gegebenen ermöglicht.

Es ist auch nicht irgendein antiker Gott, von dem bei Plessner die Rede ist. Denn Plessner modifizierte Freuds Prothesengott zu einem Prothesen-Proteus. Die phantasmatische Erweiterung des allzu menschlichen Daseins findet im Bild eines maritimen und äußerst wandelbaren Gottes statt. Proteus besaß die Gabe der Prophetie, entzog sich jedoch regelmäßig den Weissagungs-Anfragen, indem er seine Gestalt wechselte. In der *Odyssee* verwandelt sich Proteus, um der Prophezeiungs-Anfrage des Odysseus zu entgehen, nacheinander in einen Löwen, eine Schlange, einen Leoparden, einen Eber, in Wasser und in einen Baum. Plessner evoziert eine Figur, die in einem scheuen Verhältnis zur Inbesitznahme der Zukunft steht. Ihre körperliche Wandlungsfähigkeit ist nicht auf eine natürliche Umwelt, sondern auf soziale und kommunikative Verhältnisse bezogen. Gestaltwandlung ist hier Flucht vor einem allzu forschen Zugriff auf das Potentielle. Sie ist eine Geste des sich Entziehens aus kommunikativen Akten.

Neben dem »Invaliden seiner höheren Kräfte« ist Proteus die zweite Herder-Referenz in Plessner Text zur *conditio humana*. In Herders Aufsatz »Über den Ursprung der Sprache« ist die Figur des Proteus an das Motiv der Vielsprachigkeit gekoppelt: »Menschen sollen überall auf der Erde wohnen, da jede Tiergattung bloß ihr Land und engere Sphäre haben [sic!]: der Erdbewohner wird sichtbar. [...] *die Sprache wird ein Proteus auf der runden Oberfläche der Erde.*«[124] Die Prothese entfernt sich mit dem Appendix *proteus* aus dem Konnotationsfeld des Technischen und nähert sich der Sprach-, Sozial- und Kulturtheorie an. Eine solche – und weniger eine Theorie der Technik und der technischen Welt – bildet den Rahmen von Plessners Thesen zur natürlichen Artifizialität des Menschen. Damit korrespondiert sein Platzverweis an Ernst Kapps Organprojektionsthese: »In der Behauptung vom alten Kapp, die ersten Werkzeuge seien Verlängerungen unserer Organe und folgten ihrem Modell, steckt eine richtige Erkenntnis, wenn man sie prinzipiell fasst und darauf beschränkt, dass dem Menschen sein Körper, vor allem aber seine ins Sichtfeld geführte Hand als Mittel gegeben ist.«[125] Werkzeuggebrauch und Technik seien zwar Effekte des Zugs zur Vergegenständlichung und Objektivierung, aber nicht deren einzige (oder gar wichtigste) Ausprägung: Sie seien nur ein kleiner Aspekt menschlichen Verhaltens, in dem sich die Spannung zwischen

123 Ibid.: S. 213.

124 Herder, Johann Gottfried: *Abhandlung über den Ursprung der Sprache, welche den von der Königl. Academie der Wissenschaften für das Jahr 1770 gesezten Preis erhalten hat.* Berlin: Christian Friedrich Voß 1772. Zweiter Teil/Drittes Naturgesetz, S. 192.

125 Plessner: »Conditio Humana«, S. 171.

Leiblichkeit und Exponiertheit, zwischen Schutzbedürftigkeit und Selbstüberschreitung zeige.

Das Verständnis der menschlichen Natur als »naturbedingte Unnatur«[126] modifiziert sowohl die Kompensationsthese als auch die Projektionsthese. Beide historisiert Plessner und dechiffriert sie als fortschrittsgläubige Narrative mitsamt ihren Gegenerzählungen. Plessner geht es dabei um die Möglichkeit der menschlichen Freiheit in einer politischen Situation, der Desillusionierung, des schwindenden Vertrauens in die Rationalität menschlichen Verhaltens. Er setzt Freud und Kapp eine andere, nur im weiten Sinn prothetische Figur entgegen, die des Maskenträgers.[127] Die menschliche Existenz wird in der Spannung zwischen Prothese und Maske als »vermittelte Unmittelbarkeit«[128], als medialer Prozess gedacht.

Diese Vermitteltheit hat zumindest zwei Ausprägungen. Einmal die beschriebene Tendenz zur Objektivierung und Exterriorisierung: Selbstbeobachtung des eigenen Körpers, Anfertigung von Hilfsmitteln, imaginäre Überschreitung des Gegebenen durch Götter, Abstraktionen und Zukunftspläne. Kultur bedeutet die Herstellung von materiellen und immateriellen Artefakten an der Schwelle von Funktionalität und Ausdruck. Die gleiche Mischzone von Funktionalität und Ausdruck beobachtet Plessner – zweitens – im gesellschaftlichen Dasein. Jede Subjektivierung brauche den Umweg über einen Anderen, eine Gruppe, und jede Verkörperung als Person sei eine Verknotung von körperlichem Ding und sozialem Zusammenhang.[129] Das komplexe Verhältnis von individuellem Lebensvollzug und sozialem Rollenverhalten produziere eine Art Selbstverdoppelung des Individuums. Nicht erst in modernen, nach Berufssparten und Milieus ausdifferenzierten Gesellschaften, sondern als fundamentales Faktum des Daseins sei jeder Mensch doppelt. Dies zeige sich in der Praxis der Namensgebung. Der Eigenname verspanne den Einzelnen mit der Gemeinschaft (genealogisch, funktional, topologisch) und hebe ihn gleichzeitig als ein Individuum heraus. Der Eigenname sei die erste Maske des Individuums.[130] Hinzu kommt ein weiterer, ein theatralischer Rollenbegriff, der auf die performative Qualität des In-Gesellschaft-Seins abhebt: auf Kleidung, Gestik, Mimik, Sprachspiele, die eine Identifikation des Einzelnen

126 Plessner, Helmuth: »Der Mensch als Lebewesen. Adolf Portmann zum 70. Geburtstag«. In: *Conditio humana*, S. 314–327, hier: S. 314.

127 In *Die Grenzen der Gemeinschaft* arbeitete Plessner das Motiv des Maskenspiels als Sozialtheorie und politische Theorie aus; vgl. dazu umfassend insbesondere die Aufsätze von Joachim Fischer und Helmut Lethen: Eßbach, Wolfgang, Joachim Fischer und Helmut Lethen (Hg.): *Plessners »Grenzen der Gemeinschaft«. Eine Debatte*. Frankfurt a. M.: Suhrkamp 2002.

128 Plessner: *Stufen des Organischen*, S. 321.

129 Plessner: »Conditio Humana«, S. 196.

130 Ibid.: S. 199. Zum Namen als Maske vgl. auch Wills, David: »Automatisches Leben, also Leben«. In: *Zeitschrift für Medienwissenschaft* 4/2011, 1, S. 15–30.

»als« jemand ermöglichen. Plessner interpretiert diese Vorgänge nicht als Selbstentfremdung, sondern als ein Spiel der Verwiesenheiten. Die Maske, die den öffentlichen Doppelgänger mache, ermögliche ein aktives Verhalten, sie befreie aus dem Bannkreis intersubjektiver Erwartungserwartungen, identitärer Festlegungen und Gemeinschaftsideologien.[131]
Das Wissen um Gewordenheit und Geschichtlichkeit impliziere zudem noch vor jedem Gedanken an einen Gesellschaftsvertrag ein Wissen um die eigene Vertretbarkeit oder Ersetzbarkeit. Jeder Mensch verfügt über Erinnerungsvermögen und Zukunftsahnung und wisse daher intuitiv, dass er auch ein anderer hätte werden können. Dies gälte im Grundsatz für alle Gesellschaften, werde aber insbesondere in modernen Gesellschaften evident, in denen Individuen ähnlich funktional agierten wie »die Rolle der Kardanwelle im Automotor, der Vegetation im Wasserhaushalt der Erde«[132]. Plessners Konzept der »Vertretbarkeit« gravitiert – trotz der Maschinenmetaphorik – stärker in Richtung wechselseitiger Respektsbezeugung im Sinne der Diplomatie als in Richtung des kulturkritischen Topos der Ersetzbarkeit des Einzelnen in einem Funktionszusammenhang.
Plessner zeichnet den Prothesengott in ein Bild um, in dem Menschen einander Prothesen sind: exterriorisierte, projizierte Artgenossen, die einander als Teilfremde, als teilfunktionale Figuren begegnen. Plessner zeigt Szenen der wechselseitigen Vergegenständlichung nicht als Dystopie eines entfremdeten Lebens oder als Tragödie der Triebsublimierung, sondern als eine Tanz- oder Fechtübung. In den Übungen wechselseitiger Objektivierung balanciert sich der Mensch, das asymmetrische, das desequlibrisierte Wesen, aus. Er ist als verkörpertes »Aufbegehren der Natur gegen sich selbst«[133] ein ewig tänzelnder Sisyphos geworden.

Technische Zivilisation als Organentlastung und Surrogat (Arnold Gehlen)

Plessner affirmiert vorsichtig moderne Distanzgesellschaft und funktionale Rollenverteilung. Er empfiehlt eine »reflexive Wachsamkeit«, die »anstrengend wie Hochleistungssport«[134] sei, als Bewältigungsstrategie für die Unübersichtlichkeit der gegenwärtigen Verhältnisse. Zu den gleichen Themen findet sich bei seinem »verwandten Antipoden« Arnold Gehlen Polemisches.[135] So ähnlich die beiden im Grundsätzlichen sind, so unterschiedlich fällt ihre Einschätzung moderner Lebenstatsachen aus. Arnold

131 Plessner: »Conditio Humana«, S. 201.
132 Ibid.: S. 202.
133 Plessner: »Mensch als Lebewesen«, S. 327.
134 Lethen: »Schlaflosigkeit«, S. 230.
135 Rehberg, Karl-Siegbert: »Verwandte Antipoden. Helmuth Plessner und Arnold Gehlen – eine Portraitskizze«. In: Pfusterschmid-Hardenstein, Heinrich (Hg.): *Was ist der Mensch? Menschenbilder im Wandel*. Wien: Ibera 1994, S. 122–138.

Gehlens Anthropologie zerfällt zudem stärker als diejenige Plessners in einen grundsätzlichen und einen zeitdiagnostischen Aspekt. Die Ähnlichkeiten sind offensichtlich: Beide suchen einen Weg zwischen biologistischer und idealistischer Interpretation einer »Sonderstellung« des Menschen im Tierreich. Beide ziehen ihre Schlüsse aus der menschlichen, im Vergleich zum Tier mangelhaften Organausstattung, aus Exponiertheit und Schutzbedürftigkeit, und beide betonen den ontogenetisch entscheidenden Faktor des »extrauterinen Frühjahrs«. Beide gehen, Jakob von Uexküll modifizierend, davon aus, dass der Mensch im Unterschied zum Tier nicht organisch perfekt an eine spezifische Umwelt angepasst ist, sondern sich seine Umwelt selbst herstellt, »nicht festgestellt«[136] und »weltoffen«[137] ist. Beiden geht es zudem um den Nachweis einer spezifisch menschlichen Handlungsdynamik, die sich als reflexiv und zukunftsbezogen beschreiben lässt und die insgesamt einen projektiv-imaginativen Charakter aufweist: Sprachgebrauch, Planung und Umwegigkeit der Triebbefriedigung machten das aus, was wir Kultur zu nennen gewohnt sind. Plessners Akzent liegt auf den *unaufhebbaren Spannungen* im Individuum, die sich aus dieser Weltoffenheit ergeben, während Gehlen schon in seiner Anthropologie, mehr aber noch in seinen techniksoziologischen Schriften, *funktionale Bewältigungsstrategien* betont. Diese Akzentverschiebung ist entscheidend, denn sie führt zu unterschiedlichen Auffassungen von Freiheit und zu sehr unterschiedlichen politischen Visionen.
Gehlen stellt die Folgen der konstitutiven Nichtangepasstheit als eine organisch-psychologische Dauerbelastung dar. »Entlastung« wird daher zu einem zentralen Begriff seiner Anthropologie und Soziologie. Kultur ist demnach nicht einfach Ausdruck der Sonderstellung des Menschen, sondern eine überlebensnotwendige Entlastungsstrategie:

> *An genau der Stelle*, wo beim Tier die »Umwelt« steht, steht daher beim Menschen die *Kulturwelt*, d.h. der Ausschnitt, der von ihm bewältigten und zu Lebenshilfen umgeschaffenen Natur. [...] Beim Menschen entspricht der Unspezialisiertheit seines Baues die Weltoffenheit, und der Mittellosigkeit seiner Physis die von ihm selbst geschaffene »zweite Natur.«[138]

136 Vgl. z.B.: Gehlen, Arnold: *Der Mensch. Seine Natur und seine Stellung in der Welt*. 14. Wiebelsheim: Aula 1950, S. 36.
137 Vgl. z.B.: Ibid.: S. 39.
138 Ibid.: S. 38.

Die Spannung zwischen Weltoffenheit und Entlastungsprinzip bildet das Strukturgesetz menschlichen Verhaltens.[139] Dieses Strukturgesetz ist entsprechend januskopfig: Es erzwingt produktive Akte der »Bewältigung der Mängelbelastung« und »neuartige Mittel der Lebensführung«[140], wird aber – zumal in der Moderne – selbst wiederum zu einem Auslöser von Überstrapazierungen für die psychophysische Grundausstattung des Menschen. Nur auf Dauer gestellte, Ordnung stiftende Institutionen gewährleisten folglich wirklich die lebensnotwendige Stabilisierung.[141] Individuelle Techniken der »Selbstzucht, Erziehung, Züchtung als In-Form-Kommen und In-Form-Bleiben«[142] sind nur durch übergeordnete Instanzen gewährleistet. Wo Plessner auf die Einsicht des Individuums auf seine Vertretbarkeit als Kristallisationskern von Empathie und reflexiver Sozialität vertraut, finden sich bei Gehlen institutionelle Architekturen, die als Impulsgeber für Selbstdisziplinierung fungieren.

Sowohl Gehlens Handlungsbegriff als auch sein Konzept von Technik, das auf Ernst Kapp sowie auf Paul Alsbergs Überlegungen zum Verhältnis von Technikentwicklung und »Körperausschaltung« rekurriert,[143] legen jedoch ein solches Ordnungsdenken nicht zwingend nahe, ebenso wenig seine dezidiert ablehnende Haltung gegenüber einer funktional ausdifferenzierten, mediengesättigten, technisch-urbanen Kultur.

Denn in *Der Mensch* finden sich nicht wenige Parallelen zu einem kybernetischen Selbststeuerungsmodell. Rehberg dokumentiert in seiner Einleitung, wie stolz Gehlen darauf gewesen sei, zeitgleich und unabhängig von Norbert Wiener die rückkoppelnden Kreisprozesse von Wahrnehmung, Handlung, Selbstbeobachtung, sprachlicher Codierung und Verzeitlichung

139 Ibid.: S. 36.

140 Ibid.: S. 37.

141 Rehberg weist darauf hin, dass Gehlen seinen Zuchtbegriff zwar immer auf Kant zurückführte, dass man jedoch – vor allem in der ersten Auflage seiner Anthropologie – durchaus auch die Züchtungsphantasien der Nationalsozialisten mitdenken könnte und wohl auch sollte. Rehberg, Karl-Siegbert: »Anthropologie der Plastizität und Ordnungstheorie. Einführung in die 14. Auflage von Arnold Gehlens *Der Mensch*«. In: Gehlen, Arnold: *Der Mensch. Seine Natur und seine Stellung in der Welt*. Wiebelsheim: Aula 2004, o.P.

142 Gehlen: *Der Mensch*, S. 32.

143 Paul Alsberg definierte 1922 in *Das Menschheitsrätsel. Versuch einer prinzipiellen Lösung* das Prinzip der »Körperausschaltung« als genuin menschliches Entwicklungsprinzip, das im Kontrast zur spezialisierten Umweltanpassung der Tiere stünde. Das Prinzip der »Körperausschaltung« umfasst sowohl Werkzeuggebrauch als auch das Denken als Ersatz für körperliches Reagieren. Alsbergs Buch zählt zu den inzwischen vergessenen Quellen der philosophischen Anthropologie und der Kulturanthropologie. Nicht nur Mikorey beruft sich auf ihn, sondern auch Scheler, Gehlen und Plessner referieren ihn. Dieter Claessens hat ihn in seinen Arbeiten immer wieder herangezogen. Eine Neuauflage von Alsberg steht aus, eine digitale Ausgabe ist inzwischen verfügbar: Alsberg, Paul: *Das Menschheitsrätsel. Versuch einer prinzipiellen Lösung* (orig.1922): www.vordenker.de/alsberg/p-alsberg_menschheitsraetsel.pdf, Zugriff vom 19.05.2012.

als grundlegend für das menschliche Verhalten herausgestellt zu haben.[144] Die Prothese thematisiert Gehlen aber nicht nur über die Bande der Rückkopplung. Die Problematik von konstitutionell vermitteltem Handeln und Gehlens Diagnose der Gegenwart als funktionale und erfahrungsarme Chimäre werden im Bild der Hand und ihres Ersatzes ausformuliert.
Das Motiv ist freilich mit der Setzung von »Handlung« als Zentralkategorie beinahe unvermeidbar. Denn mit dem Begriff der Handlung ist zweierlei angesprochen: das »in die Hand bekommen«[145] der überfordernden Umwelt (Entlastung) und das aufschiebende und umleitende Zusammenspiel von Hand und Auge, von Tasten und Sehen, das kognitive Prozesse hervorruft.[146] Gehlen begründet beides mit psychologischen Daten zur kindlichen Ontogenese. Das Kind des »sekundären Nesthockers« Mensch[147] findet demnach nur langsam zu einem sinnvollen Gebrauch seiner Extremitäten. Es kann seinen Extremitäten aber bei ihren Bewegungen zusehen und erhält propriorezeptive und taktile Rückmeldungen aus der Selbstempfindung. Da ihm die eigene körperliche »Unfertigkeit« nicht erlaubt, seine Triebe sofort zu befriedigen, vielmehr dieselben »verschiebbar« macht, kommt es zur Ausbildung von Bewegungsphantasien und im nächsten Schritt zur Fähigkeit zu Planung und Voraussicht. Die »*gemeinsame Wurzel von Erkenntnis und Handlung*« liegt in Triebüberschuss und »verspäteter« körperlicher Entwicklung.[148]

> Es gehört zu diesen Leistungen einsichtig notwendig eine hochgradige *Sachempfindlichkeit*, aber auch *Selbstempfindlichkeit* der menschlichen Handlungsbewegungen. Die menschliche Motorik ist in allen Phasen *tastempfindlich* und wird in ihren Vollzügen zugleich mit den Sachveränderungen, an denen sie tätig ist, *gesehen*. Es ist von ganz ungemeiner Bedeutung, [...] dass alle Bewegungen durch Seh- und Tastempfindungen zurückempfunden sind, so dass sie sich nicht nur auf die im Sachumgang entwickelten neuen Dingeindrücke einlassen, sondern sogar *auf sich selbst*, gegeneinander usw. reagieren können.[149]

Sprache, so Gehlen, baut auf die elementaren, »zurückempfindenden« Kreisprozesse auf. Zunächst als Verdoppelung von sensomotorischer Be-

144 Rehberg, Karl-Siegbert: »Arnold Gehlens Kulturtheorie der Moderne. Nachwort zur Neuausgabe der *Seele im technischen Zeitalter*«. In: Gehlen, Arnold: *Die Seele im technischen Zeitalter. Sozialpsychologische Probleme in der industriellen Gesellschaft*. Frankfurt a. M.: Klostermann 2007, S. 141–152, hier: S. 147.
145 Gehlen: *Der Mensch*, S. 41.
146 Ibid.: S. 42–56.
147 Ibid.: S. 44.
148 Ibid.: S. 42.
149 Ibid.:

wegung im Mund und daraus folgender Lautproduktion; als Überbrückung von Nahsinn und Fernsinn und als Zäsur zwischen Wahrgenommenem / Begehrtem und Hilflosigkeit: Vermittels von Zeichen signalisiert das kleine Kind einem Gegenüber seine Bedürfnisse. Das Gegenüber fungiere als ausgelagerte Hand, als räumlich unverbundene Prothese. Denn zu jedweder Zielerreichung sind unter Menschen kommunikative Akte und »planvolles« Handeln erforderlich. Dies ist nach Gehlen die Wurzel allen »theoretischen« Verhaltens. Die Fähigkeit zur Auslagerung mache den Menschen »zum Prometheus«.[150] Charakteristisch für das (Sprach-) Handeln sei also: eine physische Antriebshemmung, die Entfaltung von Handlungsketten in einer rückkoppelnden Fremd- und Selbsterfahrung, das Besetzen von Handlungen mit Bildern und Erinnerungen, die Plastizität des Begehrens und die stets drohende Negation durch Andere oder Anderes. Aus Letzterem resultiert die Notwendigkeit von Institutionen. Sie schützen die Grundbedürfnisse des Einzelnen und gewährleisten Dauerinteressen, indem sie sie im Kollektiv verankern.[151]

Als Konsequenz (und ganz im Bild der Prothese) baut Gehlen seine Theorie technischen Handelns. Er folgt dabei Paul Alsberg und nicht Ernst Kapp. Technik entstehe aus Organmängeln und nicht nach dem Schema der Organprojektion, d.h. der morphologischen Nachahmung menschlicher Organe durch Werkzeuge. Sie seien Organersatz und Organverstärkung. Gehlen unterscheidet »Ergänzungstechniken«, »Verstärkertechniken« und »Entlastungstechniken.«[152] Technologien sind demnach Überlebensutensilien und lebensbedrohend zugleich, potentiell entlastend und potentiell überlastend.[153] In ihrer vor-industriellen Form seien Technologien dem Sprachhandeln und der Institutionenbildung analog. Sie seien standardisierte und ritualisierte Exterriorisierungsverfahren, um die bedrohliche Natur »in die Hand zu bekommen«.[154] Sie seien also erstens »hinausverlegte« Artefakte zur Entlastung und Selbstbehauptung. Vorindustrielle Technik – zumal magische und agrikulturelle Praktiken – sind demzufolge Techniken der Naturbeherrschung. Gehlen hebt besonders solche hervor, die die Gleichförmigkeit des Naturverlaufs und damit Stabilität gewährleisten sollen. Sowohl praktische Techniken, etwa Ackerbau, als auch rituelle Praktiken, die der Wiederkehr eines regelmäßigen Ablaufs gewidmet sind, liegen für Gehlen in der psychologischen Notwendigkeit

150 Ibid.: S. 49f.

151 Ibid.: S. 55f.

152 Gehlen, Arnold: *Die Seele im technischen Zeitalter. Sozialpsychologische Probleme in der industriellen Gesellschaft*. Frankfurt a. M.: Klostermann 2007 (1957), S. 6. (= Rote Reihe 25).

153 Ibid.

154 Ibid.

begründet, beruhigende Automatismen zu einzurichten.[155] Zweitens seien Techniken Objektivierungen und »Stellvertretungen«, die Organfunktionen und Sensorik entlasten.[156] Drittens bezeugten gerade handwerklich-agrikulturelle Tätigkeiten die Plastizität des Verhaltens, und zwar, wie Gehlen bereits 1940 schreibt, durch ihre »Fülle exakt gesteuerte[r] Bewegungsformen«[157].

Gehlen geht in seiner Schrift *Die Seele im technischen Zeitalter* von 1956 so weit, eine Isomorphie zwischen körperlichen und technischen Regelkreisen anzunehmen. Er spekuliert hier explizit über eine multidisziplinäre Wissenschaft namens Kybernetik, die das Problem der Kommunikation zwischen Maschinen und Lebewesen bearbeite.[158] Die Rede von »Automatismen« zur Charakterisierung des Menschen ist bei Gehlen nicht metaphorisch zu verstehen. Automatismen sind vielmehr programmatisch und konkret auf das leibliche Sein bezogen:

> Nun ist aber der Mensch in der Tat in ganz zentralen Bereichen seiner Natur Automatismus, er ist Herzschlag und Atmung, er lebt geradezu in und von sinnvoll funktionierenden, rhythmischen Automatismen, wie sie in der Bewegung des Gehens, vor allem aber in den eigentlichen Hantierungen und Arbeitsgängen der Hand vorliegen, in dem »Handlungskreis«, der über Sache, Hand und Auge zur Sache zurücklaufend sich schließt und dauernd wiederholt.[159]

Der Denkweg führt von der Grundannahme (Technik als Organersatz) zum einen in das Gebiet der Steuerungslehre hinüber. Zum anderen jedoch zweigt Gehlens Technikphilosophie auf einen Pfad ab, der unweit von Günther Anders' Thesen zur *Antiquiertheit des Menschen*[160] verläuft. Es gibt – überspitzt gesagt – gute und schlechte Automatismen, gute und schlechte Rationalisierungen. Ein solcher schlechter Automatismus sei, so Gehlen, jene »Superstruktur«[161], die sich im Zuge der Verschwisterung von Naturwissenschaften, Ökonomie und Technik seit der frühen Neuzeit herausgebildet habe und sich in Bürokratie und Staat auskristallisiere. Dies habe Erfahrungsarmut, übertriebenen Rationalismus, Konformismus und Primitivismus des individuellen Verhaltens zur Folge. Zu dieser kulturpessimistischen Gesamteinschätzung einer medial durchdrunge-

155 Ibid.: S. 14.
156 Ibid.: S. 19.
157 Gehlen: *Der Mensch*, S. 42.
158 Gehlen: *Die Seele im technischen Zeitalter*, S. 22f.
159 Ibid.: S. 16.
160 Anders, Günther: *Die Antiquiertheit des Menschen*. München: Beck 1988/1992.
161 Gehlen: *Seele im technischen Zeitalter*, S. 10–12.

nen und funktional differenzierten Gesellschaft addiert sich die Hypothese vom Surrogatcharakter der Massenmedien: Statt der tätigen Aneignung und Umgestaltung der Welt, die seit dem Neolithikum ganz unterschiedliche kulturelle und gesellschaftliche Formen ausgeprägt habe, stünden dem Menschen des 20. Jahrhunderts nur noch »Erfahrungen zweiter Hand«[162] zur Verfügung. Gehlen übernimmt Adornos Diktum von der »verwalteten Welt«[163], die ereignisverdünntes, quietistisches[164], »metahumanes«[165], überangepasstes[166], pueriles[167] Verhalten produziere. Während die für seine anthropologische These entlastenden Automatismen und die objektivierende Tendenz des Technischen positiv bewertet sind, hebt Gehlen für seine zeitdiagnostische These auf eine Kette von Ersetzungen ab. Gehlen steuert argumentativ auf den Abgrund einer von Phantomen und Simulakren bevölkerten Welt zu.
Die grundsätzliche Tendenz zum Organersatz ist das Eine, das Andere (und Negative) sind deren »moderne« Perversionen. Gehlen entwirft einen kulturgeschichtlichen Verlauf, der in zwei Hauptströmungen verläuft: einmal den Ersatz organisch gewachsener Stoffe durch anorganische Stoffe. Letztere sind stets schon auf ihre industrielle Weiterverarbeitung ausgerichtet (sie sind, mit Heidegger gesprochen: *Gestell*). Sodann die Verdrängung organischer Kraft durch anorganische. Mit Bergson erklärt Gehlen diese Tendenz als Passstück zwischen naturwissenschaftlicher Erkenntnismethode und der Welt des Anorganischen. »Erkennbarkeit der anorganischen Natur und hartnäckige Irrationalität der organischen«[168] bilden die Matrix der Polemik Gehlens gegen die neuzeitlichen Wissenschaften im Ganzen und gegen die immer schon auf wirtschaftliche Verwertung ausgerichteten »Technowissenschaften«[169] im Speziellen.
Gehlens Betrachtung bleibt nicht bei einer Analyse der Bedingungen der Möglichkeit wissenschaftlicher Forschung stehen. Es geht ihm um den

162 Ibid.: S. 51–60, S. 59, S. 66f., S. 148.
163 Ibid.: S. 149.
164 Ibid.: S. 48.
165 Ibid.: S. 60.
166 Er übernimmt hier David Riesmans Formulierung. Ibid.: S. 43.
167 Ibid.: S. 75.
168 Ibid.: S. 9.
169 Gehlen verwendet natürlich nicht den Begriff Technowissenschaften, den erst Donna Haraway in den achtziger Jahren prägte, aber seine Diagnose ist nicht unähnlich. Auch Gehlen geht es um das Ineinander von Erkenntnis- und Anwendungsinteressen und um eine innige Verbindung von Technologien (etwa Rechenmaschinen) und Wissensformen; vgl. ibid.: S. 12. Einen ersten Schritt in diese Richtung sei das Experimentieren als Grundlage empirischer Naturwissenschaften. Ähnlich wie Rheinberger in den neunziger Jahren konstatiert er, physikalische Experimentalanordnungen seien »mit Maschinen vergleichbar, und zwar solchen, die keine Nutzeffekte, sondern rein abstrakt isolierte Naturphänomene produzieren.« Gehlen: *Die Seele im technischen Zeitalter*, S. 11.

Nachweis einer der neolithischen Revolution analogen Umwälzung im menschlichen Erleben und Verhalten, die eine Folge und Schwundstufe der Aufklärung sei. Denn von der Aufklärung seien lediglich eine Tendenz zur überzogenen Abstraktion und ein blinder Glaube an Notwendigkeiten und Sachzwängen übrig geblieben.[170] Die Folgen seien ein Nebeneinander von Entsinnlichung und Verbegrifflichung auf der einen Seite und die »Primitivisierung« des Zusammenlebens auf der anderen Seite. In der modernen Welt ersetze »Wissenschaft« fatalerweise organische Materialität durch Surrogate und eine ganzheitliche Erfahrungsqualität durch rationalistische Primitivsmen. Gehlens Text durchweht steif jener kalte Wind der Ersetzbarkeit, der sich bei Plessner zur sanften Brise der wechselseitigen Anerkennung wandelt:

> Hat jemand das Gefühl, nur ein austauschbares und überhaupt etwas abgeschliffenes Rad in der Maschine zu sein; hat er die übrigens berechtigte Überzeugung, dass sie auch ohne ihn läuft, und bekommt er die Folgen seines Handelns gar nicht oder nur chiffriert als Zahlen und Kurven oder bloß in Gestalt der Lohnabrechnung zu Gesicht, so muß der Sinn für Verantwortlichkeit sich in demselben Verhältnis verengen, wie das Gefühl der Hilflosigkeit steigt. Für den, der so im Nerv seiner Person amputiert ist, gibt es eigentlich nur die genannten Auswege [exzessive Phantasmen oder Konsumquietismus, Anm. KH].[171]

Wo liegt der Umschlagpunkt zwischen den entlastenden Automatismen, den »rhythmisch-periodisch schwingenden Maschinen«[172] natürlicher Kreisläufe, die einem konstitutionellen Stabilitätsbedürfnis des Lebewesens Mensch entsprechen, und den rein betriebsförmigen »Medien der Erfahrung aus zweiter Hand«?[173] Jenen Maschinen, die sekundäre Emotionen, eine Übermüdung der Gehirne, einen übertriebenen Selbstbezug und eine Abstumpfung der Sinne bewirken?[174] Ist die neuzeitliche Version von Intellektualität, Waren- und Personenverkehr tatsächlich so elementar anders als die vorindustrieller Formen? Für Gehlen ist jedenfalls klar, dass er in einem Zeitalter des Zerfalls der Institutionen und der Destruktion von Personalität in einem starken Sinn lebt und dass industrielle Technologien an der Arbeit der Zerstörung beteiligt sind. In Anschluss an Alfred Weber formuliert er die Notwendigkeit, »die Lebendigkeit der Person in der Distanzierung vom automatisch gewordenen Berufsbetrieb zu

170 Gehlen: *Seele im technischen Zeitalter*, S. 38.
171 Ibid.: S. 49.
172 Ibid.: S. 51.
173 Ibid.
174 Ibid.: S. 67.

retten«[175]. Wie ist die Lebendigkeit des Menschen zu retten? Nicht durch Plessners Vorschlag einer stets fragilen Einsetzung eines Individuums als Stellvertreter seines Nächsten; und auch nicht im Sinne der Kritischen Theorie mit ihrem doppelten Programm eines Aufbegehrens gegen die kapitalistischen Wertsetzungen und der »Rettung« des Individuums als im Verhältnis zum Sozialen negativer Instanz (s.u. Kapitel »Technische Zivilisation als Organentlastung und Surrogat«, S. 243). Gehlen argumentiert mit Hegel für eine Fassung von Gesellschaft in *juridischer Gestalt.*[176] Zudem dafür, an bürgerlichen Bildungsidealen festzuhalten, die »Selbstwert-Suggestionen« ausstrahlen. Das Resultat seien Persönlichkeiten, die als Individuum die Stabilität von Institutionen hätten. Zu solch einer Autarkie könnten beispielsweise Praktiken der Askese führen, die zudem ein Akt des Widerstands gegen Konsumzwang seien.[177] Es ist aber noch mehr und anderes damit gemeint, nämlich eine spezielle – und überaus virile – Form der Subjektivierung. Der Schlusssatz in *Die Seele im technischen Zeitalter* lautet: »Eine Persönlichkeit, das ist eine Institution in *einem* Fall.«[178] Damit erscheint ein »Solltypus« auf der Bildfläche, an dem jeder aktuelle Managementratgeber seine Freude hätte. Gehlen entwirft den »Über-Routinier«, eine in Wirtschaft, Politik und Verwaltung unentbehrliche und stürmisch nachgefragte Figur. »[... D]er Mann mit Vitalität, Intelligenz und distanzierter Übersicht, mit Entschlusskraft und Initiative, Einfallsreichtum und Diskretion – sozusagen der personifizierte Erfolg.«[179]

Gehlen navigiert also, ausgehend von einer Anthropologie des Mangels und seinem daraus abgeleiteten Handlungsbegriff als Funktionskreis, in Richtung einer »amodernen« Techniktheorie, die sich der Regulationstheorie der Kybernetik annähert. Gesellschaftsdiagnostisch und in seiner Einschätzung von Technik bleibt er dem modernen, kulturkritischen Paradigma verhaftet. Er bietet zwei Szenarien des Lebens in einer verwalteten Welt an: Erstens die Stärkung der Institutionen, die Anfertigung von verlässlichen Ordnungsinstanzen, die das konstitutiv instabile, überforderte Individuum entlasten – ein juristisches Korsett, das Schutz gewährt. Zweitens das Szenario des ewigen Konkurrenzkampfes elitärer Über-Routiniers, an die wir uns inzwischen nolens volens gewöhnt haben. Gehlens philosophische Anthropologie war in dieser Hinsicht visionärer als diejenige Plessners, antizipierte sie doch ein individuelle Leistungen gratifizierendes und insofern »freiheitliches« Ordnungsmodell, das in den fünfziger und sechziger Jahren (im Zeitalter »sozialer« Marktwirtschaften) erst langsam Kontur gewann.

175 Ibid.: S. 125.
176 Ibid.: S. 131.
177 Ibid.: S. 83–90.
178 Ibid.: S. 133.
179 Ibid.: S. 129.

War Plessner Gehlens verwandter Antipode innerhalb der philosophischen Anthropologie, so war sein heftigster Gegner in der öffentlichen und streitbaren Gesellschaftsdiagnose Theodor W. Adorno. Gegen Gehlens therapeutischen Ansatz, der die Notwendigkeit der Institutionen als »Gerüste, in denen sie [die Bürger, Anm. KH] stehen können«,[180] abhebt, verteidigte Adorno ein ums andere Mal die Notwendigkeit, Verletzlichkeit, Sterblichkeit und Historizität des Daseins als Bedingung der Möglichkeit von Mündigkeit und Freiheit zu begreifen.

Becketts Menschenstümpfe und Adornos leibgewordenes Entsetzen

In Adornos Schriften, zumal in seinen zeitdiagnostischen Texten, finden sich ebenfalls eine ganze Reihe von Bildern aus dem Umfeld der Prothetik. Beispielsweise schreibt er über Samuel Becketts Krüppel aus *Endspiel* (1957), sie seien von den objektiven Verhältnissen entkernte und deformierte, zunehmend erkaltende »Menschenstümpfe«[181]. Die Kritik an der Ersetzbarkeit des Einzelnen in der industrialisierten Gesellschaft bildet in öffentlichen Diskussionen mit Gehlen einen gemeinsamen Ausgangspunkt. Gleichwohl zeichnen sich rasch sehr unterschiedliche Interpretationen dieser Diagnose ab. Gegen Gehlen versteht Adorno[182] Austauschbarkeit und Ersetzbarkeit des Einzelnen nicht als institutionell einholbaren Verlust einer Ganzheit, sondern als »Realangst«, nämlich als Angst vor dem Verlust von Arbeit und dem darauf folgenden sozialen Tod. Er wolle, sagt er, nichts anderes, als dass die Welt so eingerichtet würde, dass die Menschen nicht das überflüssige Anhängsel der verdinglichten Welt, sondern dass die Dinge für die Menschen da seien. Gehlen wirft er vor, sein Plädoyer für schützende und stabilisierende Institutionen sei spiegelbildlich zur industrialisierten Welt, die das Problem der Devaluierung von Arbeit ja gerade hervorbringe. Institutionen seien »selbstgemachte Maschinen«, verlängerte Arme menschlichen Wollens zwar, aber nie mehr als Mittel, denen sich treu zu ergeben einer Identifikation mit dem Angreifer gleichkäme. Der Glaube an die Institutionen sei wie der Fortschrittsglaube nichts als eine Art Fetischdienst. Auch Gehlen betont zunächst die Bedrohlichkeit einer Vision der Selbstabschaffung des Menschen. Er fordert (ganz im Sinne seiner Anthropologie) als Antwort auf die aktuelle zivilisatorisch-technische Überlastung des Einzelnen dessen Entlastung von Reflexion durch Institutionen. Er verwendet dafür das Bild des hinter der

180 Institution und Freiheit. Theodor W. Adorno und Arnold Gehlen in einem von Alexander von Cube moderierten Gespräch, Sendung vom 03.06.1967, WDR-Fernsehen.

181 Adorno, Theodor W.: »Offener Brief an Rolf Hochhuth«. In: *Gesammelte Schriften 11: Noten zur Literatur*. Frankfurt a. M.: Suhrkamp 1974, S. 591-598, hier: S. 594.

182 Ich beziehe mich auf: *Ist die Soziologie eine Wissenschaft vom Menschen? Theodor W. Adorno und Arnold Gehlen im Gespräch*, Sendung vom 28.03.1966, SWF.

Schürze der Mutter versteckten Kindes, dem in seiner Angst geholfen werden müsse. Adorno hat nun leichtes Spiel, Gehlen als einen Denker vorzuführen, der Regression und Autoritätsglauben durch schützende Institutionen erzeugen möchte, einen, der die Menschen unmündig, kindlich halten will.

Diese Polemik lässt einige adornitische Grundmotive scharf hervortreten: die Gesellschaft als Maschine, die die Menschen verstümmelt und okkupiert; den Einzelnen, der allein durch Verneinung seiner sozialen Bindungen sich selbst ermächtigt; die Kälte der bürgerlichen Institutionen als Kaschierung, als Ersatz; einen scharfen Gegensatz zwischen verletzbarem Leib und kalter Maschine. Wir finden uns – kurz gesagt – in der Kulisse von Charlie Chaplins MODERN TIMES (1936) wieder. Als Arbeiter ist dieser zu Beginn eingespannt in den erbarmungslosen Takt der Fabrik, Anhängsel der Produktionsmaschine und der Ess- bzw. Konsummaschine. Er scheitert sodann an der Gründung einer Kleinfamilie. Mit Deleuze / Guattari gesprochen: Die ödipale Maschine der Vergesellschaftung und Subjektivierung als Bürger kann nicht in Gang gebracht werden. In einer späteren Szene des Films überlebt Chaplin als Unterhaltungskünstler nur (er hat den Text seines Lieds vergessen), indem er sich dem rhythmischen Automatismus des Songs hingibt und in einem wilden Kauderwelsch improvisiert. Stets spielt er in MODERN TIMES sozial erwünschtes Verhalten nach, aber nicht mit. Dieses andauernde, metamorphisch sich wandelnde Nachspielen hat Adorno als *die* entscheidende künstlerische Geste Chaplins identifiziert. Chaplin habe – er zitiert hier Kierkegaard – die Fähigkeit, nicht bloß zu gehen, sondern gehend zu kommen.[183] »Gehend zu kommen« führt schon als grammatische Struktur ein rekursives Moment ein, ein Fortbewegen im Stolpern, das Chaplin so meisterhaft beherrschte. Und in der Tat ist es die Figur Chaplin, anhand derer Adorno in einer fein ziselierten Miniatur von 1964 eine sehr vorsichtige Anthropologie des nachahmenden Menschen andeutet. Vermittels dieser Chaplin-Miniatur wollte Jürgen Habermas in seinem Nachruf Adornos kompliziertes Verhältnis zur Aufklärung als Erbschaft der bürgerlichen Welt verstanden wissen.

Die von Adorno und Habermas mit kleinen, aber aussagekräftigen Unterschieden erzählte Geschichte (eine dritte Interpretation stammt von Gunzelin Schmid Noerr)[184] spielt in Malibu. Das Kriegsveteranen-Drama THE

183 Adorno, Theodor W.: »Zweimal Chaplin«. In: *Gesammelte Schriften 10.1. Kulturkritik und Gesellschaft I*. Darmstadt: Wissenschaftliche Buchgesellschaft 1998, S. 362-366, hier: S. 362.

184 Innerhalb einer Woche haben mich zwei Kracauer-Leser auf diese Episode aufmerksam gemacht: Helmut Lethen und Drehli Robnik. Adorno kommt seinem Lehrer und Jugendfreund und dessen Vorliebe für das Zögern, Warten und Stolpern selten so nah wie in den kleinen Texten.

BEST YEARS OF OUR LIFES 1947 hatte gerade sieben Academy Awards gewonnen. Zwei davon hatte Harold Russell, ein beidhändig amputierter ehemaliger Fallschirmjäger erhalten, einmal für die beste Nebenrolle und einmal den Honorary Award für seine Verdienste für die gesellschaftliche Reintegration der U.S.-Veteranen. Adorno begegnete Russell in Gegenwart Chaplins auf einer Cocktailparty:

> Wir waren, mit vielen anderen zusammen, in einer Villa in Malibu, am Strande außerhalb von Los Angeles, eingeladen. Einer der Gäste verabschiedete sich früher, während Chaplin neben mir stand. Ich reichte jenem, anders als Chaplin, ein wenig geistesabwesend die Hand und zuckte fast zugleich heftig zurück. Der Abschiednehmende war einer der Hauptdarsteller aus dem kurz nach dem Krieg berühmt gewordenen Film THE BEST YEARS OF OUR LIFE [sic!]; er hatte im Krieg die Hand verloren und trug an deren Statt aus Eisen gefertigte aber praktikable Klauen. Als ich die Rechte schüttelte, und sie auch noch den Druck erwiderte, erschrak ich aufs äußerste, spürte aber sofort, dass ich das dem Verletzten um keinen Preis zeigen dürfte, und verwandelte mein Schreckgesicht im Bruchteil einer Sekunde in eine verbindliche Grimasse, die weit schrecklicher gewesen sein muß. Kaum hatte der Schauspieler sich entfernt, als Chaplin bereits die Szene nachspielte. So nah am Grauen ist alles Lachen, das er bereitet und einzig in solcher Nähe seine Legitimation gewinnt und sein Rettendes.[185]

Wir lesen eine Szene, in der jemand durch einen körperlich-unkörperlichen Kontakt getroffen, aus der Bahn des konventionellen Sozialverhaltens geworfen und durch die mimetischen Fähigkeiten eines anderen aus der Verhaltensunsicherheit errettet wird. Erstaunlicherweise ist jedoch der Verunsicherte, der Betroffene nicht der Ohnhänder, sondern Adorno. Viel naheliegender wäre es, die Geschichte über Verlust von Sicherheiten und Errettung (durch den Film) Russell zuzugestehen, spielte er in dem preisgekrönten Film doch den in seiner körperlichen Autonomie beschädigten, schambeladenen Ex-Soldaten Homer Parish, der sich nicht traut, um die Hand seiner Geliebten anzuhalten. In dieser Rolle war er rasch zum Nationalhelden aufgestiegen und repräsentierte Nachkriegsoptimismus, Erfolg durch Selbstüberwindung, Reintegration und Normalität – Errettung durch den Film. Aber nicht das Schicksal des Ex-Soldaten wird hier thematisiert, sondern die Getroffenheit Adornos. Die Berührung mit dem kalten Metall der Klaue ist von Adorno als eine erschütternde Begeg-

185 Adorno: »Zweimal Chaplin«, S. 365f.

nung des europäischen Bürgers mit einer Kultur der Kälte inszeniert worden. Das europäische Ritual des Händeschüttelns, wechselseitige Versicherung von Friedfertigkeit,[186] Entlastung im Gehlenschen Sinn, führt hier nicht zur Entspannung. Im Gegenteil: die Berührung des harten, kalten Metalls, das noch dazu den Druck erwidert – also ganz im Sinne Freuds unheimlich ist, Lebendigkeit suggeriert, eine Unschlüssigkeit zwischen Totem und Lebendigem hervorruft –, trifft den unaufmerksamen Gast. Die Berührung lässt seine Mimik entgleisen, verzerrt das Gesicht zu einer Grimasse. Soweit wäre die Szene lesbar als eine weitere Polemik Adornos: ein Kommentar zur Kulturindustrie als Verbündete der Entfremdung. Die Prothese wäre analog zu Goethes eiserner Hand lesbar als Repräsentantin der kalten, untoten Lebendigkeit des Kapitals und des Staats (vgl. dazu Kapitel »Ernst Kapps Organprojektionsthese«, S. 43). Wäre da nicht zum einen Adornos keineswegs bruchloses Verhältnis zur (in dieser Szene zu Hollywood im Gegensatz stehenden) bürgerlich-abendländischen Kultur und zum anderen Charlie Chaplins rettendes Nachahmen.
Auf das tief gespaltene Verhältnis Adornos zur bürgerlichen Welt und ihrem wirkmächtigen Produkt, der Aufklärung, hebt Habermas in seinem Kommentar zu der Szene ab. Sie ist bei ihm wie folgt kolportiert:

> Beim letzten Zusammensein, vor wenigen Wochen, erzählte Adorno eine Geschichte von Chaplins unnachahmlichem Talent. Es war nach dem Kriege, in Hollywood, auf einer Party für den Hauptdarsteller des Films DIE BESTEN JAHRE UNSERES LEBENS, einen Kriegsverletzten, der beide Hände verloren hatte. Adorno, als einziger ahnungslos, gab dem gefeierten Helden die Hand und zuckte zusammen, als er – statt ihrer – die metallene Klaue der Unterarmprothese fühlte. Chaplin muß in diesem Augenblick blitzschnell reagiert und Adornos leibgewordenes Entsetzen ebenso wie den hoffnungslosen Versuch, es zu überspielen, in Pantomime übersetzt haben. Natürlich ist diese Geschichte über Chaplin eine über Adorno.[187]

Adorno ist auch hier »[i]nmitten der Geselligkeit, die doch für den Anblick des unbeseelten Körperteils eigens veranstaltet war«, von der »Kälte des Metalls« unvorbereitet getroffen worden.[188] Habermas interpretiert das Erschrecken als einen Beweis für Adornos Naivität gesellschaftlichen

186 Vgl. Schmid Noerr, Gunzelin: »Adornos Erschaudern. Variationen über den Händedruck«. In: van Reijen, Willem und Ders. (Hg.): *Vierzig Jahre Flaschenpost: ›Dialektik der Aufklärung‹ 1947–1987*. Frankfurt a. M.: Fischer 1987, S. 233–241.
187 Habermas, Jürgen: »Theodor W. Adorno. Urgeschichte der Subjektivität und verwilderte Selbstbehauptung«. In: *Politik, Kunst, Religion*. Leipzig: Reclam 1978 (1969), S. 33–47, hier: S. 33.
188 Ibid.

Anforderungen gegenüber (»Adorno, als einziger ahnungslos«). Adorno ist hier eine Variante von Cusanus' *idiota*, dessen Widerständigkeit in einer Ignoranz gegenüber dem für alle Sichtbaren, dem unhinterfragt Gültigen besteht. Denn wie außer mit Ignoranz wäre erklärbar, dass Adorno entgangen war, dass der wichtigste Gast des Abends Prothesen trug, zumal er in Habermas' Fassung sogar der Anlass der Party war? Wie konnte Adorno die Kälte der Klaue »unvermittelt« treffen, wo diese doch im oskarpreisgekrönten Film deutlich zu sehen gewesen war? Einzig Blindheit der »überwältigenden Objektivität gesellschaftlichen Zwangs«[189] gegenüber ermöglichte – so Habermas – Adorno jene schiefe und zerbrechliche Subjektivität, die das »Grelle, Einschneidende, Verletzende der Realität« wahrnahm, aber nicht die Realität selber.[190] Er beschreibt Adorno als jemanden von besonderer Sensibilität, dessen »Verletzbarkeit der Sinne« eine »Unerschrockenheit des angstfreien Denkens«[191] korrespondiere. (In dieser Szene übernimmt freilich Chaplins Parodie den Part der Unerschrockenheit.) Diese fragile Konstitution Adornos sei einer »im Verschwinden begriffenen bürgerlichen Subjektivität«[192] geschuldet, sei eine »zerfaserte Substanz«.[193] Anders gesagt: Adorno konnte nicht länger Bürger oder Europäer sein, aber er konnte sich auch keine postbürgerliche Identität aneignen.

In Richtung einer Unzeitgemäßheit interpretiert auch Gunzelin Schmid Noerr die Szene. Er ortet in Adornos zögerndem Händeschütteln eine Übersprungs- oder Abwehrhandlung, ein Ausweichen auf ein bürgerliches Ritual, dem ein anderes Erschrecken bereits vorausgegangen sein müsse. Der Kriegsversehrte hätte Adorno wohl kaum seine Hand entgegengestreckt, sondern Adorno habe sie wohl eher aktiv ergriffen, »die alteuropäische Konvention gegen die amerikanische, gegen Hollywoods Kälte setzend.«[194] Auf paradoxe Art und Weise vermische sich hier der von der »plötzlichen Wahrnehmung der Kälte ausgelöste Schock mit dem Beharren auf eben der bürgerlichen Kultur, deren Symptom jene Kälte ist.«[195] Worüber aber konnte Adorno auf dieser Party so erschrocken gewesen sein, dass er, als er die Hand Harold Russels ergriff, diese drückte, erneut erschrak und aus Scham darüber sein Gesicht zu einer Grimasse verzog? In seiner eigenen Erzählung löste ja nicht etwa ein Erschrecken diese Kette von No-gos aus, sondern »Geistesabwesenheit«, ein Nicht-Wahrhaben-

189 Ibid.: S. 36.
190 Ibid.: S. 37.
191 Ibid.: S. 37.
192 Ibid.: S. 36.
193 Ibid.
194 Schmid Noerr: »Adornos Erschaudern«, S. 237.
195 Ibid.

wollen der Wirklichkeit, das ihm Habermas als Grundhaltung attribuiert. Schmid Noerrs Interpretation des Händeschüttelns als Übersprungshandlung, die auf eine »Angst vor der unvermittelten Leiblichkeit« reagiere, greift zu kurz. Er assoziiert eine solche Angst mit Adornos hilfloser Reaktion auf die berühmte »Attacke« dreier Studentinnen der »Basisgruppe Soziologie« während seiner letzten Vorlesung. Die Studentinnen hatten mit entblößten Brüsten Blütenblätter ausgestreut, um gegen die polizeiliche Räumung des vormals besetzten Gebäudes des Instituts für Sozialforschung zu protestieren. Schmid Noerr verbucht Adornos Verhältnis zu Körperlichkeit, Affektivität und Natur damit jedoch zu umstandslos auf die Seite einer abspaltenden Rationalität, auf die Seite des Odysseus aus der *Dialektik der Aufklärung*: »Odysseus instrumentalisierte die Körper seiner Gefährten zu Arbeitsinstrumenten und den eigenen Körper zum kontemplativen Organ. Adorno instrumentalisierte die Körper seiner Zuhörer zu kontemplativen Organen und den eigenen Körper zum Arbeitsinstrument seiner Rede.«[196] Aber kann man studentische Körper zu kontemplativen Organen »instrumentalisieren«? Worin läge denn die Instrumentalität eines solchen Vorgangs? Adorno / Horkheimer interpretierten Odysseus' Fesselung der Schiffsbesatzung als Instrumentalisierung der Körper der Arbeitenden. Sie ermöglichten ihm von sexueller Leidenschaft ungestörten und auf die Hörsinnlichkeit reduzierten Genuss. Dem entspricht eine hypertrophe Sensibilisierung des bürgerlichen Geschmacks bei gleichzeitiger Desensibilisierung den objektiven Verhältnissen gegenüber. Wenn Adorno hingegen Studierende (auch Vortragspublikum, auch Leserinnen und Leser) zum Stillhalten und Zuhören nötigte, »instrumentalisierte« er sie nicht zu »Organen« des eigenen Genusses, vielmehr tritt er als Zwitterwesen aus Sirene und Odysseus auf: beschwörend, verführend auf der einen Seite, analysierend und disziplinierend der Außenwelt zugewandt (und auf eine Art und Weise selbstreflexiv, die so manche Leserin und so manchen Leser) auf der anderen Seite. Sein Beharren auf den zerbrochenen Spiegeln der Moderne als einzige ästhetische Option hat sicher verhindert, dass die »Sirenenseite« seines Denkens, die zarte Verführung zur Ausbildung neuer Organe, die er durchaus in der Kunst ortete, nur schwer Gehör finden konnte. Zu sehr war die zweite Nachkriegsgeneration damit beschäftigt, einen Resonanzkörper für die globale Medienkultur auszubilden, als dass sie Adornos Werbung hätte hören können oder mögen. John Cages Wunsch nach *Happy New Ears*,[197] nach neuen Organen für die komplexen Klänge nachmoderner Tonalität, für die schroffen,

196 Ibid.: S. 239.
197 Cage, John: »Happy New Ears«. In: Rothenberg, David und Marta Ulvaeus (Hg.): *The Book of Music and Nature*. Middletown: Wesleyan University Press 2001, S. 25–29.

stotternden, zerschlagenen Sprachwelten der Nachkriegsära teilte Adorno, aber der Wunsch teilte sich irgendwann nicht mehr mit.
Adornos kleiner Text zu Charlie Chaplins 75. Geburtstag (dem die Prothesen-Episode folgt) gibt einen Eindruck, wie sich ein Sound für glückliche neue Ohren anhören kann. Es ist einer der wenigen Texte Adornos, der zu einem popkulturellen Gegenstand – wenngleich einem im Jahr 1964 schon etwas zerschlissenen – Stellung nimmt. Der Text wird von einem beinahe lyrischen Grundton getragen. Die Sätze sind rhythmisch, Bilder aus einer Märchenwelt steigen auf: »Der gehend Kommende ist Chaplin, der gleich einem langsamen Meteor die Welt streift, auch wo er zu ruhen scheint, und die imaginäre Landschaft, die er mit sich bringt, ist dessen Aura, die hier im stillen Lärm des Dorfes zum durchsichtigen Frieden sich sammelt, während er mit Stock und Hut, die ihm gut stehen, weiter wandelt.«[198] Adorno schreibt Chaplin zu, was Habermas über ihn schrieb: dass er die Alternative zwischen Kindbleiben oder Erwachsenwerden nie akzeptiert habe, weder Infantilismus noch der Preis einer starren Abschirmung gegen Empfindsamkeiten eine Option für ihn gewesen sei.[199] Die Melodie dieser Passage ist natürlich *Hänschen Klein*, wobei unklar bleibt, welche Fassung des Kinderlieds Adorno im Ohr hatte: Diejenige, in der Klein-Hänschen aus Mitleid mit der traurigen Mutter schnell wieder nach Hause eilt, oder die ältere, in der Hänschen nach sieben Jahren als Hans wiederkehrt. In Adornos Charakterisierung Chaplins ist ein Echo seiner negativen Dialektik zu hören, das Denken als Teil und Gegenteil der Natur bestimmt. Vernunft ist ihm einerseits die psychische Kraft, die der Selbsterhaltung dient, die sich aber damit bereits der Natur kontrastiert, ihr Anderes wird, eine vernichtende Kraft wird.[200] Chaplins mimetisches Talent, sein »kindlicher« Nachahmungstrieb führt – so Adorno – diese unüberbrückbare Spaltung in unzähligen Varianten vor: »Es ist, als bildete er das erwachsene, zweckvolle Leben, das Rationalitätsprinzip selbst zurück in mimetische Verhaltensweisen und versöhnte es dadurch.«[201] Diese Versöhnung kann jedoch nur momenthaft und situativ sein, sie muss in unablässigen Verwandlungen dauernd neu »aufgeführt« werden, ist insofern Natura naturata. Wo Adorno geistesabwesend ist, ist in dem Text Chaplin geistesgegenwärtig, sein parodistisches Talent liegt auf der Lauer, immer bereit, die feindselige Welt anzuspringen und damit ihre Gewalt zu neutralisieren. Chaplin sei wie ein Raubtier, ein »Königstiger als Vegetarier«.[202] Chaplins Nachahmungskunst gilt Adorno

198 Adorno: »Zweimal Chaplin«, S. 362.
199 Habermas: »Theodor W. Adorno«, S. 37.
200 Ibid.: S. 34.
201 Adorno: »Zweimal Chaplin«, S. 365.
202 Ibid.: S. 364.

nicht als Befriedung der Gewaltsamkeit konventionalisierter Gesten durch Flucht ins Kindlich-Naive. Sie sind hingegen sanftes Ausrufezeichen hinter all der alltäglichen Grausamkeit. Das Lob Chaplins enthält eine Sequenz, die man – hätten Deleuze / Guattari nicht Buster Keaton Charlie Chaplin vorgezogen – so ähnlich auch im Anti-Ödipus finden könnte:

> Rastelli der Mimik, spielt er mit den ungezählten Bällen seiner reinen Möglichkeit und fügt ihr ruheloses Kreisen zu einem Gewebe, das mit der kausalen Welt so wenig mehr gemein hat wie das Wolkenkuckucksheim mit der Schwerkraft der Newtonschen Physik. Unablässige und unwillkürliche Verwandlung: das ist bei Chaplin die Utopie einer Existenz, die befreit wäre von der Last des Man-selbst-Seins. Sein LADY KILLER war schizophren.[203]

Auch hier geht es um eine Entlastung, oder besser: um eine Befreiung von den Zumutungen der rationalen Faktizität des Erwachsenenlebens. Diese erfolgt aber weder in einer asketischen Abkehr vom Rationalismus noch in Selbstüberwindung, noch in einer über-routinierten Selbstbehauptung, sondern in einer Artistik der Auswege,[204] die – überraschend genug – die schizophrenen Wunschmaschinen anklingen lässt. Charlie Chaplin ähnelt eher den dauergespannten Tänzern und Fechtern Plessners als Gehlens erfolgreichem Unternehmer. Arnold Gehlen belächelte Adornos »utopische Anthropologie«[205], die hier als Charakterstudie in zarten Strichen skizziert ist. Es ist eine Anthropologie des nachahmenden und des utopiefähigen Menschen. Ein solcher braucht keine technischen Extensionen oder im physiologischen Sinn neuen Organe, nur die Fähigkeit zur Mimikry und einen geistesgegenwärtigen, reflexiven Situationsbezug. Chaplins Gesicht, das sich in eine unendliche Anzahl von anderen Gesichtern verwandeln konnte, sein »proteisches« Gesicht ist eine leibgewordene Version von Plessners Utopie der Vertretbarkeit. All die anderen Gesichter sind Versionen *seiner* reinen Möglichkeit. Sie sind nicht beliebig austauschbar, sondern individuelle Konkretionen der Fähigkeit, den Anderen als Anderen – als konkretes, historisches Subjekt – anzuerkennen.

Wir wissen nicht, ob Adorno Harold Russell als triumphierenden Leistungsträger der Nachkriegsjahre ignoriert hat; seine Versehrung ist ihm keineswegs entgangen. Vielleicht wollte er nur nicht in den Chor derjeni-

202 Ibid.: S. 364.
203 Ibid.: S. 365.
204 Joseph Vogl in der Filminstallation *Nachtlektion 1. Über das Zaudern*, Manifesta 7, 2008, Karin Harrasser, Hannah Hurtzig, Chris Kondek (Hg.).
205 Gehlen zu Adorno: *Ist die Soziologie eine Wissenschaft vom Menschen?* Theodor W. Adorno und Arnold Gehlen im Gespräch, Sendung vom 28.03.1966, SWF.

gen einstimmen, die unter dem Stern der Überwindung der Versehrung rasch zur Tagesordnung übergehen wollten. Der Kälte dieser Normalität setzt Adorno jedoch nicht Wärme und Empathie entgegen, sondern eine komplizierte Choreographie: ein Ineinandergreifen von Automatismen und Aufschüben, Mitgefühl und entlastender Nachahmung – Techniken des Mittelbaren zur Schaffung von Freiheitsgraden.

Adornos Anthropologie des utopiefähigen Menschen kommt in seinen Schriften selten so licht daher wie in dem kleinen Text über Chaplin. Aporien und historische Verfehlungen der Utopie- und Vernunftfähigkeit des Menschen finden sich viel häufiger. Wenn die Sprache bei Adorno auf den Menschen kommt, fliegen nur ganz selten, wie in Becketts Endspiel, »die Fenster auf und öffnen den Durchblick auf den schwarzen sternlosen Himmel von etwas wie Anthropologie«[206]. »Etwas wie Anthropologie«, mehr ist nicht zu haben bei Adorno. Diese Minimalanthropologie ist gleichzeitig eine Absage an Existenzialismen und Ontologien jeglicher Couleur. Adornos »Versuch, das Endspiel zu verstehen« ist deshalb in erster Linie eine Verteidigung Becketts gegen eine Auslegung des Stücks als abstrakte Allegorie der menschlichen Existenz. Adorno meint dagegen, dass die Figuren, die einen »Katalog der Defekte« vorführen, als Gegenspieler des Existenzialismus mit seinen Fundamentalontologien begriffen werden müssten.[207] Selbst der Stoffhund, den Clov für Hamm anfertigt, hat ein Bein zu wenig. Wenn Hamm die Stümpfe seiner Eltern in Mülltonnen steckt, sei dies kein Bild für das menschliche Dasein im Allgemeinen, sondern für den verlogene Humanismus fürsorgenden Handelns im Zeitalter kapitalistischer Wertschöpfung, das keine Verwendungsmöglichkeiten für Alte hat: »Das Endspiel ist wahre Gerontologie. Die Alten sind nach dem Maß der gesellschaftlich nützlichen Arbeit, die sie nicht mehr leisten, überflüssig und wären wegzuwerfen. Das wird dem wissenschaftlichen Brimborium einer Fürsorge entrissen, die unterstreicht, was sie negiert.«[208] Die Alten in der Mülltonne verkörpern zudem das Kompositionsprinzip des Dramas, das darin besteht, konventionalisierte Sprache zu »verstümmeln« und Sinn ins Leere laufen zu lassen. Auch die Namen der Dramatis Personae sind solche »Stümpfe von Namen«:[209] Hamm, Clov, Nagg, Nell. Es sind Namen, in denen auch in der verkürzten Form noch Bedeutung mitschwingt: Hamlet in Hamm, der Clown in Clov, das Nörgeln in Nagg, ein immerhin fast intakter Frauenname in Nell. Becketts Krüppel setzen in

206 Adorno, Theodor W.: »Versuch, das Endspiel zu verstehen«. In: *Noten zur Literatur. Gesammelte Schriften, Bd. 11*. Hg. von Rolf Tiedemann, unter Mitwirkung von Gretel Adorno, Klaus Schultz und Susan Buck-Morss, Frankfurt a. M.: Suhrkamp 2003, S. 281–321, hier: S. 281.
207 Ibid.: S. 300.
208 Ibid.: S. 311.
209 Ibid.: S. 11.

Adornos Lesart eine historische Anthropologie des beschädigten Menschen ins Bild. Sie machen aber noch mehr und anderes.

Spekulative Biologie und die Medien der Umweltforschung

Bisher habe ich das Randonnieren prothetischer Figuren in anthropologischen Spekulationen untersucht. Im Folgenden möchte ich Anschlussstellen zwischen Medientheorie und Prothetik identifizieren. Wie kam es, dass die Idee, Medien seien Prothesen, zu einem Gemeinplatz eines medientheoretischen Denkstils wurde? Was sind die Anlässe hierfür und wo liegen die Grenzen und Abgründe einer solchen Theorie der Medien? Nicht zuletzt: was heißt dies für eine Wissenschaft, die sich vor nicht allzu langer Zeit um den Gegenstand des Medialen konstituiert hat?
Die spekulative Biologie, die Jakob von Uexkülls Umwelttheorie grundiert, führt zu einer der Quellen jenes Medienbegriffs, der seit Marshall McLuhan zirkuliert: Gemeint ist die Rede von Medientechnologien als Amputationen und Körperausweitungen. Mitgemeint ist dann zumeist eine Modifikation der Sinnesphysiologie durch Medientechniken, eine These, mit der schon die Avantgardisten operierten. Im nächsten Schritt werden dann häufig ästhetische und epistemologische Formationen oder Epochen abgeleitet. Ein solcher Begriff des Medialen ist das Resultat von einer – zum Teil missverständlichen, aber sehr produktiven – Begegnung zwischen den künstlerischen Avantgarden, Physiologie, Verhaltensforschung und Kybernetik. Und die Umwelttheorie Uexkülls ist, mit Michel Serres gesprochen, für diesen Zusammenhang eine durchaus unwahrscheinliche Passage zwischen den Naturwissenschaften und den Kultur- und Geisteswissenschaften.[210] Uexküll kann man einen Biophilosophen nennen, in dessen Forschungsarbeiten Medialität und Körperlichkeit über weite Strecken zusammenfallen. Seine Überlegungen stammen wiederum selbst aus vielerlei Quellen und strahlten in viele Richtungen aus. Ernst Cassirer, Arnold Gehlen, Helmut Plessner und Martin Heidegger waren Leser Uexkülls. Jacques Lacan war in den dreißiger Jahren ein früher Leser in Frankreich,[211] und nach der Übersetzung seines populärwissenschaftlichen Buchs *Streifzüge durch die Umwelten von Tieren und Menschen* ins Französische im Jahr 1965 wurden seine Theorien von Gilles Deleuze und Giorgio Agamben rezipiert.[212]

210 Serres, Michel: *Hermes V. Die Nordwest-Passage*. Berlin: Merve 1994.
211 Vgl. dazu Berz, Peter: »L'imaginaire animal«. In: Heinrich, Richard et al. (Hg.): *Image and Imaging in Philosophy, Science and the Arts. Volume 1. Proceedings of the 33rd International Ludwig Wittgenstein-Symposium in Kirchberg*, 2010. Frankfurt a. M. et. al.: Ontos 2011, S. 331–364.
212 Die französische Ausgabe erschien 1965 in der Bibliothèque Médiations bei Denoël, in

Walter Benjamin, der 1924 einige Wochen in Uexkülls Haus auf Capri verbrachte, verwendet im Kunstwerkaufsatz Uexkülls Begriffe »Umwelt« und »Merkwelt« zur Charakterisierung des Films: »Seine Charakteristika hat der Film nicht nur in der Art, wie der Mensch sich der Aufnahmeapparatur, sondern wie er mit deren Hilfe die Umwelt sich darstellt.« Und weiter: vergleichbar in der Erweiterung der Wahrnehmung sei der Film der Psychoanalyse, denn der Film »hat in der ganzen Breite der optischen Merkwelt, und nun auch der akustischen, eine ähnliche Vertiefung der Apperzeption zur Folge gehabt.«[213] In dieser ersten »fachfremden« Rezeption wird deutlich, was Uexküll so attraktiv machte: Seine Termini schillern zwischen Physiologie, Psychologie und Ästhetik, und das ist jene Schwankungsbreite, in der sich die Medientheorie später einrichten wird. Mit Uexküll begebe ich mich – wie mit Freud, mit der philosophischen Anthropologie und Adorno – in einen »zweiten Ring« der Prothesenforschung. Es handelt sich um Forschung, die nicht direkt in den medizintechnischen Forschungsstellen stattfindet, die aber in Rufnähe der angewandten Forschung zum Prothesenproblem angesiedelt ist. Sie fungiert als die Echokammer von Prothesenforschung im engeren Sinn.

Die Prothese der Prothese.
Der Führhundwagen des Instituts für Umweltforschung

In den frühen dreißiger Jahren wurde an dem von Jakob von Uexküll geleiteten Institut für Umweltforschung an der Universität Hamburg ein künstlicher Mensch gebaut.

Der Apparat, er wurde auch »Phantom« oder Ausbildungswagen genannt, war Bestandteil einer neuartigen Methode zur Ausbildung von Blindenführhunden. Er wurde von Uexküll gemeinsam mit seinem Doktoranden Emanuel Georg Sarris entwickelt und erprobt. Auslöser für die systematische Beschäftigung mit der Blindenhundeausbildung soll für Uexküll die Begegnung mit einem kriegsblinden Cousin seiner Ehefrau gewesen sein. Bei seinem Anblick soll Uexküll sich gefragt haben, wie der Hund in die Lage versetzt werden könnte, die subjektive Umwelt des Menschen begreifen zu lernen. In der biographischen Anekdote, datiert auf das Jahr 1915, beobachtet Uexküll einen blinden jungen Mann, der sich, von sei-

der auch kleine Schriften von Autoren wie Jean Baudrillard, Jacques Derrida und Siegfried Giedion veröffentlicht wurden. Deren Herausgeber Jean-Louis Ferrier hatte bis 1963 gemeinsam mit Lucien Goldmann und Roland Barthes das Magazin *Médiations* betrieben. Uexküll wurde der französischen Leserschaft also im unmittelbaren Umkreis der Entstehung von etwas bekannt, das später Medientheorie heißen sollte. Uexküll, Jakob von und Georges Kriszat: *Mondes animaux et monde humain suivi de Théorie de la signification*. Paris: Denoël 1965. (= Bibliothèque Médiations).

213 Benjamin: »Kunstwerk«.

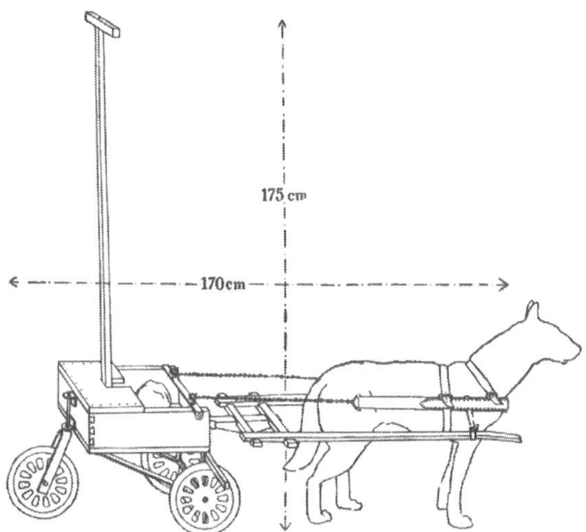

Abb. 75: Der »Künstlicher Mensch«, Zeitschrift für Hundeforschung (1944).

nem menschlichen (!) Führer in die Irre geleitet, den Kopf an einem Türrahmen stößt.[214] Uexkülls Schlussfolgerungen: Da der Hund seine Umgebung subjektiv anders wahrnimmt als der Mensch, den er führen soll, muss ihm ein Wahrnehmungsarsenal für jene Hindernisse antrainiert werden, die für den blinden Menschen gefährlich sind, für den Hund jedoch nicht. Es geht mir hier nicht um Richtigkeit und Stichhaltigkeit der Rückführung der Theorie Uexkülls auf ein biographisches Moment, sondern um seine retrospektive Verortung der Beschäftigung mit dem Thema als Folge des Ersten Weltkriegs. Praktisch gesehen ist zu vermuten, dass es die Forschungsarbeiten seines Doktoranden Emanuel Sarris waren, die die Beschäftigung mit der Blindenhundproblematik anstießen.

Der »künstliche Mensch« steht am Ende einer Reihe von empirischen wie theoretischen Arbeiten zu Wahrnehmungswelt und kognitiver Leistungsfähigkeit von Hunden. Die Dissertation Sarris' gehört ebenso dazu wie eine gemeinsame Untersuchung zum *Duftfeld des Hundes* (1931).[215] Die Studie untersucht mittels einer Verzeichnung der Duftmarken von vier Rüden im Hamburger Zoo das Verhältnis von optischen und olfaktorischen Wahrnehmungen und kommt zu dem Schluss, dass menschliche und tierische Wahrnehmung zwar nicht kongruent, aber in ihrer Grundstruktur wech-

214 Hassenstein, Bernhard: »Jakob von Uexküll (1864–1944)«. In: Jahn, Ilse und Michael Schmitt (Hg.): *Darwin & Co. Eine Geschichte der Biologie in Portraits*. München: C.H. Beck 2001, S. 343–365, hier: S. 350.

215 Uexküll, Jakob von und Emanuel Georg Sarris: »Das Duftfeld des Hundes«. In: *Zeitschrift für Hundeforschung* 3-4/1931:1, S. 55–68.

selseitig lesbar seien. Hunde hinterlassen ihre Duftmarken meist an Orten, die auch für einen Menschen optisch auffallend sind (Weggabelungen, besondere Baumformationen). Die Zusammenfassung von Uexkülls und Sarris' Forschung »Die Umwelt des Hundes«[216] legt die Spannung zwischen wechselseitiger Lesbarkeit und Fremdheit empirisch und theoretisch dar. Einerseits sei die Hundewahrnehmung physiologisch der des Menschen nicht ganz unähnlich. Der Bau der Sehelemente lasse auf ein ähnliches Wahrnehmungsspektrum schließen, die Zeitwahrnehmung sei ebenfalls nicht fundamental verschieden. Als Beweis dafür wird ins Feld geführt, dass Hunde dazu in der Lage sind, im Rahmen einer Filmvorführung andere Hunde wahrzunehmen, was auf eine ähnliche untere Wahrnehmungsschwelle (die berühmte sechzehntel Sekunde der Dauer des Einzelbildes) schließen ließe. Die Unterschiede zwischen Mensch und Hund beginnen, so Uexküll, in der Ökologie der Sinne und setzen sich in der unterschiedlichen Bewertung des Wahrgenommenen fort. Die Unterschiede in der Sinnesökologie seien am deutlichsten in der unterschiedlichen Gewichtung von Geruchs- und Gesichtssinn. Die Privilegierung des Geruchssinns beim Hund stellen die beiden durch eine Parodie auf die Verschilderung der urbanen Menschwelt dar. Die Umwelt des Menschen wird als eine flächendeckend künstliche, als eine mediatisierte eingeführt, und auch die des Hundes ist durch »Geruchszeichen« vermittelt:

> Für den Menschen ist die Welt, die ihn umgibt, stets durch Gesichtssignale geordnet – durch Wegzeiger und Straßenschilder, die er in großen Städten nicht missen kann, ohne sich hoffnungslos zu verlaufen. Der Hund bedarf der optischen Marken nicht. Der Metzger ist in seinem Duftfeld mit Sicherheit eingezeichnet, während die Wirtshäuser der Menschen nicht durch das Begießen der Türschwelle mit Bratensauce kenntlich gemacht werden, sondern durch ein Wirtshausschild in sein Sehfeld gerückt werden.[217]

Um nun den Hund für diese menschliche Welt zu sensibilisieren, muss sein Spektrum an Merkzeichen erweitert werden. Uexkülls Wahrnehmungstheorie ist gleichzeitig eine Handlungstheorie und eine Zeichentheorie. Seine Konzeption des Wechselspiels von Wahrnehmung, Zeichengebrauch und Aktion in einem Funktionskreis ist eine Theorie des Verhältnisses von Wahrnehmen und Handeln, die sich von der Reflextheorie Pawlows absetzt:

216 Uexküll, Jakob von: »Die Umwelt des Hundes«. In: *Zeitschrift für Hundeforschung* 5-6/1932:2, S. 3–16, S. 157–170 (zit. n. d. Sonderdruck).
217 Ibid.

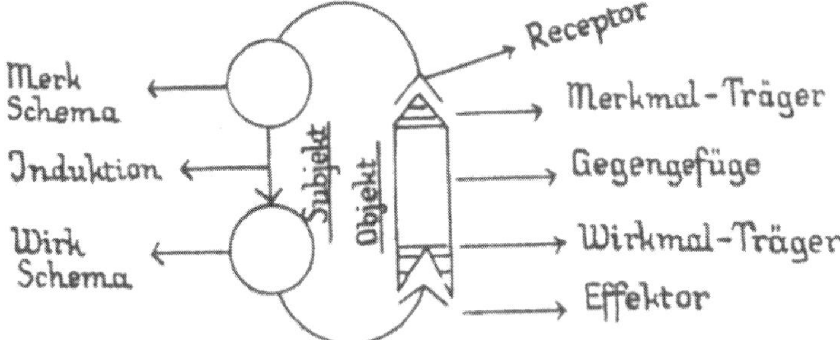

Abb. 76: Funktionskreis aus Uexküll: »Die Umwelt des Hundes«.

In Pawlows Modell wird ein bestimmter Reiz stets von einer bestimmten Reaktion beantwortet. Konditionierung heißt folglich, einen Reiz durch einen anderen zu ersetzen. Bei Uexküll stellt sich der Zusammenhang zwischen dem Reiz (am Rezeptor) und Aktion (am Effector) hingegen als eine Übersetzungskette dar: Beantwortet werden erstens nur jene Reize, die in einem Merkschema bereits abgespeichert sind. Diese werden auf ein Wirkschema übersetzt, das Handlungsmuster zur Verfügung stellt. Durch die Aktion wird dann zweitens das Merkmal »ausgelöscht« (der Duft von Fleisch löst Hunger aus, das Verspeisen des Fleischs »löscht« den Reiz). Der Weg zur »Auslöschung« ist jedoch nicht direkt. Es ist vielmehr ein Weg, der über vielerlei Schwellen und seltsame Prozesse verläuft. Diese Vermehrung der Schwellen beginnt bei der Beschreibung der Aufnahme des Reizes. Uexküll spricht von Sinnesorganen als »Fugen«[218] und vom Verhältnis von Wahrgenommenem und Wahrnehmendem als Gegengefüge.[219]

Auch der Weg von Merkschema zu Wirkschema ist kein direkter, sondern ein »merkwürdiger Vorgang«, den Uexküll als »Induktion« bezeichnet.[220] Wo Pawlow »Reflex« schreibt und damit einen Vorgang in eine Blackbox verwandelt, beobachtet Uexküll einen »merkwürdigen psychoidalen Vorgang«.[221] »Merkwürdig« ist dieser Vorgang auch deshalb, weil er der Beobachtung notwendig unzugänglich bleiben muss. Er ist nur sekundär beobachtbar: als Lernen und anschließendes Vergessen, dass etwas gelernt wurde.[222] Zudem ist die Verkopplung zwischen Merkmal und Wirkmal bei

218 Uexküll, Jakob von: *Kompositionslehre der Natur. Biologie als undogmatische Naturwissenschaft. Ausgewählte Schriften.* Hg. von Thure von Uexküll. Frankfurt a. M., Berlin, Wien: Ullstein 1980, S. 329.

219 Ibid.: S. 331.

220 Uexküll: »Umwelt des Hundes«, S. 5.

221 Uexküll: *Kompositionslehre*, S. 330.

222 Ibid.: S. 332.

den allermeisten Tieren höchst dynamisch. Es ist immer eine Vielzahl von Verbindungen zwischen Merkschema und Wirkschema möglich. Emanuel Sarris erprobte solches Umlernen mit seinen Hunden. Und es gelang ihm, »Merkzeichen«, die für Hunde ursprünglich bedeutungslos waren, mit Bedeutungen aufzuladen. Er brachte beispielsweise den Hunden bei, Hocker und Stühle als Sitzgelegenheiten zu benutzen. Solcherart Lernen fiel im Paradigma der Dressur und aufgrund der Erkenntnisse, die man mit dem Fall des »rechnenden Pferdes« Hans gemacht hatte,[223] dem Verdikt der Konditionierung und Manipulation anheim. Die angeblichen Rechenfertigkeiten des Pferdes Hans wurden von Oskar Pfungst 1907 als seine Fähigkeit »entlarvt«, kleinste, der menschlichen Wahrnehmung nicht zugängliche, nonverbale körpersprachliche Zeichen seines Besitzers zu deuten, und galten nicht länger als Leistungen des Pferdes, sondern als Manipulation durch seinen Besitzer.[224] Demgegenüber bestehen nun Uexküll und Sarris darauf, dass die Hunde nicht »geprägt« werden, sondern dass es sich bei ihrem Lernen um eigenständige Leistungen handelt. Lernen bedeutet für Uexküll, dass sich die Hunde einer »Autodressur« unterziehen. Sie betonen, dass mit dem Hocker etwas ganz Neues zur Merk- und Wirkwelt der Hunde *hinzugekommen* sei und dass dies ein aktiver, kognitiver Prozess sei. Nur aus einer ignoranten, anthropozentrischen Perspektive heraus könne dies bestritten werden. Sie heben konsequenterweise darauf ab, dass die Ausbildung von Blindenhunden ein wechselseitiges Lernen zwischen Ausbilder / Blindem und Hund im Sinne der Ausweitung der jeweiligen Wahrnehmungswelten sein muss. Nur ein dummer Hundebesitzer würde seinen Hund als Objekt betrachten und dem Hund damit keine Möglichkeit bieten zu lernen. Deshalb blieben auch die Fähigkeiten eines solchen Hundes eingeschränkt.[225] In Umkehrung der gängigen Perspektive wird nun der Hundehalter als zum Besitz

223 Despret, Vinciane: »The Body We Care For. Figures of Anthropo-zoo-genesis«. In: *Body & Society* 2–3/2004:10, S. 111–134.

224 Pfungst, Oskar: *Das Pferd des Herrn von Osten (Der kluge Hans). Ein Beitrag zur experimentellen Tier- und Menschen-Psychologie.* Leipzig: Verlag von Johann Ambrosius Barth 1907.

225 Sie nehmen damit die aktuelle Kritik an der Ethologie als »dummer« Wissenschaftspraxis vorweg, die den Tieren zu wenige Möglichkeiten der kompetenten Artikulation bietet. Neuere Forschungen zur Ethologie betonen ebenfalls die Notwendigkeit eines wechselseitigen Interesses und der gemeinsamen Leistung von Tier und Mensch im Forschungsprozess. Vgl. dazu etwa: Haraway, Donna und Vinciane Despret: »Stay Where the Trouble Is. Vinciane Despret und Donna Haraway im Gespräch mit Karin Harrasser und Katrin Solhdju«. In: *Zeitschrift für Medienwissenschaft* 2011:4: *Menschen und Andere*, S. 91–102. Despret: »Body«. In: Haraway, Donna J.: *When Species Meet*. Minneapolis: University of Minnesota Press 2008. (= posthumanities 3). Eine Darstellung von Sarris'/Uexkülls Methode im Kontext emanzipativer Pädagogik findet sich in: Harrasser, Karin: »Der Hund kann überhaupt nicht sprechen! Das Drama der Autonomie und die Verkettung der Zeichen«. In: Bergermann, Ulrike (Hg.): *Disability trouble. Ästhetik und Bildpolitik bei Helen Keller*. Berlin: b_books 2013.

des Hundes gehörig beschrieben und der Aspekt der gegenseitigen Instrumentalisierung betont:

> Es sieht geradezu grotesk aus, wenn ein kleiner Rattenpinscher durch ein leises Kratzen seines Pfötchens an der Wand des Hundegefängnisses, das wir Menschen Zimmer nennen, dem riesigen Ungetüm Mensch ein Wirkmal erteilt, das diese große Muskelmaschine in Bewegung setzt, um ein riesiges Loch in die Gefängnismauer zu schlagen (was wir Tür öffnen nennen).[226]

Ein weiterer Kritikpunkt Uexkülls an der Konditionierungsthese mündet in einer systematisch auf Umwelten bezogenen Handlungstheorie und in einer Theorie der Technik, die in der Nähe derjenigen Bruno Latours anzusiedeln ist. Die Kritik an Pawlow betrifft den Vorgang zwischen Effektor und Rezeptor, also die Frage, wie es vom Handlungsimpuls zur »Löschung« des Reizes kommt. Denn die Hundeexperimente hatten gezeigt, dass es möglich ist, beliebig viele Zwischenstufen zwischen Reizauslösung (Fleischgeruch) und Reizlöschung (Vertilgung des Fleisches) einzuführen. Sarris' Versuchstiere konnten nicht nur einen Hocker benutzen, um zum Fleisch zu gelangen, sondern sie lernten sogar, einen rollenden Hocker im Raum aufzuspüren, zur Wand, an der das Fleisch befestigt war, zu rollen und dann zu benutzen. Das »Gegengefüge« zwischen Reiz und Löschung verkompliziert sich, produziert Umwege, es werden Hilfsmittel eingeführt. Daraus ergibt sich bei Uexküll ohne viel Umschweife eine Theorie des Werkzeuggebrauchs beim Menschen, die sich als erweiterter Funktionskreis darstellen lässt. Es werden Funktionskreise Jäger / Jagdhund und derjenige einer wissenschaftlichen Untersuchung mit Hilfe einer Lupe auf analoge Weise diagrammatisch visualisiert.

Der Hund ist hier dem menschlichen Funktionskreis als »lebendes Hilfsmittel« eingegliedert, und zwar sowohl als Merkzeug als auch als Werkzeug. Er erweitert den menschlichen Sehsinn durch seinen Geruchssinn: Der Hund riecht, damit der Mensch ihn mit den Augen verfolgen und damit das Wild aufspüren kann. Zum anderen ist er klassisches »Werkzeug«, um das Wild zu apportieren.

Was traditionell als menschlicher Befehl gedeutet wird (»Apport«), deutet Uexküll als »Vereinbarung« zwischen den »beiden Partnern des ungleichen Paares«.[227] Ohne zu psychologisieren (etwa dem Hund Intentionalität in einem starken Sinn zuzuschreiben), gelingt so die Beschreibung eines Zusammenspiels, in dem beide Partner dem je anderen Werkzeug

226 Uexküll: »Umwelt des Hundes«, S. 13.

227 Ibid.

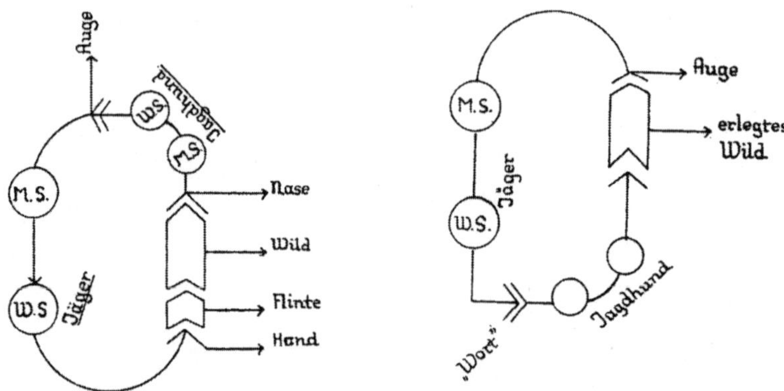

Abb. 77: Erweiterter Funktionskreis, Jagdhund und Befehlsgeber.

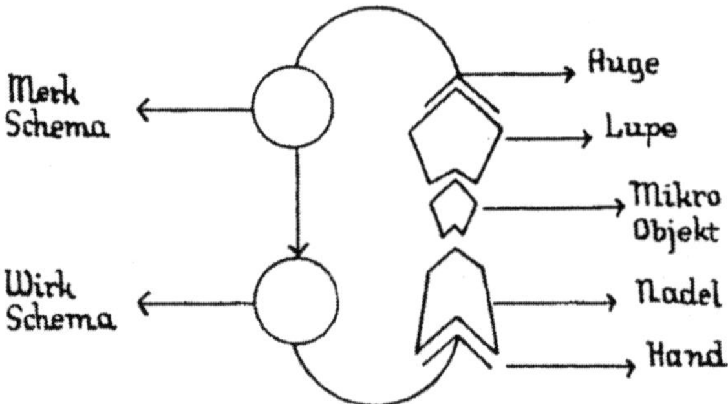

Abb. 78: Wahrnehmungserweiterung und Werkzeuggebrauch.

werden. Uexküll und Sarris betonen weiterhin, dass der Hund als lebendiges Werkzeug komplexer und schwerer zu handhaben sei als ein mechanisches, aufgrund seiner Lernfähigkeit aber auch vielseitiger einsetzbar sei:

> Wenn die Technik einen »Mikro-odor« schaffen würde, der den Spurgeruch des Wildes so weit steigerte, dass er auch unsere stumpfen Geruchsrezeptoren zu reizen imstande wäre, so würden wir gewiß dieses tote Merkzeug dem lebenden Jagdhunde vorziehen. Bei einem lebenden Merkzeug [...] treten so viele unübersichtliche Komplikationen bei der Übertragung von einer Umwelt auf, dass wir ihm sicher ein einigermaßen brauchbares totes Merkzeug vorziehen würden. Auch der Blinde würde gewiß nach einem künstlichen Auge greifen, wenn ein solches in Frage käme. [...] Der große Vorzug

eines lebenden Merkzeuges [...] besteht darin, dass es neue potentielle Merkschemata zu bilden vermag.[228]

Sowohl technische als auch lebendige Erweiterungen zwingen aber stets zu Umwegen. Technische Prothesen sind zwar leistungsfähiger als lebendige, aber auch unflexibler und fehleranfälliger. Darin wiederholt sich Uexkülls chiastische Bestimmung des Lebendigen als dynamisch, aber tendenziell afunktional im Vergleich zum Maschinischen. Das Maschinische hingegen ist in seiner Spezialisierung leistungsfähig, aber starr. Das gleiche Prinzip formulierte Uexküll in Hinblick auf Ontogenese und Regeneration (vgl. unten Kapitel »Regenerationsexperimente«, S. 271). Bei ihm ebenfalls angedacht, wenngleich hier nicht ausformuliert, ist der Umstand, dass die initiale Handlungsabsicht durch den Umweg, den sie durch die Umwelt, Merkwelt, Wirkwelt des je anderen nehmen muss, selbst modifiziert wird. Im Zusammenspiel bewegen sich weder Hund noch Mensch so durch den Wald, wie sie es ohne Partner tun würden. Aus der Sicht des Menschen verändert sich durch die Kooperation mit Hunden nach und nach die Jagdpraxis, indem etwa die Abrichtung des Hundes Teil einer Kultur des Jagens wird, das erlegte Wild »geteilt« werden muss etc. Man könnte auch spekulieren, wie sehr die Jagd mit Fernwaffen mit dem Hund als optischem Fernanzeiger und willigem Herbeibringer des Jagdguts in Verbindung steht. Aus einer – wenn sie es denn jemals war – »ursprünglichen« Praxis der Bedürfnisbefriedigung wird dank der Umlenkung durch ein nicht-menschliches Wesen ein komplexes Gefüge des Zusammenlebens von Tieren, Menschen, Maschinen.[229] Aus der Perspektive des Hundes kann über eine ähnliche Verkomplizierung von Handlungsmustern spekuliert werden. Die Eingemeindung vielerlei neuer Merkzeichen führen zu einer Erweiterung und Umlenkung seiner Wahrnehmungswelt. Für solche Umlenkungen und Vermittlungen, die er als grundlegend für jede Form der Technik erachtet, hat Bruno Latour Begriffe wie »Delegation« oder »semantische Verschiebung« geprägt.[230] Ob Uexküll / Sarris die Umlenkung von Handlungsabsicht als grundlegend für technische Merk- und Werkzeuge akzeptiert hätten, ist fraglich. Dennoch tut sich hier ein mediales Modell von Technik auf, das besser mit Gilles Deleuzes Modell der freien Kopplung zwischen Menschen, Tieren, Maschinen, Kollektiven oder mit animistischen Modellen kompatibel ist als mit Sigmund Freuds Anthropologie der Kompensation. Zumindest

228 Ibid. S. 13–14.

229 Isabelle Stengers würde dazu wohl Ökologie sagen. Vgl. Stengers, Isabelle: »Ökologien«. In: *Zeitschrift für Kulturwissenschaften* 2/2009, 2, S. 29–34.

230 Latour: »Dädalus«.

wird hier nämlich radikal fraglich, wer oder was eigentlich handelt, sobald ein Zweites oder Drittes ins Spiel kommt.

Was heißt dies nun für die Ausbildung von Blindenhunden? Die Konsequenz ist am Ende die Konstruktion des »künstlichen Menschen«, des »Phantoms« als Lernmedium für Blindenhunde. Als Vorstufe formulierte Sarris harte Kritik an der gängigen Methode der Blindenhunddressur. Sie war üblicherweise eine Zwangsdressur, eine Methode des Abrichtens durch Bestrafung. Sarris machte dagegen die Prinzipien »Ausbildung« und »Autodressur« stark. Dabei stand freilich weniger das Hundewohl im Vordergrund als die Überzeugung, dass mit gängigen Dressur-Methoden keine Internalisierung des Gelernten gelingen könnte. Nach dem Dafürhalten Sarris' war die Ausrichtung der Dressur auf Gehorchen-Lernen unzureichend, um der komplexen Aufgabe des Führens eines Menschen gerecht zu werden. Dazu kommt, dass ein abgerichteter Hund in der Validierung der Richtigkeit seiner eigenen Aktivitäten abhängig von Mimik und Gestik des Trainers / der Trainerin ist. Beide Informationsquellen entfallen tendenziell beim Blinden, da er nicht unmittelbar richtig oder falsch feststellen kann. Wie bereits dargestellt, muss nach Uexküll deshalb das Hunde-Ich in das Menschen-Ich des Blinden hinein erweitert werden (bzw. muss der Hund die Umwelt des Menschen inkorporieren), damit die Arbeit des Führens gut erfüllt werden kann. Dies betraf einerseits das Erkennen und Bewerten von Hindernissen durch den Hund, andererseits die langfristige Aufrechterhaltung der Lernfähigkeit des Hundes: »Die Hauptgefahr bei der heutigen Dressurmethode liegt darin, daß sie ganz bewußt den Hund zur Unselbständigkeit erzieht und er daher allen unvorhergesehenen Schwierigkeiten gegenüber ganz ratlos dasteht.«[231] Am Anfang des Prozesses steht eine doppelte Sorge um Unselbständigkeit. Der Unselbständigkeit des Blinden soll durch den Hund als Prothese Abhilfe geschaffen werden; dem Hund droht ebenfalls Unselbständigkeit, wenn er zu stark auf Gehorsam trainiert wird. Menschlicher Akteur und lebendiges Hilfsmittels sind auch in dieser Hinsicht homolog. Handlungspotentiale sind nicht länger verteilt auf ein autonomes Subjekt hier und ein funktionales Werkzeug dort. Nur die Selbständigkeit des einen kann die Selbständigkeit des anderen garantieren.[232]

231 Uexküll, Jakob von: »Das Führhundproblem«. In: *Zeitschrift für angewandte Psychologie* 1-3/1933:45, S. 46–53. Sarris wertete einen Aufsatzwettbewerb über die Erlebnisse von Kriegsblinden aus, den Axel Munthe initiiert hatte, um damit seine Argumentation für eine notwendige Reform der Blindenausbildung zu stützen. Er führt darin zahlreiche Fehler und Gefahrenquellen schlecht ausgebildeter Blindenhunde auf: Sarris, Emanuel Georg: »Der Blinde über seinen Führhund«. In: *Zeitschrift für Hundeforschung* 3/1933:3, S. 170–187.

232 Vgl. dazu auch den Eintrag Hund, in: Bühler, Benjamin und Stefan Rieger (Hg.): *Vom Übertier. Ein Bestiarium des Wissens.* Frankfurt: Suhrkamp 2006, S. 126–142, hier: S. 141.

Um selbsttätig zu lernen, sollten sich die Hunde durch freies Herumlaufen mit einem Wagen, der die Proportionen eines Durchschnittsmenschen hatte, die Umwelt von Blinden einverleiben. Da die Räder hängen bleiben, wo ein Blinder Schwierigkeiten bekommen könnte und sich das »Phantom« nicht unter Hindernissen, die für den Hund keine darstellen (offene Fenster, Briefkästen) durchziehen lässt, inkorporiert er nach und nach die grundlegendsten Unterschiede zwischen seiner und der Umwelt des Blinden. In Uexkülls Nomenklatur gesprochen: Der Hund zieht den »künstlichen Menschen« als erweitertes Merkzeug hinter sich her und baut dadurch nach und nach sein eigenes Merk- und Wirkschema um.
Mit dieser »Prothese der Prothese« ist nicht nur ein theoretisches Modell, sondern eine apparative Anordnung gebaut worden, die kognitiv-physiologische Lernprozesse erstens als rekursiv fasst und zweitens – was entscheidend ist – die *Rückbezüglichkeit* als *Selbständigkeit* wertet. Selbständigkeit oder Selbsttätigkeit werden so nicht länger als Willens- oder Intelligenzleistungen verbucht, sondern als feine Abstimmungsprozesse zwischen Körper, Gedächtnis und Umwelt. Die Abstimmungsprozesse sind insgesamt von einem Prinzip der Umwegigkeit geprägt. All dies führt in die Nähe einer Medientheorie von Technik, die mit Rückbezüglichkeiten und Übersetzungsprozessen argumentiert. Für die Blindenhundeausbildung müssen Wahrnehmungsprozesse des Menschen expliziert und als Apparat nachgebaut werden. Technik wäre damit einmal mehr Veräußerung und Abstraktion eines physisch Unbewussten im Sinne Ernst Kapps. Sie dient aber nicht länger einer Hegelschen Steigerung der Selbsterkenntnis des Menschen, sondern ist schlicht eine funktionale Lernprothese für ein Tier.

Regenerationsexperimente. Ein Stuhlmonster und ein Fühler für ein Auge

Man könnte nun Uexkülls »künstlichen Menschen« als ein Kuriosum der Wissenschaftsgeschichte abtun, führte sie nicht ins Herz jener Diskurse, die für McLuhans Mediendenken ausschlaggebend wurden: der Physiologie, der gestalttheoretischen Psychologie und der Kybernetik. Die Beziehung zwischen Uexküll und der frühen Kybernetik, seine Rolle als Vordenker einer biokybernetischen Regelungslehre (sein »Funktionskreis« mit negativer Rückkopplung) ist vielfach untersucht worden.[233] Ich kon-

233 Ludwig von Bertalanffy zitiert ihn prominent in Bertalanffy, Ludwig von: *General System Theory. Foundations, Development, Applications*. New York: Georg Braziller 1968, S. 194, vgl.: Rüting, Torsten: »Jakob von Uexküll. Theoretical Biology, Biocybernetics and Biosemiotics«. In: *European Communications in Mathematical and Theoretical Biology* 2004:6, S. 11–16. Stefan Rieger und Benjamin Bühler verweisen ebenfalls auf die vielfältigen Verbindungslinien: Rieger: *Kybernetische Anthropologie*. Bühler, Benjamin: »Kreise des Lebendigen. Geschlossene und of-

zentriere mich deshalb im Folgenden auf die gestalttheoretischen und physiologischen Konzepte, die in den zwanziger Jahren Kontur gewinnen und die in die spätere Medientheorie hineinragen.

Die Beschäftigung mit Amputation führt quer durch Uexkülls empirische Forschungen und theoretische Interessen. Amputationsexperimente verbinden auch seine Untersuchungen zu tierischen Bewegungsformen, zu Lernprozessen generell und zur Ontogenese. Eine Konstellation von vier Namen spannt den wissenschaftshistorischen Bogen auf, in dem Amputation als experimentelle Praxis und Spekulationsraum für Uexküll von Interesse war. 1923 nominierte sein Kollege und Freund Albrecht Bethe drei Männer für den Nobelpreis für Physiologie oder Medizin: Ferdinand Sauerbruch für seine Arbeit an Prothesen, zur Lungenchirurgie und zur Physiologie der Respiration, Charles Scott Sherrington für seine Forschung zur abhängigen Innervation von Agonist und Antagonist und Jakob von Uexküll sowohl für seine *Theoretische Biologie* als auch für seine Arbeit über Muskeltonus und Reflexe bei Meerestieren.[234] Sauerbruchs und Bethes Arbeit im Bereich der Prothesenversorgung und ihre physiologische Forschung an amputierten Kriegsteilnehmern habe ich in Kapitel »Kinetische Operation, Übung, Selbststeuerung« (S. 125) dargestellt. Uexküll verfolgte diese Forschung aufmerksam, wie mehrere Sonderdrucke zum Thema in seinem Nachlass beweisen. Sherringtons und Uexkülls Beschäftigung mit Amputationen sind zunächst weniger sichtbar. Beide experimentierten jedoch im Zuge ihrer Forschung mit der Durchtrennung von Nerven und / oder dem Entfernen von Organen. Uexküll »amputierte« Seeigel, Schlangensterne, Oktopusse und andere Meerestiere. Charles Sherrington (er erhielt den Nobelpreis letztlich 1932) wurde durch Experimente bekannt, in denen er Nervenwurzeln durchtrennte oder Gehirnteile bei Tieren entfernte, um den Beweis zu erbringen, dass Reflexe nicht einer zentralen Steuerung unterliegen.[235]

Mit einigem Recht kann man sagen, dass die physiologische Erforschung der Nerven sich der Technik der Amputation (nämlich derjenigen, die Galvani bei Fröschen durchgeführt hat) verdankt. Es ist naheliegend, dass Uexküll in seinen ersten physiologischen Forschungsarbeiten an Seeigeln auf das bis zu diesem Zeitpunkt entwickelte Inventar physiologischer Experimentiertechnik zurückgriff, ging es ihm doch um eine Überarbeitung der Biologie im Sinne einer experimentellen Physiologie. Uexküll entwi-

fene Räume in der Umweltlehre und philosophischen Anthropologie«. In: Brandstetter, Thomas, Karin Harrasser und Günther Friesinger (Hg.): *Ambiente. Das Leben und seine Räume*. Wien: Turia + Kant 2009, S. 67–89. Berz: »L'imaginaire animal«

234 Nomination Database – Physiology or Medicine: http://www.nobelprize.org, Zugriff vom 17.02.2012.

235 Zum Zusammenhang zwischen solcherart physiologischer Forschung und medienästhetischer Spekulation bei Raoul Hausmann vgl. Kapitel »Dadaistische Medien«, S. 174.

ckelte Methoden der Isolation von Organen und der Vivisektion weiter. Er wollte schließlich die vielfältigen funktionalen und spontanen Interaktionen und Anpassungen zwischen Lebewesen und Umwelt erforschen. Um diese dynamischen Prozesse zu erforschen, machte die Sektion von toten Organismen wenig Sinn. Um lebendige Organismen in ihrem Milieu experimentell zu erforschen, begab sich Uexküll selbst auf den Meeresgrund und entwickelte eine ganze Reihe von Beobachtungsinstrumenten, die ihm erlaubten, das zuerst in situ Beobachtete im Labor zu wiederholen und in einzelne Prozess-Schritte zu isolieren. Dabei musste geschnitten werden. Die Organe und Organismen mussten jedoch – wenigstens für einen bestimmten Zeitraum – lebensfähig erhalten werden.[236] Amputationstechniken sind genau das: Biotechnologien, die einen Teil sterben machen, um das Lebendige zu erhalten. Worin »das Lebendige« aber nun eigentlich besteht und wo im Organismus es zu finden ist, das war die Frage, mit der Uexküll sich beschäftigte und die er neo-vitalistisch und proto-kybernetisch beantwortete.[237]

Uexküll schneidet in seinen ersten Experimenten Seeigeln in der deutschen zoologischen Station Neapel ein Stück des Panzers inklusive seiner Außenhaut ab. Er wählt einen Ausschnitt aus, auf dem ein Stachel oder eine Giftzange mit dem jeweiligen Ganglienknoten intakt bleibt. Er reiht sich damit in eine Experimentalkultur ein, die abschneiden oder betäuben muss, um Ketten von Reaktionen in einzelne Vorgänge zerlegen zu können, um dann aus der Abweichung zum Üblichen ihre Erkenntnisse zu gewinnen. Amputation ist nicht nur eine Technik, sondern ein Erkenntnismodell. Hans Spemanns Transplantationsexperimente an Molchen gehören hierzu ebenso wie Claude Bernards Curare-Experimente mit

236 Zu den Schwierigkeiten der experimentellen Erforschung des Lebendigen in seinen Milieus vgl. z.B. Solhdju, Katrin: »Interessierte Milieus. Oder: die experimentelle Konstruktion ›überlebender‹ Organe«. In: Brandstetter, Thomas, Karin Harrasser und Günther Friesinger (Hg.): *Ambiente. Das Leben und seine Räume*. Wien: Turia + Kant 2009, S. 51–64. Georges Canguilhem hat von Uexküll als denjenigen Biologen identifiziert, der die epistemologischen Herausforderungen, die das Lebendige als Forschungsgegenstand an die Disziplin stellt, sowohl experimentell als auch theoretisch als Erster erfasst und produktiv gemacht hat. Vgl. dazu die Einleitung von Thomas Brandstetter und der Verfasserin im genannten Buch.

237 Seine Forschung verbindet und trennt cartesianische und post-cartesianische Episteme, wenn er letztlich das Lebendige als rekursiven Bauplan bestimmt, der in jeder Zelle eingelagert ist. Zur Diskussion Uexkülls zwischen Neovitalismus und »mechanistischen« Ansätzen vgl. z.B.: Bühler, Benjamin: »Kreise des Lebendigen. Geschlossene und offene Räume in der Umweltlehre und philosophischen Anthropologie«. In: Ibid.: S. 67–89. Florian Mildenberger verweist in diesem Zusammenhang auf das intellektuelle Herkunftsmilieu Uexkülls in Dorpat/Tartu, einer Hochburg des Anti-Darwinismus: Mildenberger, Florian: »Die Geburt der Umwelt. Werk und Wirkung Jakob v. Uexkülls (1864–1944)«. In: Herrmann, Bernd (Hg.): *Beiträge zum Göttinger Umwelthistorischen Kolloquium 2009–2010*. Göttingen: Universitätsverlag Göttingen 2010, S. 1–26.

Fröchen oder Albrecht Bethes (ebenfalls in Neapel durchgeführte) Experimente an der Ringmuskulatur von Medusen.[238] Die Isolations- und Transplantationsexperimente Uexkülls ergaben, dass der jeweils isolierte Teil der Seeigel-Haut auf mechanische oder chemische Reize genauso reagiert, wie es das gesamte Tier tun würde. In der Linie von Sherrington war damit der Nachweis erbracht, dass die Interaktion mit Umwelten nicht zentral gesteuert ist, sondern dass Reaktionen verstreut über den ganzen Körper und lokal spezifisch auftreten. Für das Beobachtete prägte Uexküll den Begriff des »Reflexbogens« und für das ganze Ensemble des Seeigel-Verhaltens den einer tierischen »Reflexrepublik« (statt eines »Zentralstaats«).[239] Wenig später (1905) organisierte Uexküll die Ergebnisse seiner meeresbiologischen Forschung in einem *Leitfaden in das Studium der experimentellen Biologie*.[240] In dem Buch stellt er einerseits die von ihm entwickelte Nomenklatur einer experimentellen Biologie vor (Reflexbogen, Bauplan, Umwelt), andererseits auch die Experimentiermethoden (Betäuben, Operieren), Beobachtungsapparate und Sektionsinstrumente. Auch Chronophotographie und Kinematographie (Uexküll hatte sie bei Marey in Paris gelernt[241]) und der Bau von aquarischen Filmsets wird hier detailliert erläutert. Der damals junge Bethe hatte an der zoologischen Forschungsstation für Uexküll einen Seepferdchenhalter angefertigt, der seinen Ansprüchen genügte. Das Seepferdchen konnte dank des Klammerreflexes des Schweifs, der sich um den ovalen Stift der Apparatur schlingt, stillgestellt werden; über ein Glasröhrchen wurden die Kiemen mit Atemwasser versorgt. Ohne den Begriff überdehnen zu wollen, kann zumindest bei dem Glasröhrchen durchaus von einer Prothese gesprochen werden.

In Uexkülls *Theoretischer Biologie* (1928)[242] sind konkrete und gedankliche Amputationsexperimente zentral an der Ausformulierung wichtiger Argumente beteiligt. Uexkülls Überlegungen kreisen um die Frage des

238 Mehr als dreißig Jahre später veröffentliche Bethe seine Medusenexperimente und eignete den Artikel von Uexküll zum 70. Geburtstag zu: Bethe, Albrecht: »Versuche an Medusen als Beispiel eines primitiven neuromuskulären Reaktionssystems«. In: *Pflügers Archiv für die gesammte Physiologie des Menschen und der Thiere* 1935:235, 1, S. 288–315.

239 Hassenstein: »Jakob von Uexküll«, S. 346–348.

240 Uexküll, Jakob von: *Leitfaden in das Studium der experimentellen Biologie der Wassertiere*. Wiesbaden: Verlag von J. F. Bergmann 1905. Mit Albrecht Bethe und Theodor Beer publizierte er außerdem eine in der Fachwelt höchst umstrittene »objektive« Nomenklatur für die Physiologie des Nervensystems, in der der Versuch unternommen wurde, die Begriffe der biologischen Physiologie von der Psychologie zu reinigen. Vgl. dazu Mildenberger: »Geburt der Umwelt«, S. 7.

241 Kynast, Katja: »Kinematografie als Medium der Umweltforschung Jakob von Uexkülls«. In: *kunsttexte.de – E-Journal für Kunst- und Bildgeschichte* 4/2010, *Bild Wissen Technik*, http://www.kunsttexte.de/index.php?id=711&idartikel=37290&ausgabe=37272&zu=371&L=0, Zugriff vom 01.10.2012.

242 Uexküll, Jakob von: *Theoretische Biologie*. Frankfurt a. M.: Suhrkamp 1973 (1928).

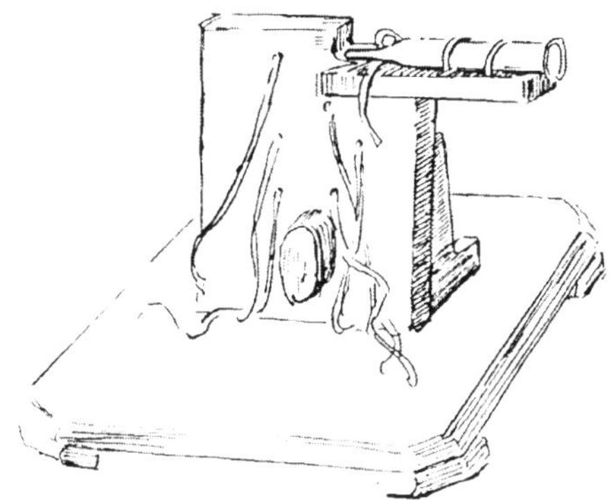

Abb. 79: Von A. Bethe konstruierter Seepferdchenhalter.

Planvollen in der Welt der Lebewesen. Er navigiert zwischen einer neovitalistischen Auffassung, die jede mögliche materielle Artikulation als bereits im Keimplasma angelegt annimmt (Drieschs Begriff der Entelechie) und einer der experimentellen Physiologie verpflichteten, mechanistisch-funktionalen Vorstellung von Körperbau und Entwicklungsmechanik. Seine Auffassung ist derjenigen Spemanns ähnlich, der die Rolle von »Organisatoren« betont, die sich in einem Wechselspiel von Auslösung und Realisierung artikulieren und einem gattungsspezifischen zeitlichen Rhythmus (einer »Zeitgestalt«) folgen.[243] Die Unterschiedlichkeit von Entstehungsregel (jenem Bauplan, der die Ontogenese steuert) und Funktionsregel (jenem Plan, der individuelle Anpassung des Lebewesens steuert) erläutert Uexküll anhand eines Amputationsexperiments an einem Kaninchen. Bei Entfernung des halben Großhirns bildet ein Kaninchen nicht wieder eine knöcherne Schädeldecke aus, sondern nur eine dünne Haut.[244] Der ursprüngliche »Plan« (ein Schädel aus Knochen) wird von temporal und lokal organisierten Zellprozessen durchkreuzt. Damit ist das Zusammenspiel von »Naturtechnik« (das inhärente Entstehungsprogramm allen Lebens) und »Naturmechanik« demonstriert – das Zusammenspiel »blinder Funktionskreise«, mithilfe derer sich Organismen an ihre je aktuelle Umwelten anpassen und überleben.

Das Zusammenspiel von Naturtechnik (Plan) und Naturmechanik (der Aktualisierung) gebiert dabei ein etwas monströses, aber überlebensfähiges Wesen. Um das Wie »aktiver« Schemata für die Bildungs- und Adaptionsfähigkeit anschaulich zu machen, beschreibt Uexküll ein paar Seiten weiter unter der Überschrift »Die Regeneration« die Amputation eines

243 Uexküll: *Kompositionslehre*, S. 215.

244 Uexküll: *Theoretische Biologie*, S. 256f.

Stuhls.[245] Dabei kommt ein Stuhlmonster heraus, das dem Regenerationsverhalten von Plattwürmern nachempfunden ist. Zunächst muss jedoch der Stuhl verlebendigt werden. In Uexkülls Worten heißt das, dass man den Tischler, der sich den Stuhl ausdenkt, in den Stuhl hineinverlegen muss, sodass der Stuhl einen eigenen, »aktiven« Bauplan besitzt. Dieser immaterielle Plan müsse so gedacht werden, dass er »in der materiellen Gestalt des Stuhles mitenthalten ist«.[246] Wenn man dem Stuhl nun einen Fuß abschneidet, kann er problemlos einen Ersatz regenerieren. Auch wenn der Stuhl symmetrisch in der Mitte durchgeschnitten wird, kann er sich perfekt und funktional heilen, indem beide Seiten sich durch den Bauplan symmetrisch verdoppeln. Der inhärente Bauplan gerät allerdings ins Hintertreffen gegenüber dem Tischler, wenn der Stuhl nur teilweise gespalten wird. Da er auch in diesem Fall »blind« eine neue Bildung »induziert«, kann er nicht eine Hilfskonstruktion (etwa eine Leiste) erfinden, um die beiden Teile wieder zu verbinden, sondern er wird beide Seiten regenerieren. »Der Erfolg wird ein Monstrum von Stuhl sein, mit einer Lehne, zwei Sitzen und acht Beinen.«[247] Die hohe Adaptionsfähigkeit – Uexküll nennt sie mit Driesch Lebenskraft – des Stuhls / Plattwurms bringt Ungeheuer hervor, wenn sie nicht mit einem lernfähigen Merk- und Wirkschema (demjenigen des Tischlers) verbunden ist. Das Lebendige ist also zwar technisch im Sinn von »automatisch«, aber es ist nicht per se sinnvoll. Es »induziert«, aber diese Induktion produziert nicht zwangsweise ein gut funktionierendes Lebewesen.

Von hier aus führen Wege zurück zur Prothetik: zur Frage von Regeneration versus Phantomschmerz einerseits und zur Frage nach der technischen Modifikation von Wahrnehmung als Umweltanpassung andererseits. Die deutlichste Engführung zwischen uexküllscher Umweltlehre und Prothesenforschung findet sich in einem Aufsatz über die *Entstehung des Phantomglieds*[248] des Internisten Herbert Plügge. Plügge stand in seinem Ansatz F.J.J. Buytendijk nahe und galt mit Viktor von Weizsäcker, Paul Christian und Alfred Auersperg später als Vertreter einer »biologischen Phänomenologie« oder auch einer »medizinischen Anthropologie«.[249] Der Text, um den es hier geht, ist weniger phänomenologisch als physiologisch ausgerichtet und stammt aus dem Jahr 1942. Plügge diskutiert darin zunächst die gängigen Theorien der Entstehung von Phantomgliedern

245 Alles Folgende: Ibid.: S. 314f.

246 Ibid.: S. 314.

247 Ibid.: S. 315.

248 Plügge, Herbert: »Zur Entstehung des Phantomglieds«. In: *Deutsche Zeitschrift für Nervenheilkunde* 1942:154, S. 199–218.

249 Vgl. Sack, Martin: *Von der Neuropathologie zur Phänomenologie*. Würzburg: Königshausen & Neumann 2005. (= Beiträge zur medizinischen Anthropologie).

und hält fest, dass sie – bei allen Unterschieden im Detail – in Zusammenhang mit dem Konzept des Körperschemas stehen. Das Körperschema fasst er mit Head, Pick und Schilder nicht als eine optische Vorstellung, sondern als Summe kinästhetisch-taktil-optischer »Engramme«.[250] Das Phantomglied kann deshalb auch nicht »illusionär« (Katz) sein, sondern setzt sich aus komplizierten Prozessen zusammen, die mit dem Erleben von Eigenbewegung korreliert sind. Egal ob man den Begriff des Körperschemas, des körperlichen Raumbildes oder der persistierenden Engramme verwende, klar werde der enge Bezug zwischen gestörtem Körpererleben an der Peripherie und erlernten Bewegungen, die sich in der Erinnerung festsetzten. Anstatt aber wie Paul Schilder ontogenetisch-psychoanalytisch – nämlich mit der narzisstischen Besetzung der Körperteile in der frühen Kindheit – zu argumentieren, lässt sich Plügge auf eine phylogenetische Spekulation ein. Plügges argumentativer Einstieg ist – einmal mehr – die offensichtliche Unzweckmäßigkeit von Phantomgliedern. Im Anschluss kommt er auf ihre Morphologie zu sprechen. Patienten beschreiben ihre Phantomglieder meist so, dass die distalen Partien (Hände, Finger, Füße) normal groß wirkten, dass aber proximale Partien, also etwa der Oberarm, sich verkürzt hat. Die gängige Erklärung für dieses Phänomen war, dass dies mit der größeren Nervendichte der distalen Partien zu tun hätte. Es persistieren diejenigen Engramme, die in der Vergangenheit eine größere Reizdichte verarbeitet haben. Plügges Gedankenexperiment, das sich dezidiert an Uexkülls Untersuchungen zu Plattwürmern anlehnt, geht in eine andere Richtung. Er zeigt die Ähnlichkeit der Morphologie von Phantomgliedern mit Regeneraten von Tritonen (Molchen).

Wie bei Molch-Regeneraten würden im Fall der Phantomglieder hauptsächlich die peripheren Partien virtuell regeneriert. Und wie Uexkülls Plattwürmer erzeugen auch die Molche monströse Regenerate in Experimentalsituationen. So beispielsweise, wenn ein Stück des Hinterbeins auf den Rücken aufgebracht wird.

Plügge schlussfolgert mutig, dass Menschen aufgrund ihrer reduzierten physiologischen Regenerationsfähigkeit in die Kategorie der »halbstabilen« Tiere fielen. Verpackt in die Frage des Phantomglieds geht es Plügge also sehr wohl um eine anthropologische Bestimmung. Diese Bestimmung grenzt den Menschen zweifach ab: einerseits zu den »labilen« Tieren, also solchen, deren Zellmaterial unspezifisch und auch während des Lebensvollzugs noch teilbar ist (etwa Amöben). Andererseits zu den »stabilen« Tieren, deren Zellkonstanz total ist und die sich nur schlecht oder gar nicht regenerieren können. Solche »Sackgassentiere« zeichneten sich durch das »Fehlen prospektiver Potenz für veränderte Umweltanpassungen«[251]

250 Vgl. dazu den Exkurs zu Hermann Lotze, S. 227.
251 Plügge: »Phantomglied«, S. 211.

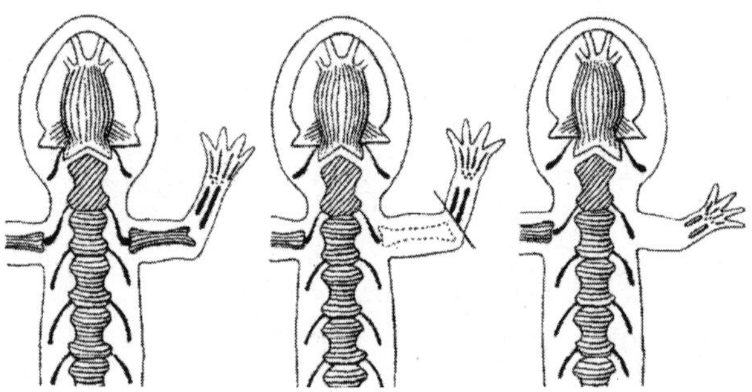

Abb. 80: H. Plügge, Regeneration von Gliedmaßen.

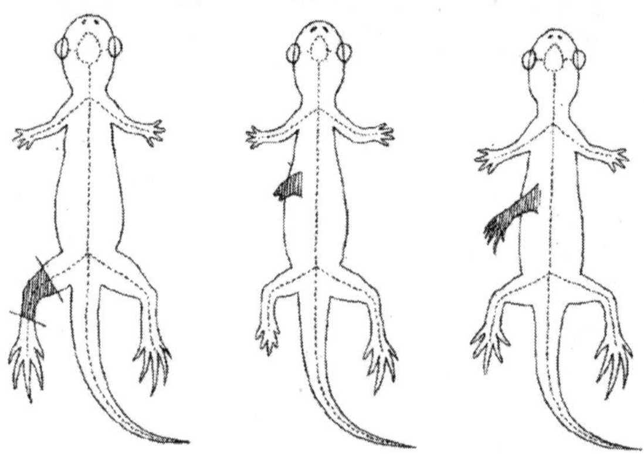

Abb. 81: H. Plügge, »Monströse« Regeneration.

Abb. 82: H. Plügge, Regeneration des Auges.

aus. Fehlendes Regenerationspotential ist dabei gleichbedeutend mit evolutionärer Chancenlosigkeit. Die unzweckmäßige Bildung monströser Phantomglieder begreift Plügge deshalb als ein »geistiges Regenerat«[252]. Dieses wird nun zum Ausweis der evolutionären Entwicklungsfähigkeit des Menschen. Denn die Phantombildungen sind Analoga zu den blinden Regenationen Uexkülls. Damit ist dann auch das Unzweckmäßige der

252 Ibid.: S. 212.

Phantomglieder erklärt, die von Patienten häufig als »wertlose Anhängsel« erlebt würden, ganz wie Marionettenbeine. Plügge schließt an dieser Stelle das Unzweckmäßige mit Kleists Aufsatz über das Marionettentheater kurz, ohne die Konsequenz auszuformulieren, die da lauten müsste: Künstlerische Hervorbringungen (etwa die Anmut des Tanzes) ähneln der »blinden« Schöpferkraft der Sprossung, und Entwicklungsoffenheit – egal ob physisch oder »geistig« – ist tendenziell rückwärtsgewandt.[253]
Ein weiteres Beispiel Plügges führt uns nahe an Marshall McLuhans Spekulationen über den Ersatz eines Sinnesorgans durch Medientechniken heran. Es geht um den Umstand, dass Amputierte ihr Phantomglied häufig als »motorischen Abbautyp« (etwa als spastisch gelähmt) erleben.[254] Mit neuerlichem Rekurs auf Uexküll präsentiert Plügge ein weiteres Transplantationsexperiment, in dem gezeigt worden war, dass Krebse nach Amputation des Auges und des Augenganglions statt des Auges einen Fühler regenerieren, also ein »primitiveres, archaischeres« Organ an die Stelle des höher entwickelten setzen.[255]
Die synästhetischen Utopien Raoul Hausmanns (»Optophonetik«[256]) und Marshall McLuhans (»An eye for an ear«[257]) finden hier ihr empirisches Substrat. Und aus der Überblendung von Phantomschmerz und experimenteller Biologie entsteht ein Bild des Menschen als semistabilem Echsenwesen, dessen Entwicklungspotential gerade nicht in zweckmäßigen Anpassungsleistungen liegt, sondern in ungeheuerlichen, rückwärtsgewandten Phantomen. Statt Entelechie oder eine »rationale« Anpassung von Lebewesen in ihre Umwelt verfolgt Plügge mit Uexküll die Frage, wie die Vielfalt und wie das Seltsame in die Welt kommt. Uexküll formuliert in Hinblick auf die Entwicklung des Individuums Sätze, die man auch bei seinem Leser Deleuze finden könnte: »Das Einfältige wird durch neue Faltenbildung zum Mannigfaltigen. Es handelt sich dabei um eine Verfaltung und nicht um eine Entfaltung – um eine Verwicklung und nicht um eine Entwicklung.«[258]

253 An anderer Stelle hat sich Plügge ausführlich dem Marionettentheater aus biologischer Sicht gewidmet: Plügge, Herbert: *Grazie und Anmut. Ein biologischer Exkurs über das Marionettentheater von Heinrich v. Kleist.* Hamburg: Classen & Goverts 1947.
254 Plügge: »Phantomglied«, S. 216.
255 Ibid.
256 Vgl. Bexte: »Mit den Augen Hören«. Borck, Cornelius: »Sinnesmontagen. Die Sehprothese zwischen Ersatzapparat und Technovision«. In: Flach, Sabine und Margarete Vöhringer (Hg.): *Ultravision. Zum Wissenschaftsverständnis der Avantgarde.* München: Fink 2010, S. 149–164. Harrasser, Karin: »Exzentrische Empfindung. Raoul Hausmann und die Prothetik der Zwischenkriegszeit«. In: Joshua, Eleoma und Michael Schillmeier (Hg.): *Disability in German Literature, Film, and Theater*, Rochester, NY: Camden House 2010, S. 57–81. (=Edinburgh German Yearbook 4).
257 McLuhan, Marshall, Quentin Fiore und Jerome Agel: *The Medium is the Message.* Corte Madera: Gingko Press 2001, S. 44.
258 Uexküll: *Theoretische Biologie*, S. 287.

Medialität des Körpers – Technizität der Wahrnehmung: Astronomenumwelt

Sowenig es Uexkülls Absicht war, eine Medien- oder Kulturtheorie zu formulieren – seine Bemühungen galten ganz der Etablierung von Begrifflichkeiten und Konzepten, um die Welt der Tiere zu verstehen –, sosehr haben seine Konzepte immer wieder Theorien inspiriert, denen es dezidiert um das Verhältnis des Menschen zu seinen technischen Artefakten ging. Von Gehlen und Plessner war bereits die Rede, auch Ernst Cassirer referiert in seiner Kulturtheorie auf Uexküll. Und auch Martin Heidegger hat in Auseinandersetzung mit und letztlich in Absetzung von Uexkülls Theoremen seine Überlegungen zu technischen Artefakten als »weltbildendem Zeug« entwickelt.[259] In der Tat erlaubte die von Uexküll entwickelte Nomenklatur nicht nur einen neuen Blick auf tierische Erfahrungsräume, sondern ermöglichte die Beschreibung der Wechselwirkung zwischen organischen und technischen Akteuren. Seine »technische« Beschreibungssprache für Organismen legt die Miteinbeziehung planvoll konstruierter Merk- und Wirkzeuge in die Theoretisierung von Verhalten nahe. Es war bekanntlich Uexkülls Anspruch, über ein mechanistisches Konzept von Körper und Handlung hinauszugreifen, demzufolge der materielle Körper, die Res extensa, von einer zentralen Stelle (dem Gehirn) aus gesteuert wird. Vielmehr gilt sein Augenmerk jenen Vorgängen, die an der Körperperipherie Austauschprozesse organisieren und mit der Merk- und Zeichenwelt, also dem Erworbenen und Erlernten, abgleichen. Dabei verlässt er nur teilweise das mechanistische Vokabular. Vielmehr wird das »Maschinische« neu bewertet: Der Körper ist nicht länger eine zentral gesteuerte, perfektible Maschine, sondern die Maschine ist ein »unvollkommener Organismus«.[260] Weil sich zwar alle prinzipiellen Eigenschaften der Maschine im Organismus wiederfinden, Lebendigkeit aber eine überlegene Organisationsform der Materie ist, ist es »unmöglich, die Organismen ohne weiteres als Maschinen zu bezeichnen.«[261] Organismen sind mehr als Maschinen, aber sie tragen in ihrer funktionalen Anpassung an Umwelten maschinenhafte Züge. Das Maschinenhafte ist zudem in Uexkülls Konzeption nicht einfach ein vorprogrammierter, automatischer Ablauf. Im Gegenteil versteht er Automatismen als übermaschinelle Regelungsprozesse, als eine Eigenschaft des Lebendigen, das sich in den höheren Tieren stabilisiert und »mechanisiert«:

259 Vagt, Christina: »›Umzu wohnen‹. Umwelt und Maschine bei Heidegger und Uexküll«. In: Brandstetter, Thomas, Karin Harrasser und Günther Friesinger (Hg.): *Ambiente. Das Leben und seine Räume*. Wien: Turia + Kant 2009, S. 91–106.
260 Uexküll, Jakob von: *Umwelt und Innenwelt der Tiere*. Berlin: Springer 1909, S. 11.
261 Ibid.

> Naturgemäß tritt bei Tieren, deren Haupttätigkeit darin besteht, Augenblicksorgane zu schaffen und wieder zu vernichten, wobei sich dauernd der Bauplan ändert, die übermaschinelle Regulation sehr stark in den Vordergrund, während bei den höheren Tieren mit dauernden Organen, die nach einem dauernden Plane geordnet sind und in der Regel innerhalb dieses Bauplanes ihren Funktionen obliegen, die maschinelle Regulation mehr ins Auge springt. Und wenn wir mit Recht die übermaschinelle Regulation als spezifische Lebenseigenschaft betrachten, so muß man sagen: Die Amöbe ist weniger Maschine als das Pferd.[262]

Lebendigkeit ist also assoziiert mit Reorganisation und Automatismen, das Maschinenhafte mit einem hierarchisch gegliederten, relativ spezialisierten Weltbezug, wie er bei »höheren« Tieren vorliegt. Der Mensch wäre demnach weitgehend »Maschine«, allerdings eine mit einem hoch ausdifferenziertem »Maschinisten«, der unterschiedlichste Merkmale und Wirkmale organisieren kann, während etwa die Zecke, Uexkülls berühmtestes Modelltier, nur sehr wenige Merkmale und Wirkmale koordinieren muss. Es liegt dann nahe, künstlich geschaffene Werkzeuge als flexible Ergänzungen zu den ebenfalls relativ starren »dauernden Organen« zu begreifen. Sie können dann Erweiterungen sein, die dem semistabilen menschlichen Körper Anpassungen im Lebensvollzug erlauben, die dann aber auf den »Bauplan« und das subjektive Erleben zurückwirken. Insofern ist es nur konsequent, dass in den *Streifzügen durch die Umwelten von Tieren und Menschen* die subjektive Wahrnehmungswelt des Gattungswesens Mensch als diejenige des Astronomen repräsentiert ist.
Die medientechnisch modifizierte Wahrnehmung des Astronomen, des Chemikers, des Atomphysikers, des Musikforschers kann je nur einen speziellen Wirklichkeitsausschnitt darstellen oder sogar: herstellen. Denn innerhalb der »Umwelten« des Wissenschaftlers werden überhaupt nur jene Details wahrnehmbar, die medientechnisch vorselektiert wurden. Die technische Modifikation der Sinne spielt auf die Episteme zurück. »Umwelt« meint damit auch etwas wie ein Wissensmilieu, das Aussagen wahrscheinlicher oder unwahrscheinlicher macht: »In der Umwelt der Natur des Behavioristen erzeugt der Körper den Geist, und in der Welt des Psychologen erbaut der Geist den Körper.«[263] Wie genau jedoch der Weg von Wahrnehmungsveränderung auf organischem oder technischem Weg hin zu Bedeutungen verläuft, die Verhalten aussteuern oder Systema-

262 Ibid.: S. 26.
263 Uexküll, Johann Jakob v. und Georg Kriszat: *Streifzüge durch die Umwelten von Tieren und Menschen. Ein Bilderbuch unsichtbarer Welten.* Berlin: Springer 1934, S. 101.

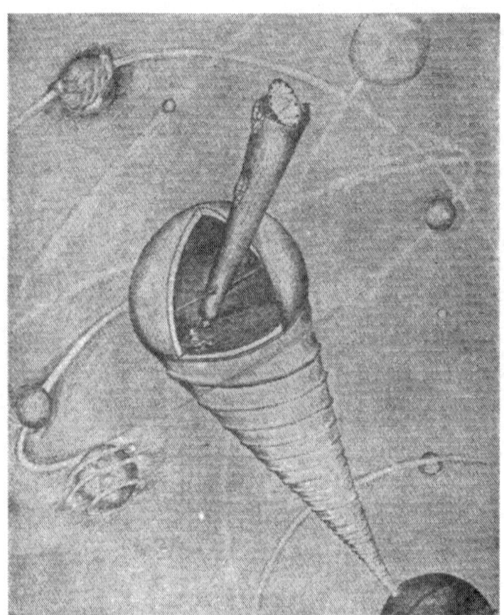

Abb. 83: Die Umwelt des Astronomen.

tiken des Wissens transformieren, dafür bleibt Uexküll – wie die meisten Theoretiker der technischen Modifikation der Sinneswahrnehmung – eine Erklärung schuldig.

Angesichts dieser im Umwelttheorem der Wahrnehmung angelegten, medienbezogenen Erkenntniskritik ist es interessant, Uexkülls Ausführungen auf seine eigenen Erkenntnismedien hin zu befragen. Manchmal spielt er die konstruktive Seite medialer Wahrnehmung herunter, in anderen Fällen tritt sie deutlich hervor und bekommt einen dezidiert erkenntniskritischen Impuls. In seiner »Bedeutungslehre« beschreibt Uexküll die mediale Erweiterung des Wahrnehmungsfelds als menschliches Spezifikum, allerdings als keines, das der tierischen Wahrnehmung im Prinzipiellen überlegen sei. Auch die mediatisierte Wahrnehmung bleibt der menschlichen Physiologie zugehörig: »Zwar können wir durch immer feinere Apparate allen Dingen zu Leibe gehen, aber wir gewinnen dabei kein Sinnesorgan mehr, und alle Eigenschaften der Dinge, auch wenn wir sie in die letzten Einzelheiten zerlegen – in Atome und Elektronen –, bleiben immer nur Merkmale unserer Sinne und Vorstellungen.«[264]

Uexkülls lebenslange Forschungsarbeit war dem Sichtbarmachen von dem freien Auge nicht zugänglichen Vorgängen gewidmet: den nervösen Vorgängen, die in Reaktionsketten (der Seeigel, Schlangensterne, Seepferd-

264 Ibid.: S. 159.

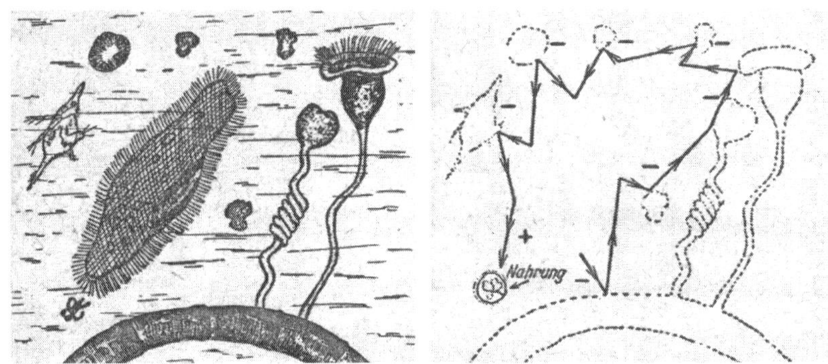

Abb. 84: Umgebung und Umwelt des Pantoffeltierchen.

chen) am Werk waren, den unsichtbaren Bauplänen, die die Interaktion von Lebewesen mit ihren subjektiven Umwelten steuern, die gattungsübergreifend per se unsichtbaren, subjektiven Umwelten selbst. Für diese unterschiedlichen Sichtbarkeitsprobleme kommen praktisch ganz unterschiedliche Instrumente zum Einsatz. Für die physiologischen Studien zu Nerven und Muskeltätigkeit verwendete er zunächst Mikroskop und Galvanometer, später chronophotographische Methoden. Zur Erschließung von inneren »Bauplänen« sind es – wie geschildert – die »einschneidenden« Experimentalanordnungen mit Amphibien und Plattwürmern, ergänzt durch Gedankenexperimente (den amputierten Stuhl). Wenn man so will, überbrückt das Gedankenexperiment in diesem Fall einen eklatanten Mangel an optischer Evidenz. Für die Annäherung an die subjektiven Wahrnehmungswelten seiner Forschungsobjekte verwendet er Rasterphotographie, Aquarelle, diagrammatische Darstellungen.
Und um Hunden die Wahrnehmungswelt eines Menschen zugänglich zu machen, entwickelte er mit seinem Kollegen das dreidimensionale Modell eines »künstlichen Menschen«. Die Liste macht deutlich, dass sehr unterschiedliche Medien in den Forschungsprozess involviert wurden. Sie dienen der Beobachtung, der Dokumentation, der Spekulation, der Demonstration. In seiner Einführung in die experimentelle Erforschung der Meeresbiologie spricht Uexküll mit Blick auf die Instrumente noch von einem »Mittel« der Forschung, später kommt der medialen Wahrnehmung ein zunehmend operativer Modellcharakter in Hinblick auf lebendige Prozesse zu.
So ist der Film nicht nur Darstellungsmedium, sondern wird modellbildend für den repetitiven Charakter der Selbstregulierung des Lebendigen.[265] Ein Film über Amöben ähnelt selbst dem Rhythmus und der »Melo-

265 Vgl. dazu: Kynast: »Kinematografie«.

Dorfstraße photographiert

Dieselbe Dorfstraße für ein Fliegenauge

Dorfstraße durch ein Gitter aufgenommen

Dorfstraße für ein Molluskenauge

Abb. 85: Simulation verschiedener Wahrnehmungsbedindungen durch technische Medien u. Tieraugen.

die« der spontanen Bildung von Pseudopodien, dem Ineinandergreifen von Außenreizen und Entfaltung des Zellmaterials: »Hält man mit Hilfe des Kinematographen die so entstehende Brückenbildung fest, so erhält man das Bild eines wechselvollen Gewebes, dessen Muster sich bei jeder Wiederholung gleich bleibt. Ein geübter Musiker könnte dann aus dem Muster die außen gespielte Melodie ablesen.«[266] Der Film zeigt keine »Abbildungen«, er macht einen Rhythmus und eine Struktur dort wahrnehmbar, wo sich lebendige Prozesse der Wahrnehmung entziehen. Der mechanische Charakter der Kinematographie kann zwar die »übermaschinelle Regulation«, das Lebendige nicht zeigen, lässt aber den Automatismus, der es steuert, erahnen:

> Wie sich auch der wirkliche Vorgang dem Auge des Beobachters [...] dereinst darstellen wird – eins ist sicher, er wird sich in den uns geläufigen Formen von Gestaltsänderung [...] abspielen. [...] Alles wird rein mechanisch vorzugehen scheinen, die übermechanischen Eingriffe werden niemals zur sinnlichen Deutlichkeit gelangen. Das einzige, was man wird feststellen können, ist das Eingreifen eines automatischen Rhythmus der Brückenbildung [...].[267]

266 Uexküll: *Theoretische Biologie*, S. 313.
267 Ibid.

Die Skepsis gegenüber der menschlichen Wahrnehmung als Maß aller Dinge, die hier mitschwingt, basiert auf der Annahme einer rekursiven Beziehung zwischen Wahrnehmung, Bedeutung und Handeln. Nur was für den lebendigen Körper Bedeutung hat, wird potentiell überhaupt wahrnehmbar. Der Organismus – auch der Menschliche – ist demnach höchst selektiv und funktional auf seine Umwelten bezogen. Und da der menschliche Organismus im Vergleich zu einer Amöbe »maschinenartig« ist, entzieht sich das Prinzip der Lebendigkeit der menschlichen Wahrnehmung. Warum ist gerade der Film, dieses mechanische Medium, dazu in der Lage, zumindest eine Ahnung von Lebendigkeit zu geben? Ich würde meinen: diese Fähigkeit verdankt sich der Beziehung des Films zu einer dynamischen, spekulativen Zeitlichkeit. Er ist zwar mechanisch, aber in seiner Fähigkeit, Zeit zu kontrahieren und zu dehnen kann, er nicht-menschliche Dimensionen aufscheinen lassen. Katja Kynast formuliert dazu, dass Uexküll eine – sehr eingeschränkte – Befreiung der menschlichen Wahrnehmung in der Variation von »Vorführgeschwindigkeiten« geortet habe. Denn wenn Zeitlichkeit ein entscheidendes Moment »subjektiver« Wahrnehmung ist, kann man durch Zeitlupe oder Zeitzerdehnung die Idee einer anderen Wahrnehmung erhaschen.[268]

In seinem Essay mit dem Titel *Luftbeben* hat Peter Sloterdijk, wie bereits kurz angesprochen, die Verschränkung dreier Elemente als Signatur des 20. Jahrhunderts bezeichnet: »die Praxis des Terrorismus, das Konzept des Produktdesigns und den Umweltgedanken«. Gemeinsam sei allen dreien die »Beschleunigung der Explikation«, das heißt »die aufdeckende Einbeziehung von Hintergrundgegebenheiten in manifeste Operationen«.[269] Uexkülls Bemühungen um die Explikation bis dahin unsichtbarer Prozesse führten zur Formulierung des Umweltgedankens. Wie spielt der Terror hier hinein? Während konventionelle Kriegsführung einen direkten Angriff auf den Körper des Gegners lanciert, geht der Terrorismus anders vor. Seine Aktionen zielen nicht auf den Körper des Feindes, sondern auf dessen Umwelt, also auf jenen Raum, der die notwendige Bedingung für seine Lebensfähigkeit enthält. Der Terrorismus, so Sloterdijk, produziert dabei Erkenntnis: Er schafft ein Wissen von dem, was für das Leben notwendig ist, er expliziert jene Gegebenheiten, die gewöhnlich im Hintergrund bleiben. Er verdeutlicht das mit einer Urszene dieser Art der Kriegsführung, dem Gasangriff deutscher Truppen im April 1915, der dem Feind jenes Element entzog, das bis dahin als gegeben angenommen wurde, nämlich die Atemluft. Diese Beobachtung kann ergänzt werden: Der Terrorismus greift nicht nur die natürliche Umwelt des Feindes an,

268 Kynast: »Kinematografie«.
269 Sloterdijk: *Luftbeben*, S. 7.

sondern auch seine mediale Umwelt. Die Inszenierung von Angriffen in der globalisierten Medienkultur ist ebenso wichtig geworden wie die direkte Waffengewalt.

Folgt man Sloterdijk in seinen Ausführungen, dann wäre der Begriff der Umwelt nie unschuldig gewesen. Er wäre ein zuallererst operativer Begriff, insofern er nicht losgelöst von seinen technischen Implementierungen zu verstehen ist. Das Wissen, das der Begriff der Umwelt beinhaltet, wird experimentell gewonnen, und die Umwelt selbst wird technisch erst hervorgebracht: durch Infrastrukturen und Maschinen, Instrumente und Medien.[270]

Blast! Marshall McLuhans Prothesentheorie der Medien

Der von Uexküll aufgewertete Begriff der »Umwelt«[271] enthält mannigfaltige Praktiken und Bedeutungen: Die physiologischen oder medialen Voraussetzungen des Wahrnehmens sind ebenso gemeint wie biographisch erworbene Bewertungsschemata, die auf die Wahrnehmung zurückwirken – wie stammesgeschichtliche Prozesse der *longue durée*. Sowohl die historisch erworbenen als auch die gegebenen »Umwelten« sind demnach bedeutungsbefrachtet. Wahrgenommen wird, was bedeutsam ist, ganz egal, wie diese Bedeutsamkeit zu Stande gekommen ist; Wahrnehmen und Wissen, Physis und Aisthesis werden parallel geschaltet. Und zu Recht gilt Uexküll als ein Vordenker des »antihumanistischen« Denkens des 20. Jahrhunderts, konzipiert er doch Bedeutungsproduktion konsequent auf einer Ebene, nämlich ohne Unterscheidung zwischen sprachbegabten Wesen und solchen ohne Sprache. Differenzen zwischen Menschen und Tieren sind damit graduell und nicht essentiell. In Uexkülls Zoologie zeichnet sich zudem ein Problemhorizont ab, der für jede Theorie der Medien zentral ist: Welchen Anteil haben Medien am Wahrnehmen und am Wissen? Lässt sich überhaupt etwas wissen, das nicht (medial) vermittelt ist? Eine der populärsten Antworten auf die Frage gab wohl Marshall McLuhan in den 1960er Jahren. Seine Antwort, dass nämlich Medien selbst die Botschaft seien, implizierte eine weitere Version einer spekulativen, prothetischen Anthropologie. Diese ist vielleicht die nachhaltigste Hinterlassenschaft des Pop-Theoretikers. Im letzten Kapitel von *War and Peace in the Global Village* (1968) schafft McLuhan unter dem Titel »A

270 Vgl. dazu die Einleitung zu: Brandstetter, Thomas und Karin Harrasser (Hg.): *Ambiente. Das Leben und seine Räume*. Wien: Turia + Kant 2010.

271 Sein Institut in Hamburg hieß seit 1925 *Institut für Umweltforschung*.

Abb. 86: A Message to the Fish.

Message to the Fish«[272] den expliziten Anschluss zu Theoremen der Umweltlehre.[273]

»One thing about which fish know exactly nothing is water, since they have no anti-envirnoment, which would enable them to perceive the element they live in.«[274] Wie kann ein Fisch wissen, dass er im Medium Wasser lebt, wenn er nur dieses eine Medium kennt? Wie kann ein Mensch des 20. Jahrhunderts etwas über seine medialen Umwelten wissen, wenn diese ihn einschließen und unauffällig regulieren? In McLuhans Diktion: ihn narkotisieren und seine sinnliche Wahrnehmung ertauben lassen. Um die Figur desjenigen zu entwerfen, der in der Lage ist, den Schleier der Narkotisierung zu heben, muss McLuhan auftauchen. Der Theoretiker der Medien lebt nicht unter Wasser, sondern ist ein Grenzwesen: ein Surfer, der die Gesetze des Mediums kennt und engagiert und elegant in ständigem Kontakt mit dem Wasser bleibt, auf dessen unruhigen Oberfläche er surft.

272 McLuhan, Marshall, Quentin Fiore und Jerome Agel: *War and Peace in the Global Village*. Corte Madera: Gingko Press 2001 (1968).

273 McLuhan zitiert an keiner Stelle Jakob von Uexküll, umso häufiger jedoch Ludwig von Bertalanffy, der sich in seiner Systemtheorie auf Uexküll berief.

274 McLuhan: *War and Peace*, S. 175.

Abb. 87: Surfing the Media.

Analog zum Künstler, der laut McLuhan der verlässlichste Spezialist für veränderte Wahrnehmungsregime ist, indem er sinnliche Gegenumwelten schafft, zeichnet sich auch der Theoretiker durch eine ahnungsvolle Sensibilität aus. Er ist involviert und distanziert gleichzeitig, analysiert, spekuliert und transformiert, was er beobachtet. Er kann das Trauma der Selbstamputation, das mit jeder Medientechnik stattfindet, artikulieren (oder: explizieren). Die Künste wiederum sollen nicht auf die psychischen und sozialen Konsequenzen von Technologien aufmerksam machen (wie der Theoretiker), sondern eine Art Übungsparcours bereitstellen, »a means of training perception and judgement.«[275] Beide – die Künste und die in den Schriften inaugurierten »media studies« – erhalten die Aufgabe die »doors of perception« zu öffnen,[276] hinter oder unter die medialen Oberflächen zu blicken und die Menschen über Medienwirkungen aufzuklären. Die Gegensatzpaare außen / innen, öffnen / schließen, verweisen bereits auf dasjenige, was sich jeweils dazwischen schiebt und motivisch die Medientheorie McLuhans durchzieht: die Haut als Einschließend-Ausschließendes, als semidurchlässiges Organ ist der privilegierte Sinn. Auch

275 McLuhan, Marshall: *Understanding Media. The Extensions of Man*. New York: Signet Books 1964, S. ix.
276 Ibid.: S. x.

die Ohren sind interessant, da sie nicht differenzieren und analysieren können und deshalb alles durch sie ungehindert »eindringt«. Dem gegenüber weniger attraktiv sind die Augen, die für Kontrolle und Ratio stehen, da sie gezielt geöffnet und geschlossen werden können und konstruktiv vorgehen.

Die heutige Medienwissenschaft gründet ihren Anspruch auf fachliche Eigenständigkeit im Chor der *humanities* auf die Intuition McLuhans, dass Medien nicht ein akzidentieller Kulturfaktor sind, sondern dass sie als Kulturtechniken die Möglichkeitsbedingungen von Wissen und kulturelle Praktiken schaffen. Die Medienwissenschaft ist sich meist klar darüber, dass das spekulative Vorgehen McLuhans fachwissenschaftlichen Ansprüchen nicht genügt. So gilt McLuhan als inspirierend und aufregend, seine Eloquenz begeistert, und der Sound seiner Theorie dient nicht selten in Einführungslehrveranstaltungen dem Einschwingen der Studierenden auf das Fach. Seine Thesen lassen sich jedoch kaum verifizieren oder falsifizieren. Seine Methode des idiosynkratischen Vernetzens heterogener Wissenspartikel aus Physiologie,[277] Kybernetik, Anthropologie und Evolutionstheorie, Literatur, Thomistik und Organisationstheorie ist zwar von einigen Jüngern mimetisch betrieben worden, hat aber selten zu so schillernden und verblüffenden Einsichten geführt, wie sie aus den Texten von McLuhan herausleuchten.

Doch lassen sich nicht nur seine Thesen schwer nachprüfen, auch die Quellen McLuhans sind so vielfältig (und meist so flüchtig indiziert), dass eine quellenkritische Lektüre zwar viel findet und Vermutungen darüber anstellen kann, woher ein Gedanke wohl stammt, damit aber keine Antwort darauf bekommt, was an McLuhans Prothesentheorie der Medien denn so einzigartig war. Und vor allem: warum und wie sie eine dermaßen breite Wirkung entfalten konnte. McLuhans Texte verlangen vielmehr nach einer Poetologie, die die Form der Darstellung mit in Betracht zieht. Sie ist rhetorisch, kaleidoskopisch und collagenförmig, eine Verkörperung von McLuhans Kritik an der Linearität der Schriftkultur. Die Form der Collage überraschender Bilder mag dabei sogar dem Credo Ludwig von Bertalanffys geschuldet sein, der die Wahrnehmungstheorie der Gestaltpsychologie in eine Forderung nach einer zeitgemäßen Ästhetik umschrieb: »[F]or the evolution of cognitive symbols, apparently some glorified gestalt perception is prerequisite: Insight or seeing things together which were previously unconnected.«[278] McLuhans »glorifizierte Gestalt-

277 Über die Physiologie Otto Lowensteins rezipierte McLuhan die oben behandelten Forschungen zum Phantomschmerz (D. Katz) und zur Muskelphysiologie (A. Bethe, C.S. Sherrington).

278 Ludwig von Bertalanffy, zitiert nach: McLuhan: *War and Peace*, S. 58. In die Marginalspalte daneben schrieb McLuhan: The scientific return to magic.

wahrnehmung« hat in der Tat viele diskursive Ströme der Prothetik zusammengetragen, die aus dem 19. Jahrhundert kommend durch das traumatisierende Wechselbad von Modernisierungen und Krieg gegangen waren. Durch dieses Kaleidoskop hat er die mediale Durchdringung des Alltags betrachtet und in den Brechungen seine Medientheorie angesiedelt. Um der Rhetorizität dieser speziellen Form des Theoretisierens Rechnung zu tragen, habe ich mich dazu entschlossen, an dieser Stelle vom genealogisch-historischen Vorgehen der meiner Arbeit abzugehen und McLuhans Beitrag zu einer prothetischen Anthropologie als Streitgespräch zu inszenieren. Ein Gesprächspartner ist der Medienprofessor Brian O'Blivion aus David Cronenbergs *Videodrome* (1983), den Cronenberg nach Marshall McLuhan modelliert hat. Cronenberg hatte McLuhans Vorlesungen an der University of Toronto gehört. Dr. O'Blivion fungiert in *Videodrome* als Medienguru, dessen Videotapes bei den Zusehern Visionen und Gehirntumore produzieren. Analog zu den Gehirntumoren bilden auch die Oberflächen der Fernsehgeräte unkontrollierbare Verwachsungen und sensible Häute aus. Seine Gesprächspartnerin ist eine PhD-Studentin am Department für *History of Consciousness* an der University of California, Santa Cruz. Inspiriert durch Donna Haraways Cyborg-Manifest, schreibt sie eine Doktorarbeit über Zaumzeug und Mensch-Tierbeziehungen. Als Teil ihrer Forschungen zu ihrer Mediengeschichte des Geschirrs spricht sie mit Prof. O'Blivion.

Medienumwelt als Tapisserie. Ein Gespräch zwischen Studentin und O'Blivion

[S] In einer eindrücklichen Szene in *Videodrome* sieht man Sie vor einer Tapisserie dozieren. Von hinten nähert sich eine vermummte Gestalt, die Sie im nächsten Moment mit einem Strick erwürgt. Was ist in diesem Bild wichtiger: die Tapisserie oder das SM-Szenario?

[O] Beide sind wichtig, und beide sind es inzwischen vielleicht nicht mehr. Die Tapisserie ist strukturell ein Fernsehbild, denn sie ist taktil und digital, sie macht das Auge zu einem Finger, der über eine Landschaft streicht. Dieses Bild ist partikularisiert. Es besteht aus Pixeln. Um das Gesamtbild zu sehen, muss der Geist des Betrachters selbsttätig die Informationen zusammenfügen. Er wird involviert, da die Tendenz zur Gestalt selbsttätig ausmalt, was fehlt. Der Betrachter ist aktiv im Bild, anstatt, wie im Kino, sinnlich geflutet zu werden. Aus dem Rauschen der Fäden und der Farben ertastet das Auge sich eine Figur. Die Gestaltwahrnehmung baut sich bei Kindern erst nach und nach auf: Zu Beginn sehen sie nur unverbundene Flecken, langsam differenzieren sich Figur und Grund, dann erst kommt die Integra-

Abb. 88: Filmstill aus: *Videodrome*, David Cronenberg (1983).

tion in ein Bild. Der Teppich ist eine Reise zurück zum Sehenlernen. Diese Reise sollten wir immer wieder machen, um zu lernen, unserer Wahrnehmung zu misstrauen.

Das SM-Szenario ist genauso wichtig. Denn die Medien docken sich an psychische Energien an, die im bürgerlichen Alltag, der sich so rational gibt, weggeblendet und abgespalten werden. Das Drama des bürgerlichen Zeitalters ist es, die kosmischen Energien, die uns umgeben – das können Sie bei Bergson nachlesen oder auch bei den Mystikern – verstümmelt, zerstückelt, linearisiert zu haben. Wir sind alle Amputationsopfer der Moderne und dabei genießende Mittäter. Aber da die elektronischen Medien inzwischen die Schriftlichkeit überwunden haben, ist dieses dramatische Szenario irgendwie auch überholt. Jugendliche heutzutage verstehen Teppiche sofort.

[S] Ich hatte geglaubt, die Dialektik von Selbstamputation und Narkose, die mit neuen Medientechniken einhergehen, wäre viel universeller gedacht? Sie nehmen ja den griechischen Narziss-Mythos zum Ausgangspunkt. Narziss sei nicht verliebt in sein Spiegelbild, sondern in den Spiegel, in die technische Extension seiner selbst. Ist nun dieses Prothesenszenario eines der Moderne oder ein überhistorischer Mechanismus?

[O] Sowohl als auch. Was bei den Griechen begonnen wurde – die zunehmende Isolierung der Sinneswahrnehmungen voneinander, die zur Dominanz des Sehsinns führte –, ist heute unser Erbe. Die Kultur des Buches, die ich schon in den sechziger Jahren für obsolet befunden habe, ist der Effekt dieser ursprünglichen Abspaltung. Der Mechanismus selbst ist jedoch universell. Medien greifen in die Physis ein. Diese muss sich vor Überbelastungen schützen. Wenn zum Beispiel das Rad die Fortbewegung im Raum beschleunigt und damit die Beine weniger belastet werden, muss irgendein Mechanismus dafür sorgen, dass sie still gestellt werden, nicht einfach weiterlaufen. Sie müssen sich das vorstellen wie einen Schock nach einem Unfall: Ihr ganzes kognitives System spielt ihnen vor, dass alles in Ordnung ist, damit sie beim Anblick ihrer fehlenden Beine nicht sterben. Der Schock hält den Blutfluss gering und ermöglicht ihnen damit, so lange zu überleben, bis Hilfe kommt.

[S] Und woher kommt die Hilfe? Wenn ich das richtig verstehe, kommt sie im besten Fall von Künstlern und Theoretikern, oder? Sie sind die einzigen, die ein Sensorium für die psychischen und sozialen Veränderungen in statu nascendi besitzen und Warnungen aussprechen oder auch ein Trainingsgelände für die neuen Wahrnehmungsverhältnisse bieten können.

[O] James Joyce hat doch selbst von sich gesagt, dass er ein Ingenieur ist. Und ist es nicht auch eine großartige Chance, durch Medien Wahrnehmungsumwelten, Perzepte zu programmieren? Die Künstler können dabei die Thermostate regulieren und damit viel Leid verhindern.

[S] Das ist eine ziemlich funktionalistische Auffassung von Kunst. Sie kommt mir vor wie die Kybernetik, die zwar darauf Wert legt, Prozesse als nicht zentral gesteuert und determiniert zu beschreiben, letztlich aber dadurch alles noch besser kontrollieren möchte.

[O] Mir ist es lieber, die Künstler machen das und nicht die Regierungen oder die Werbeleute. Schauen Sie zum Beispiel in die Sowjetunion. Man hat dort die Pawlowschen Experimente ganz anders interpretiert als in Europa und in den USA. Bei uns erschrak man über das Faktum der Konditionierbarkeit und hat dennoch die Werbebranche darauf aufgebaut. Dort war man fasziniert von Pawlows Forschungslabor, durch das er völlig kontrollierbare Bedingungen für Verhaltensänderungen schuf. Das ist das Vorbild für die sowjetische Planungspolitik!

[S] Das Bedrohungsszenario, in dem uns die Werbung durch und durch manipuliert, brauchte als Kontrastfolie die Planungsutopien der Sowjetunion und baute auf den gleichen Vorannahmen auf. Aber Künstler sind inzwischen doch ohnehin fast immer Designer, die Medienumwelten gestalten. Insofern ist ihr mahnender Ton wohl ebenso unangebracht wie ein Frohlocken über die heilsbringende Kraft der Kunst. Was wäre denn, wenn man über Medientechniken als eine Normalität sprechen würde? Ist es nicht so, dass Medientechniken viel mit ganz normaler Vergemeinschaftung, mit der Antizipation von natürlichen Kreisläufen, mit dem Zusammenleben von Menschen und Tieren zu tun haben? Nehmen Sie mein Dissertationsthema: Das Anspannen der Pferde im Geschirr muss man nicht als eine Amputation der Arme und Beine des Pflügenden begreifen. Man könnte auch sagen, dass sich hier ein neuer, feinfühliger, technisch-organischer Hybrid herausgebildet hat,ein Rückkopplungssystem zwischen menschlichen und nicht-menschlichen Wesen, das mehr kann als die einzelnen Teile für sich. Technik als eine Art Ko-Evolution und Ko-Habitation.

[O] Es ist in Mode gekommen, das Dramatische des Eingriffs von Technologien in Physis und Gesellschaft herunterzuspielen. Die Intellektuellen haben sich inzwischen daran gewöhnt, Medien-Artefakte genauso entspannt und distanziert zu untersuchen, wie meine Generation das mit kanonisierter Literatur gemacht hat. Aber nur weil es eine Medienwissenschaft gibt, die durch ihre Ordnungssysteme ihren Gegenstand neutralisiert hat, werden die Effekte der Medien nicht weniger dramatisch. Und sie sind es gerade da, wo sie uns lapidar erscheinen. Die Medientechniken sind unserem Denken immer voraus und sie greifen heftig in unsere Körper und in unser Zusammenleben ein. Als die DARPA-Jungs anfingen ihre kleinen Netzwerke zu basteln, wer konnte da schon wissen, dass das Netz alles verändern würde? Denn es hat alles verändert. Wir können nie wissen, wo uns die Technologien hinbefördern, wir sind ihre Servomechanismen!

[S] Sie meinen, man kann sich nicht gegen Medien entscheiden, wenn Sie einmal in der Welt sind? D'accord. Aber ist die Technikentwicklung wirklich ein Prozess, der außerhalb des Wahrnehmbaren und des Verstehens abläuft? Bevor Medien ubiquitär werden – und sie werden es heute nach der Logik des Marktes und nicht der des Staates –, kann man sich gegen sie entscheiden. Ich kann auch heute kein Facebook nutzen, obwohl Social Media überall ist.

[O] Da sind Sie selber schuld, wenn Sie die Chancen der elektronischen Netze nicht nutzen. Und ja: wir nehmen die Veränderungen durchaus wahr, aber indirekt. Medientechniken verursachen Phantomschmerzen, indirekte Schmerzen. Die physiologische Forschung hat nachgewiesen, dass Phantomschmerzen zustande kommen, wenn die Nervenenden am Stumpf gereizt werden; bei einem Bewegungsimpuls, der nicht ausgeführt werden kann. Ähnlich werden viele Schmerzen nicht dort wahrgenommen, wo die Verletzung oder Entzündung liegt, sondern auf der Haut. An der Stelle, wo Nervenleitungen verlaufen. Das Zentralnervensystem als Ganzes ist an der Schmerzwahrnehmung beteiligt, deshalb kann man häufig nur vage bestimmen, wo die Quelle des Schmerzes ist. Ähnlich geht es uns mit der Wahrnehmung der Effekte von Medien auf unsere Sinne: Wir nehmen wahr, dass etwas passiert, können aber nicht genau sagen, was; wir reagieren unspezifisch. Zum Beispiel mit Drogenkonsum auf das Fernsehen.

[S] Ich wollte Sie schon immer zu ihren Metaphern befragen: Organ, Amputation, Taubheit, Narkose, Phantomschmerz, Servomechanismus ...

[O] Das sind nicht nur Metaphern! Es ist doch so, dass Metaphern selbst Extensionen sind und Medien deshalb umgekehrt Metaphern. Die Überlegenheit des Menschen gegenüber höheren Affen besteht in seinem Vermögen, gezielt zu greifen und loszulassen. Wir Menschen entreißen dem Automatismus, der unsere Physis ist, Subroutinen. Diese Subroutinen, die ins Bewusstsein gehoben werden, können wir dann modifizieren und gestalten. Wir können die externalisierten Vorgänge transformieren und übersetzen, genau das meint auch das griechische meta-phorein. Wir übersetzen etwas Physisches in Sprache, das ist der ursprüngliche Vorgang der Metaphorisierung und die primäre Extension. Medien sind aktive Metaphern, die eine Erfahrung oder einen Wunsch in eine neue Form übersetzen. Früher hätte man diesen Vorgang als einen der Abstraktion bezeichnet: Von der Erfahrung zum Wort. Inzwischen weiß man jedoch, dass die Entwendung oder Kappung einer Sinnesqualität nicht ungestraft bleibt. Man kann die Geschichte der Sprache nicht mehr als die eines zivilisatorischen Triumphs schreiben. Wenn die Vielstimmigkeit der sinnlichen Erfahrungen auf nur einen Sinn umgelenkt wird, rebelliert der Gesamtorganismus und antwortet auf den Stress mit Ertaubung und Lähmung. Freud hat dazu Repression gesagt. Immer wenn eine Übersetzung in ein mediales Gefäß stattfindet, unterdrücken wir Sinnlichkeit und spalten sie ab.

Wir sind aber nun in der glücklichen Lage, dass das Gemeingefühl, das so lange durch den Gesichtssinn unterdrückt wurde, wieder erstarkt. Selbst im 19. Jahrhundert hatten die Psychologen noch dieses Wort für unspezifische Tastwahrnehmungen und Schmerzen: Gemeingefühl, sensus communis.

[S] Meinen Sie damit die sozialen Netzwerke, die eine ganz neue Intimität zwischen räumlich entfernten Menschen hergestellt haben? Ist das Internet die neue Haut der Menschheit?

[O] Für Aristoteles war der Tastsinn der interessanteste und der wichtigste Sinn. Er war auch verwirrend, weil der Tastsinn sein Medienschema durcheinander gebracht hat: Beim Tastsinn sind Organ und Medium nicht unterschieden. Außerdem war der Tastsinn für Aristoteles koine aisthesis, jener Sinn, der uns erlaubt wahrzunehmen, dass wir wahrnehmen. Durch den Tastsinn wird die Seele berührt, Differenzierungskompetenz hergestellt. Das kann der Tastsinn deshalb, weil er selbst aus so unterschiedlichen Qualitäten besteht: Jede Berührung ertastet Temperatur, Rauigkeit, Lage im Raum, Festigkeit oder Weichheit. Der Tastsinn ist mit Abstand der avancierteste Sinn. Der Tastsinn, das

Gemeingefühl, ist der große Übersetzer, der ganz unterschiedliche Eindrücke zusammenfügt. Diese enorme Differenzierungsfähigkeit fangen wir seit einiger Zeit wieder an zu entdecken.
Insofern ja: das Internet ist das nach außen gestülpte Nervensystem, eine zweite Haut, die überaus sensibel auf Veränderungen im globalen Gesamtorganismus reagiert. Der Terror, der diese empfindsame Haut instrumentalisiert, ist die eine Seite der Medaille, die Arabellion ist die andere. Es gibt längst ein sehr physisches Weltbewusstsein, zum Guten wie zum Schlechten. Und ist nicht die Börse in ihrer jetzigen Form eine technologisch hoch gerüstete Form des Zugreifens und Loslassens? Wir haben den digitalen Technologien diese Geste so perfekt übertragen, dass sie sie ohne unser Zutun, in irrsinniger Geschwindigkeit – und nicht immer zu unserem Besten – autonom ausführen.

[S] In Bezug auf die Börse hat man wirklich den Eindruck, dass die politischen Reaktionen in eine Art Trance gehüllt sind. Wie lange wird man wohl noch von einer Krise sprechen, wo doch evident ist, dass die Krise dem sozio-technischen Hybrid »Finanzwelt« inhärent ist? Dieses Hybridwesen braucht die Krise, um Wertschöpfung zu betreiben! Die Berichterstattung und die politischen Reaktionen sehen aus wie müde Anhängsel dieses Ungeheuers.

[O] Und Sie finden meine Analyse übertrieben! Da ist ein Krieg im Gange! 1964 hatte ich moniert, dass selbst der Griff zu einer Packung Kaugummis in die Statistiken der Sozialwissenschaften und der Werbeagenturen Eingang findet. Heute landet der Griff zum Kaugummi zigmal übersetzt in der Fieberkurve der Börse, wird Objekt der Spekulation.

[S] Apropos Spekulation: Ihre Theorien gelten als überaus spekulativ. Sie sind gespickt mit sachlichen Fehlern, sagt man, und nichts ließe sich wirklich nachweisen. Und haben Sie nicht selber mit der medialen Aufmerksamkeit für Ihre Thesen spekuliert?

[O] Ja, ich wollte raus aus dem Elfenbeinturm und ran an die Kontrollhebel der Medien. Ich wollte mit dem Leben in Berührung kommen, nicht berichten und analysieren, sondern machen. Ich war und bin berührungssüchtig, ich konnte das distanzierte und zurückhaltende Sprechen meiner akademischen Umwelt nie gut aushalten.

[S] Das ist eine Umwelt, die der Buchkultur entspricht. Sie hat aber auch große Vorteile, gerade in einer beschleunigten Ära. Für mich ist die Universitätsbibliothek immer wieder mal ein Zufluchtsort, wenn mich der verwirrende Wirbel eines globalisierten und gehetzten Alltags erfasst.

[O] Man muss obenauf bleiben. Scharf nachdenken und einen geometrischen Körper reinwerfen, an den man sich eine Weile klammert, den man aber auch wieder loslassen kann. Zugreifen und Loslassen ist besser, als sich in Bibliotheken zu verstecken.

[S] Bibliotheken sind doch auch Gegenumwelten. Immerhin sind Sie regelmäßig in die Kirche gegangen. Auch das ist eine Gegenwelt! Sie wiederholen doch unermüdlich, dass man Gegen-Umwelten braucht, um Umwelten zu erfassen. Die Feststellung, dass Medien Umwelten ausbilden, war sicher eine ihrer aufsehenerregendsten Thesen. Mich hat die Formulierung immer verwirrt. Ich kenne den Begriff der Umwelt aus der Biologie. Meine PhD-Betreuerin, Donna Haraway, kommt aus der Schule von George Evelyn Hutchinson, der den Begriff der ökologischen Nische geprägt hat. Auch sie ist irgendwann auf die Cyborgs mit ihren artifiziellen Anpassungen an lebensfeindliche Umwelten gestoßen.

Die Ersten, die von Cyborgs sprachen, waren aber wohl diese Weltraumforscher Clynes & Kline. Sie haben über technische und chemische Überlebensstrategien für Astronauten nachgedacht. Das wäre eine wirklich sehr spezielle ökologische Nische. Aber ist der Analogieschluss zwischen natürlichen und technischen »environments« wirklich so naheliegend? Mir scheint da ein Kategorienfehler vorzuliegen, schließlich sind die Anpassungen in der Natur blind und erzwungen, während technische Anpassungen geplant sind und einen gewissen Handlungsspielraum mit sich bringen. Nehmen wir die Wärmeregulierung: Wenn es Menschen zu kalt ist, können sie vielerlei Strategien anwenden: Sie können wegziehen, sich ein Haus bauen, sich mit Kleidung bedecken, das Feuer zähmen. Die Lösungsmöglichkeiten sind nicht deteminiert, während es in Ihren Schriften immer so klingt, als gäbe es etwas wie eine zwingende Maschinenevolution.

[O] Seit ich mit Leavis in Kontakt kam, war für mich klar, dass Gesellschaften unterschiedliche kulturelle Umwelten ausbilden, die das sinnliche Erleben zutiefst prägen. Und Kategoriefehler sind schließlich das Hauptgeschäft künstlerischen Arbeitens, oder? Bei Beckett gibt es zum Beispiel eine großartige Stelle, in der das Liebesbegehren als Figur-Grund-Problem beschrieben wird: Erhört die Dame des Herzens das Liebeswerben des Mannes, verschmilzt sie mit dem eintönigen Grund, vor dem sie davor so hübsch figuriert hatte. So hat Koffka das sicher nicht gemeint, aber daraus entsteht tolle Literatur. Eine übertragene Bedeutung buchstäblich zu nehmen und durch Missverständnisse darauf hinzuweisen, wie inhomogen die Wirklichkeit ist, ist nicht die schlechteste Form der Kritik. Als treuer Anhänger von Grammatik und Rhetorik bin ich überzeugt, dass Perzepte wichtiger sind als Konzepte. Im Trivium waren noch alle drei Sinndimensionen vereint, aber mit dem Buchdruck hat die Logik begonnen, die ästhetischen Dimensionen von Texten zu verschlucken. Als ob nicht jeder Text vor allem auf Wirkung aus wäre und in seinem inneren Zusammenhang bestechen müsste!

Aber die Umwelt. Viele haben damals mit dem Begriff gearbeitet: die Biologie, die Organisationstheorie, die Kybernetik. Außen-Innen-Verhältnisse wurden dadurch ganz neu lesbar. Das Innere, die Psychologie, begriff man als mit einem Außen in Zusammenhang stehendes Gefäß, das nach einem Equilibrium strebt. Neue Medien bringen immer ein relativ austariertes Innen- / Außen-Verhältnis zum Kippen. Schon damals war viel die Rede von Überstrapazierung und Stress, hervorgerufen durch die Beschleunigung der Wahrnehmung. Als die jungen Menschen dann anfingen Drogen zu nehmen, wurde mir klar, dass sie einfach versuchen ihr Innenleben den Außenverhältnissen anzupassen. Wenn man von allen Seiten und rund um die Uhr mit Information bombardiert wird, ist der Drogenrausch eine Flucht nach vorne: der Versuch, im Inneren ein Gegenrauschen zu erzeugen und damit einigen Mustern des äußeren Rauschens auf die Spur zu kommen.

[S] Die These, dass wir unsere medialen Umwelten selber nie wahrnehmen können, dass wir dazu Theoretiker oder Künstler brauchen, hat Sie selbst in die Position eines Gurus oder Orakels gebracht. Sie haben für die Radioaufsichtsbehörde und für den Vatikan Studien über Medienwirkungen angefertigt. Was mich immer an Ihrem Gestus gestört hat, war, dass Sie nie auch nur ein Wort über Ihre eigenen Verstrickungen in das aktuelle Medienregime verloren haben, zumal Sie ja als öffentliche Person selbst medial wirken. Dadurch bekommen Ihre Theorien hinterrücks einen ziemlich autoritären Zungenschlag. Hinter den Schleier schauen können nur die Theoretiker und Avantgardekünstler. Mit Ihren Selbstwidersprüchen und Clownerien haben Sie die eigenen Aussagen und Auftritte zwar häufig in ein ironisches Licht gesetzt, dennoch blieb das Ganze ein ziemlich einseitiges Spiel, in dem Männer den Ton angaben.

[O] Ich habe die Kunst des Streitgesprächs und die Memorialtechniken, mein größtes Kapital, von meiner Mutter am Küchentisch gelernt! Und mein allererstes Buch beschäftigte sich dezidiert mit dem, was Sie und ihre Kolleginnen inzwischen sperrig »mediale Konstruktion von Geschlecht« nennen. Die mechanische Braut mochte ich zwar eigentlich bei ihrem Erscheinen schon nicht mehr, weil sie mir zu moralinsauer klang. Aber mir zu unterstellen, ich wäre frauenfeindlich, entbehrt jeder Grundlage!

[S] Ich sage nicht, dass Sie frauenfeindlich sind.Ich sage nur, dass beinahe alle Ihre Referenzen an die Adresse von Männern gehen und dass auch der Gestus des aufdeckenden Erkennens medialer Umwelten in Ihrer Darstellung nur von der maskulinen Avantgarde geleistet wurde.

[O] Und diese Modedesignerin, die elektronische Bauteile in die Kleidung einbaute? Ich widme ihr ein ganzes Kapitel! Und wissen Sie: Ich habe immer stärker auf den wissenschaftlichen Apparat verzichtet, weil mir die wissenschaftliche Praxis als Ausfluss der Schriftkultur im elektronischen Zeitalter obsolet erschien. Es ist evident, dass die Privilegierung linearer Visualität den Ausschluss vieler bedeutet: Orale oder taktile Menschen – Kinder, Frauen, Nicht-Europäer – hatten in der Wissensordnung der Universität und der Politik lange nichts verloren. Ich wollte die Zentrierung auf Schrift und Vision überwinden.Das heißt auch: ausgeschlossene Wissensformen neu bewerten. In dem Buch, das Sie in der Hand halten, spreche ich darüber, dass die Männer des elektronischen Medienzeitalters immer flamboyanter werden. Und – das könnte Sie interessieren – dass sie die Gängelung durch Krawatten ablegen, sozusagen das Pferdegeschirr der mechanischen Zivilisation. Und ich referiere Frantz Fanon, der wunderbar beschreibt, wie das Ablegen des Schleiers die Körperwahrnehmung algerischer Frauen beeinflusst. Als revolutionäre Geste!

[S] Damit exotisieren Sie die so genannten »Anderen«! Genau wie die dauernde Lobrede über Primitive Gesellschaften als primitiv festschreibt. Das ist positiver Rassismus.

Sie behaupten einerseits, die historisch und lokal spezifischen Medien würden den Leib völlig überarbeiten, andererseits scheint es aber auch Universalien zu geben, etwa das universelle Bedürfnis nach Spannungsausgleich und auch etwas wie eine uranfängliche Einheit der Sinne. Was am Körper ist es, das sich nicht überarbeiten lässt? Gibt es etwas, das gegen seine mediale Überarbeitung rebelliert?

[O] Die Frage ist falsch gestellt, denn wir sind nach einem langen Weg der Abspaltung, Linearisierung und Mechanisierung über den Weg der technischen Medien inzwischen wieder zurück in einer tribalen Lebenssituation. Wenn Sie so wollen, ist die ursprüngliche Einheit der Sinne wieder hergestellt, oder wir sind jedenfalls auf dem Weg, sie wiederherzustellen. Deshalb die Miniröcke, deshalb die technischen Fetische.

Um noch mal auf Ihren Vorwurf zurückzukommen: Ich glaube, dass der westliche Mann ein Krüppel ist. Arnold Toynbee hat den westlichen Mann mit den Behinderten und Versehrten der Geschichte verglichen: Durch Spezialisierung haben sie immer wieder versucht, sich anzudienen, das ist auch manchmal gelungen. Aber ihre Existenz war immer gefährdet, da die Herren sich jederzeit gegen ihre Dienste entscheiden konnten. So haben die westlichen Männer, fragmentiert und verkrüppelt durch die Schrift und den Buchdruck, aberwitzige Spezialisierungen ausgebildet, die aber heute sehr schnell veralten und unbrauchbar werden. Die Frauen wussten das immer schon besser. Deshalb bin ich auch gegen die Professionalisierung von Frauen. Warum sollten sie den Fehler der Männer wiederholen, wo sie doch viel besser für die vernetzte, taktile Welt gerüstet sind? Frauen denken ohnehin mehr mit der rechten Gehirnhälfte, wo Simultaneität und Bildlichkeit aufgehoben sind. Warum sollten sie diesen Vorteil aufgeben?

[S] Sehen Sie, das ist der Unterschied zwischen Ihnen und Donna Haraway: Sie würde niemals Behinderte als Metapher benutzen. Ja ich weiß, nicht NUR Metapher. Sie würde es trotzdem nicht tun. Sie würde sich um die konkreten Ausschlüsse kümmern, die Wissensformen erzeugen; um die Stimmen die sich gar nicht erst artikulieren können und nicht von irgendwelchen Ganzheitlichkeiten fabulieren. Und sie würde auch nie so unkritisch naturwissenschaftliche Forschung zitieren, nur weil sie ihr ins Konzept passt. Auf der Hinterseite Ihrer Theorie der Medien als Amputation, Verstümmelung, Behinderung erscheint zwangsläufig ein heiler, kompletter Körper, auch wenn es nicht der des westlichen Mannes ist. Es ist ein exotischer Körper praller Sinnlichkeit.

Donna Haraway und Sie teilen aber auch einiges, zum Beispiel die Kritik an der Privilegierung des entkörperten Blicks in den Wissenschaften. In Donnas Cyborg durchdringen sich ebenfalls Körperlichkeit und Technik, allerdings ohne das Telos der Kräftigung oder Verlängerung des schwachen Menschen. Mir hat der Grundgedanke ihrer Medientheorie nie so richtig einleuchten wollen, die Behauptung, alle Medien seien Extensionen des menschlichen Vermögens. Warum Extensionen? Warum sollte der Mensch sich dauernd selbst transzendieren wollen? Sind Sie denn ein Anhänger der Mängelwesen-These, die seit Herder durch die Anthropologie spukt?

[O] Mit deutscher Philosophie kenne ich mich nicht so gut aus. Die kulturvergleichende Anthropologie arbeitete aber auch damit. Ich war zum Beispiel sehr beeindruckt von den Arbeiten von Edward T. Hall. Bei ihm ist von Extensionen die Rede, aber auch davon, wie sich medien- und kulturspezifisch unterschiedliche, unbewusste Nah- und Fernumwelten ausbilden. Und nein, ich denke nicht, dass dem Menschen irgendetwas so Konkretes wie Krallen oder Muskelkraft fehlt. Sie sind nicht sehr gläubig oder? Aber Drogen haben Sie mal genommen?

[S] Ja ungefähr so. Katholisch erzogen und vom Glauben abgekommen, aber dem Mysterium anderskörperlicher Erfahrungen nicht abgeneigt.

[O] Immerhin. Dann können Sie vielleicht ja doch nachvollziehen, dass es dieses ungeheure Streben nach einer Verbindung mit dem Kosmos gibt. Freud hat dazu »ozeanisches« Gefühl gesagt. Ich halte es mehr mit Meister Eckhart. Gott und Seele wollen sich in der Unio mystica berühren. Wir versuchen das tagtäglich, indem wir Telekommunikation betreiben.

[S] Die gute Freundin in der Ferne, der Geschäftspartner in der nächsten Stadt, die verstorbene griechische Dichterin – sie sind alle Stellvertreter Gottes, deshalb sehne ich mich danach, von ihnen innerlich berührt zu werden?

[O] Wenn Sie so wollen.

[S] Und das Bedrohliche der Medien kommt erst dadurch ins Spiel, dass sie uns in ihren Bann zwingen, uns zu ihren Anhängseln machen? Weil sie die Kanäle der sinnlichen Wahrnehmung verstopfen und besetzten? Aber sind Sie sicher, dass damit der Charakter von Technik hinreichend verstanden ist? Ein einflussreicher Leser Ihrer Texte, Friedrich Kittler, hat moniert, dass Ihre Theorie der Medien ein entscheidendes Merkmal technischer Evolution nicht adressiert, nämlich ihren Charakter als Kriegsgerät und ihre eskalatorische Logik. Das meint auch, dass technische Entwicklungen eine Eigendynamik entfalten, die über menschliche Intentionen und Steuerungsvermögen hinausgeht.

[O] Den Mann kenne ich nicht. Ich verstehe den Einwand auch nicht so recht. Ich habe kaum etwas so häufig und in so vielen Varianten gesagt wie Folgendes: Unsere Prothesen haben sich längst soweit verselbständigt, dass wir ihre Servomotoren geworden sind, zwar irgendwie noch Energielieferanten, aber im Wesentlichen ihre Anhängsel. Die Maschinenevolution ist eine, die sich einer rationalen Kontrolle der Menschen entzieht. In War and Peace in the Global Village geht es natürlich darum, wie sich Kriege im Zeitalter der medialen Allverbundenheit entfalten. Wenn Kommunikation entgrenzt ist, ist auch der Krieg entgrenzt. Heutzutage ist von neuen, deregulierten Kriegen die Rede, von Kriegen, die keine souveränen Nationen mehr kennen, von ubiquitären Bedrohungsszenarios durch den Terrorismus, von entgrenzten Kriegsschauplätzen, von der Entdifferenzierung von Zivilem und Militärischem und der Fortsetzung der Kampfhandlung in die Wohnzimmer hinein. All das können Sie in meinem Buch nachlesen, wenn Sie möchten. Ich glaube nicht, dass der Charakter der neuen Kriege schon wirklich begriffen ist, jedenfalls nicht viel besser als 1968, als das Büchlein erschienen ist.

Eigentlich habe ich schon früher auf die militärische Verfasstheit oder zumindest die militärischen Verwicklungen der Medien hingewiesen:

In Understanding Media habe ich die Sage des Kadmos kommentiert, der Drachenzähne des Alphabets säht und eine Armee erntet. Die Prothesentheorie der Medien und die eskalatorische Logik der Technik sind jedenfalls kein Widerspruch. Sobald die erste Amputation stattgefunden hat, entfalten die Technologien ihre eigene Logik. Kaum ist das Werkzeug, mag es auch ursprünglich eine Extension oder Veräußerung der Physis sein, in Betrieb, macht es sich von seinem Werkzeugcharakter unabhängig. Und alles was folgt, hat in der Tat nichts mehr mit den einfachen Werkzeugen zu tun, die uns die Anthropologie beschreibt.

[S] In einem anderen Film Ihres Landsmannes David Cronenberg kommt es ebenfalls zu Eskalationen. Crash von 1996 dreht sich um eine Gruppe von Menschen, die Unfälle unwiderstehlich sexuell anziehend finden. Sie verstümmeln sich selbst und einander in Autounfällen. Sie haben Sex in kaputten Autos und liebkosen Wunden und Narben. Hetero- und homoerotisches Begehren werden austauschbar, weil das Begehren sich über das Auto codiert. In kenne keinen anderen Film, in dem die Durchdringung von Sex und Technologie so eindringlich und verstörend ausgestellt ist. Autos, Orthesen, Wunden sind hier Intensitätszonen des Begehrens. Mögen Sie diesen Film?

[O] Es ist egal, ob ich Fernsehen mag, und es ist auch egal, ob ich Crash mag, denn beide sind in der Welt und geben uns etwas zu denken auf. Was ich aber in der Tat mag, ist die Szene mit den Netzstrümpfen, den Moment wo sich unter den Netzstrümpfen die Narbe zeigt. Nicht so sehr wegen der Verstümmelungssemantik, sondern weil uns die Netzstrumpfhose die tastende Seherfahrung des Videozeitalters vor Augen führt.

[S] Du liebe Zeit! Schon wieder die Tapisserie. Sie glauben doch nicht im Ernst, dass die feine Knüpfkunst der frühen Neuzeit eine analoge Wirkung entfaltet wie eine Netzstrumpfhose!

[O] Machen Sie sich nur lustig, aber lesen Sie mal, was Rilke zu den Tapisserien geschrieben hat und wie genau er die Fortschrittlichkeit dieser weiblichen Kunst wahrnimmt.

[S] Ich kenne Rilke und das Einhorn. Ihm geht es aber um mehr als um einen taktil gewordenen Mann. Es geht ihm um eine wirkliche Transgression der Geschlechterdichotomie, und dazu braucht es mehr als Netzstrümpfe, nämlich eine radikale Einbildungskraft. Die sucht und findet er in den Tapisserien mit dem Einhorn!

[S] Wenn ich mir eine Seite in War and Peace in the Global Village ansehe, fällt sofort auf, dass das Buch die lineare Organisationsform der Schrift sprengt. Da gibt es Ihre Stimme, ein Zitat von Otto Lowenstein, zwei Entnahmen aus Finnegans Wake und dieses Bild von im

Abb. 89: The Human Wheel revisited.

Kreis angeordneten Beinen. Das Ganze ist eine Collage, stilistisch erinnert sie an die Zeitungsexperimente der Dadaisten. Dieses Bild geht vermutlich direkt auf Oliver Wendell Holmes' Text The Human Wheel zurück, oder?

[O] Das Bild stammt vom National Bureau of Standards. Den Text, von dem Sie sprechen kenne ich nicht. Den Publizisten und Mediziner Holmes allerdings schon. Worum geht es da?

[S] In dem Text von 1863 berichtet Holmes von den Fortschritten in der Prothesentechnik im Nachgang des amerikanischen Bürgerkriegs. Es geht ihm darum zu demonstrieren, wie die Photographie dabei geholfen hat, die Wahrheit über physiologische Vorgänge, über das Gehen zu explizieren. Ähnlich, wie Sie das für Muybridge reklamieren.

[O] Der Film hat das Prinzip der Mechanisierung, das mit dem Rad begonnen hat, an seine eigenen Grenzen getrieben. Durch die Anwendung der Chronophotographie auf die Bewegung wurde die Zerstückelung der Wahrnehmung vorgeführt und invertiert. Der Film machte die Amputationen der Mechanisierung spürbar, er ist der Phantomschmerz des Zivilisationsprozesses.

[S] Ist das nicht kontradiktorisch zur Aussage Lowensteins und auch zu ihrem Slogan, der über dem Bild steht? Lowenstein sagt in dem Zitat, dass der Körper nicht nur metaphorisch, sondern tatsächlich ein Roboter sei, da die meisten physiologischen Selbstregulierungen auto-

matisch abliefen. Und Sie ergänzen, dass nicht nur der human motor, sondern auch das soziale Verhalten reflexhaft und automatisch ablaufe. Der Slogan andererseits lautet: »We are all robots when uncritically involved with our technologies.« Also was jetzt? Sind die Menschen generell Automaten, nur wenn sie die Wirkungen ihrer Medientechnologien vergessen, oder haben sie mit dem Film und den elektronischen Medien das Stadium der Roboterhaftigkeit überwunden?

[O] Lowenstein meint eigentlich nicht Roboter, sondern Rückkopplungsmaschine. Ich bin mit Bertalanffy und der Gestaltpsychologie einverstanden, die in der Selbstregulierung vermittels symbolischer Umwelten das Charakteristikum des Menschen sehen. Die selbstgeschaffenen symbolischen Umwelten unterscheiden ihn von Tieren und Robotern.

Aber das Problem mit euch Akademikern ist ein anderes. Da sehen Sie, wie falsch die Wissenschaft wirkt! Ohne Ihr Studium würden Sie mich so etwas nicht fragen! Das Problem ist, dass Ihr immer noch auf den Inhalt fixiert seid und darauf aus seid, alles schön in eine Reihe zu bringen. Aber Medienwirkungen sind widersprüchlich! In dem Schaubild ist zumindest ein Versuch gemacht, das kenntlich zu machen. Sie können selber entscheiden, was Ihnen wichtiger erscheint: Die Explikation von organischen Automatismen in Maschinen oder die Gefahr, die von einer unbegriffenen technischen Verfasstheit der Gegenwart ausgeht.

[S] So ein postmoderner Relativismus interessiert mich aber nicht. Selber denken kann ich auch ohne rhetorische Finten und Versteckspiele.

[O] Können Sie nicht! Ohne rhetorische Figuren denkt es sich nämlich schlecht. Was ich mache, ist die Anwendung rhetorischer Strategien auf nichtsprachliche Phänomene. That's it.

[S] Ich folge Ihnen ja, was die enge Verflechtung von Materialität und Semiotik betrifft. Mir gefällt aber nicht, dass es nur zwei Optionen geben soll: Entweder man ist ein Roboter oder Idiot, oder man ist ein zynischer Surfer auf der Oberfläche der Dinge.

[O] Unterschätzen Sie nicht den Idioten! Er mag ein Privatmann sein, ein Laie, einer, dem die Bildung fehlt, der ignorant ist; aber er ist auch derjenige, der die Verhältnisse straucheln macht, indem er nichts versteht.

[S] Sie meinen so eine Haltung, wie die Figuren von Beckett sie an den Tag legen? Die sich mühevoll durchs Leben kämpfen, dauernd in Selbstbefragungen verstrickt sind, nicht vom Fleck kommen und auch die einfachsten Zusammenhänge mit ihrem Nicht-Verstehen desimplifizieren?

[O] Ja, zum Beispiel, oder auch Charlie Chaplin oder Harold Bloom.

[S] Stimmt, da ist ja auch Finnegans Wake auf dieser Seite. Diese stotternde Sprache als Weckruf, das hat schon was. Aber den Theoretiker als Zyniker, den gibt es doch. Ihre Bewunderung für die Macher, die Charismatiker, die Organisationsberater, die Werbefachleute der Madison Avenue.

[O] Das ist kein Zynimus, sondern der Versuch, euch verbohrten Akademikern diejenigen zu schildern, die begriffen haben, wie sie sich unsere Wahrnehmung aneignen können. Wir vermieten unsere Augen und Ohren an die Corporate-Business-Welt. Das ist, als ob man die Erdatmosphäre einer Firma als Monopol anvertrauen würde.

[S] Rhetorik, Rhetorik, Rhetorik.

[O] Das streite ich nicht ab. Sie müssen die Sprache neu machen, um etwas zu verändern. Und Sie müssen zwischen den etablierten Zusammenhängen hindurchschielen, die Farbflecken immer wieder neu kombinieren.

[S] Ich möchte Sie zu meinem Dissertationsprojekt befragen. Ich hatte Ihnen bereits geschrieben, dass es um eine Mediengeschichte des Zaumzeugs gehen sollte. Es geht um Domestikationstheorien, aber auch darum, wie das Zaumzeug ganz neue Mensch-Tier-Maschinen-Hybriden hervorbringt.

[O] Das Pferdegeschirr und das Rad haben eine gemeinsame Geschichte. Lynn White hat für das Mittelalter nachgewiesen, dass es zu einem Technologieschub und zu enormen gesellschaftlichen Umbrüchen kam, als Pferde mit Kummet und Geschirr vor Fuhrwerke gespannt werden konnten. Erst jetzt konnten große Lasten über weite Strecken transportiert werden, und das hat die mittelalterliche Ökonomie angetrieben. Das Pferdegeschirr war die Voraussetzung für eine überregionale Wirtschaft und die Neuverteilung von Macht hin zu den Städten.

[S] Mich interessiert weniger die Makroperspektive als die Frage, wie das Geschirr das Zusammenleben von Menschen und Tieren im Kleinen verändert hat. Um in Ihrer Terminologie zu bleiben: Auf welche Anfrage reagiert und welche Art von Stress erzeugt das Anschirren von Tieren? Können wir hier überhaupt bei der anthropozentrischen Perspektive bleiben? Was haben die Tiere davon, wenn sie eingespannt werden?

[O] Die Tiere haben mich nie interessiert. Was mich interessiert hat, war, welcher seltsame Kentaur der Mann auf dem Pferderücken war, bevor er in der elektronischen Welt entthront wurde. Sie erinnern sich an die schlingernden Fahrradfahrer von Beckett? Das ist der Kentaur heute. Aber im Mittelalter, als Teil der Mechanisierung, waren Ross und Reiter so überlegen, dass sie bald ganz Europa beherrschten.

Descartes war ein solcher Reiter auf dem hohen Ross der Res extensa. Und das alles wegen der Steigbügel!

[S] Der Steigbügel, ich dachte wegen des Geschirrs?

[O] Nur wegen der Steigbügel konnten die schwer gerüsteten Ritter aufsteigen und sich im Sattel halten. Wie das Geschirr den Transport beschleunigt hat, hat der Steigbügel den Krieg beschleunigt und die ganze Ökonomie, die daran hing. Kein Wunder, dass die Männer heute keine Krawatten mehr tragen wollen. Die erinnern sie an das mechanische Zeitalter. Die Informationstechnologien legen dafür derzeit den ganzen Kosmos an die Leine. Die Satelliten nützen die komplette Himmelsmechanik aus, um uns mit Information zu versehen. Die Informationstechnologien, das war das letzte riesige Gliedmaß der Maschinenevolution, das in die menschliche Gemeinschaft hineingegriffen hat. Und es hat ziemlich spastische Bewegungen dort ausgelöst.

[S] Jetzt kann ich wieder folgen. Sie meinen Dr. Strangelove von Stanley Kubrick. Der strategische Berater des Präsidenten hat diesen seltsam unkontrollierbaren Arm, der spastisch zum Hitlergruß hochschnellt. Ein Bild für die Unkontrollierbarkeit kybernetischer Kriege und die verquere »Präventionspolitik« des Kalten Kriegs insgesamt. Er erlebt seine Remobilisierung, als die Möglichkeit in Aussicht steht, eine neue Herrenrasse zu züchten, die den Atomkrieg übersteht. Er erhebt sich aus dem Rollstuhl mit den Worten auf den Lippen: »Mein Führer, I can walk.«

[O] Der Zweite Weltkrieg hatte bereits vorgeführt, dass das westliche Selbstverständnis von Fortschrittlichkeit an ein Ende gekommen ist. Dennoch wollte man weiterhin wissenschaftlich vorankommen. Das war aber so verrückt, wie Dr. Strangelove verrückt ist. Schauen Sie sich dieses Bild an. So sehe ich den hochgelobten Fortschritt.

[S] Aber der Kalte Krieg hat auch die von Ihnen hochgeschätzte Kybernetik hervorgebracht. Und den Computer! Und Netzwerke!

[O] Nicht der Krieg war das, sondern ein Connubium superterrestrischer Natur, das zufällig auch an einem Krieg teilhatte.

[S] Eine superterrestrische Ehe? Wie verrückt.

Postskriptum: A Message to the Fish Fresh Out of Water

Die spekulative Medien- und Menschenwissenschaft Marshall McLuhans macht gerade in ihrer Inkonsistenz klar: Kommen Sprache, Medien und Bilder ins Spiel, scheitert eine Anthropologie, die auf eine epochenübergreifende und zeitlose Bestimmung des Menschen zielt.[279] Was zu-

279 Vgl. dazu: Tholen, Georg Christoph: »Mit und nach McLuhan. Bemerkungen zur Theorie der Medien jenseits des anthropologischen und instrumentellen Diskurses«. In: de Kerckhove,

Abb. 90: Kriegs- und Friedenstechnik.

nächst – auch aufgrund des Vokabulars von Extension und Amputation – als Fortsetzung des Mängelwesen-Theorems erscheint, zeigt mehr Verwandtschaften zu einer historischen oder negativen Anthropologie als vermutet. Die Rede von Epochen und Primitiven suggeriert ein Stufenschema medientechnischer Fortschritte, das von einer ursprünglichen Harmonie mit der Schöpfung ausgeht und in diese zurückläuft. Da McLuhan jedoch Medien als Metaphern, analog zur Sprache, konzipiert, nistet sich im Evolutionsgedanken etwas anderes ein. Sosehr er sich evolutionstheoretischer Begriffe bedient, so vehement behauptet er letztlich einen Hiatus zwischen natürlicher und Medienevolution, sodass er recht nahe an eine negative Anthropologie herannavigiert, derzufolge die Natur des Menschen darin besteht, dass man nie wissen kann, was aus ihm noch wird. Diese Situation der Offenheit steigert sich laut McLuhan noch, seit die natürliche Welt von der artifiziellen Welt der Technik verschlungen worden ist. McLuhans sieht dies als erfolgt an, seit Satelliten in der Atmosphäre kreisen, seit der göttliche Kosmos ein Kosmos der Information geworden ist. Die letzten Seiten von *War and Peace in the Global Village* sind eine Übermalung evolutionstheoretischer Narrative unter dem Vorzeichen des »Endes der Natur« und einer neuen Sensibilität für Medienumwelten. Sie wenden sich nicht mehr an die ahnungslosen Bewohner eines abgeschlossenen Milieus, sondern an »fish, fresh out of water«[280]. McLuhan referiert zu-

Derrick, Martina Leeker und Kerstin Schmidt (Hg.): *McLuhan neu lesen. Kritische Analysen zu Medien und Kultur im 21. Jahrhundert*. Bielefeld: transcript 2008, S. 127–139.
280 McLuhan: *War and Peace*, S. 188.

nächst das Szenario des Evolutionsbiologen Ernst Mayr, demzufolge man sich die Evolution als Connubium vorstellen müsse. Alle Lebewesen bilden hier eine Fortpflanzungsgemeinschaft. Die Welt müssen man sich als von *Individuen* bewohnt vorstellen, von Lebewesen, die einander mehr oder weniger ähneln. Je größer die genetische Verwandtschaft sei, desto wahrscheinlicher würden sie in angrenzenden Umwelten leben und sich paaren, sodass sich um jedes Individuum konzentrische Kreise wahrscheinlicher bis unwahrscheinlicher Paarung bildeten. Je enger die Kreise gezogen werden, desto besser ist ein Individuum auf seine Nische eingestellt und desto schwerer fällt es ihm umgekehrt, sich nach außen zu paaren, was wiederum für das Spiel neuer Rekombinationen entscheidend ist. Bei Überanpassung droht deshalb das Ende der Art. Medientechniken, ergänzt McLuhan, sind in diesem Szenario eine neue Art, sie bilden neue Umwelten. Mit beiden transformieren sich die Menschen. Im Vergleich zu evolutionären Prozessen im Tierreich müsse man sich jedoch die Möglichkeiten der Rekombination zwischen Menschen und Maschinen als unübersichtlich und proliferierend vorstellen. Im Vergleich zur Mensch-Medien-Evolution seien alle anderen Lebewesen »inbreeders«, vorhersehbar, angepasst. Menschen und Medien hingegen lebten fortan in einem »›connubium‹ of a superterrestrial kind.«[281] Ganz entgegen der schlechten Unendlichkeit einer Dialektik von Amputation und Extension[282] scheint hier die Menschheit längst angekommen in der Seligkeit unendlicher und unvorhersehbarer Fortzeugung: »Our technologies, or self amputations, and the environments or habitats they create must now become the matrix of that macrocosmic connubial bliss derided by the evolutionists.«[283] Das kann man Kitsch nennen oder ein kryptokatholisches Paradies der Inkarnation. Es ist Theologie: »Incarnation means that all matter was reconstituted at a historical moment and that matter is now capable of quite superhuman manipulation.«[284] Man kann diese radikalen Spekulationen aber auch in die Nähe »kosmopolitischer« Philosophien bringen, die die Irreduzibilität dessen, was ist, und eine konstitutive Unvorhersehbarkeit der Vergemeinschaftung von Menschen und nicht-menschlichen Wesen behaupten.[285] Insofern wäre Marshall McLuhan vielleicht weniger der Prophet der digitalen Medien, als dass er ein ökologisches Denken (im weitesten Sinn) mitgeprägt hat.

281 Ibid.: S. 190.
282 Tholen: »McLuhan«, S. 127.
283 McLuhan: *War and Peace*, S. 190.
284 Ibid.: S. 59.
285 Stengers, Isabelle: *Cosmopolitics I*. Minneapolis, London: University of Minnesota Press 2010. (= posthumanities 9). Dies.: *Cosmopolitics II*. Minneapolis, London: University of Minnesota Press 2011. (= posthumanities 10).

DER PROTHETISCHE KOMPLEX
Ausgänge und Fortsetzungen

Maschinen statt Prothesen

NAGG: Do you remember—
NELL: No.
NAGG: When we crashed on our tandem and lost our shanks. *(They laugh heartily.)*
NELL: It was in the Ardennes. *(They laugh less heartily.)*
NAGG: On the road to Sedan.
(They laugh still less heartily.) Are you cold?
Samuel Beckett, *Endgame*[1]

Marshall McLuhan popularisierte eine Prothesentheorie der Medien, die sich, verstreut in heterogenen Wissensfeldern, seit Anfang des 19. Jahrhunderts in expliziten und latenten Anthropologien eingenistet hatte. Ausgangspunkt der Prothesentheorie der Medien und der Technik ist – von Kapp über Freud bis McLuhan – ein körperlicher Mangel. Ihre Abbruchkante ist die Möglichkeit der Selbstausrottung des Menschen durch seine eigenen Hervorbringungen, eine Welt der Maschinen, die den Menschen nicht länger benötigt. Als Gegenpol prothetischen Nachdenkens mit seinen Endpunkten Perfektionierung oder Vernichtung formulierten Gilles Deleuze und Félix Guattari 1972 eine Theorie der Mensch-Maschine, die eine Logik des Mangels grundsätzlich bestreitet. Die Freudsche Psychoanalyse und Anthropologien unterschiedlicher Prägung sind im *Anti-Ödipus* Zielscheibe der Kritik und Abstoßungsmoment einer anderen Theorie des Maschinischen. Am Ende des Buchs, in der »Programmatischen Bilanz für Wunschmaschinen«, entwerfen Deleuze / Guattari die Wunschmaschine als Gegenprogramm zum Werkzeugcharakter von Technik und als Kritik kompensatorischer Anthropologien: »Bekannt ist jenes klassische Schema: das Werkzeug als Verlängerung und Projektion von Lebendigem, Operation, kraft deren sich der Mensch fortschreitend entlastet, Entwicklung des Werkzeugs zur Maschine, Umwälzung, in deren Verlauf die Maschine sich mehr und mehr vom Menschen unabhängig macht […].«[2]

1 Beckett, Samuel: *Endgame*. In: *The Complete Dramatic Works*. London: faber and faber 2006, S. 89–134.

2 Deleuze, Gilles und Félix Guattari: *Anti-Ödipus. Kapitalismus und Schizophrenie I*. Frankfurt a. M.: Suhrkamp 1974, S. 499.

Dieses Schema, dem Deleuze / Guattari zufolge auch Freuds Prothesengott strukturell angehört, bestreiten sie, indem sie einen fundamentalen Unterschied zwischen Werkzeug und Maschine begrifflich herausarbeiten. Wo das Werkzeug den menschlichen Körper verlängert, projiziert oder ersetzt, eine funktionale Synthese mit dem Organischen bildet, postulieren Deleuze / Guattari ein über weite Strecken blindes Zusammenspiel von »organlosem Körper« und verschiedenen »Wunschmaschinen«. Was Deleuze / Guattari einen organlosen Körper nennen, entspricht jener Körperlichkeit, die bei Freud diejenige des Todestriebs ist. Ein Körper, der Stasis und Unproduktivität will, der kein Interesse an einer produktiven Inbetriebnahme (in der Fabrik, im Fitness-Center) hat. »Desimplifiziert«[3] wird diese Form von Körperlichkeit durch ihm aufgepfropfte Wunschmaschinen unterschiedlichster Herkunft und Machart. Mit ihnen geht der statische Körper konnektive, disjunktive oder konjunktive Verbindungen ein. Konnektiv meint eine nicht zwingend instrumentelle, bastlerische Assoziation mit heterogenen Elementen, einen improvisierenden, spielerischen Technikgebrauch, wie ihn etwa Buster Keaton in THE GENERAL (1926) vorführt.[4] Disjunktiv meint ein Zusammenspiel, das sich selbst unterbricht, etwa das gegenseitige Unterbrechen und Verstärken von Körpern und Maschinen, das man in Becketts Texten findet.[5] Ein Beispiel ist Becketts Bericht vom Zusammenspiel von Sprechen und Gehen in *Enough*: »Immediate continous communication with immediate redeparture. Same thing with delayed redeparture. Immediate discontinuous communication with immediate redeparture. Same thing with delayed redparture. Delayed discontinous communication with immeditate redaparture. Same thing with delayed redeparture.«[6] Mit der Sprechmaschine, die sich in Schleifen festfährt, gerät hier Sprache als solche ins Stocken. Ich werde darauf zurückkommen. Konjunktive Synthese meint eine Intensivierung des Möglichkeitssinns im Erleben von Wirksamkeit. Sie ist eine Art verkörperte Zukunftsahnung. Eine körperliche Wahrnehmung davon, dass immer etwas gerade im Entstehen begriffen ist, dass das eben Erlebte eine Schwelle zu etwas anderem ist. Auch die konjunktive Synthese erläutern die beiden durch den Verweis auf Becketts sich rastlos in Schleifen bewegenden Figuren und ihrer idiosynkratischen Selbstwahrnehmung.[7]

Was sind diese Wunschmaschinen? Es ist leichter anzugeben, was sie nicht sind: »Weder sind die Wunschmaschinen imaginäre Projektionen,

3 Ibid.: S. 22.
4 Ibid.: S. 11–15.
5 Ibid.: S. 15–23.
6 »Enough«. In: Beckett, Samuel: *The Complete Short Prose of Samuel Beckett, 1929–1989*. New York: Grove Press 1995, S. 189.
7 Deleuze und Guattari: *Anti-Ödipus*, S. 28.

Phantasien, noch reale Projektionen, Werkzeuge.«[8] Sie sind keine technischen Gadgets, nicht die maschinenhaft malochenden Körper der Industrie, und sie sind vor allem keine Prothesen: »Nicht mehr geht es darum, Mensch und Maschine zu konfrontieren, um darin die möglichen oder unmöglichen Korrespondenzen, Verlängerungen und Ersetzungen des einen oder des anderen einzuschätzen, vielmehr darum, beide zu verbinden und zu zeigen, wie der Mensch mit der Maschine oder wie er mit anderen Dingen *zu einem Stück* (einer Einheit) *wird*. [Hervorhebungen i.O.].«[9] Mit der begrifflichen Konturierung der Wunschmaschinen geht es um eine Daseinsform im Werden, die – das machen die Referenzen von Deleuze / Guattari deutlich – immer im Entstehen begriffen und gleichzeitig von ihrem Zerfall bedroht sind. Die Maschinen von Jean Tinguely sind überzeugende Beispiele dafür. Diese Programmatik wird zumeist als »posthumanistisch« tituliert. Und in der Tat ist der *Anti-Ödipus* dezidiert gegen die humanistische Idee einer Sonderstellung des Menschen geschrieben, und er ist gegen eine kategorische Trennung zwischen Natur und Menschenwelt voreingestellt. Was aber nicht passiert, ist, dass die Evolutionstheorie als Passepartout der Geschichte des Werdens affirmiert wird. Deshalb kann es auch keine entwicklungsgeschichtlich begründetes Nach-dem-Menschen geben, darum gibt es im strengen Sinn auch kein »post«.

Wo in der Erzählungen der prothetischen Anthropologie Medien evolutionär notwendige Add-ons sind, finden sich bei Deleuze / Guattari gewissermaßen Prothesen ohne etwas, das sie »ersetzen« könnten: Ihre Mensch-Maschinen existieren ohne Rekurs auf einen natürlichen Menschen, auf eine natürliche Organizität. Maschinen gibt es überall, wo Verbindungen hergestellt werden: auf, mit, in, zwischen Menschen, Tieren und Technologien. Ist mit »Humanismus« eine Schutzmaßnahme für den Menschen gegen die grausame Natur (auch die Natur der anderen Menschen) gemeint, wäre bei Deleuze / Guattari von einem Humanismus über den Menschen hinaus zu sprechen. Schon im *Anti-Ödipus* geht es um die Anerkennung von Fragilität, von Sterblichkeit, von Sinnlosigkeit, von Zerfall für etwas, das bei Deleuze später Singularität heißt und bei Guattari Animismus. Thomas Macho nennt es einen »*inklusiven Humanismus*, der seine eisernen Vorhänge niederreißt«, einen Humanismus, der nicht den juristisch codierten Schutz des Menschen, seine »Menschenrechte« negiert, sondern diese erweitert und dabei auf eine exklusive Anthropologie verzichtet.[10]

8 Ibid.: S. 500.
9 Ibid.: S. 498.
10 Macho: *Vorbilder*, S. 447.

Im *Anti-Ödipus* ist Samuel Beckett einer der Hauptkronzeugen für die Kunst des Lebens und Sterbens mit Wunschmaschinen. Wie auch Adorno nehmen Deleuze / Guattari ihn damit vor einer existentialistischen oder phänomenlogischen Auslegung in Schutz. Beckett sei vielmehr ein großer Erfinder von Wunschmaschinen wie etwa Alfred Jarry oder Antonin Artaud. Ihre Ausführungen zu Becketts »Steinlutschmaschine«[11] gleich auf den ersten Seiten des Buches sind bekannt. In *Molloy* denkt der Protagonist darüber nach, wie er sechzehn Steine so in seine vier Manteltaschen verteilen kann, dass er sie, wie es sein Wunsch ist, systematisch hintereinander lutschen kann.[12] Diese Maschine ist singulär, fetischistisch und rekursiv. Sie produziert nicht, sie konsumiert nicht, sie funktioniert nur in sich selbst und nur zur Befriedigung eines erratischen Wunsches.
In letzter Zeit ist die »prothetische« Dimension von Becketts Werken vermehrt untersucht worden. So hebt Yoshiki Tajiri auf jene Vorgänge ab, vermittels derer prothetische Figuren bei Beckett die Technisierung der *aisthesis* thematisieren. Außerdem erläutert er die vielfältigen Ersetzungen und Verwechselungen, die einer Derridaschen Logik der Sprache als »ursprünglicher Prothese« folgen. Zudem begreift er die sich selbst fremden Körper Beckettscher Protagonisten als »Prothesenkörper«. Durch die distanzierten Beobachtungen der eigenen Beine, Hände und Zehen werden diese ihrem Besitzer ungewiss. Der organische Körper und artifizielle Extensionen erschienen austauschbar.[13] Ulrika Maude hingegen betont die phänomenologische Sensibilität von Becketts Figuren, die mit ihren künstlichen Extensionen in der Welt herumstochern und durch Prothesen das Wahrnehmen wahrnehmbar machten. Maude untersucht Becketts Methoden, um die Paradoxien von »embodied experience« als gleichzeitig subjektiv und historisch geworden[14] auszuloten und seine kontinuierliche Erforschung des Körpers als Gedächtnisträger zu erproben.[15] Seine Forschungen seien von Forschungen zum Phantomschmerz inspiriert, es ginge um ein Ineinander von Körpergedächtnis und Gedächtniskörper. Maude möchte Becketts Figurenarsenal dezidiert nicht als eine »Galerie von Krüppeln« verstanden wissen.[16] Die Figuren begreift sie als aufs Allgemeine zielende erkenntnistheoretische und ästhetische Experimentalan-

11 Deleuze und Guattari: *Anti-Ödipus*, S. 9.
12 Beckett, Samuel: *Molloy*. In: *Novels, Volume II*. New York: Grove Press 2006. (= The Centenary Edition), S. 1–170, hier: S. 63ff.
13 Tajiri, Yoshiki: *Samuel Beckett and the Prosthetic Body. The Organs and Senses in Modernism*. New York: Palgrave Macmillan 2007.
14 Maude, Ulrika: *Beckett, Technology and the Body*. Cambridge: Cambridge University Press 2009, S. 3.
15 Ibid.: S. 11–14.
16 Ibid.: S. 11.

ordnungen. Ich denke hingegen, dass die ausgestellten Beschädigungen ganz wesentlich für Becketts Figuren sind. Ich möchte im Folgenden einige Momente bei Beckett untersuchen, die deutlich machen, aus welchen systematischen Gründen Becketts verkrüppelte Figuren keine Prothesen verwenden, sondern Krücken, Fahrräder ohne Kettengetriebe oder Rollstühle.

Körperaufzeichnungsmaschinen

Der Mensch als Gattungsname passe »schlecht in Becketts Sprachlandschaft«,[17] formulierte Theodor Adorno. Und er passt genauso schlecht in die zerklüftete Philosophie Deleuze' / Guattaris. Den Menschen als solchen gibt es dort wie da nicht. Beckett lässt Molloy zum Thema Anthropologie sagen:

> The next pain in the balls was anthropology and the other disciplines, such as psychiatry, that are connected with it, disconnected, then connected again, according to the latest discoveries. What I liked in anthropology was its inexhaustible faculty of negations, its relentless definition of man, as though he were no better than God, in terms of what he is not. But my ideas on this subject were always horribly confused, from my knowledge of men was scant and the meaning of being beyond me.[18]

»Den Menschen« gibt es höchstens als Rätsel und »einzig als das, was er wurde.«[19] Was er zum Beispiel wurde, wird im *Endspiel* als Assemblage aus Hilfskonstruktionen vorgeführt: Clov, mit seinen schlechten Augen und Beinen, ersetzt dem blinden und gelähmten Hamm während des ganzen Stücks große Teile seiner Wahrnehmung. Er stellt für das Publikum Wahrnehmung aus. Hamm fragt Clov dauernd danach, ob und wie genau er denn wirklich schaut, ob und wie genau er denn wirklich hört, wo genau im Raum sie sich befinden. Der subjektiven Wahrnehmung ist hier ebenso wenig zu trauen wie den Vermittlungen der Sprache. Jene Funktionen, die technischen Sinneserweiterungen reflexartig zugeschrieben werden – Verbesserung, Verstärkung, Erweiterung der Sinne –, werden in Clovs Hantieren mit Fernrohr und Rollstuhl ad absurdum geführt. Wahrnehmen verliert sich in der Bodenlosigkeit der Wahrnehmungsakte. Denn wahrgenommen werden können in diesem Stück – mit oder ohne technische Sinneserweiterungen – ohnehin nur Unterschiede, die gegen Null

17 Adorno: »Endspiel«, S. 290.
18 Beckett: *Molloy*, S. 35.
19 Adorno: »Endspiel«.

tendieren. Das Wetter draußen ist immer gleich, ob in den Mülltonnen Sägespäne oder Sand ist, ist letztlich gleichgültig, ob Hamm ganz in der Mitte oder ein wenig rechts davon steht, ebenso.

Im Akt des technisch modifizierten Wahrnehmens der Wahrnehmung, hier ist Tajiri zuzustimmen, erscheint der organische Körper bei Beckett als ebenso hypersensibel wie artifiziell. Hamms Hautsinn hat sich als Folge seiner Abhängigkeit von Clov extrem verfeinert. Mehrmals befiehlt er ihm, nicht hinter ihm zu stehen, weil ihm das eine Gänsehaut mache: »You give me the shivers!« Molloy schildert einen erlittenen Faustschlag wie folgt: »I had been touched, oh not my skin, but none the less my skin had felt it, it had felt a man's hard fist, through it's covering.«[20] Die Hautwahrnehmung mutet dem Empfinden fremd, artifiziell an. Damit ist jedoch nicht eine prothetische Logik von verbesserndem Ersatz anvisiert, sondern eine Anerkennung von Idiosynkrasie und eine Art von Körperlichkeit, die sich den gesellschaftlichen Zurichtungsmaschinen zu entziehen sucht. In Becketts Texten begegnen wir sich gegenseitig unterbrechenden, kaputten Maschinen, die Codes gesellschaftlichen Funktionierens bloßlegen. Becketts Protagonisten sind einzige Parodien auf biopolitische Maschinen: Die Sorge um Gesundheit und Nachkommenschaft zur Aufrechterhaltung von Produktivität endet bei den verstümmelten Eltern in der Mülltonne. Niemand ist hier arbeitsfähig, und alle sind asexuell oder höchstens sexuell pervers. Andererseits erzeugt die Sprache Becketts eine intensive Präsenz von Leiblichkeit, die Idee eines Körpers, der vor, hinter oder seitlich des alltäglich Fühlbaren oder Sichtbaren insistiert. In den Stücken wird das Fühlen dauernd sprachlich und visuell abgetastet. Und auf der Inhaltsebene besteht die Prosa über weite Strecken aus der Beschreibung außergewöhnlicher körperlicher Zustände.

Endgame und die meiste Kurzprosa, etwa *The Lost Ones* (1966/70),[21] kann man zudem als Kammerspiele im Weltall lesen, als postapokalyptische Szenarien der Einsamkeit der letzten Überlebenden. Wir begegnen Menschen in einem abgeschlossenen Gefäß mit wenig oder gar keiner Möglichkeit, mit der Außenwelt in Kontakt zu treten. Selbst die Nahrung gleicht in *Endgame* Astronautennahrung (Kekse, Brei). In *The Lost Ones* wird detailliert beschrieben, wie die artifizielle Umwelt des »Zylinders«, in dem die Leute leben, ihre Physiologie und Wahrnehmung verändert. An keiner Stelle sind diese Astronautenszenarien jedoch heroische oder dystopische Cyborg-Szenarien. Die Hinfälligkeit der Figuren ist und bleibt die Matrix des Erzählens – eines Erzählens, das häufig nicht vorwärts kommt, selbst wenn innerhalb der Diegese davon berichtet wird, dass ein Paar im Laufe

20 Beckett: *Molloy*, S. 17.

21 »The Lost Ones«. In: Beckett: *Short Prose*.

des gemeinsamen Lebens mehrmals das Äquivalent einer Erdumrundung durchquert hätte.[22]

Becketts Protagonisten bleiben, wo sie sind, auch wenn sie sich bewegen. Sie bleiben aber nicht, wer sie sind. Ihre Körperumrisse und die Geometrie ihrer Bewegungen zeichnen eine groteske Körperlichkeit, die systematisch minimale Veränderungen durchläuft. Die grotesk verformten Körper werden durch verschiedene Artefakte punktuell zu phantastischen Körpern. So verwendet der zu einem rechten Winkel verbogene Wanderer in *Enough* einen kleinen Handspiegel, um sich am Sternenhimmel zu erfreuen. Molloys Körper durchläuft eine Vielzahl physischer Zustände, Gestalten und Fortbewegungsarten. Als er von seiner Wohltäterin Louse »Substanzen« eingeflößt bekommt, erlebt er sein Hüpfen als Levitation, oder er fällt wie eine Figur von Francis Bacon amorph in sich zusammen, als ob er keine Knochen hätte:

> For from time to time I caught myself making a little bound in the air, two or three feet off the ground at least [...]. It looked like levitation. And it happened too, less surprinsingly, when I was walking, or even propped up againgst something, that I suddenly collpased, like a puppet when its strings are dropped, and lay long where I fell, literally boneless.[23]

Selbst die Fortbewegung auf den Krücken, obschon sie zumeist als einzige Qual erscheint, wird manchmal zu einer Flugerfahrung:

> There is rupture, or there should be, in the motion crutches give. It is a sries of little flights, skimming the ground. You take off, you land, through the thronging sound in wind and limb, who have to fasten one foot to the ground before they dare lift up the other. And even their most joyous hastening is less aerial then my hobble.[24]

Der hinfällige Körper ist in ganz kurzen Momenten der Normalkörperlichkeit überlegen, er ist ein besonders feines Instrument der Aufzeichnung von intensiven Zuständen. Das gilt aber auch für die Hinfälligkeit selbst. Becketts fast lächerlich präzise Schilderung des Gehens mit Krücken kassiert jede Idee körperlicher Souveränität. Es wird von einer Transformation berichtet. Das zweite Bein Molloys beginnt– wie das erste vor einiger Zeit – sich zu versteifen. Es war bisher das »gute« Bein, und diente beim

22 »Enough«. In: Ibid.
23 Beckett: *Molloy*, S. 49.
24 Ibid.: S. 59.

Gehen mit Krücke als stabilisierendes Zwischenstück. Mit der Versteifung sind große Schmerzen verbunden, sodass Molloy gezwungen ist, das bereits steife Bein zu verwenden. Nur hat sich dieses inzwischen verkürzt. Das macht die Fortbewegung fast unmöglich, denn das (sich versteifende, schmerzhafte, aber längere) Bein kann kaum unter den Krücken passieren, während das kürzere steht. Die Fortbewegung wird zu einem einzigen »painful progress«[25], zu einem Kreuzweg ohne Aussicht auf Kreuzigung und mit keinem Simon, der irgendetwas tragen hilft: »Yes, my progress reduced me to stopping more and more often, it was the only way to progress, to stop.«[26] Da jeder Schritt (je nach Untergrund) eine je andere Technik der Weiterbewegung erforderlich macht, wird die Fortbewegung ein kontinuierliches Überdenken von Bewegung. Mal kann eine Krücke eine Vertiefung im Boden ausnutzen, mal das Beine eine Erhöhung. Wenn nichts dergleichen hilft, muss Molloy stehen bleiben, damit der längere Fuß irgendwie durchgezogen werden kann. Manchmal verwendet er dann den schmerzenden Fuß, der freilich nicht viel als Stütze hergibt, als »pile of dishes«.[27] Das Gehen ist nicht länger ein unbewusster Automatismus, sondern der Gehende muss sich dauernd das Gehen bewusst halten, um es zu bewerkstelligen. Bereits vor dem Missgeschick mit dem steifen Bein erlebt Molloy das Gehen jedoch ähnlich: »My feet, you see, never took me to my mother unless they received a definitive order to do so.«[28]

Hier wird eine Erfahrung literarisch katalysiert, die jemand macht, der nach einer Amputation eine Prothese erhält und in der Physiotherapie das Gehen neu erlernt. Die experimentelle Erforschung solcher Körpererfahrungen war – wie oben dargestellt – grundlegend für die Formulierung gestalttheoretischer Theoreme. Das Konzept des Körperschemas von Paul Schilder und die Phänomenologie Maurice Merleau-Pontys, die von Beckett rezipiert wurden, verdanken der Forschung an Amputierten wesentliche Einsichten. Interessant ist nun, dass der Transfer zwischen Experimentalpsychologie und den literarischen Methoden der Selbstwahrnehmung thematisiert wird. In *Murphy* heißt es: »Murphy had some faith in the Külpe school. Marbe and Bühler might be deceived, even Watt was only human, but how could Ach be wrong.«[29] Die Külpe-Schule meint die Würzburger Schule der Denkpsychologie. Mithilfe systematischer experimenteller Selbstbeobachtungen und Methoden der »Retrospektion« ging es Külpe und seinen von Beckett namentlich benannten Schülern darum,

25 Ibid.: S. 72.
26 Ibid.: S. 73.
27 Ibid.: S. 72.
28 Beckett: *Dramatic Works*, S. 25.
29 Beckett, Samuel: *Murphy*. In: *Novels, Volume I*. New York: Grove Press 2006. (= The Centenary Edition), S. 1–168, hier: S. 51.

die relative Unabhängigkeit von Denkprozessen und Assoziationsvorgängen und die unanschauliche Natur von Denkvorgängen insgesamt herauszustellen. Becketts schuf zweifelsohne ein literarisches Pendant zur apparativen und retrospektiv interpretierenden Selbstbeobachtung der Würzburger Schule: Seine Figuren beobachten sich skrupulös, und die Selbstbeobachtung wird permanent befragt und revidiert. Die geschlossenen, leeren, diffusen Räume, in denen sich die Körper aufhalten, kann man durchwegs als Laborsituationen interpretieren.

Warum ist aber gerade Narziß Ach der vertrauenswürdigste Schüler der Würzburger Schule? Gerade jener Ach, der sich sosehr in der Erforschung von Amputierten und ihren Prothesen hervorgetan hatte (vgl. oben Kapitel »Die Individualisierung der Prothese«, S. 130). Achs Methoden der Objektivierung subjektiven Erlebens waren überaus avanciert (und überaus rätselhaft). Er kombinierte in seinen Versuchsanordnungen Selbstbeobachtung, apparative Beobachtung und die Befragung durch den Versuchsleiter. Er testete die »Willensleistungen« seiner Probanden, die er als bewusste Lenkung von Aufmerksamkeit verstand. Den Probanden wurden sinnlose Silben präsentiert, die sie »willentlich« verbinden sollten. Ach verwendete eine aufwendige und »quasiliterarische« Methode, um dem Phänomen des Willens auf die Spur zu kommen. Die Instruktionen lauteten beispielsweise wie folgt: »Es werden Silben erscheinen: nehmen Sie sich vor, einen Reim auszusprechen, nachdem Sie die erscheinende Silbe gelesen und erkannt haben, und zwar nehmen Sie sich im allgemeinen einen Reim vor, ohne an spezielle Buchstaben zu denken.«[30] Zum Teil haben die obligatorische Nachbefragungen den Charakter eines Verhörs oder von Manipulation: Warum sagten Sie ...? Haben Sie nicht gedacht ...? Und hier ...? Das ist doch kein Zufall! Dachten Sie nicht ...?[31] Erfragt werden auch Stimmungen, beispielsweise ob die Probanden Erleichterung beim Aussprechen einer bestimmten Silbe empfinden.

Die Ergebnisse der Experimente sind seltsam diffus. Nach einer Lektüre von Achs Studien ist es äußerst schwierig anzugeben, was Wille, was Aufmerksamkeit, was Absicht oder was eine Zielvorstellung ist. Nachweisbar ist allerdings die Unanschaulichkeit des Denkens. Dies führt Ach zu einer Neubestimmung des Bewusstseins: »Bewußtheit (= Gegenwärtigsein eines unanschaulich gegebenen Wissens.«[32] Nachgewiesen werden konnten wechselnde Intensitäten kognitiver Prozesse, Spannungs- und Entspannungszustände, Erregungszustände, nicht jedoch eine geordnete Abfolge

30 Ach, Narziß: *Über den Willensakt und das Temperament. Eine experimentelle Untersuchung*. Leipzig: Quelle & Meyer 2010, S. 32.

31 Ach, Narziß: *Über die Willenstätigkeit und das Denken. Eine experimentelle Untersuchung mit einem Anhange: Über das Hippsche Chronoskop*. Göttingen: Vandenhoeck & Ruprecht 1905, S. 123.

32 Ach: *Willensakt*, S. 9.

von Willensakten und Handlungen. Die Protokollabschriften lesen sich zum Teil selbst wie Beckettsche Dialoge:

> Auf die Frage »was sollen Sie tun?« antwortete G: »Ich soll einen Reim sagen auf eine sinnlose Silbe, die auf einer Karte steht.« Kurze Zeit hierauf Erwecken. Nach 2 Minuten Unterhaltung wird eine Karte mit »pun« gezeigt. Sofort d.h. in einem Zeitintervall von ungefähr 1 Sekunde »gun«. »Was soll dies bedeuten?« »Nicht.« »Wie war dies?« »Wie ich die Karte sah, drängte sich mir das Wort ›gun‹ auf.« »Haben Sie nicht vorher gedacht, Sie sollen einen Reim sagen?« »Nein.« »Jetzt wissen Sie, dass dies ein Reim ist?« »Ja.« »Wann ist Ihnen dies eingefallen.« »Bei späterer Überlegung.«[33]

Becketts »how could Ach be wrong« klammert zwar die apparativen Methoden ironisch ein und setzt ihnen eine literarische Methode entgegen. Achs Konzept des Bewusstseins, das sich durch Unanschaulichkeit, Intensitäten und Erregungen auszeichnet, scheint mir jedoch durchaus instruktiv für Becketts Figuren. »Bewusstsein« hat bei Beckett ebenfalls nichts mit von der sinnlichen Erfahrung zu den apriorischen Ideen aufsteigenden, geordneten Prozessen zu tun. Und Becketts skrupulöse, figurative Aufzeichnungstechniken, die den apparativen Verhörsituationen Achs gleichen, sind weniger »Stimmprothesen«[34] als ein Echo der Struktur des experimentellen Aushorchens von Versuchspersonen.
Wie Achs »Phonogramme« Intensitäten des Denkens aufzeichnen, zeichnen die Krücken den Verfall der Figuren auf. Die literarische Sprache Becketts inkorporiert die Aufzeichnungsapparaturen der experimentellen Psychologie, um das Denken selbst sichtbar zu machen, analog zur Aufzeichnung des Verfalls vermittels Krückenchoreographien und Rollstuhlparcours. Die literarische Erforschung des Körpers, die mentalen Bilder, die dabei entstehen, korrespondieren mit einer Sprache, die selbst in höchstem Maß physisch ist: Die Lektüre erfordert ein dauerndes Vor-und-Zurück, schickt Assoziationen und Wissenspartikel im Kreis. Kurz gesagt: in der Lektüre intensiviert sich Spracherleben, und im besten Fall schaut man sich selbst beim Denken zu.

Fahrräder ohne Antrieb

Neben den Krücken ist es ein seltsames Fahrrad, das Molloy, wenigstens zu Beginn des Romans, weiterbringt. Das Fahrrad wird uns ein zweites Mal auf die Fährte des Fortschritts als Kreuzweg bringen. Fahrräder und

33 Ach: *Willenstätigkeit*, S. 208, FN.
34 Tajiri: *Samuel Beckett*, S. 128–168.

Fahrradunfälle gibt es auch in *Endgame*. Hier sind es die Eltern, Nagg und Nell, die aufgrund eines Fahrradunfalls mit einem Tandem in den Ardennen ihre Beine verloren haben. Kaum chiffriert in der Nennung der Stadt Sedan, schwingt in ihrem trostlosen Gelächter die Erinnerung an die Versehrten gleich mehrerer Kriege mit. An anderer Stelle verlangt Hamm Fahrradreifen für seinen Rollstuhl, die er freilich ebenso wenig bekommt wie Schmerzmittel.

Molloys Fahrrad ist ein ganz besonderes Exemplar. Molloy findet es an der Stelle, an der er es abgestellt hat, ohne überhaupt zu wissen, dass ein Fahrrad in seinem Besitz ist. Das Fahrrad ist konkret beschreibbar und völlig irreal. Phantastisch ist vor allem sein Antrieb. Es ist kettenlos, »if such a bicyle exists«[35]. Später verweigert selbst dieser imaginäre Antrieb den Dienst. Die Räder drehen sich nicht mehr, als ob die Bremsen blockierten, obwohl das Fahrrad natürlich gar keine Bremsen besitzt.[36] Das Fahrrad erscheint zunehmend als lebendiges Ding: »I left her my bicycle which I had taken a dislike to, suspecting the vehicle of some malignant agency and perhaps the cause of my recent misfortunes.«[37] Im *Anti-Ödipus* ist die Assemblage Molloy / Fahrrad die zweite idealtypische Wunschmaschine neben der Steinlutschmaschine. Mensch und Apparat sind auf ungewöhnliche und asymmetrische Art und Weise verbunden: »This is how I went about it. I fastened my crutches to the cross-bar, one on either side, I propped the foot of my stiff leg [...] on the projecting front axle, and I pedalled with the other.«[38] Es gibt keinen Körper und Gerät beherrschenden »Kartesianischer Kentaur«[39] zu besichtigen, sondern eine kunstvolle, semikompetente Balanceübung.

Becketts verkrüppelter Fahrradfahrer ist ein Dialogpartner von Alfred Jarrys *Übermann*[40] aus dem Jahr 1902. Sowohl Becketts Figuren als auch Jarrys Projekt der Pataphysik brachten bekanntlich Sprengsätze innerhalb der abendländischen Rationalität an. Beide griffen sie nicht von außen an. Sie setzen der abendländischen Kultur weder eine romantische oder mystische Gegenwelt (des Geistes, des Gefühls) entgegen, noch suchten sie eine verlorene Welt der Unschuld vor der Zivilisation. Das gilt auch für

35 Beckett: *Molloy*, S. 12.
36 Ibid.: S. 42.
37 Ibid.: S. 54.
38 Ibid.: S. 12.
39 »Der Kartesianische Kentaur« heißt ein Kapitel in Hugh Kenners Studie zu Samuel Beckett. Er analysiert *Molloy* als eine Parodie des sich selbst gewissen Menschen, der mittels *cogito* seine Körpermaschine beherrscht. Die These, dass Becketts Fahrradfahrer Parodien des Kartesianischen Menschen sind, findet sich allerdings bereits bei Marshall McLuhan 1964, bei dem Kenner studiert hatte. Kenner, Hugh: *Samuel Beckett. A Critical Study*. Berkeley: University of California Press 1968, S. 109–123. McLuhan: *Understanding Media*, S. 166.
40 Jarry, Alfred: *Der Übermann. Moderner Roman*. Franfurt a. M.: Zweitausendeins 1987 (1902).

Fragen der Subjektivierung: keine Suche nach Ganzheiten, kein Zurück vor die Kartesianische Trennung. In Murphys gewissermaßen postkartesianischen Ontologie besteht beispielsweise alles nur noch aus »es gibt«: eine physische Welt und eine mentale, »eine körperliche Welt und eine geistige, eine wirkliche und eine mögliche.«[41]
Alfred Jarrys *Übermann* enthält jedoch eine Reflexion auf den Status von Technologien innerhalb der Epiphänomene.[42] Die offiziellen Teilnehmer des im *Übermann* geschilderten Zehntausendmeilenrennens sind eine Eisenbahn und ein Tandem. Das Tandem ist mit zuerst fünf, später vier Radfahrern (einer verstirbt während der Fahrt) bestückt, die sich mit William Elsons *Perpetual Motion Food* ernähren. Mehrere »inoffizielle« Teilnehmer tauchen während des Rennens auf. So wird der Schatten der Tandemfahrer, der »*knarrte wie eine alte Wetterfahne* [Hervorhebung i.O.]«,[43] auf der Rückfahrt auf mysteriöse Art und Weise zum Tempomacher, indem er sich nach vorne wirft und das Tandem hinter sich herzieht. Hinter dem Zug radelt zudem ein kleiner, buckliger Mensch mit einer Last auf dem Rücken, und zwar mit der exakt gleichen Geschwindigkeit wie das Tandem. Er sitzt den Radfahrern eine ganze Weile schimpfend und schreiend im Nacken. An der Wendemarke wirft er sein Gepäck auf die Schienen, aus dem beim Aufprall Rosensträuße herausplatzen.[44] Im letzten Abschnitt des Rennens passiert mit dem buckligen Männchen eine Verwandlung. Er, der bis dahin noch der verschrumpelte Horror des rasenden Fortschritts sein könnte, den er versucht durch eine ›romantischen Geste‹ (die Blumensträuße) zu verzögern, wird vom Mitfahrer zum Vorfahrer, zum Schrittmacher. Er setzt sich schlingernd vor den Zug. Die Tandemfahrer glauben zuerst, er würde von der Lokomotive angeschoben und die Kette sei bei der abrupten Beschleunigung gerissen. Aber es stellt sich heraus, dass sich der Radfahrer selbsttätig fortbewegt – mit einem Fahrrad ohne Ketten, ohne Antrieb. Es handelt sich (erst jetzt?) um den Übermann André Marcueil, der dem Objekt seiner Begehrens, Ellen Elson, ein Blumengeschenk gemacht hatte und der dann auch vor dem Tandemgespann am Ziel eintrifft.
Gilles Deleuze hat in einem abenteuerlichen Text Jarrys Fahrrad als einen Vorläufer von Martin Heideggers technikphilosophischem »Geviert« identifiziert: »Das Fahrrad ist rahmengestaltig (*cadre*) wie Heideggers ›Geviert‹«.[45] Der leidenschaftliche Radfahrer Jarry hatte bereits im *Dr. Faustroll*

41 Deleuze, Gilles: »Erschöpft«. In: *Samuel Beckett: He, Joe, Quadrat I + II, Nacht und Träume, Schatten (Geistertrio, Nur noch Gewölk, Not I), Was wo – Filme für den SDR. Begleitheft*. Frankfurt a. M.: filmedition suhrkamp 2008, S. 49.
42 Vgl. Deleuze: »Jarry«.
43 Jarry: *Übermann*, S. 98.
44 Ibid.: S. 86–94.
45 Deleuze: »Jarry«, S. 126.

eine Maschine zur Erforschung der Zeit als elektrisches Fahrrad konstruiert:

> Die MASCHINE besteht aus einem Ebenholzrahmen, analog dem Stahlrahmen eines Fahrrades. Die Ebenholzstangen sind durch miteinander verlötete Kupferbeschläge zusammengefügt. Die drei Rundstäbe (oder Schwungräder der Gyrostaten) in den drei waagerechten Ebenen des euklidischen Raums sind aus kupferbeschlagenem Ebenholz, in Richtung ihrer Achsen auf ein Gestänge aus spiralförmig gewickeltem Quarzblech montiert, [...]. Unter dem Sattel, ein bisschen weiter vorn, sind die Akkumulatoren des elektrischen Motors. Es gibt in der MASCHINE kein anderes Eisen als das Weicheisen der Elektromagneten.[46]

Ähnlich wie Becketts Fahrrad wird eine phantastische Maschine detailliert und in technischer Sprache beschrieben. Das ist kein Gerät, das den Körper in Bewegung setzen soll, sondern die Einbildungskraft. Jarry habe – so Deleuze – die planetenumspannende Technik (wie später Heidegger) nicht allein als Bedrohung des Seienden durch seine technische Bemeisterung begriffen. Technik ist nicht nur die Verwirklichung der Metaphysik, eine subsumierende und verschlingende Kraft,[47] sondern auch ein *unbestimmt Zukünftiges.*[48] Technik sei bei Jarry wie bei Heidegger ein »Ort von möglichen Verkehrungen, Umwandlungen oder Kehren«.[49] Heideggers Denkweg mündete bekanntlich in einer Meditation über die Dinge in ihrem Gebrauch. In den einfachen Dingen versammeln sich Himmel und Erde, Sterbliche und Götter, Gegebenes und Gemachtes. Im Umgang mit ihnen können die Menschen sich niederlassen, »wohnen«.[50] Deleuze steuert hingegen in Richtung der Technik als einer Maschine zur »Erforschung des Zukünftigen oder als eine Öffnung der Zukunft«.[51] Das Zusammengesetzte der Maschine ermöglicht – wie bei den Dadaisten – die De-konstruktion des Gegebenen: »das Flugzeug als Möglichkeit, in all seinen Bestandteilen davonzufliegen.«[52] Das Geviert hat bei Heidegger die Form eines Kreuzes. Heilsgeschichte und Geschichte der Technik sind bei

46 Jarry, Alfred: *Heldentaten und Lehren des Dr. Faustroll (Pataphysiker). Neowissenschaftlicher Roman.* Berlin: Gerhardt Verlag 1968, S. 110.
47 Deleuze: »Jarry«, S. 127.
48 Ibid.: S. 127.
49 Ibid.: S. 129.
50 Heidegger, Martin: »Das Ding«. In: *Gesamtausgabe*, Bd. 7. Frankfurt a. M.: Klostermann 2000 (1950), S. 165–188.
51 Deleuze: »Jarry«
52 Ibid.: S. 128.

ihm verschichtet im Narrativ eines Kreuzwegs. Es ist das Los der Menschheit, das Kreuz des technischen Fortschritts zu tragen, den sie selbst verschuldet haben. Aber innerhalb der Technik kann das Rettende aufgehen, sofern dem abendländischen Menschen das Wesen der Technik aufgeht. Von Alfred Jarry wiederum existiert ein kurzes Prosastück, das die Passion als Radrennen erzählt.[53] Die Stationen des Kreuzwegs werden konsequent in Radfahr-Bilder umgeschrieben. So wird aus dem Schweißtuch der Veronika eine Momentaufnahme mit einer Kodak,[54] und »[d]er gute Schrittmacher Simon von Kyrene, dessen Aufgabe es ohne den Dornenunfall gewesen wäre, ihn zu schleppen und den Fahrtwind von ihm abzuhalten, trug das Fahrrad.«[55] Damit wird nicht nur eine Technikgeschichte als zu erleidendes Schicksal mit Erlösung durchgestrichen. Damit, so Deleuze, ist auch der »Übergang von der Technik zur Poetik gewährleistet.«[56] Technik sei bei Jarry nämlich zuallererst sprachlich und zeichenhaft. Und so kommt Deleuze mit Jarry auch um einiges müheloser, als es mit Heidegger zu bewerkstelligen wäre, von der Möglichkeitsdimension der Technik zur Poesis der Literatur. In beiden liege latent das Potential der radikalen Weltveränderung eingeschlossen. Gerade in der Katastrophe der Sprache, da wo sie unverständlich wird, stottert, an ihre Grenzen getrieben wird, entfaltet sich ihr Potential, das darin besteht, eine Ahnung des Unbegrifflichen zu erhaschen. Gleiches gilt für die technische Katastrophe. Sie treibt die Überschreitung des Technischen hervor. Mit Jarry gesagt: »Der bedauerliche und allgemein bekannte Unfall trug sich in der zwölften Kurve zu. Jesus war gerade dead-heat mit den beiden Schächern. Es ist auch bekannt, daß er das Rennen als Flieger fortsetzte, doch das liegt außerhalb unseres Themas.«[57]

Mit Jarrys *Übermann* als Referenzpunkt lässt sich sagen, dass Samuel Becketts Version vom Fahrrad als Geviert und Passion eine weitere Reduktionsstufe technischer Potenzphantasien ist. Sie sind noch bescheidener als die Jarryschen Maschinen. Molloys Fahrrad fährt am Ende – trotz imaginärem Antrieb – gar nicht mehr. Selbst die kleinen Flüge mithilfe der Krücken werden ihm zunehmend verunmöglicht, und seine Lutschsteine gehen ebenfalls verloren. Was Molloy aber bis zum Ende bleibt, ist ein rätselhaftes »Doppelgeviert«, das einem Sägebock gleicht und das in seiner Gestalt und zweifelhaften Funktion ein recht naher Verwandter von Kafkas Odradek aus »Die Sorge des Hausvaters«[58] ist:

53 »Die Passion als Bergrennen«, in: Jarry: *Grüne Kerze*, S. 208–212.
54 Ibid.: S. 212.
55 Ibid.: S. 211.
56 Deleuze: »Jarry«.
57 Jarry: »Passion als Bergrennen«, S. 212.
58 »Die Sorge des Hausvaters«. In: Kafka: *Drucke zu Lebzeiten*, S. 282–284.

> It consisted of two crosses joined at their points of intersection, by a bar, and resembled a tiny sawing-horse, with this difference however, that the crosses of the true sawing horse are not perfect crosses, but truncated at the top, whereas the crosses of the little object I am referring to were perfect, that is to say composed each of two identical V's [...]. This strange instrument I think I still have somewhere for I could never bring myself to sell it, even in my worst need, for I could never understand what possible purpose it could serve, nor even contrieve the faintest hypothesis on the subject. And from time to time I took it from my pocket and gazed upon it, with an astonished and affectionate gaze, if I had not been incapable of affection.[59]

Von der Funktion her beschrieben ist das seltsame Ding ein Messerbänkchen. Von seiner Affizierungsfähigkeit her besehen ist es ein Talisman, der nur eines sagt: Es gibt mich. Das Objekt ist die miniaturisierte Ausgabe jener technischen Objekte, die Tajiri bei Beckett als »prothetisch« bezeichnet. Diese Objekte sind jedoch Thesen und nicht Prothesen. Sie sind sprachliche Objekte in ihrem eigenen Recht. Die selbständigen Gliedmaßen, Krücken, Rollstühle, Fernrohre, Haken, Lutschsteine, Fahrräder sind, wie auch dieses Objekt, kein Ersatz, keine Erweiterung von etwas Gegebenem, sondern stehen ganz für sich, haben keinen Ursprung oder Zweck, der von Bedeutung wäre. Die Objekte haben eine technisch-geometrische Gestalt, aber diese verweist auf keine Funktion oder eine Handhabung. Sie können mit dem Körper kombiniert werden, führen aber auch ein Eigenleben. Und sie sind häufig kaputt. Sie sind das Gegenteil von Prothesen: Diese verweisen auf etwas, das nicht mehr ist. Becketts Objekte kämpfen für die Irreduzibilität dessen, was ist.

Schlotternde Sprache – hinfällige Körper

> He said
> »Cause you make me feel like
> I've never been born.«
> *She Said She Said, The Beatles 1966*

Becketts Körper sind keine auf etwas Abstraktes (etwa auf die Sinnlosigkeit der menschlichen Existenz) verweisende Metaphern. Sie sagen in ihrer sprachlichen Gestalt alles, was sie zu sagen haben. Und in ihrer Sprachgestalt sind diese Figuren ein Stottern und Schlingern, oder mit Deleuze

59 Beckett: *Molloy*, S. 58.

gesprochen: »Die Sprache schlottert an allen Gliedern.«[60] Für Deleuze ist die dichterische Sprache eine, die den von der Mehrheit geteilten und sanktionierten, den majoritären Sprachgebrauch ins Wanken bringt. Die poetische Sprache hingegen niste sich in die Semantik und Grammatik des guten Stils ein und sprenge damit die Produktion von Gewissheiten auf. So sprechen Nagg und Nell im *Endspiel* fast ausschließlich in der formelhaften Sprache eines alten Ehepaars, die Kommunikation ist jedoch völlig asymmetrisch, kippt aus dem Sagbaren heraus, verläuft sich in Brabbeln, Lachen, Schnappen. In Becketts Figuren und ihrer »unaussprechlichen Art zu gehen« vollzieht sich ein »Transfer von der Ausdrucksform zur Inhaltsform«[61]. Das Humpeln, die Krücken, das Stolpern der Figuren bringt die Sprache selbst ins Ungleichgewicht. Daraus leitet sich jedoch nicht die Idee einer transzendenten Transformationskraft der Sprache ab: »Saying is inventing. Wrong, very rightly wrong. You invent nothing, you think you are inventing, you think your are escaping, and all you do ist stammer out your lesson, the remnants of a pensum one day got by heart and long forgotten, life without tears, as it is wept.«[62] Wie die verkrüppelten Körper sich nicht durch Prothesen über ihre Geschichte, die notwendig auf den Tod zuläuft, erheben können, kann sich auch die dichterische Sprache nicht über ihre Historizität erheben. Auch sie bleibt verstümmelt und gebeutelt.

Beckett lässt Sprache in eine Molltonart hinüberklingen[63] (»life without tears, as it is wept«). Er zerrüttet sie von innen her, er führt sie an ihre Grenzen heran. Und ich möchte sagen: Er versieht sie mit einem historischen Index, einem Ablaufdatum, der sie analog zu seinen Figuren dem Verfall preisgibt. Sowenig die Figuren vollständig und Souveräne ihrer Handlungen sind, sowenig ist Becketts Sprache diejenige der Vernunft, die erklärt oder ordnet. Indem Beckett verfallende und zergliederte Körper auf eine disjunkte Sprache abbildet und umgekehrt, bringt er die Dinge in eine Gleichabständigkeit, die der subsumierenden Methode der Metaphysik widerspricht; und damit auch jeder prothetischen Grammatik des Vorher / Nachher, des Mangels / der Perfektion, des Ursprungs / des Ersatzes. Im Gegenteil werden bei Beckett Körper und Dinge, Organisches und Technisches, Vergangenheit und Gegenwart dauernd rekombiniert. Deleuze sagt dazu: Beckett entwickele eine disjunktive Synthese als Methode der Erschöpfung des Möglichen.[64] Und diese Methode der Er-

60 Deleuze, Gilles: »Stotterte er ...«. In: *Kritik und Klinik*. Übers. von Joseph Vogl. Frankfurt a. M.: Suhrkamp 2000, S. 145–154, hier: S. 147.
61 Ibid.: S. 150.
62 Beckett: *Molloy*, S. 27.
63 Deleuze: »Stotterte er ...«, S. 148.
64 Deleuze: *Erschöpft*.

schöpfung des Möglichen bildet einen weiteren Gegenpol zu all den Phantasien eines neuen, besseren Menschen, die die Prothetik mit hervorgetrieben hat.

Kombinatorik, das Ausschöpfen von Möglichkeiten durch mathematisch-geometrische Mittel findet bei Beckett sowohl auf der Ebene der Darstellung (von Körpern) als auch in sprachlichen Permutationen statt. Die Zergliederung von Körpern ist ein Mittel, um Permutationen in Gang zu bringen: Ist es das rechte Bein, das schmerzt, weil es sich versteift, oder ist es das linke? Watt bildet Serien der Assoziation seines Körpers mit Gegenständen des Alltagsgebrauchs (Socken-Fuß, Schuh-Fuß, Bett-Rücken, Bett-Seite). Erschöpfend ist – so Deleuze – diese Art von Kombinatorik, weil sie nichts will, als alle Möglichkeiten durchzuspielen. Die Körper von Molloy und den anderen kombinieren sich nicht aufgrund irgendwelcher Ziele, sondern um sich zu verbinden. »Kombinatorik als die Kunst oder die Wissenschaft, das Mögliche durch einschließende Disjunktionen auszuschöpfen«,[65] hat kein äußeres Ziel. Sie verwirklicht keine Möglichkeiten. »Becketts Personen spielen mit dem Möglichen, ohne es zu verwirklichen, sie sind viel zu sehr beschäftigt mit einem immer mehr in seiner Art eingeschränkten Möglichen, als daß sie sich darum kümmerten, was sonst noch geschieht.«[66] Diese Selbstgenügsamkeit der Worte, Dinge, Lebewesen kann man als Spinozistische Ethik lesen. Ich möchte ihnen hier eher in ihrer Fähigkeit nachspüren, Widerworte zu geben, Widerworte gegen den Imperativ, alle Möglichkeiten produktiv auszuschöpfen, sich selbst zu verwirklichen, jener Imperativ also, der in der zweiten Hälfte des 20. Jahrhunderts aus allen Kanälen tönt.

Becketts Kombinatorik analogisiert Körper und Sprache, Körperglieder und Satzglieder, Wortteile und Teilwörter. Mit dieser Parallelschaltung gerät jedoch die Gleichgültigkeit des kombinatorischen Vorgehens auf eine schiefe Ebene. Denn mit dem fortgesetzten Durchspielen möglicher Zustände, Bewegungsformen, Subjektivierungsformen geht bei Beckett physischer Verfall oder Verschwinden einher.[67] Der Erschöpfung der Möglichkeiten korrespondiert ein hinfälliger Körper: Molloys Bewegungslosigkeit oder der nur noch in der Sprache befindliche Körper des Namenlosen, Körper, die abgedeckt wie Möbel herumstehen oder in Krügen leben. Auch die dichterischen Permutationen zehren die Körper auf, nicht nur – wie bei Nietzsche – die Wissenschaft die Vitalität des Leibes. Doch in den reduzierten, reglosen, embryonalen Körpern liegt vielleicht gerade die minimalistische Utopie Becketts.

65 Ibid.: S. 8.
66 Ibid.: S. 7.
67 Vgl. ibid.

Es ist überliefert, dass Beckett als Hörer C.G. Jungs in London in den dreißiger Jahren von dessen Schilderung der Pathologie einer jungen Patientin beeindruckt war. Jungs Diagnose war, die Frau lebe in der Selbstwahrnehmung, nie geboren worden zu sein.[68] Ungeboren scheinen die Figuren Becketts tatsächlich zu sein. Genauer: seine Figuren sprechen und räsonieren üblicherweise so, »als ob sie schon vor der Geburt aufgegeben hätten.« So heißt es in einem Fragment aus den siebziger Jahren.[69] Der Satz C.G. Jungs taucht mehrfach wörtlich in den Texten auf. Im Radiostück *All That Fall* schildert die siebzigjährige Mrs. Rooney die Vorlesung Jungs: »When he had done with the little girl he stood there motionless for some time, quite two minutes I should say, looking down at his table. Then he suddenly raised his head and exclaimed, as if he had had a revelation. The trouble with her was she had never really been born!«[70] In *Murphy*, geschrieben während des besagten Londonaufenthalts, kommt es zu einem dramatischen Zwischenfall, anlässlich dessen der Jung-Satz zum Einsatz kommt. In der Hauptpost von Dublin donnert Leary – von Murphy für seine Fähigkeit bewundert, sein Herz stillstellen zu können – in einem Trancezustand seinen Kopf gegen den steinernen Hintern einer Cuchulain-Statue.[71] Ein Civic Guard (C.G.) buchsiert ihn Richtung Ausgang und fordert später dessen Freund Wiley auf: »›Run him back to Stillorgan,‹ said the C.G. ›Done it! [...] Never fear, sergeant,‹ he said, urging Neary towards the exit, ›back to the cell, blood heat, next best thing to never being born, no heroes, nos fisc, no –‹«[72] Stillorgan ist der Name einer Psychiatrie in der Nähe von Dublin, könnte aber auch als Fantasiename für die Obsession Beckettscher Figuren stehen, ihre körperlichen Bedürfnisse auszuschalten. Der Zustand des Nicht-Geboren-Seins korrespondiert in *Murphy* mit den »Belacqua-Phantasien« des Protagonisten. Dantes Nichtstuer war bereits der Protagonist seiner Kurzgeschichtensammlung *More Pricks then Kicks* (1934) gewesen. Murphy träumt sich aus der Vorhölle des urbanen Lebens kurz hinaus:

> At this moment Murphy would willingly have waived his expectations of Antepurgatory for five miutes in his chair, rencounce the lee of Be-

68 Colm Tóibíns Vorwort in: Beckett: *Novels I*, S. x.

69 Beckett, Samuel: Fizzle Nr. 4: »I gave up before I was born«. In: *Fizzles*. New York: Grove Press 1977, S. 31–33, hier: S. 31.

70 *All That Fall*. In: Beckett: *Dramatic Works*, S. 169–199, hier: S.196.

71 Cuchulain ist eine irische Sagengestalt aus dem ersten nachchristlichen Jahrhundert. Während des Kampfes konnte er sich – wie die japanischen Pokémons – verwandeln: Er bekam sieben Finger und sieben Zehen sowie sieben Pupillen. Instabile Körperlichkeit also auch hier.

72 Beckett: *Murphy*, S. 30.

lacqua's rock and his embryonal repose, looking down at dawn across the reeds to the trembling of the austral sea and the sun obliquing to the north as it rose, immune from expiation until he should have dreamed it all through again, with the downrightd dreaming of an infant, from the spermarium to the crematorium. He thought so highly of this postmortem situation, its adavantages were present in such detail to his mind, that he actually hoped he might live to be old. Then he would have a long time lying there dreaming, watching the dayspring run through its zodiac, before the toil up hill to Paradise. The gradient was outrageous, one in less than one. God grant no godly chandler would shorten his time with a good prayer.
This was his Belacqua fantasy and perhaps the most highly systematised of the whole collection. It belonged to those that lay just beyond the frontiers of suffering, it was the first landscape of freedom.[73]

Bereits in *Murphy* ist der embryonale Zustand einer der minimalen Freiheit. Es ist kein regressiver Traum, sondern der eines Dazwischen, in dem noch nicht entschieden wurde.[74] Becketts Körper sind am Ende, und sie stehen am Anfang. Sie befinden sich in einem Zustand zwischen Greis und Embryo. Produkt von und in diesem Moment, aber unantastbar für gesellschaftliche Zurichtungen und historische Einschreibungen, haben sie alle Möglichkeiten erschöpft und sind doch reine Möglichkeit. Und noch einmal: die Greisenembryos oder embryonalen Greise sind keine Metaphern eines überzeitlichen Fatalismus oder einer individuellen Geworfenheit. Sie sind vielmehr Figuren, die an der Grenze zwischen dem »Alles ist schon da«, einer Philosophie der Fülle und der Sterblichkeit und Historizität der singulären Existenz eine minimale Freiheit reklamieren, die Möglichkeit des Beginns einer neuen Serie (Kant) bewahren. Die Figuren sind selbst Disjunktionen. Vielleicht meinte Deleuze sie, wenn er für Beckett festhielt, die Grenze seiner Kombinatoriken, der Punkt ihrer Überschreitung, liege »nicht im Unendlichen der Glieder [...], sondern vielleicht irgendwo zwischen zweien, zwischen zwei Stimmen oder Stimmvariationen.«[75] Von Deleuze und Beckett wird ein ums andere Mal die Anerkennung der Sterblichkeit und der Singularität des Leibes anvisiert – bei gleichzeitigem Festhalten an der Historizität der sinnlichen Wahrnehmung, der Sprache, von Wissen und Gewissheiten sowieso. Eine solche »historische Ontologie« ist nicht positiv und in saftigen Metaphern und

73 Ibid.: S. 49.
74 Zu Kafkas Figuren im Limbus vgl. Vogl, Joseph: *Über das Zaudern*. Berlin, Zürich: Diaphanes 2007, S. 104–105; über die *acaedia* als »literarisches Laster« S. 108.
75 Deleuze: *Erschöpft*.

Bildern zu haben, sondern nur in dürren Worten und in einer Sprache, die sich andauernd selbst aushebelt, rekursiv ist, vom Hundertsten ins Tausendste kommt. Die sprachliche Hermetik Becketts ist auch ein Schutz vor Aneignung, zumal durch einen wildgewordenen Möglichkeitssinn, der überall Verbesserungsfähiges ortet.

Das Prosastück »Worstward Ho«[76] hat diesen auftrumpfenden Möglichkeitssinn im Visier. Statt in einen goldenen Wilden Westen vorzudringen, verwildert hier die Sprache der Verbesserung und der Ausschöpfung von Möglichkeiten von Satz zu Satz. Kaum hat die Erzählstimme sich durch die ersten Sätze gestolpert, kommt der ultimative Imperativ des späten 20. Jahrhunderts, das selbst noch die Niederlage verbessern möchte: »All of old. Nothing else ever. Ever tried. Ever failed. No matter. Try again. Fail again. Fail better.«[77] Von da an werden Körper beschrieben und Redeversuche unternommen. Alle Bilder und Aussagen werden aber sofort wieder gelöscht. Der Abgesang auf die Verbesserung ist ein Strudel an Kombinationen von *worse/less* und *better/best*, die Verbesserung und die Verschlimmerung sind untrennbar miteinander verschlungen:

> Worse less. By no stretch more. Worse for want of better less. Less best. No. Naught best. Best worse. No. Not best worse. Naught not best worse. Less best worse. No. Least. Least best worse. Least never to be naught. Never to naught be brought. Never by naught be nulled. Unnullable least. Say that best worst. With leastening words say least best worse. For want of worser worse. Unlessenable least best worse.[78]

Während die Prosa auf einen Grenzfall des Sprechens zuläuft, findet Beckett hier jedoch ein Bild, das dasjenige seines letzten Fernsehstücks ist:

> Another. Say another. Head sunk on crippled hands. Vertex vertical. Eyes clenched. Seat of all. Germ of all. [...] Head sunk on crippled hands. Clenched staring eyes. At in the dim void shades. One astand at rest. One old man and child. At rest plodding on. Any others would do as ill. Almost any. Almost as ill. [...] The twain. The hands. Held holding hands. That almost ring! As when first said on crippled hands the head. Crippled hands! They there then the words. Here now held holding. As when first said. Ununsaid when worse said. Away. Held holding hands!«

76 Die deutsche Übersetzung des Titels »Aufs Schlimmste zu« gibt die Anspielung auf den Frontier-Slogan leider nicht wieder: Beckett, Samuel: *Worstward Ho. Aufs Schlimmste zu*. Frankfurt a. M.: Suhrkamp 1989.
77 Ibid.: S. 6.
78 Ibid.: S. 10–14.

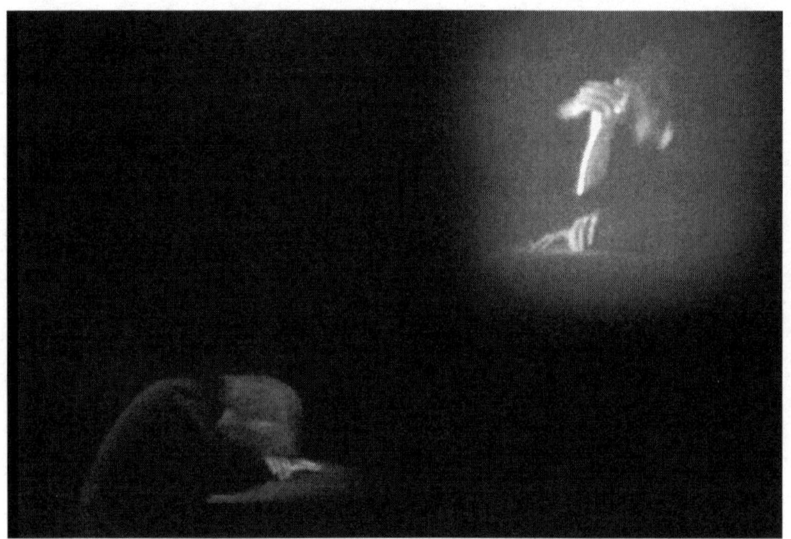

Abb. 91: Filmstill: S. Beckett, Nacht und Träume (1983).

Ein Kopf, auf alte Hände gesunken, das ist das Ausgangsbild von *Nacht und Träume* (geschrieben 1982, verfilmt vom SDR 1983). Doppelt gehaltene Hände sind das Schlussbild der Traumsequenz. Zu sehen ist ein schlafender, alter Mann und dessen Traum. Im Traum begegnet er seinen eigenen Händen, die sich im Bild verdoppeln. Diese Hände geben ihm zu trinken, wischen ihm die Stirn ab und streicheln ihn.[79] Zweimal endet der Traum damit, dass sich die geträumten Hände mit einem ihrer Doppelgänger verschränken und das geträumte Ich auf diese gebettet einschläft, während eine dritte geträumte Hand sich auf seinem Kopf niederlässt.
Was bei Freud unheimlich war – autonome, abgetrennte Körperteile – ist hier das Vertrauteste und Zarteste. Der Träumer ist gut aufgehoben in einem Ritornell aus Bild und Singstimme. Er wird wieder Kind (»One old man and child«). Die Elemente sind visuell nur minimal unterschieden: Der Traum zeigt den Wachzustand spiegelverkehrt und ein klein wenig heller. Insgesamt ist der Film beinahe unsichtbar. Es gibt fast gar keine Bilder mehr, sie sind überaus behutsam zwischen ganz schwarz und grau abgestuft. Es entsteht ein maximal flüchtiges Bild, ebenso flüchtig, wie es die Aussagen in *Worstward Ho* sind. Es sind Bilder, die, während sie entstehen, bereits wieder zerfallen.[80]

79 Deleuze spricht von einer Frauenhand, doch in den Regieanweisungen ist ausdrücklich davon die Rede, dass es sich um die geträumten Hände des Träumers handelt. Deleuze: *Erschöpft*, S. 37.
80 Ibid.

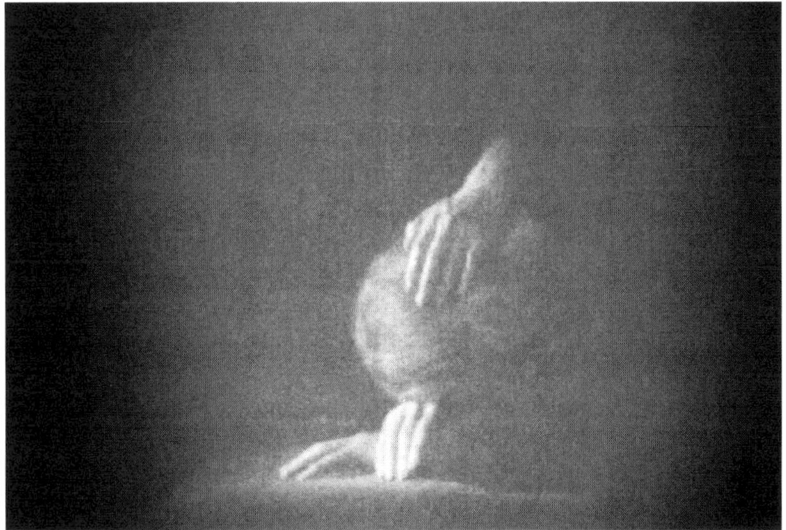

Abb. 92: Filmstill: S. Beckett, Nacht und Träume (1983).

In diesem letzten Stück Becketts sind Einbildungskraft und Möglichkeitssinn so flüchtig, so enigmatisch, dass man sie nicht extrahieren und mit einer sozialen Maschine verknüpfen kann. Mit diesen künstlichen Händen kann niemand etwas anfangen – außer dem Träumer, der jedoch in der Endlosschleife von Kopf-Senken und Kopf-Heben verbleibt. Becketts Methoden, die das Mögliche erschöpfen, anstatt es zu verwirklichen, sind nicht nur eine Ethik des immer schon vollen Daseins. Sie sind auch Methoden des Abtastens der möglichen Einfallstore für den Imperativ der Selbstverbesserung. Wer immer schon war, was er nicht ist, wer Greis und Kind, Vater und Mutter ist, den kann man lange auffordern, sein Leben zu ändern.

Literatur

Ach, Narziß: *Über den Willensakt und das Temperament. Eine experimentelle Untersuchung*. Leipzig: Quelle & Meyer 1910.
Ach, Narziß: *Über die Willenstätigkeit und das Denken. Eine experimentelle Untersuchung mit einem Anhange: Über das Hippsche Chronoskop*. Göttingen: Vandenhoeck & Ruprecht 1905.
Ach, Narziß: *Zur Psychologie der Amputierten. Ein Beitrag zur praktischen Psychologie*. Leipzig: Verlag Wilhelm Engelmann 1920.
Adorno, Theodor W.: *Noten zur Literatur. Gesammelte Schriften, Bd. 11*. Hg. von Rolf Tiedemann unter Mitwirkung von Gretel Adorno, Klaus Schultz und Susan Buck-Morss, Frankfurt a. M.: Suhrkamp 2003.
Adorno, Theodor W.: »Zweimal Chaplin«. In: *Gesammelte Schriften 10.1. Kulturkritik und Gesellschaft I*. Frankfurt a. M.: Suhrkamp 1998, S. 362–366.
Akrich, Madeleine: »Die De-Skription technischer Objekte«. In: Belliger, Andréa und David Krieger (Hg.): *ANTthology. Ein einführendes Handbuch zur Akteur-Netzwerk-Theorie*. Bielefeld: transcript 2006, S. 407–428.
Alexander, Jennifer Karns: *The Mantra of Efficiency. From Waterwheel to Social Control*. Baltimore: Johns Hopkins University Press 2008.
Alsberg, Paul: *Das Menschheitsrätsel. Versuch einer prinzipiellen Lösung* (1922). Online: http://www.vordenker.de/alsberg/p-alsberg_menschheitsraetsel.pdf, Zugriff vom 19.05.2012.
Anders, Günther: *Die Antiquiertheit des Menschen*, 2 Bde. München: Beck 1988/1992.
Aristoteles: *De Anima. Von der Seele*. Wien/Zürich: Artemis 1950.
Barthes, Roland: »Diderot, Brecht, Eisenstein«. In: *Der entgegenkommende und der stumpfe Sinn. Kritische Essays III*. Übers. von Dieter Hornig. Frankfurt a. M.: Suhrkamp 1990 (1973), S. 94–102.
Barthes, Roland: *Die helle Kammer. Bemerkung zur Photographie*. Frankfurt a. M.: Suhrkamp 1989.
Bauer, Karl: *Wie können für unsere Kriegsverstümmelten die besten Ersatzglieder und Arbeitshilfen geschaffen werden?* Stuttgart: Strecker und Schröder 1916.
Beckett, Samuel: *Fizzles*. New York: Grove Press 1977.
Beckett, Samuel: *Novels, Volume I*. New York: Grove Press 2006. (= The Centenary Edition).
Beckett, Samuel: *Novels, Volume II*. New York: Grove Press 2006. (= The Centenary Edition).
Beckett, Samuel: *The Complete Dramatic Works*. London: Faber and Faber 2006.
Beckett, Samuel: *The Complete Short Prose of Samuel Beckett, 1929–1989*. New York: Grove Press 1995.
Beckett, Samuel: *Worstward Ho. Aufs Schlimmste zu*. Frankfurt a. M.: Suhrkamp 1989.
Beil, Christine: *Der ausgestellte Krieg. Präsentationen des Ersten Weltkriegs 1914–1939*. Tübingen: TVV-Verlag 2004.
Benjamin, Walter: »Das Kunstwerk im Zeitalter seiner technischen Reproduzierbarkeit. Dritte Fassung«. In: *Gesammelte Schriften I*. Hg. von Rolf Tiedemann und Hermann Schweppenhäuser. Frankfurt a. M.: Suhrkamp 1991, S. 471–508.
Benjamin, Walter: »Kleine Geschichte der Photographie«. In: *Gesammelte Schriften II*. Hg. von Rolf Tiedemann und Hermann Schweppenhäuser. Frankfurt a. M.: Suhrkamp 1991, S. 368–385.
Benjamin, Walter: »Ursprung des deutschen Trauerspiels«. In: *Gesammelte Schriften I*. Hg. von Rolf Tiedemann und Hermann Schweppenhäuser. Frankfurt a. M.: Suhrkamp 1991, S. 203–409.
Benjamin, Walter: *Versuche über Brecht*. Hg. und mit einem Nachwort versehen von Rolf Tiedemann. Frankfurt a. M.: Suhrkamp 1971.
Bergius, Hanne: *Das Lachen Dadas. Die Berliner Dadaisten und ihre Aktionen*. Gießen: Anabas 1989.
Bergius, Hanne: *Montage und Metamechanik. Dada Berlin – Artistik von Polaritäten*. Berlin: Gebr. Mann Verlag 2000. (= Schriftenreihe Burg Giebichenstein, Hochschule für Kunst und Design Halle 4).
Bernhard, Thomas: »Auslöschung. Ein Zerfall«. In: *Die Romane*. Frankfurt a. M.: Suhrkamp 2008 (1986), S. 1373–1766.
Bertalanffy, Ludwig von: *General System Theory. Foundations, Development, Applications*. New York: Georg Braziller 1968.
Berz, Peter: *08/15. Ein Standard des 20. Jahrhunderts*. München: Fink 2001.
Berz, Peter: »L'imaginaire animal«. In: Heinrich, Richard, et al. (Hg.): *Image and Imaging in Philosophy, Science and the Arts. Volume 1. Proceedings of the 33rd International Ludwig Wittgenstein-Symposium in Kirchberg, 2010*. Frankfurt a. M. et. al.: Ontos 2011, S. 331–364.
Berz, Peter und Matthew Price: »Ersatzglieder«. In: Lutz, Petra, et al. (Hg.): *Der (im-)perfekte Mensch. Metamorphosen von Normalität und Abweichung*. Köln: Böhlau 2003, S. 143–161.

Bethe, Albrecht: »Beiträge zum Problem der willkürlich beweglichen Prothesen. I. Die Kraftkurve menschlicher Muskeln und die reziproke Innervation der Antagonisten«. In: *Münchener medizinische Wochenschrift* 45/1916, S. 1577–1579 (zitiert n. d. Sonderdruck 1916).
Bethe, Albrecht: »Beiträge zum Problem der willkürlich beweglichen Prothesen. II. Uebungs- und Untersuchungsapparat für Armamputierte nach Kanalisierung der Muskelstümpfe (Operation nach Sauerbruch)«. In: *Münchener medizinische Wochenschrift* 31/1917, S. 1001–1003 (zit. n. d. Sonderdruck 1917).
Bethe, Albrecht: »Beiträge zum Problem der willkürlich beweglichen Prothesen. III. Konstruktionsprinzipien willkürlich beweglicher Armprothesen«. In: *Münchener medizinische Wochenschrift* 51/1917, S. 1625–1629 (zit. n. d. Sonderdruck 1917).
Bethe, Albrecht: »Versuche an Medusen als Beispiel eines primitiven neuromuskulären Reaktionssystems«. In: *Pflügers Archiv für die gesammte Physiologie des Menschen und der Thiere* 1935: 235, 1, S. 288–315.
Bethe, Albrecht und Ernst Fischer: »Die Anpassungsfähigkeit (Plastizität) des Nervensystems. Einführung und experimentelles Material«. In: Bethe, Albrecht, et. al. (Hg.): *Handbuch der normalen und pathologischen Physiologie. Mit Berücksichtigung der experimentellen Pharmakologie, Bd. 15, 2. Hälfte: Arbeitsphysiologie II. Orientierung, Plastizität. Stimme und Sprache.* Berlin: Springer 1931, S. 1045–1130.
Bethe, Albrecht und Hermann Kast: »Synergische und reziproke Innervation antagonistischer Muskeln nach Versuchen am Menschen nebst Beobachtungen über ihre Reaktionszeit«. In: *Pflügers Archiv für die gesammte Physiologie des Menschen und der Thiere* 1922:194, 1, S. 77–101.
Bexte, Peter: »Mit den Augen hören / mit den Ohren sehen. Raoul Hausmanns optophonetische Schnittmengen«. In: Schramm, Helmar, Ludger Schwarte und Jan Lazardzig (Hg.): *Spuren der Avantgarde: Theatrum anatomicum. Frühe Neuzeit und Moderne im Vergleich.* Berlin, New York: de Gruyter 2011, S. 426–441.
Bidermann, Gottlob H.: *Burg Hornberg, Wohnsitz des Ritters Götz von Berlichingen, Rüstzeugschau 1980.* Schwäbisch Hall: Journal Verlag Schwend 1980.
Biro, Matthew: *The Dada Cyborg. Visions of the New Human in Weimar Berlin.* Minneapolis, London: University of Minnesota Press 2009.
Blessing, Werner K.: »Disziplinierung und Qualifizierung. Zur kulturellen Bedeutung des Militärs im Bayern des 19. Jahrhunderts«. In: *Geschichte und Gesellschaft* 17/1991, S. 459–479.
Bloch, Bruno: *Die Rumpfbewegung der Kunstbeinträger und ihr Zusammenhang mit der konstruktiven Ausbildung der Kunstbeine.* Wiesbaden, Berlin: Bergmann und Springer 1919 (Dissertation 1917).
Blumenberg, Hans: *Paradigmen zu einer Metaphorologie.* Frankfurt a. M.: Suhrkamp 1998.
Blumenberg, Hans: *Theorie der Unbegrifflichkeit.* Aus dem Nachlaß hg. von Anselm Haverkamp. Frankfurt a. M.: Suhrkamp 2007.
Blumenberg, Hans: *Wirklichkeiten in denen wir leben. Aufsätze und eine Rede.* Leipzig: Reclam 1981.
Böhme, Hartmut: »Fetischismus im neunzehnten Jahrhundert. Wissenschaftshistorische Analysen zur Karriere eines Konzepts«. In: Barckhoff, Jürgen, et. al. (Hg.): *Das schwierige neunzehnte Jahrhundert. Germanistische Tagung zum 65. Geburtstag von Eda Sagarra im August 1998.* Tübingen: Niemeyer 2000, S. 445–465. (= Studien und Texte zur Sozialgeschichte der Literatur 77).
Böhme, Hartmut: *Fetischismus und Kultur. Eine andere Theorie der Moderne.* Reinbek: Rowohlt 2006.
Bonsels, Waldemar: *Die Biene Maja und ihre Abenteuer.* 297.–318. Auflage. Berlin, Leipzig: Schuster & Loeffler 1921 (1912).
Borck, Cornelius: »Sinnesmontagen. Die Sehprothese zwischen Ersatzapparat und Technovision«. In: Flach, Sabine und Margarete Vöhringer (Hg.): *Ultravision. Zum Wissenschaftsverständnis der Avantgarde.* München: Fink 2010, S. 149–164.
Brandstetter, Thomas, Karin Harrasser und Günther Friesinger (Hg.): *Ambiente. Das Leben und seine Räume.* Wien: Turia + Kant 2010.
Braun, Hans-Joachim: »Technik als ›Kulturhebel‹ und ›Kulturfaktor‹. Zum Verhältnis von Technik und Kultur bei Franz Reuleaux«. In: Dietz, Burkhard, Michael Fessner und Helmut Maier (Hg.): *Technische Intelligenz und »Kulturfaktor Technik«. Kulturvorstellungen von Technikern und Ingenieuren zwischen Kaiserreich und früher Bundesrepublik Deutschland.* Münster: Waxmann 1996, S. 35–43.
Brecht, Bertolt: *Arbeitsjournal 1938–1955.* Berlin, Weimar: Aufbau-Verlag 1977.
Brecht, Bertolt: *Die Dreigroschenoper. Der Erstdruck 1928.* Mit einem Kommentar von Joachim Lucchesi. Frankfurt a. M.: Suhrkamp 2004.
Brecht, Bertolt: *Gesammelte Werke, Bd. 15. Schriften zum Theater 1.* Frankfurt a. M.: Suhrkamp 1967.
Brecht, Bertolt: *Mann ist Mann.* Frankfurt a. M.: Suhrkamp 1968.
Brittnacher, Hans Richard: »L'homme prothèse«. In: *Gegenworte* 2012:27, S. 65–67.

Brown, Bill: »Science Fiction, the World's Fair, and the Prosthetics of Empire 1910–1915«. In: Kaplan, Amy und Donald E. Pease (Hg.): *Cultures of United States Imperialism*. Durham, London: Duke University Press 1993, S. 129–163.

Brown, Elspeth: »The Prosthetics of Management. Motion Study, Photography, and the Industrialized Body in World War I America«. In: Ott, Katherine, David Serlin und Stephen Mihm (Hg.): *Artificial Parts, Practical Lives. Modern Histories of Prosthetics*. New York: New York University Press 2002, S. 249–281.

Bühler, Benjamin: »Kreise des Lebendigen. Geschlossene und offene Räume in der Umweltlehre und philosophischen Anthropologie«. In: Brandstetter, Thomas, Karin Harrasser und Günther Friesinger (Hg.): *Ambiente. Das Leben und seine Räume*. Wien: Turia + Kant 2009, S. 67–89.

Bühler, Benjamin: *Lebende Körper. Biologisches und anthropologisches Wissen bei Rilke, Döblin und Jünger*. Würzburg: Königshausen & Neumann 2004. (= Studien zur Kulturpoetik 3).

Bühler, Benjamin und Stefan Rieger (Hg.): *Vom Übertier. Ein Bestiarium des Wissens*. Frankfurt a. M.: Suhrkamp 2006.

Burgdorf, Wolfgang: »›Das Reich geht mich nichts an‹. Goethes Götz von Berlichingen, das Reich und die Reichspublizistik«. In: Schnettger, Matthias (Hg.): *Imperium Romanum – Irregulare Corpus – Teutscher Reichsstaat. Das Alte Reich im Verständnis der Zeitgenossen und der Historiographie*. Mainz: Philipp von Zabern Verlag 2002, S. 27–52.

Burmeister, Ralf und Berlinische Galerie (Hg.): *Hanna Höch. Aller Anfang ist DADA*. Ostfildern: Hatje Cantz 2007.

Buytendijk, Frederik J. J.: *Allgemeine Theorie der menschlichen Haltung und Bewegung*. Brühlsche Universitätsdruckerei Gießen: 1957 (1948).

Cage, John: »Happy New Ears«. In: Rothenberg, David und Marta Ulvaeus (Hg.): *The Book of Music and Nature*. Middletown: Wesleyan University Press 2001, S. 25–29.

Canetti, Elias: *Die Fackel im Ohr. Lebensgeschichte 1921–1931*. Frankfurt a. M.: Fischer 1995.

Canguilhem, Georges: *Das Normale und das Pathologische*. Frankfurt a. M.: Fischer 1996.

Carden-Coyne, Ana: *Reconstructing the Body. Classicism, Modernism, and the First World War*. Oxford: Oxford University Press 2009.

Cohen, Deborah: *The War Come Home. Disabled Veterans in Britain and Germany 1914–1939*. Berkeley, Los Angeles, London: University of California Press 2001.

Darke, Paul: »Eye Witness«. In: Pointon, Anne und Chris Davies (Hg.): *Framed: Interrogating Disability in the Media*. London: British Film Institute 1997, S. 36–42.

Davis McDaid, Jennifer: »›How a One-Legged Rebel Lives‹«. In: Ott, Katherine, David Serlin und Stephen Mihm (Hg.): *Artificial Parts, Practical Lives. Modern Histories of Prosthetics*. New York: New York University Press 2002, S. 119–143.

Deleuze, Gilles: »Ein verkannter Vorläufer Heideggers: Alfred Jarry«. In: *Kritik und Klinik*. Übers. von Joseph Vogl. Frankfurt a. M.: Suhrkamp 2000, S. 124–135.

Deleuze, Gilles: »Erschöpft«. In: *Samuel Beckett: He, Joe, Quadrat I + II, Nacht und Träume, Schatten (Geistertrio, Nur noch Gewölk, Not I), Was wo – Filme für den SDR. Begleitheft*. Frankfurt a. M.: filmedition suhrkamp 2008.

Deleuze, Gilles: »Stotterte er ...«. In: *Kritik und Klinik*. Übers. von Joseph Vogl. Frankfurt a. M.: Suhrkamp 2000, S. 145–154.

Deleuze, Gilles und Félix Guattari: *Anti-Ödipus. Kapitalismus und Schizophrenie I*. Frankfurt a. M.: Suhrkamp 1974.

Derrida, Jacques: *Die Einsprachigkeit des Anderen oder die ursprüngliche Prothese*. München: Fink 2003.

Despret, Vinciane: »The Body We Care For. Figures of Anthropo-zoo-genesis«. In: *Body & Society* 2–3/2004:10, S. 111–134.

Dickerman, Leah (Hg.): *DADA. Zurich, Berlin, Hanover, Cologne, New York, Paris*. Ausstellungskatalog. Washington: National Gallery of Art 2005.

Diehl, James M.: »Victors or Victims? Disabled Veterans in the Third Reich«. In: *The Journal of Modern History* 1987:59, S. 705–736.

Dietz, Burkhard: »›Technik und Kultur‹ zwischen Kaiserreich und Nationalsozialismus. Über das sozio-kulturelle Profil der ›Zeitschrift des Verbandes Deutscher Diplom-Ingenieure‹ (1910–1941)«. In: Ders. et al. (Hg.): *Technische Intelligenz und »Kulturfaktor Technik«. Kulturvorstellungen von Technikern und Ingenieuren zwischen Kaiserreich und früher Bundesrepublik Deutschland*. Münster: Waxmann 1996, S. 105–130.

Doherty, Brigid: »Dada Berlin«. In: Dickerman, Leah (Hg.): *DADA. Zurich, Berlin, Hanover, Cologne, New York, Paris*. Ausstellungskatalog. Washington: National Gallery of Art 2005, S. 87–112.

Einstein, Albert und Sigmund Freud: *Warum Krieg?* Zürich: Diogenes 1996 (1932).
Eisler, Rudolf: *Wörterbuch der philosophischen Begriffe.* Berlin: E.S. Mittler und Sohn 1904.
Ellis, Robert (Hg.): *Official Descriptive and Illustrated Catalogue of the Great Exhibition of the Works of Industry of all Nations. Commissioners for the Exhibition of 1851, Bd. 3, Foreign States.* London: W. Clowes and Sons 1851.
Emerson, Ralph Waldo: *Society and Solitude. Twelve Chapters.* Boston: Houghton, Mifflin and Company 1870.
Eßbach, Wolfgang, Joachim Fischer und Helmut Lethen (Hg.): *Plessners »Grenzen der Gemeinschaft«. Eine Debatte.* Frankfurt a. M.: Suhrkamp 2002.
Flemming, Thomas: »Industrialisierung und Krieg«. In: Spilker, Rolf und Bernd Ulrich (Hg.): *Der Tod als Maschinist. Der industrialisierte Krieg 1914–1918.* Bramsche: Rasch Verlag 1998, S. 55–67.
Foucault, Michel: *Die Anormalen. Vorlesungen am Collège de France (1974–1975).* Frankfurt a. M.: Suhrkamp 2003.
Foucault, Michel: *Die Geburt der Biopolitik. Geschichte der Gouvernementalität II. Vorlesungen am Collège de France (1978–1979).* Frankfurt a. M.: Suhrkamp 2006.
Foucault, Michel: *In Verteidigung der Gesellschaft. Vorlesungen am Collège de France (1975–1976).* Frankfurt a. M.: Suhrkamp 1999.
Foucault, Michel: *Mikrophysik der Macht. Über Strafjustiz, Psychiatrie und Medizin.* Berlin: Merve 1976.
Foucault, Michel: *Sexualität und Wahrheit I. Der Wille zum Wissen.* Frankfurt a. M.: Suhrkamp 1977.
Foucault, Michel: *Sicherheit, Territorium, Bevölkerung. Geschichte der Gouvernementalität I. Vorlesungen am Collège de France (1977–1978).* Frankfurt a. M.: Suhrkamp 2004.
Foucault, Michel: *Überwachen und Strafen. Die Geburt des Gefängnisses.* Frankfurt a. M.: Suhrkamp 1994.
Frank, Leonhard: *Der Mensch ist gut.* Hannover: Fackelträger Verlag 1953 (1919). (= Faro-Bücherei 5).
Freud, Sigmund: »Das Unbehagen in der Kultur«. In: *Studienausgabe, Bd. IX.* Frankfurt a. M.: S. Fischer 1974 (1930), S. 197–270.
Freud, Sigmund: »Das Unheimliche«. In: *Studienausgabe, Bd. IV.* Frankfurt a. M.: S. Fischer 1970 (1919), S. 243–272.
Freud, Sigmund: »Die Verneinung«. In: *Studienausgabe, Bd. III.* Frankfurt a. M.: S. Fischer 1975 (1925), S. 373–377.
Freud, Sigmund: »Fetischismus«. In: *Studienausgabe, Bd. III.* Frankfurt a. M.: S. Fischer 1975 (1927), S. 383–388.
Freud, Sigmund: »Jenseits des Lustprinzips«. In: *Studienausgabe, Bd. III.* Frankfurt a. M.: S. Fischer 1975 (1920), S. 217–272.
Freud, Sigmund, et al. (Hg.): *Die Psychoanalyse der Kriegsneurosen. Diskussion gehalten auf dem V. Internationalen Psychoanalytischen Kongreß in Budapest, 28. und 29. September 1918, Bd. 1.* Leipzig, Wien: Internationaler Psychoanalytischer Verlag 1919. (= Internationale Psychoanalytische Bibliothek).
Fuchs, Paul: »Ärztliche und soziale Amputiertenversorgung«. In: *Archiv für orthopädische und Unfall-Chirurgie, mit besonderer Berücksichtigung der Frakturenlehre und der orthopädisch-chirurgischen Technik* 2–4/1919:17, S. 199–212.
Gehlen, Arnold: *Der Mensch. Seine Natur und seine Stellung in der Welt.* Wiebelsheim: Aula 2004 (1950).
Gehlen, Arnold: *Die Seele im technischen Zeitalter. Sozialpsychologische Probleme in der industriellen Gesellschaft.* Frankfurt a. M.: Klostermann 2007 (1957). (= Rote Reihe 25).
Geyer, Michael: *Deutsche Rüstungspolitik 1860–1980.* Frankfurt a. M.: Suhrkamp 1984.
Geyer, Michael: »Gewalt und Gewalterfahrung im 20. Jahrhundert – Der Erste Weltkrieg«. In: Spilker, Rolf und Bernd Ulrich (Hg.): *Der Tod als Maschinist. Der industrialisierte Krieg 1914–1918.* Bramsche: Rasch Verlag 1998, S. 241–257.
Giese, Fritz: *Psychologie der Arbeitshand.* Berlin, Wien: Urban und Schwarzenberg 1928.
Gilbreth, Frank B. und Lillian Moller Gilbreth: *Motion Study for the Handicapped.* London: Routledge 1920.
Goethe, Johann Wolfgang von: *Dichtung und Wahrheit. Autobiographische Schriften I, Goethe Werke.* Hamburg: C.H. Beck 2002. (= Hamburger Ausgabe 9).
Goethe, Johann Wolfgang von: »Götz von Berlichingen mit der eisernen Hand. Ein Schauspiel«. In: *Poetische Werke. Dramatische Dichtungen III.* Berlin: Aufbau Verlag 1963, S. 142–269. (= Berliner Ausgabe 7).
Greffrath, Mathias: »Lob der Sturheit. Eine Erinnerung an Günther Anders – den Philosophen und Pamphletisten, den Analytiker und Kämpfer, der am 12. Juli 100 Jahre geworden wäre.« In: *ZEIT ONLINE*, 4. Juli 2002. Online: http://pdf.zeit.de/2002/28/200228_a-anders. xml.pdf, Zugriff vom 01.11.2012.

Grosz, George: *Ein kleines Ja und ein großes Nein. Sein Leben von ihm selbst erzählt. Mit siebzehn Tafel- und fünfundvierzig Textabbildungen*. Hamburg: Rowohlt 1955.

Habermas, Jürgen: »Theodor W. Adorno. Urgeschichte der Subjektivität und verwilderte Selbstbehauptung«. In: *Politik, Kunst, Religion*. Leipzig: Reclam 1978 (1969), S. 33–47.

Haraway, Donna J.: *When Species Meet*. Minneapolis: University of Minnesota Press 2008. (= posthumanities 3).

Haraway, Donna und Vinciane Despret: »Stay Where the Trouble Is. Vinciane Despret und Donna Haraway im Gespräch mit Karin Harrasser und Katrin Solhdju«. In: *Zeitschrift für Medienwissenschaft* 2011:4: *Menschen und Andere*, S. 91–102.

Harrasser, Karin: »Der Hund kann überhaupt nicht sprechen! Das Drama der Autonomie und die Verkettung der Zeichen«. In: Bergermann, Ulrike (Hg.): *Disability trouble. Ästhetik und Bildpolitik bei Helen Keller*. Berlin: b_books 2013.

Harrasser, Karin: »Extensions of the Working Man. Von der Passung zum ›passing‹«. In: Heindl, Gabu (Hg.): *Arbeit Zeit Raum. Bilder und Bauten der Arbeit im Postfordismus*. Wien: Turia + Kant 2008, S. 34–61.

Harrasser, Karin: »Exzentrische Empfindung. Raoul Hausmann und die Prothetik der Zwischenkriegszeit«. In: Joshua, Eleoma und Michael Schillmeier (Hg.): *Disability in German Literature, Film, and Theater*, Rochester, NY: Camden House 2010, S. 57–81. (=Edinburgh German Yearbook 4)

Harrasser, Karin: »Passung durch Rückkopplung. Konzepte der Selbstregulierung in der Prothetik des Ersten Weltkriegs«. In: Fischer, Stefan, Erik Maehle und Rüdiger Reischuk (Hg.): *Informatik 2009. Im Focus das Leben*. Bonn: GI 2009, S. 788–801.

Harrasser, Karin: *Körper 2.0. Über die technische Erweiterbarkeit des Menschen*, Bielefeld: transcript 2013.

Harrison, Mark: »Krieg und Medizin im Zeitalter der Moderne«. In: Larner, Melissa, James Peto und Colleen M. Schmitz (Hg.): *Krieg und Medizin*. Göttingen: Wallstein 2009, S. 11–29.

Harrison, Mark: »Medicine and the Management of Modern Warfare«. In: *History of Science* 1996:34, S. 379–410.

Hassenstein, Bernhard: »Jakob von Uexküll (1864–1944)«. In: Jahn, Ilse und Michael Schmitt (Hg.): *Darwin & Co. Eine Geschichte der Biologie in Portraits*. München: C.H. Beck 2001, S. 343–365.

Hausmann, Raoul: *Bilanz der Feierlichkeit. Texte bis 1933*, Bd. 1. München: edition text + kritik 1982. (= Frühe Texte der Moderne).

Heeg, Günther: »›Jeder Blick für die Bühne muss ein sehenswertes Bild fassen.‹ Der Körper der Brecht-Szene zwischen Text und Tableau«. In: Mersch, Dieter (Hg.): *Die Medien der Künste. Beiträge zur Theorie des Darstellens*. München: Fink 2003, S. 139–150.

Heidegger, Martin: »Das Ding«. In: *Gesamtausgabe*, Bd. 7. Frankfurt a. M.: Klostermann 2000 (1950), S. 165–188.

Heinrich, Klaus: »Festhalten an Freud. Eine Heine-Freud-Miniatur zur noch immer aktuellen Rolle des Aufklärers Freud«. In: *Zeitschrift für psychoanalytische Theorie und Praxis* 3/2007: 22, S. 365–388.

Heller-Roazen, Daniel: *The Inner Touch. Archaeology of a Sensation*. New York: Zone Books 2007.

Herder, Johann Gottfried: *Abhandlung über den Ursprung der Sprache, welche den von der Königl. Academie der Wissenschaften für das Jahr 1770 gesezten Preis erhalten hat*. Berlin: Christian Friedrich Voß 1772.

Herschbach, Lisa Marie: *Fragmentation and Reunion. Medicine, Memory and Body in the American Civil War*. Dissertation, Cambridge, MA: Harvard University 1997.

Herschbach, Lisa Marie: »Prosthetic Reconstruction. Making the Industry, Re-Making the Body, Modelling the Nation«. In: *History Workshop Journal* 1997:44, S. 22–57.

Hobsbawm, Eric J.: *Das Zeitalter der Extreme. Weltgeschichte des 20. Jahrhunderts*. München: Hanser 1995.

Holmes, Oliver Wendell: »The Human Wheel, Its Spokes and Felloes«. In: *The Atlantic Monthly* 1863:67, S. 567–580.

Horn, Eva: »Der Krüppel. Maßnahmen und Medien zur Wiederherstellung des versehrten Leibes in der Weimarer Republik«. In: Schmidt, Dietmar (Hg.): *KörperTopoi. Sagbarkeit – Sichtbarkeit – Wissen*. Weimar: 2002, S. 109–136.

Hüppauf, Bernd: »Introduction: Modernity and Violence: Observations Concerning a Contradictory Relationship«. In: Ders. (Hg.): *War, Violence and the Modern Condition*. Berlin, New York: de Gruyter 1997, S. 1–29.

Innerhofer, Roland: *Spannende Widersprüche. Wie Jules Verne Wissenschaft erzählt*. Alien Contact 68/2005. Online, Zugriff vom 01.05.2012.

Jain, Sarah F.: »The Prosthetic Imagination: Enabling and Disabling the Prosthesis Trope«. In: *Science, Technology & Human Values* 1/1999:24, S. 31–53.

James, C.D.T.: »Medicine and the 1851 Exhibition«. In: *Proceedings of the Royal Society of Medicine* 1972:65, S. 693–696.
Jarry, Alfred: *Der Übermann. Moderner Roman.* Frankfurt a. M.: Zweitausendeins 1987 (1902).
Jarry, Alfred: *Die grüne Kerze. Spekulationen.* Frankfurt a. M.: Zweitausendundeins 1993.
Jarry, Alfred: *Heldentaten und Lehren des Dr. Faustroll (Pataphysiker). Neowissenschaftlicher Roman.* Berlin: Gerhardt Verlag 1968.
Jentsch, Ernst: »Zur Psychologie des Unheimlichen«. In: *Psychiatrisch-neurologische Wochenschrift* 1906:8, 22, S. 195–198 und 23, S. 203–205.
Jones, Ernest: *Das Leben und Werk von Sigmund Freud. Band III. Die letzte Phase 1919–1939.* Bern, Stuttgart: Verl. Hans Huber 1962.
Jünger, Ernst: *Der Arbeiter. Herrschaft und Gestalt.* Stuttgart: Klett-Cotta 1982 (1932). (= Cotta's Bibliothek der Moderne 1).
Jünger, Ernst: *In Stahlgewittern.* Stuttgart: Cotta'sche Buchhandlung 1978.
Jünger, Ernst: *Kriegstagebuch 1914–1918.* Hg. v. Helmuth Kiesel. Stuttgart: Cotta'sche Buchhandlung 2010.
Jünger, Ernst: *Politische Publizistik 1919–1933.* Hg. v. Berggötz, Sven Olaf. Stuttgart: Klett-Cotta 2001.
Jünger, Ernst: »Über den Schmerz«. In: *Sämtliche Werke, Abt. 2, Essays I, Bd. 7.* Stuttgart: Klett-Cotta 1980 (1934), S. 144–191.
Kafka, Franz: *Drucke zu Lebzeiten.* Frankfurt a. M.: Fischer 1994. (= Kritische Ausgabe).
Kapp, Ernst: *Grundlinien einer Philosophie der Technik. Zur Entstehungsgeschichte der Cultur aus neuen Gesichtspunkten.* Braunschweig: Verlag George Westermann 1877.
Kapp, Ernst: *Philosophische oder Vergleichende allgemeine Erdkunde als wissenschaftliche Darstellung der Erdverhältnisse und des Menschenlebens nach ihrem innern Zusammenhang. In zwei Bänden.* Braunschweig: Verlag George Westermann 1845.
Katz, David: *Der Aufbau der Tastwelt.* Leipzig: Johann Ambrosius Barth 1925. (= Zeitschrift für Psychologie und Physiologie der Sinnesorgane. I. Abteilung: Zeitschrift für Psychologie. Ergänzungsband 11).
Katz, David: *Gestaltpsychologie.* Basel: B. Schwabe & Co. 1948.
Katz, David: *Mensch und Tier. Studien zur vergleichenden Psychologie.* Zürich: Morgarten Verlag Conzett & Huber 1948.
Katz, David: *Psychologischer Atlas. Orbis pictus psychologicus (Mit 396 Abbildungen).* Basel: B. Schwabe & Co. 1945.
Katz, David: »Psychologische Versuche mit Amputierten«. In: *Festschrift zum 70. Geburtstage von G. E. Müller*, Leipzig: Johann Ambrosius Barth 1920, S. 83–117. (=Zeitschrift für Psychologie und Physiologie der Sinnesorgane 85)
Katz, David: *Zur Psychologie des Amputierten und seiner Prothese.* Leipzig: Johann Ambrosius Barth 1921. (= Beihefte zur Zeitschrift für angewandte Psychologie 25).
Kenner, Hugh: *Samuel Beckett. A Critical Study.* Berkeley: University of California Press 1968.
Kienitz, Sabine: *Beschädigte Helden. Kriegsinvalidität und Körperbilder 1914–1923.* Paderborn, München, Wien, Zürich: Ferdinand Schöningh 2008. (= Krieg in der Geschichte / KRiG 41).
Kittler, Friedrich: »Der Mensch, ein betrunkener Dorfmusikant«. In: Rieger, Stefan und Renate Lachmann (Hg.): *Text und Wissen. Technologische und anthropologische Aspekte.* Tübingen: Gunter Narr 2003, S. 29–44.
Kittler, Friedrich: *Eine Kulturgeschichte der Kulturwissenschaft.* München: Fink 2001.
Kittler, Friedrich: »Synergie von Mensch und Maschine. Friedrich Kittler im Gespräch mit Florian Rötzer«. In: *Kunstforum international* 98/1989, Januar-Februar, S. 108–117.
Klaus, Georg und Heinz Liebscher: *Was ist, was soll Kybernetik?* Leipzig, Jena, Berlin: Urania 1968.
Kleinschmidt, Christian: »›Unproduktive Lasten‹. Kriegsinvaliden und Schwerbeschädigte in der Schwerindustrie nach dem Ersten Weltkrieg«. In: *Jahrbuch für Wirtschaftsgeschichte* 1994, S. 155–165.
Klemperer, Victor: *Curriculum Vitae. Erinnerungen 1881–1918, Bd. 2.* Hg. von Walter Nowojski. Berlin: Aufbau 1996.
Köhne, Julia Barbara: *Kriegshysteriker. Strategische Bilder und mediale Techniken militärpsychiatrischen Wissens (1914–1920).* Husum: Matthiesen Verlag 2009.
König, Gudrun M.: *Konsumkultur. Inszenierte Warenwelt um 1900.* Wien, Köln, Weimar: Böhlau 2009.
Koschorke, Albrecht, et al.: *Der fiktive Staat. Konstruktionen des politischen Körpers in der Geschichte Europas.* Frankfurt a. M.: Fischer 2007.
Kracauer, Siegfried: »Georg«. In: *Werke, Bd. 7. Romane und Erzählungen.* Hg. von Inka Mülder-Bach unter Mitarbeit von Sabine Biebl. Frankfurt a. M.: Suhrkamp 2004, S. 257–516.

Kracauer, Siegfried: *Geschichte – Vor den letzten Dingen*. Mit einem Vorwort von Paul Oskar Kristeller. Frankfurt a. M.: Suhrkamp 1973.

Kracauer, Siegfried: »Ginster. Von ihm selbst geschrieben«. In: *Werke, Bd. 7. Romane und Erzählungen*. Hg. von Inka Mülder-Bach unter Mitarbeit von Sabine Biebl. Frankfurt a. M.: Suhrkamp 2004, S. 9–256.

Krafft-Ebing, Richard von: *Psychopathia Sexualis. Mit besonderer Berücksichtigung der Conträren Sexualempfindung. 9. verbesserte und theilweise vermehrte Auflage*. Stuttgart: Ferdinand Enke 1894.

Krais, Felix (Hg.): *Die Verwendungsmöglichkeiten der Kriegsbeschädigten in der Industrie, in Gewerbe, Handel, Handwerk, Landwirtschaft und Staatsbetrieben*. Stuttgart: Felix Krais Verlag 1916.

Krause, Marcus: »Von der normierenden Prüfung zur regulierenden Sicherheitstechnologie. Zum Konzept der Normalisierung in der Machtanalytik Foucaults«. In: Krause, Marcus und Christina Bartz (Hg.): *Spektakel der Normalisierung*. München: Fink 2007, S. 53–75.

Künßberg, Eberhard Freiherr von: *Einarm-Fibel. Ein Lehr-, Lese- und Bilderbuch für Einarmer*. Karlsruhe: Braunsche Hofbuchdruckerei 1915.

Kunzle, David: *Fashion and Fetishism. Corsets, Tight-Lacing and Other Forms of Body Sculpture*. 2. Edition. Phoenix Mill: Sutton 2004.

Kynast, Katja: »Kinematografie als Medium der Umweltforschung Jakob von Uexkülls«. In: *kunsttexte.de – E-Journal für Kunst- und Bildgeschichte, 4/2010: Bild Wissen Technik*: http://www.kunsttexte.de/index.php?id=711&idartikel=37290&ausgabe=37272&zu=371&L=0, Zugriff vom 01.10.2012.

Lange, Britta: *Echt. Unecht. Lebensecht. Menschenbilder im Umlauf*. Berlin: Kadmos 2006.

Latour, Bruno: *Die Hoffnung der Pandora. Untersuchungen zur Wirklichkeit der Wissenschaft*. Frankfurt a. M.: Suhrkamp 2000.

Latzel, Klaus: »Die Soldaten des industrialisierten Krieges – ›Fabrikarbeiter der Zerstörung‹? Eine Zeugenbefragung zu Gewalt, Arbeit und Gewöhnung«. In: Spilker, Rolf und Bernd Ulrich (Hg.): *Der Tod als Maschinist. Der industrialisierte Krieg 1914–1918*. Bramsche: Rasch Verlag 1998, S. 124–141.

Lazzarato, Maurizio: »Immaterial Labor«. In: Virno, Paolo und Michael Hardt (Hg.): *Radical Thought in Italy. A Potential Politics*. Minneapolis, London: University of Minnesota Press 2006, S. 133–147.

Lefebvre, Henri: *Everyday Life in the Modern World*. New York: Harper and Row 1971.

Lerner, Paul: *Hysterical Men. War, Psychiatry, and the Politics of Trauma in Germany, 1890–1930*. Ithaca: Cornell University Press 2003.

Lethen, Helmut: »Anleitung zur Schlaflosigkeit. Über den Formzwang in der Philosophischen Anthropologie von Helmuth Plessner und Arnold Gehlen«. In: *Unheimliche Nachbarschaften. Essays zum Kältekult und der Schlaflosigkeit der Philosophischen Anthropologie im 20. Jahrhundert*. Freiburg: Rombach 2009, S. 215–234.

Lethen, Helmut: *Verhaltenslehren der Kälte. Lebensversuche zwischen den Kriegen*. Frankfurt a. M.: Suhrkamp 1994.

Lotze, Hermann: *Mikrokosmus. Ideen zur Naturgeschichte und Geschichte der Menschheit. Versuch einer Anthropologie, Bd. 2*. Leipzig: Felix Meiner 1923. (= Philosophische Bibliothek 186).

Lüdemann, Susanne: *Metaphern der Gesellschaft. Studien zum soziologischen und politischen Imaginären*. München: Fink 2004.

Macho, Thomas: *Vorbilder*. München: Fink 2011.

Macho, Thomas und Kristin Marek (Hg.): *Die neue Sichtbarkeit des Todes*. München: Fink 2007.

Marx, Karl: *Das Kapital. Kritik der politischen Ökonomie. Erster Band*. Berlin: Dietz Verlag 1972. (= Karl Marx, Friedrich Engels. Werke 1).

Marx, Karl: *Grundrisse der Kritik der politischen Ökonomie*. Berlin: Dietz Verlag 1983. (= Karl Marx, Friedrich Engels. Werke 42).

Matala de Mazza, Ethel: *Der verfaßte Körper. Zum Projekt einer organischen Gemeinschaft in der Politischen Romantik*. Freiburg: Rombach 1999. (= Rombach Wissenschaften, Reihe Litterae 68).

Maude, Ulrika: *Beckett, Technology and the Body*. Cambridge: Cambridge University Press 2009.

Mayer, Andreas: »Objektwelten des Unbewußten. Fakten und Fetische in Charcots Museum und Freuds Behandlungspraxis«. In: te Heesen, Anke und Emma C. Spary (Hg.): *Sammeln als Wissen*. Göttingen: Wallstein 2001, S. 169–198.

McLuhan, Marshall: *Die magischen Kanäle*. Düsseldorf: Econ 1992.

McLuhan, Marshall: *Understanding Media. The Extensions of Man*. New York: Signet Books 1964.

McLuhan, Marshall, Quentin Fiore und Jerome Agel: *The Medium is the Message*. Corte Madera: Gingko Press 2001.

McLuhan, Marshall, Quentin Fiore und Jerome Agel: *War and Peace in the Global Village*. Corte Madera: Gingko Press 2001 (1968).

Mersch, Dieter: »Einleitung. Wort, Bild, Ton, Zahl – Modalitäten medialen Darstellens«. In: Ders. (Hg.): *Die Medien der Künste. Beiträge zur Theorie des Darstellens*. München: Fink 2003, S. 9–49.
Mihm, Stephen: »›A Limb Which Shall Be Presentable in Polite Society‹. Prosthetic Technologies in the Nineteenth Century«. In: Ott, Katherine, David Serlin und Stephen Mihm (Hg.): *Artificial Parts, Practical Lives. Modern Histories of Prosthetics*. New York: New York University Press 2002, S. 282–299.
Mikorey, Max: *Phantome und Doppelgänger*. München: J.F. Lehmanns 1952.
Mildenberger, Florian: »Die Geburt der Umwelt. Werk und Wirkung Jakob v. Uexkülls (1864–1944)«. In: Herrmann, Bernd (Hg.): *Beiträge zum Göttinger Umwelthistorischen Kolloquium 2009–2010*. Göttingen: Universitätsverlag Göttingen 2010, S. 1–26.
Mosse, George L.: »National Cemeteries and National Revival: The Cult of the Fallen Soldiers in Germany«. In: *Journal of Contemporary History* 1/1979:14, S. 1–20.
Musner, Lutz: »Carso Maledetto – Die Dinge des Krieges«. In: Balke, Friedrich, Maria Muhle und Antonia von Schöning (Hg.): *Die Wiederkehr der Dinge*. Berlin: Kadmos 2011, S. 67–78.
Negt, Oskar und Alexander Kluge: *Geschichte und Eigensinn. Entstehung der industriellen Disziplin aus Trennung und Enteignung*, Bd. 1. Frankfurt a. M.: Suhrkamp 1993.
Neumann, Gerhard: »Roland Barthes' Theorie des Deiktischen«. In: Mersch, Dieter (Hg.): *Die Medien der Künste. Beiträge zur Theorie des Darstellens*. München: Fink 2003, S. 53–74.
Neutra, Wilhelm: »Zur Psychologie der Prothese«. In: *Medizinische Klinik* 47/1917, S. 1239–1241.
Neutra, Wilhelm: *Seelenmechanik und Hysterie (Psychodystaxie). Vorlesungen über allgemeine und medizinisch angewandte Lustenergetik (Psychosynthese)*. Leipzig: F.C.W. Vogel 1920.
O. A.: *Annual Report of the American Institute of the City of New York for the Years 1864, '65*. Albany: G. Wendell 1865.
Perry, Heather R.: »Re-Arming the Disabled Veteran. Artificially Rebuilding State and Society in World War One Germany«. In: Ott, Katherine, David Serlin und Stephen Mihm (Hg.): *Artificial Parts, Practical Lives. Modern Histories of Prosthetics*. New York: New York University Press 2002, S. 75–101.
Pethes, Nicolas, et al. (Hg.): *Menschenversuche. Eine Anthologie 1750–2000*. Frankfurt a. M.: Suhrkamp 2008.
Pfungst, Oskar: *Das Pferd des Herrn von Osten (Der kluge Hans). Ein Beitrag zur experimentellen Tier- und Menschen-Psychologie*. Leipzig: Verlag von Johann Ambrosius Barth 1907.
Plessner, Helmuth: »Der Mensch als Lebewesen. Adolf Portmann zum 70. Geburtstag«. In: *Conditio humana. Gesammelte Schriften VIII*. Frankfurt a. M.: Suhrkamp 2003, S. 314–327.
Plessner, Helmuth: »Die Frage nach der Conditio humana«. In: *Conditio humana. Gesammelte Schriften VIII*. Frankfurt a. M.: Suhrkamp 2003, S. 136–217.
Plessner, Helmuth: *Die Stufen des Organischen und der Mensch*. Berlin, New York: de Gruyter 1975.
Plügge, Herbert: *Grazie und Anmut. Ein biologischer Exkurs über das Marionettentheater von Heinrich v. Kleist*. Hamburg: Classen & Goverts 1947.
Plügge, Herbert: »Zur Entstehung des Phantomglieds«. In: *Deutsche Zeitschrift für Nervenheilkunde* 1942:154, S. 199–218.
Pomian, Krzysztof: *Der Ursprung des Museums. Vom Sammeln*. Berlin: Wagenbach 2007.
Pornschlegel, Clemens: *Der literarische Souverän. Zur politischen Funktion der deutschen Dichtung bei Goethe, Heidegger, Kafka und im George-Kreis*. Freiburg: Rombach 1994.
Pornschlegel, Clemens: »Unsichtbare Nationalliteratur.« Zu Goethes Polemik ›Literarischer Sansculottismus‹«. In: *Goethezeitportal* 2004. Online: http://www.goethezeitportal.de/db/wiss/goethe/pornschlegel_nationalliteratur.pdf, Zugriff vom 23.02.2012.
Price, Matthew: »Lives and Limbs. Rehabilitation of Wounded Soldiers in the Aftermath of the Great War«. In: *Stanford Humanities Review* 5/1996, SEHR Supplement: Cultural and Technological Incubations of Fascism. Online: http://www.stanford.edu/group/SHR/5-supp/text/price.html, Zugriff vom 04.10.2011.
Rabinbach, Anson: *The Human Motor. Energy, Fatigue, and the Origins of Modernity*. New York: Basic Books 1990.
Radike, Richard: »Tätigkeitsbericht der Prüfstelle für Ersatzglieder«. In: *Archiv für orthopädische und Unfall-Chirurgie* 2-4/1921:19, S. 551–578.
Rancière, Jacques: *Das Unvernehmen. Politik und Philosophie*. Frankfurt a. M.: Suhrkamp 2002.
Reck, Hans Ulrich und Harald Szeemann (Hg.): *Junggesellenmaschinen. Erweiterte Neuausgabe*. Wien, New York: Springer 1999.
Rehberg, Karl-Siegbert: »Anthropologie der Plastizität und Ordnungstheorie. Einführung in die 14. Auflage von Arnold Gehlens *Der Mensch*«. In: Gehlen, Arnold: *Der Mensch. Seine Natur und seine Stellung in der Welt*. Wiebelsheim: Aula 2004, o. P.

Rehberg, Karl-Siegbert: »Arnold Gehlens Kulturtheorie der Moderne. Nachwort zur Neuausgabe der *Seele im technischen Zeitalter*«. In: Gehlen, Arnold: *Die Seele im technischen Zeitalter. Sozialpsychologische Probleme in der industriellen Gesellschaft.* Frankfurt a. M.: Klostermann 2007, S. 141–152.

Rehberg, Karl-Siegbert: »Verwandte Antipoden. Helmuth Plessner und Arnold Gehlen – eine Portraitskizze«. In: Pfusterschmid-Hardenstein, Heinrich (Hg.): *Was ist der Mensch? Menschenbilder im Wandel.* Wien: Ibera 1994, S. 122–138.

Remarque, Erich Maria: *Der Weg zurück.* 6. Auflage. Köln: Kiepenheuer und Witsch 2007.

Richards, Thomas: *The Commodity Culture of Victorian England. Advertising and Spectacle, 1851–1914.* Stanford, CA: Stanford University Press 1990.

Riedesser, Peter und Axel Verderber: *»Maschinengewehre hinter der Front«. Zur Geschichte der deutschen Militärpsychiatrie.* Frankfurt a. M.: Fischer 1996.

Rieger, Stefan: »Arbeitshand und Ausdruckshand«. In: Macho, Thomas, et al. (Hg.): *Der (im-) perfekte Mensch. Metamorphosen von Normalität und Abweichung.* Köln: Böhlau 2003, S. 163–183.

Rieger, Stefan: *Die Individualität der Medien. Eine Geschichte der Wissenschaften vom Menschen.* Frankfurt a. M.: Suhrkamp 2001.

Rieger, Stefan: *Kybernetische Anthropologie. Eine Geschichte der Virtualität.* Frankfurt a. M.: Suhrkamp 2003.

Riha, Karl, Jörgen Schäfer und Angela Merte (Hg.): *DADA total. Manifeste, Aktionen, Texte, Bilder.* Stuttgart: Reclam 1994.

Roeßiger, Susanne, Uta Schwarz und Stiftung deutsches Hygiene-Museum (Hg.): *Kamera! Licht! Aktion! Filme über Körper und Gesundheit 1915–1990.* Dresden: Sandstein 2011. (= Publikationsreihe Sammlungsschwerpunkte 4).

Roth, Joseph: *Berliner Saisonbericht. Unbekannte Reportagen und journalistische Arbeiten 1920–1939.* Hg. v. Klaus Westermann. Frankfurt a. M.: Kiepenheuer & Witsch 1984.

Roth, Nancy: »Kameraden und Kohlköpfe: John Heartfield im Universum der technischen Bilder«. In: Engell, Lorenz, Jiří Bystřický und Katerina Krtilova (Hg.): *Medien denken. Von der Bewegung des Begriffs zu bewegten Bildern.* Bielefeld: transcript 2010, S. 123–136.

Rückert, Friedrich: *Die Verwandlungen des Abu Seid von Serug oder die Makamen des Hariri.* 4. Stuttgart: Verlag der Cottaschen Buchhandlung 1864.

Rüting, Torsten: »Jakob von Uexküll. Theoretical Biology, Biocybernetics and Biosemiotics«. In: *European Communications in Mathematical and Theoretical Biology* 2004:6, S. 11–16.

Sack, Martin: *Von der Neuropathologie zur Phänomenologie.* Würzburg: Königshausen & Neumann 2005. (= Beiträge zur medizinischen Anthropologie).

Sarris, Emanuel Georg: »Der Blinde über seinen Führhund«. In: *Zeitschrift für Hundeforschung* 3/1933:3, S. 170–187 (zit. n. d. Sonderdruck).

Sauerbruch, Ferdinand: *Die willkürlich bewegbare künstliche Hand. Eine Anleitung für Chirurgen und Techniker. Mit anatomischen Beiträgen von Ruge, G. und Felix, W. und unter Mitwirkung von Stadler, Bd. 1.* Berlin: Julius Springer 1916.

Scarry, Elaine: *Der Körper im Schmerz. Die Chiffren der Verletzlichkeit und die Erfindung der Kultur.* Frankfurt a. M.: Fischer 1992.

Schäffner, Wolfgang: *Die Ordnung des Wahns. Zur Poetologie psychiatrischen Wissens bei Alfred Döblin.* München: Fink 1995.

Schilder, Paul: *Das Körperschema. Ein Beitrag zur Lehre vom Bewusstsein des eigenen Körpers.* Berlin: Springer 1923.

Schlegel, Friedrich: *Kritische Friedrich-Schlegel-Ausgabe.* Hg. v. Ernst Behler et. al. München, Paderborn, Wien: Schöningh 1958ff.

Schlesinger, Georg: »Der Einfluß des Werkzeuges auf Leben und Kultur«. In: *Technische Abende im Zentralinstitut für Erziehung und Unterricht* 2/1917, S. 11–24.

Schlesinger, Georg: »Der mechanische Aufbau der künstlichen Glieder«. In: Borchardt, Moritz, et al. (Hg.): *Ersatzglieder und Arbeitshilfen für Kriegsbeschädigte und Unfallverletzte.* Herausgegeben von der ständigen Ausstellung für Arbeiterwohlfahrt (Reichs-Anstalt) in Berlin-Charlottenburg und der Prüfstelle für Ersatzglieder (Gutachterstelle für das preußische Kriegsministerium) in Berlin-Charlottenburg. Berlin: Julius Springer 1919, S. 321–661.

Schmid Noerr, Gunzelin: »Adornos Erschaudern. Variationen über den Händedruck«. In: van Reijen, Willem und Gunzelin Schmid Noerr (Hg.): *Vierzig Jahre Flaschenpost: ›Dialektik der Aufklärung‹ 1947–1987.* Frankfurt a. M.: Fischer 1987, S. 233–241.

Schmidgen, Henning: *Das Unbewußte der Maschinen. Konzeptionen des Psychischen bei Guattari, Deleuze und Lacan.* München: Fink 1997.

Schüttpelz, Erhard: »Medientechniken der Trance. Eine spiritistische Konstellation im Jahr 1872«. In: Ders. und Marcus Hahn (Hg.): *Trancemedien und Neue Medien um 1900. Ein anderer Blick auf die Moderne.* Bielefeld: transcript 2009, S. 275–309.
Serres, Michel: *Hermes V. Die Nordwest-Passage.* Berlin: Merve 1994.
Sloterdijk, Peter: *Du mußt dein Leben ändern. Über Anthropotechnik.* Frankfurt a. M.: Suhrkamp 2009.
Sloterdijk, Peter: *Luftbeben. An den Quellen des Terrors.* Frankfurt a. M.: Suhrkamp 2002.
Sloterdijk, Peter: *Kritik der zynischen Vernunft.* Frankfurt a. M.: Suhrkamp 1983.
Sloterdijk, Peter: *Regeln für den Menschenpark. Ein Antwortschreiben zu Heideggers Brief über den Humanismus.* Frankfurt a. M.: Suhrkamp 1999.
Smith, Marquard: »The Vulnerable Articulate: James Gillingham, Aimee Mullins, and Matthew Barney«. In: Smith, Marquard und Joanne Morra (Hg.): *The Prosthetic Impulse. From a Posthuman Present to a Biocultural Future.* Cambridge MA: The MIT Press 2005, S. 43–72.
Smith, Marquard und Joanne Morra (Hg.): *The Prosthetic Impulse. From a Posthuman Present to a Biocultural Future.* Cambridge, MA: The MIT Press 2005.
Solhdju, Katrin: »Interessierte Milieus. Oder: die experimentelle Konstruktion ›überlebender‹ Organe«. In: Brandstetter, Thomas, Karin Harrasser und Günther Friesinger (Hg.): *Ambiente. Das Leben und seine Räume.* Wien: Turia + Kant 2009, S. 51–64.
Solhdju, Katrin: *Selbstexperimente. Die Suche nach der Innenperspektive und ihre epistemologischen Folgen.* München: Fink 2011.
Spiess, Werner: *Max Ernst. Loplop. Die Selbstdarstellung des Künstlers.* Köln: DuMont 1998.
Spilker, Rolf und Bernd Ulrich (Hg.): *Der Tod als Maschinist. Der industrialisierte Krieg 1914–1918.* Bramsche: Rasch Verlag 1998.
Stengers, Isabelle: *Cosmopolitics I.* Minneapolis, London: University of Minnesota Press 2010. (= posthumanities 9).
Stengers, Isabelle: *Cosmopolitics II.* Minneapolis, London: University of Minnesota Press 2011. (= posthumanities 10).
Stengers, Isabelle: »Ökologien«. In: *Zeitschrift für Kulturwissenschaften* 2/2009, S. 29–34.
Stockhammer, Robert: »Prothese«. In: Stiegler, Bernd und Alexander Roesler (Hg.): *Grundbegriffe der Medientheorie.* München: Fink 2005, S. 210–213.
Sykora, Katharina: *»Die Tode der Fotografie«. Totenfotografie und ihr sozialer Gebrauch,* Bd. 1. München: Fink 2009.
Szymanska, Guido: *Welten hinter Glas. Zur kulturellen Logik von Schaufenstern.* Tübingen: TVV 2004. (= Studien & Materialien des Ludwig-Uhland-Instituts der Universität Tübingen).
Tajiri, Yoshiki: *Samuel Beckett and the Prosthetic Body. The Organs and Senses in Modernism.* New York: Palgrave Macmillan 2007.
Tholen, Georg Christoph: »Mit und nach McLuhan. Bemerkungen zur Theorie der Medien jenseits des anthropologischen und instrumentellen Diskurses«. In: de Kerckhove, Derrick, Martina Leeker und Kerstin Schmidt (Hg.): *McLuhan neu lesen. Kritische Analysen zu Medien und Kultur im 21. Jahrhundert.* Bielefeld: transcript 2008, S. 127–139.
Thomann, Klaus-Dieter: *Das behinderte Kind. »Krüppelfürsorge« und Orthopädie in Deutschland, 1886–1920.* Stuttgart: Gustav Fischer 1995.
Tibon-Cornillot, Michel: »Von der Schminke zu den Prothesen. Elemente einer Theorie zwischen dem Außen und dem Innen des Körpers«. In: *Tumult* 2/1979, S. 25–46.
Toller, Ernst: *Hinkemann.* Leipzig: Reclam 2003 (1921).
Tretow, Christine: »›Geschärfter Blick‹ und ›Innere Schau‹. Grundlagen der Entwicklung der Neherschen Bühne«. In: Tretow, Christine und Helmut Gier (Hg.): *Caspar Neher – Der größte Bühnenbauer der Welt.* Opladen: Westdeutscher Verlag 1997, S. 36–60.
Trommler, Frank: »The Therapeutic Response: Continuities from World War I to National Socialism«. In: Hüppauf, Bernd (Hg.): *War, Violence and the Modern Condition.* Berlin, New York: de Gruyter 1997, S. 65–76.
Trosman, Harry und Roger Dennis Simmons: »The Freud Library«. In: *Journal of the American Psychoanalytic Association* 3/1973:21, S. 646–687.
Uexküll, Jakob von: »Das Führhundproblem«. In: *Zeitschrift für angewandte Psychologie* 1-3/1933:45, S. 46–53.
Uexküll, Jakob von: »Die Umwelt des Hundes«. In: *Zeitschrift für Hundeforschung* 5-6/1932:2, S. 3–16, S. 157–170 (zit. n. d. Sonderdruck).
Uexküll, Jakob von: *Kompositionslehre der Natur. Biologie als undogmatische Naturwissenschaft. Ausgewählte Schriften.* Hg. von Thure von Uexküll. Frankfurt a. M., Berlin, Wien: Ullstein 1980.

Uexküll, Jakob von: *Leitfaden in das Studium der experimentellen Biologie der Wassertiere*. Wiesbaden: Verlag von J. F. Bergmann 1905.

Uexküll, Jakob von: *Theoretische Biologie*. Frankfurt a. M.: Suhrkamp 1973 (1928).

Uexküll, Jakob von: *Umwelt und Innenwelt der Tiere*. Berlin: Springer 1909.

Uexküll, Jakob von und Emanuel Georg Sarris: »Das Duftfeld des Hundes«. In: *Zeitschrift für Hundeforschung* 3-4/1931:1, S. 55–68.

Uexküll, Jakob von und Georges Kriszat: *Mondes animaux et monde humain suivi de Théorie de la signification*. Paris: Denoël 1965. (= Bibliothèque Médiations).

Uexküll, Johann Jakob v. und Georg Kriszat: *Streifzüge durch die Umwelten von Tieren und Menschen. Ein Bilderbuch unsichtbarer Welten*. Berlin: Springer 1934.

Vagt, Christina: »›Umzu wohnen‹. Umwelt und Maschine bei Heidegger und Uexküll«. In: Brandstetter, Thomas, Karin Harrasser und Günther Friesinger (Hg.): *Ambiente. Das Leben und seine Räume*. Wien: Turia + Kant 2009, S. 91–106.

Vaihinger, Hans: *Die Philosophie des Als Ob. System der theoretischen, praktischen und religiösen Fiktionen der Menschheit auf Grund eines idealistischen Positivismus (Reprint)*. Saarbrücken: VDM 2007 (1913).

Verne, Jules: *Der Schuß am Kilimandscharo*. Frankfurt a. M.: Fischer TB Verlag 1976 (1969).

Verne, Jules: *Von der Erde zum Mond. Direkte Fahrt in siebenundneunzig Stunden und zwanzig Minuten*. Aus dem Französischen von William Matheson. Mit zwei Karten und einundvierzig Illustrationen von H. de Montaut. Zürich: Diogenes 1976.

Vogl, Joseph: »Einleitung«. In: Ders. (Hg.): *Gemeinschaften. Positionen zu einer Philosophie des Politischen*. Frankfurt a. M.: Suhrkamp 1994, S. 7–27.

Vogl, Joseph: *Kalkül und Leidenschaft. Poetik des ökonomischen Menschen*. Berlin, Zürich: Diaphanes 2004.

Vogl, Joseph: *Über das Zaudern*. Berlin, Zürich: Diaphanes 2007.

Warren, Derrick W.: *James Gillingham. Surgical Mechanist and Manufacturer of Artificial Limbs*. Somerset: Somerset Industrial Archaeological Society 2001.

Weber, Ernst Heinrich: *Tastsinn und Gemeingefühl*. Leipzig: Wilhelm Engelmann 1905 (1846). (= Ostwalds Klassiker der exakten Wissenschaften 149).

Weber, Wilhelm und Eduard Weber: *Mechanik der menschlichen Gehwerkzeuge. Eine anatomisch-physiologische Untersuchung. Nebst einem Hefte mit 17 Tafeln anatomischer Abbildungen*. Göttingen: Dieterichsche Buchhandlung 1836.

Wegener, Mai: *Neuronen und Neurosen*. München: Fink 2004.

Weidmann, Andreas Michael: *Professor Dr. med. Max Mikorey (1899–1977). Leben und Werk eines Psychiaters an der Psychiatrischen und Nervenklinik der Ludwig-Maximilians-Universität München*. München: Institut für Geschichte und Ethik der Medizin, Technische Universität München (Dissertation 2007).

Weiß, Harald: *Der Flug der Biene Maja durch die Welt der Medien. Buch, Film, Hörspiel und Zeichentrickserie*. Wiesbaden: Harrassowitz 2012. (= Buchwissenschaftliche Beiträge 83).

Whalen, Robert Weldon: *Bitter Wounds. German Victims of the Great War, 1914–1939*. Ithaca, London: Cornell University Press 1984.

Whewell, William: »The General Bearing of the Great Exhibition on the Progress of Art and Science«. Inaugural Lecture. In: *The Edinburgh New Philosophical Journal* 1852:52, Januar– April, S. 1–24.

Wiedemann, Conrad: »Deutsche Klassik und nationale Identität. Eine Revision der Sonderwegs-Frage«. In: Voßkamp, Wilhelm (Hg.): *Klassik im Vergleich. Normativität und Historizität europäischer Klassiken*. DFG-Symposium 1990. Stuttgart, Weimar: Metzler 1993, S. 541–569.

Wills, David: »Automatisches Leben, also Leben«. In: *Zeitschrift für Medienwissenschaft* 4/2011 , S. 15–30.

Wills, David: *Prosthesis*. Stanford: Stanford University Press 1995. (= Meridian. Crossing Aesthetics).

Wright, Elizabeth: »MY PROSTHETIC AND I: Identity Representation in Bodily Extension«. In: *Forum. University of Edinburgh Postgraduate Journal of Culture & the Arts* 8/2009: http://www.forumjournal.org/site/issue/08/elizabeth-wright, Zugriff vom 06.10.2012.

Wupper-Tewes, Hans: »Die Normalisierung industrieller Arbeit. Leistung, Norm und Gesundheit in der Rationalisierungsbewegung der Weimarer Republik«. In: Bröckling, Ulrich und Eva Horn (Hg.): *Anthropologie der Arbeit*. Tübingen: Gunter Narr Verlag 2002, S. 97–107.

Würtz, Hans: *Der Wille siegt! Lebensschicksale neuertüchtigter Kriegsinvaliden. Dritte völlig neubearbeitete und vermehrte Auflage*. Berlin: Reichsverlag Hermann Kalkoff 1916. (= Beiträge zur Invalidenfürsorge 1).

Würtz, Hans: *Götz von Berlichingen und Wir! Ein Wort an die Wetterfesten im Waffenrock*. Berlin: Reichsverlag 1916.

Yuan, David D.: »Disfigurement and Reconstruction in Oliver Wendell Holmes's ›The Human Wheel, Its Spokes and Felloes‹«. In: Mitchell, David T. und Sharon Snyder (Hg.): *The Body and Physical Difference: Discourses of Disability*. University of Michigan Press 1997, S. 71–88.

Zeitungsartikel, Zeitschriften, Archivquellen

Brecht, Bertolt: *Probendokumentation*, Filmkopie auf DVD, Akademie der Künste. Bertolt Brecht Archiv Berlin, Signatur: BBA AVM 040.
Dokumentation der Aussprache des Verbands Deutscher Ingenieure. Abgedruckt in: Technik und Wirtschaft 6 (1913)
Katalog A.A. Marks. Natur und Kunst. Künstliche Glieder. German Edition. (o. J.)
Katalog der Winkley Artificial Limbs Company. Where Winkley Artificial Limbs Are Made, Minneapolis, o. V. 1906.
Leipziger Tageblatt vom 11. August 1917.
Leipziger Tageblatt vom 12. August 1917, S. P.
Leipziger Tageblatt vom 13. August 1917, Morgenausgabe.
Leipziger Tageblatt vom 13. August 1917.
Leipziger Tageblatt vom 20. August 1917, Morgenausgabe.
Leipziger Tageblatt vom 25. August 1917, Abendausgabe.
Leipziger Neueste Nachrichten vom 9. August 1917.
Leipziger Neueste Nachrichten vom 12. August 1917.
Leipziger Neueste Nachrichten vom 19. August 1917.
Protokoll der Mitgliederversammlung der Prüfstelle für Ersatzglieder Berlin, 20. Januar 1920, abgedruckt in: Archiv für orthopädische und Unfall-Chirurgie 17, S. 159–172.

Audiovisuelle Quellen

Historic Motion Study Films of Frank Gilbreth (1910–1924), DVD, Quality Information Publishers 2007.
Institution und Freiheit. Theodor W. Adorno und Arnold Gehlen in einem von Alexander von Cube moderierten Gespräch, Sendung vom 3. Juni 1967, WDR-Fernsehen.
Ist die Soziologie eine Wissenschaft vom Menschen? Theodor W. Adorno und Arnold Gehlen im Gespräch, Sendung vom 28. März 1966, SWF.
Nacht und Träume, Samuel Beckett, D 1983. In: Filme für den SDR, filmedition suhrkamp 2008.
Nachtlektion 1. Joseph Vogl: Über das Zaudern, Filminstallation für die Manifesta 7, Karin Harrasser, Hannah Hurtzig, Chris Kondek, D 2008.
Reserve-Lazarett Ettlingen in Baden, Turnübungen der Amputierten (Gehschule), National Hygiene-Museum, D 1918. In: Roeßiger et al. (Hg.): *Kamera! Licht! Aktion!* Buch und, DVD Hygiene-Museum Dresden 2011.
The Thieving Hand, Vitagraph, Kurzfilm, USA 1907.
Videodrome, David Cronenberg, USA 1983.

Internetquellen

Deus Ex. The Eyeborg Documentary, http://www.youtube.com/watch?v=TW78wbN-WuU
Deutsches Historisches Museum, LeMo (Lebendiges Museum Online): http://www.dhm.de/lemo/html/wk1/wirtschaft/rohstoffmangel/index.html
Konferenzdokumentation Human 2.0: http://h20.media.mit.edu
Mullins, Aimee: *TED-Lectures*: http://www.ted.com/speakers/aimee_mullins.html
Nomination Database: Physiology or Medicine: http://www.nobelprize.org
Volksliederarchiv: http://www.volksliederarchiv.de/modules.php?name=Search&query=Dessauer+Marsch

Abbildungsverzeichnis

Abb. 48: Garten des Krystallpalasts Leipzig (um 1880), Bild: Stadtgeschichtliches Museum Leipzig, Inv.-Nr. 2109, Foto: Hermann Walter.

Abb. 49: Die Alberthalle in Leipzig (um 1905), Bild: Stadtgeschichtliches Museum Leipzig, Inv.-Nr. F/6418/2005, Foto: Hermann Vogel.

Abb. 50: Berichterstattung zur *Heimatdank-Ausstellung* mit Ausstellungsansichten, Stadtgeschichtliches Museum Leipzig, Leipziger Illustrierte Zeitung (1917), Bd. 149, S. 288.

Abb. 51: Präsentation von Prothesen als Ausstellungsstücke, Bild: Krais: *Verwendungsmöglichkeiten der Kriegsgeschädigten*, Tafel 29.

Abb. 52: Umschlag des Katalogs von A.A.Marks, *Natur und Kunst*.

Abb. 53: Ausstellungsansicht: Die Kriegsbeschädigtenfürsorge in Deutschland, Dresden. Ausstellungsgebäude an der Lennéstraße, 15. Dez. 1917–10. Febr. 1918, Photodokumentation der Ausstellung, Bild 29. Bild: Deutsches Hygiene-Museum Dresden, Inv. Nr.: DHMD 2008/733.29.

Abb. 54: Ausstellungsansicht: *Heimatdank-Ausstellung* Leipzig (1917), Leipziger Illustrierte Zeitung 1917, Bd. 149, S. 288.

Abb. 55: Drei Glasdiapositive aus der Lichtbildreihe zur Geschichte der Prothetik, Lichtbildreihe 47, Deutsches Hygiene-Museum Dresden, Lehrmittelproduktion (um 1923). Links: Unterschenkelstumpf in Hülse (samisches Vasenbild), Inv. Nr.: DHMD 1999/2480. Mitte: antike Kniestelze bei amputiertem Fuß. Gallo-römisch, Inv. Nr.: DHMD 1999/2482, Rechts: Kunstbein nach Ambroise Paré, Inv. Nr.: 1999/2510.

Abb. 56: Das Narrativ der Wiederherstellung. Bild: Krais: *Verwendungsmöglichkeiten der Kriegsgeschädigten*, Tafel 67.

Abb. 57 & 58: Vielfalt der Verwendungsweisen von Prothesen, Bilder: Krais, *Verwendungsmöglichkeiten der Kriegsgeschädigten*, Tafel 48 und 19.

Abb. 59: Filmstill: Reserve-Lazarett Ettlingen in Baden, Turnübungen der Amputierten (Gehschule), National Hygiene-Museum (1918), Filmstill aus: Roeßiger et al.: *Kamera! Licht! Aktion!*

Abb. 60: Technische Zeichnung der Hand des Götz von Berlichingen, Bild: Krais, *Verwendungsmöglichkeiten der Kriegsgeschädigten*, S. 26.

Abb. 61: Titelbild, Würtz (1916): *Der Wille siegt!*

Abb. 62: Deckblatt, Künßberg (1915): *Einarm-Fibel*.

Abb. 63. Pressefoto zur Eröffnung der ersten Dada-Ausstellung Berlin (1920), Bild: Dickerman (Hg.): *DADA*, S. 98.

Abb. 64: Unfreiwillig dadaistisch: *Der deutsche Wille siegt!* Bild: Würtz: *Der Wille siegt!* S. 97.

Abb. 65: Raoul Hausmann, *Der eiserne Hindenburg* (1920), Tinte auf Papier, Musée National d'Art Moderne, Centre Georges Pompidou, Paris, Bild: Biro: *Dada-Cyborg*, S. 119.

Abb. 66: Raoul Hausmann, Heimatklänge!, gedr. in *Der Dada 3* (1920), Original verschollen. Bild: Bergius: *Montage und Metamechanik*, S. 259.

Abb. 67: George Grosz, John Heartfield: Der Weltdada Richard Huelsenbeck, Fotomontage (ca. 1919), Kunsthaus Zürich, Graphische Sammlung: Bild: Dickerman (Hg.): *DADA*, S. 122.

Abb. 68: Szenenskizze Caspar Nehers zu Peachums Bettlerladen in der *Dreigroschenoper*, Theater am Schiffbauerdamm Berlin (1928), © KHM Museumsverband, Wien, HZ_HU53840.

Abb. 69: Szenenansicht, Pressefoto, *Mann ist Mann*, Aufführung am Staatstheater am Gendarmenmarkt Berlin (1931), Bild: Akademie der Künste, Bertolt Brecht Archiv Berlin, BBA Theaterdokumentation, Inventar Nr.: 2057 / 261.

Abb. 70: Schmalfilmsequenz der Aufnahme einer Probe zu *Mann ist Mann* (1931), Bild: Akademie der Künste, Bertolt Brecht Archiv Berlin, Inventar Nr.: BBA MB 72 / II.

Abb. 71: Eine Seite aus dem Modellbuch zu *Mann ist Mann* (1931), Bild: Akademie der Künste, Bertolt Brecht Archiv Berlin, Inventar Nr.: BBA MB 69 / 20.

Abb. 72: Szenenskizze Caspar Nehers zur Erschießung Galy Gays in *Mann ist Mann*, Volksbühne am Bülowplatz Berlin (1927), © KHM Museumsverband, Wien, ÖTM HÜ_9386.

Abb. 73: Bertolt Brecht, Seite aus dem *Arbeitsjournal* (1941), S. 197.

Abb. 74: Bertolt Brecht, Seite aus dem *Arbeitsjournal* (1942), S. 232.

Abb. 75: Der »Künstliche Mensch«, Zeitschrift für Hundeforschung, N.F. XVIII, 1944.

Abb. 76: Funktionskreis aus Uexküll: »Die Umwelt des Hundes«, S. 5.

Abb. 77: Erweiterter Funktionskreis, Jagdhund und Befehlsgeber, aus: Uexküll: »Umwelt des Hundes«, S. 13.

Abb. 78: Wahrnehmungserweiterung und Werkzeuggebrauch, aus: Uexküll: »Umwelt des Hundes«, S. 12.

Abb. 79: Von A. Bethe konstruierter Seepferdchenhalter, Bild: Uexküll: *Leitfaden* S. 88.

Abb. 80: H. Plügge, Regeneration von Gliedmaßen, Bild: *Entstehung des Phantomglieds*, S. 209.
Abb. 81: H. Plügge, Monströse Regeneration, Bild: *Entstehung des Phantomglieds*, S. 209.
Abb. 82: H. Plügge, Regeneration des Auges, Bild: *Entstehung des Phantomglieds*, S. 216.
Abb. 83: Die Umwelt des Astronomen, Bild: Uexküll / Kriszat: *Streifzüge*, S. 100.
Abb. 84: Umgebung und Umwelt des Pantoffeltierchens, Bilder: Uexküll / Kriszat: Streifzüge, Abb. 17, S. 49.
Abb. 85: Simulation verschiedener Wahrnehmungen durch technische Medien und Tieraugen, Bild: Uexküll / Kriszat: *Streifzüge*, Abb. 11a–d, S. 40f.
Abb. 86: M. McLuhan: A Message to the Fish, Bild: *War and Peace*, S. 175.
Abb. 87: M. McLuhan: Surfing the Media, Bild: *Medium is the Massage*, S. 150f.
Abb. 88: Filmstill aus: *Videodrome*, David Cronenberg (1983).
Abb. 89: M. McLuhan: The Human Wheel revisited, Bild: *War and Peace*, S. 18–19.
Abb. 90: M. McLuhan: Kriegs- und Friedenstechnik, Bild: *War and Peace*, S. 100–101.
Abb. 91 & 92: Filmstills aus: Beckett, *Nacht und Träume* (1983), Bild: Filme für den SDR, filmedition suhrkamp 2008.

Dank

Viele haben an dieser Arbeit mitgeschrieben: mit Fragen, Kommentaren, Einspruch und Zusendungen unterschiedlicher Art. Dem *Graduiertenkolleg Codierung von Gewalt im medialen Wandel* an der Humboldt-Universität zu Berlin habe ich dafür zu danken, dass ich zwei Jahre lang die ersten Ideen zu diesem Projekt entwickeln konnte. Danach wurde die Arbeit von einem internationalen Postdoc-Stipendium des österreichischen Wissenschaftsministeriums unterstützt. Es hat mir ermöglicht, wertvolle Zeit am Institut für deutsche Literatur der Humboldt-Universität zu verbringen. Joseph Vogl, Burkhardt Wolf und Ute Holl sei herzlich für ihre Anregungen während dieser Zeit und danach gedankt. Die Forschungen waren eingebettet in das Forschungsprojekt *Regulierungswissen und Möglichkeitssinn* an der Universität Wien. Roland Innerhofer und Katja Rothe danke ich dafür, dass sie mich trotz meines Wechsels an die Kunsthochschule für Medien Köln weiter in ihre Forschungen miteinbezogen haben. Meine Kolleginnen und Kollegen an der KHM waren in der heißen Phase für mich da und haben mir bei der Schwerpunktsetzung geholfen, als das Material drohte mich zu verschlingen: Marie-Luise Angerer, Anneka Metzger, Echo Ho, Daniela Kinateder, Kathrin Friedrich, Peter Bexte und Gabriele Gramelsberger waren in verschiedenen Phasen eine große Unterstützung. An der HBK Braunschweig hatte ich tolle Kolleginnen und Kollegen: Ulrike Bergermann, Nanna Heidenreich, Heike Klippel, Florian Krautkrämer, Rolf Nohr. Das IFK in Wien war immer wieder ein Ort für Zwischenlandungen und Reevaluierungen. Ich danke Helmut Lethen und Lutz Musner für Einladungen zu Vorträgen und offene Ohren. Besonderer Dank geht an Thomas Macho, ohne den ich diese Arbeit wohl nie begonnen und zu Ende gebracht hätte.

Ohne Freundschaften geht gar nichts. Ohne euch wäre dieses Projekt anders verlaufen und auf jeden Fall schlechter: Ilka Becker, Thomas Brandstetter, Doris Harrasser, Hannah Hurtzig, Andrea Griesebner, Gernot Kamecke, Christina Lutter, Alexander Martos, Tobias Nanz, Drehli Robnik, Katrin Solhdju, Elisabeth Timm, Daniel Tyradellis, Benjamin Steininger, Christina Wessely. Else Rieger sei einmal mehr für das großartige Lektorat gedankt.

Dieses Buch könnte nirgendwo anders besser aufgehoben sein als bei Vorwerk 8. Danke an Reinald Gußmann und Katrin Kassel für die umsichtige Betreuung.